PHIL JACKSON

MIT HUGH ELEHANTY

DIE ESSENZ DES ERFOLGS

Bibliografische Information der Deutschen Nationalbibliothek
Die Deutsche Nationalbibliothek verzeichnet diese Publikation in der Deutschen Nationalbibliografie.
Detaillierte bibliografische Daten sind im Internet über http://d-nb.de abrufbar.

Für Fragen und Anregungen:
info@m-vg.de

Wichtiger Hinweis
Ausschließlich zum Zweck der besseren Lesbarkeit wurde auf eine genderspezifische Schreibweise sowie eine Mehrfachbezeichnung verzichtet. Alle personenbezogenen Bezeichnungen sind somit geschlechtsneutral zu verstehen.

2. Auflage 2023

Türkenstraße 89
80799 München
Tel.: 089 651285-0

Übersetzung: Dr. Ulrich Korn
Redaktion: Fabian Neidl
Korrektorat: Anja Hilgarth
Umschlaggestaltung: Marc-Torben Fischer
Umschlagabbildung: Getty Images / Barry Gossage
Satz: ZeroSoft, Timisoara
Druck: GGP Media GmbH, Pößneck
Printed in Germany

ISBN Print 978-3-95972-513-2
ISBN E-Book (PDF) 978-3-96092-973-4
ISBN E-Book (EPUB, Mobi) 978-3-96092-974-1

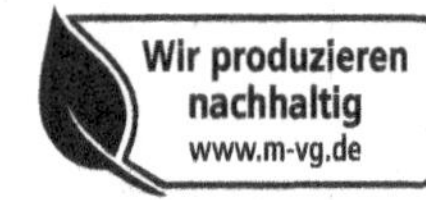

Weitere Informationen zum Verlag finden Sie unter

www.finanzbuchverlag.de

Beachten Sie auch unsere weiteren Verlage unter www.m-vg.de.

INHALT

Für Red Holzman, Tex Winter und all die Spieler, die ich trainiert habe und von denen ich so viel lernen durfte.

Wenn du aus deiner Seele heraus handelst, spürst du einen Fluss in dir, eine Freude.

RUMI

KAPITEL 1

DER KREIS DER LIEBE

Das Leben ist eine Reise. Die Zeit ist ein Fluss.
Die Tür steht einen Spalt offen.

Jim Butcher

Cecil B. DeMille hätte seine wahre Freude an diesem Moment gehabt. Ich saß in einer Limousine auf der Rampe, die in das Los Angeles Memorial Coliseum führt, und wartete auf mein Team. Währenddessen marschierte eine Menschenmenge von über 95 000 begeisterten Fans, gekleidet in allen möglichen Kombinationen der Lakers-Farben, Lila und Gold, hinein ins Stadion. Frauen in Tutus, Männer verkleidet als Storm-Troopers aus den *Star-Wars*-Filmen, und kleine Kinder, die Schilder schwenkten, auf denen »Kobe Diem« geschrieben stand. Doch trotz dieses verrückten Treibens hatte dieser Aufmarsch, der an ein altes Ritual erinnerte, mit Blick auf das heutige Los Angeles etwas Beeindruckendes an sich, oder wie Jeff Weiss, ein Autor der *LA Weekly*, es ausdrückte: »Es muss nach unseren Vorstellungen so ähnlich gewesen sein wie die Begrüßung der römischen Legionen, als sie aus Gallien heimkehrten.«

Aber um ehrlich zu sein: Ich habe mich bei Siegesfeiern nie wirklich wohlgefühlt, was angesichts meines Berufes eher seltsam anmutet. Zunächst einmal habe ich Angst vor großen Menschenmengen. Während eines Spiels macht mir das nichts aus, aber es gibt mir ein ungutes Gefühl in Situationen, die sich weniger lenken und überwachen lassen. Zudem stand ich nie gerne im Rampenlicht der Öffentlichkeit. Das mag meiner angeborenen Schüchternheit geschuldet sein, oder auch den widersprüchlichen Aussagen, die ich von meinen Eltern, die ihres Zeichens beide Geistliche waren, zu hören bekam. In ihren Augen war es eine gute Sache, zu gewinnen, und tatsächlich war meine Mutter eine der größten Kämpfernaturen, die ich kannte. Aber im eigenen Erfolg zu schwelgen galt als Beleidigung gegenüber Gott. Oder wie meine Eltern gesagt hätten: »Die Ehre gebührt Ihm.«

Bei dieser Feier ging es jedoch nicht um mich, sondern um die bemerkenswerte Wandlung, die die Spieler auf dem Weg zur NBA-Meisterschaft 2009 durchgemacht hatten. Man konnte es in ihren Gesichtern sehen, als sie die lange violette und goldene Treppe ins Coliseum hinuntergingen, jeder mit Meisterschafts-T-Shirt bekleidet und Rally-Cap auf dem Kopf. Sie lachten, rempelten sich an und strahlten vor Freude, während das Publikum vor Begeisterung brüllte. Vier Jahre zuvor hatten es die Lakers noch nicht einmal in die Playoffs geschafft. Jetzt waren sie die Champions der Basketballwelt. Manche Trainer sind besessen davon, Trophäen zu gewinnen, während sich andere gerne im Fernsehen sehen. Was mich jedoch bewegt, ist, wenn junge Männer sich zusammenschließen und in den Zauber eintauchen, der sich in dem Moment manifestiert, wenn sie sich – mit Herz und Seele – auf etwas fokussieren, das größer ist als sie selbst. Wenn man das einmal erlebt hat, wird man es nie wieder vergessen.

Das Symbol ist der Ring.

In der NBA symbolisieren die Ringe Status und Macht. Ganz gleich, wie protzig oder unförmig ein Meisterschaftsring auch sein mag: Der Traum, einen solchen Ring zu gewinnen, ist es, was die Spieler motiviert, sich durch eine lange NBA-Saison zu quälen. Jerry Krause, der ehemalige General Manager der Chicago Bulls, hatte das verstanden. Als ich 1987 als Assistenztrainer zu dem Team kam, bat er mich, einen der beiden Meisterschaftsringe, die ich als Spieler der New York Knicks gewonnen hatte, zu tragen, und zwar als Motivationsanreiz für die jungen Spieler der Bulls. Als ich noch Trainer bei der Continental Basketball Association war, trug ich bei den Playoffs stets einen Ring. Aber die Vorstellung, jeden Tag einen so großen Klunker am Finger zu haben, schien mir doch etwas zu gewagt. Einen Monat später, nachdem mir Jerry seine Bitte unterbreitet hatte, fiel der Stein in der Mitte des Rings, während ich bei Bennigan's zu Abend aß, heraus und wurde nie wieder gefunden. Danach trug ich die Ringe nur noch bei den Playoffs und zu besonderen Anlässen wie hier im Coliseum, wo Tausende von Menschen im Triumph schwelgten.

Psychologisch betrachtet symbolisiert der Ring etwas sehr Tiefgründiges, nämlich die Suche des Selbst nach Harmonie, Verbundenheit und Ganzheit. In der Kultur der amerikanischen Ureinwohner beispielsweise hatte die einigende Kraft des Kreises eine so große Bedeutung, dass ganze Völker als eine Reihe miteinander verbundener Ringe (oder Reifen) verstanden wurden. Das Tipi war ein Ring, ebenso wie das Lagerfeuer, das Dorf und die inhärente Struktur des Volkes selbst – Kreise in Kreisen, die keinen Anfang und kein Ende haben.

Die Mehrheit der Spieler war mit der Seelenkunde der amerikanischen Ureinwohner nicht sonderlich vertraut. Gleichwohl hatten sie intuitiv die tiefere Bedeutung des Rings verstanden. Zu Beginn der Saison hatten sie sich eine Art Sprechchor ausgedacht, den sie vor jedem Spiel laut ausriefen, während ihre Hände zusammen einen Kreis bildeten.

One, two, three – RING!

Nachdem die Spieler ihre Plätze auf der Bühne – dem transportablen Basketballfeld der Lakers aus dem Staple Center – eingenommen hatten, erhob ich mich und wandte mich an das Publikum. »Was war das Motto unseres Teams? Der Ring«, sagte ich und ließ meinen der letzten Meisterschaft, die wir 2002 gewonnen hatten, aufblinken. »Der Ring. Das war das Motto. Es ist nicht nur das goldene Band. Es ist der Kreis, der alle diese Spieler miteinander verbindet; eine gegenseitige große Liebe.«

Der Kreis der Liebe.

So denken die meisten Basketballfans wohl kaum über ihren Sport. Aber nach mehr als 40 Jahren, in denen ich mit diesem Geschäft als Spieler und als Coach auf höchstem Niveau zu tun habe, kann ich mir keinen treffenderen Ausdruck vorstellen, um die geheimnisvolle Alchemie zu beschreiben, die die Spieler zusammenschweißt und sie in ihrem Streben nach dem Unmöglichen vereint.

Natürlich reden wir hier nicht von einer romantischen Liebe oder gar von einer Bruderliebe im traditionellen christlichen Sinne. Der beste Vergleich, der mir dazu einfällt, ist die starke emotionale Verbundenheit, die große Kämpfer im Gefecht erleben.

Vor einigen Jahren schloss sich der Journalist Sebastian Junger einem Zug amerikanischer Soldaten an, stationiert in einer der gefährlichsten Gegenden Afghanistans. Er wollte herausfinden, was diese unglaublich mutigen jungen Männer befähigte, unter solch schrecklichen Bedingungen zu kämpfen. Er erkannte, wie er in seinem Buch *War: Ein Jahr im Krieg* schildert, dass der für den Kampf erforderliche Mut untrennbar mit Liebe verbunden war. Aufgrund der starken Brüderlichkeit, mit der sich die Soldaten zusammengeschlossen hatten, machten sie sich mehr Sorgen um das Wohlergehen ihrer Kameraden als um sich selbst. Junger erinnert sich an einen Soldaten, der ihm sagte, dass er sich für jeden einzelnen seiner Zuggefährten vor eine Granate werfen würde, auch für diejenigen, die er nicht besonders mochte. Als Junger nach dem Grund dafür fragte, erwiderte der Soldat: »Weil ich meine Brüder wirklich liebe. In meinen Augen sind wir hier so etwas wie Brüder. Ihr Leben retten zu können, damit sie leben, lohnt sich meiner Meinung nach. Jeder andere würde es auch für mich tun.«

Diese Art der Verbundenheit, die im Zivilleben praktisch unmöglich ist, ist entscheidend für den Erfolg, sagt Junger, denn ohne sie sei alles andere nicht möglich.

Ich will mit diesem Vergleich nicht zu weit gehen. Basketballspieler riskieren nicht jeden Tag ihr Leben wie Soldaten in Krisengebieten, aber in vielerlei Hinsicht gilt das gleiche Prinzip. Es bedarf einiger wichtiger Faktoren, um eine NBA-Meisterschaft zu gewinnen. Dazu gehört die richtige Mischung aus Talent, Kreativität, Intelligenz, Härte und natürlich auch Glück. Fehlt einem Team jedoch die wichtigste Zutat – Liebe –, sind all die anderen Faktoren bedeutungslos.

Ein solches Bewusstsein zu entwickeln geschieht nicht über Nacht. Es dauert Jahre, um junge Sportler dahin zu bringen, ihr Ego zu überwinden und sich hundertprozentig als Teil einer Gruppe zu erfahren. Die NBA ist nicht gerade das freundlichste Terrain, um Selbstlosigkeit zu lehren. Auch wenn beim Basketball ein Team auf dem Feld aus fünf Personen besteht, so zelebriert die Kulturmaschinerie rings um den Sport das eigennützige

Verhalten des Einzelnen und hebt die individuelle Leistung gegenüber dem Teamzusammenhalt hervor.

Als ich 1967 begann, für die Knicks zu spielen, war das nicht so. Damals bekamen die meisten Spieler ein bescheidenes Gehalt gezahlt und mussten im Sommer noch Teilzeitjobs annehmen, um über die Runden zu kommen. Denn damals wurden die Spiele nur selten im Fernsehen übertragen, und es gab keinen Videozusammenschnitt unserer besten Szenen, und Twitter war noch lange nicht erfunden. Das änderte sich in den 1980er-Jahren, und zwar zum großen Teil befeuert durch die bekannte Rivalität zwischen Magic Johnson und Larry Bird, aber auch durch Michael Jordan, der als ein weltweites Phänomen in Erscheinung trat. Heute hat sich Basketball zu einem Multimilliarden-Dollar-Geschäft entwickelt, mit Fans auf der ganzen Welt und einer ausgeklügelten Medienmaschinerie, die all das überträgt, was auf dem Feld und außerhalb davon passiert, rund um die Uhr. Das bedauerliche Nebenprodukt all dessen ist eine marketinggesteuerte Obsession, berühmte und reiche Superstars heranzuzüchten, um die Egos einer Handvoll von Spielern zu tätscheln und dabei genau das zunichtezumachen, was die meisten Menschen am Basketball fasziniert: die Schönheit des Spiels an sich.

Wie die meisten Champion-Teams der NBA hatten die Lakers der Jahre 2008/09 damit zu kämpfen, sich von einem Team, das keinerlei Zusammenhalt kannte und stattdessen von der jeweiligen Selbstüberzeugung der Spieler dominiert wurde, zu einer vereinten Mannschaft zusammenzuraufen, in der das Selbst des Einzelnen keine Rolle spielte. Sie waren nicht das hervorragendste Team, das ich je trainiert habe; diese Ehre gebührt den Chicago Bulls der Jahre 1995/96, angeführt von Michael Jordan und Scottie Pippen. Die Spieler waren auch nicht so talentiert wie diejenigen der Lakers-Mannschaft von 1999/00, zu der Spieler wie Shaquille O'Neal, Kobe Bryant, Glen Rice, Robert Horry, Rick Fox und Derek Fisher gehörten, die in spielentscheidenden Momenten Punkte erzielen konnten. Doch in der vereinten DNA der Lakers der Jahre 2008/09 steckte die noch nicht ausgereifte Veranlagung, etwas Großes zu erreichen.

Die Spieler machten einen sieghungrigeren Eindruck als je zuvor, als sie im August 2008 ins Trainingslager kamen. Am Ende der vorherigen Saison war ihnen ein nahezu übernatürlicher Durchmarsch bis in die Finalrunde gelungen, wo sie auf die Celtics trafen, nur um dann in Boston gedemütigt zu werden und das entscheidende Spiel 6 mit 39 Punkten Unterschied zu verlieren.

Klar, die Abreibung, die uns Kevin Garnett und Co. verpassten – ganz zu schweigen von der qualvollen Fahrt zu unserem Hotel durch die Meute der Celtic-Fans –, war eine knallharte Erfahrung für uns gewesen, insbesondere für die jüngeren Spieler, die die Bostoner Gehässigkeit vorher noch nicht zu spüren bekommen hatten.

Manche Teams sind nach solchen Niederlagen demoralisiert, aber diese junge, motivierte Truppe fühlte sich wie von einem Motor angetrieben, weil sie dem Sieg so nahe gewesen war, auch wenn sie ihn sich von einem noch härteren Gegner, der auch körperlich einschüchternder war, nehmen lassen musste. Kobe, der in jenem Jahr zum *MVP*, dem wertvollsten Spieler der NBA ernannt worden war, zeichnete sich dadurch aus, dass er besonders konzentriert war. Ich war immer wieder beeindruckt von seiner Belastbarkeit und seinem immensen Selbstvertrauen. Anders als Shaq, der oft von Selbstzweifeln geplagt wurde, ließ Kobe nie negative Gedanken aufkommen. Legte jemand die Messlatte auf 3 Meter, sprang Kobe 3,30 Meter, auch wenn niemand es je zuvor getan hatte. Mit dieser Einstellung traf er in jenem Herbst im Trainingslager ein und konnte diese in großem Maße auf seine Teamkameraden übertragen.

Was mich jedoch am meisten überraschte, war nicht Kobes eiserne Entschlossenheit, sondern sein sich veränderndes Verhältnis zu seinen Mannschaftskollegen. Von dem schnoddrigen Youngster, der so versessen darauf war, der beste Spieler aller Zeiten zu sein, sodass er allen anderen die Freude am Spiel raubte, war nichts mehr zu sehen. Der neue Kobe, der sich in jener Saison herauskristallisiert hatte, nahm sich seine Rolle als Teamleader zu Herzen. Vor Jahren, als ich das erste Mal nach L.A. kam, redete ich ihm gut zu, seine Zeit mit seinen Teamkameraden zu verbringen, statt sich in sein Hotelzimmer zu verkriechen und Videos über Basketball zu studieren. Er hatte für meinen Vorschlag jedoch nur Spott übrig gehabt und gemeint, die Jungs seien doch eh nur an Autos und Frauen interessiert. Jetzt aber gab er sich sichtlich Mühe, eine engere Beziehung zu seinen Mitspielern aufzubauen und herauszufinden, wie man sie zu einer Mannschaft formen konnte, die einen noch stärkeren Zusammenhalt zeigt.

Natürlich war es hilfreich, dass der andere Co-Captain des Teams, Derek Fisher, von Natur aus ein Teamleader mit außergewöhnlicher emotionaler Intelligenz war und zudem über ausgereifte Führungsqualitäten verfügte. Ich war froh, als »Fish«, der während unserer früheren drei aufeinanderfolgenden Meisterschaften eine Schlüsselrolle als *Point Guard* gespielt hatte, sich entschied, nach Spielen als *Free Agent* mit den Golden State Warriors und den Utah Jazz wieder nach L.A. zurückzukehren. Auch wenn Fish nicht so schnell war und nicht so viel Spielwitz besaß wie einige der jüngeren Point Guards in der Liga, so war er doch stark, zielstrebig und furchtlos und zeichnete sich durch seinen unerschütterlichen Charakter aus. Und trotz seiner mangelnden Schnelligkeit hatte er das Talent, den Ball rasch nach vorne zu bringen und unserem Angriff richtig Beine zu machen. Darüber hinaus war er ein hervorragender Spieler, der Dreier erzielen konnte, wenn die Zeit ablief. Vor allem aber existierte zwischen ihm und Kobe ein festes Band. Kobe respektierte Dereks mentale Disziplin und Zuverlässigkeit, wenn das Team unter Druck stand, und Derek hatte auch dann einen Draht zu Kobe, wenn die anderen nicht zu ihm durchdrangen.

Kobe und Fish begannen den ersten Tag im Trainingslager mit einer Rede, in der sie klarmachten, dass die anstehende Saison kein Sprint, sondern ein Marathon werden würde und dass wir uns darauf konzentrieren müssten, Stärke mit Stärke zu begegnen und uns nicht von physischem Druck einschüchtern zu lassen. Und ausgerechnet Kobe sprach mit jedem Tag mehr und mehr wie ich selbst.

In ihrem wegweisenden Buch *Tribal Leadership* beschreiben die Managementberater Dave Logan, John King und Halee Fischer-Wright die fünf Stufen der Stammesentwicklung, die sie nach ausgiebigen Recherchen in kleinen und mittelständischen Unternehmen ausgearbeitet haben. Auch wenn Basketballmannschaften natürlich keine Stämme sind, so weisen beide Gruppen doch viele gemeinsame Merkmale auf, die sich nach demselben Schema entwickeln:

1. STUFE – trifft auf die meisten Straßenbanden zu und zeichnet sich durch Verzweiflung, Feindseligkeit und die kollektive Überzeugung aus, dass das »Leben scheiße« ist.

2. STUFE – Hier trifft man hauptsächlich apathische Menschen an, die sich als Opfer sehen, die auf passive Weise feindlich gesinnt sind und die Einstellung haben, dass »mein Leben beschissen ist«. Denken Sie an die Fernsehserie *The Office* oder an die Comicfigur Dilbert.

3. STUFE – meint in erster Linie die individuelle Leistung und wird von dem Motto »Ich bin großartig (und du nicht)« getrieben. Gemäß den Autoren müssen diese Menschen in Unternehmen »siegen, und das Siegen ist für sie etwas Persönliches. Sie arbeiten und denken als Einzelne schneller als ihre Konkurrenten. Das daraus resultierende Selbstverständnis lässt sich als das des ›Einzelkämpfers‹ beschreiben.«

4. STUFE – Hier stehen der Stammesstolz und die Überzeugung im Mittelpunkt, dass »wir großartig sind (und die anderen nicht)«. Ein solches Team erfordert einen starken Gegner, und je größer der Feind, desto stärker ist der Stamm.

5. STUFE – Dieses Level wird eher selten erreicht; es ist gekennzeichnet durch ein naives Staunen und den festen Glauben, dass das »Leben großartig ist« (siehe die Bulls, Chicago, 1995–98).

Unter gleichen Bedingungen, so Logan und seine Mitautoren, ist eine Kultur der 5. Stufe einer Kultur der 4. Stufe überlegen, die wiederum diejenige der 3. Stufe übertrifft und so weiter. Außerdem ändern sich die Regeln, wenn man von einer Kultur zur anderen übergeht. Das ist der Grund, warum die sogenannten allgemeinen Prinzipien, die in den meisten Büchern über Führungsqualitäten erwähnt werden, sich nur selten als stichhaltig erweisen. Damit eine Kultur von einer Stufe zur anderen übergehen kann, müssen die entsprechenden Schalthebel für das jeweilige Stadium in der Entwicklung der Gemeinschaft ausfindig gemacht werden.

Während der Saison 2008/09 mussten sich die Lakers von einem Team der 3. Stufe zu einem der 4. Stufe entwickeln, um zu gewinnen. Entscheidend dafür war, viele wichtige Spieler dazu zu bringen, uneigennütziger in ein Spiel zu gehen. Um Kobe machte ich mir keine allzu großen Sorgen, obwohl er, wenn sich Frust in ihm breitmachte, jederzeit einen Wurf nach dem anderen nehmen konnte. Doch zu diesem Zeitpunkt seiner Karriere wusste ich, dass er eingesehen hatte, wie unsinnig es war, jedes Mal, wenn er am Ball war, zu versuchen, Punkte zu erzielen. Ich machte mir auch keine Gedanken um Fish oder Pau Gasol, die geborene Teamplayer waren. Was mich am meisten beunruhigte, waren einige der jüngeren Spieler, die sich bei den Fernsehzuschauern von *SportsCenter* auf ESPN einen Namen machen wollten.

Doch zu meiner Überraschung stellte ich zu Saisonbeginn fest, dass selbst einige der unreifsten Spieler des Teams konzentriert und zielstrebig waren. »Wir hatte eine ernste Aufgabe vor uns, da gab es kein Lockerlassen«, sagt *Forward* Luke Walton. »Als wir das Finale erreichten, stand eine Niederlage einfach außer Frage.«

Wir legten einen furiosen Start hin, gewannen 21 unserer ersten 25 Spiele, und als wir an Weihnachten zu Hause gegen die Celtics antraten, waren wir ein Team, das wesentlich beherzter war als in den Playoffs des Vorjahres. Wir gingen im Spiel taktisch so vor, wie es von den »Basketballgöttern« verlangt wurde: Wir wussten, wie wir die gegnerische Verteidigungsformation während des Spiels lesen und an ihr vorbeikommen konnten. Im Grunde genommen reagierten wir alle harmonisch wie eine fein abgestimmte Jazz-Combo. Diese neuen Lakers schlugen die Celtics mit 92:83 und tänzelten dann durch die Saison zur besten Bilanz in der Western Conference (65 Siege, 17 Niederlagen).

Die größte Bedrohung ging in der zweiten Runde der Playoffs von den Houston Rockets aus, die die Serie auf sieben Spiele ausdehnten, obwohl sie in Spiel 3 ihren Star Yao Ming verloren, da er sich einen Fuß gebrochen hatte. Unser größter Schwachpunkt war der Irrglaube, dass wir uns allein auf unsere Spielbegabung verlassen könnten. Aber so siegessicher wir auch waren, weil dem anderen Team die drei besten Spieler fehlten: Der sehr enge Kampf zeigte unseren Spielern, wie tückisch die Playoffs sein können, und brachte sie einen Schritt näher, sich zu einem Team der 4. Stufe mit selbstlosen Spielern zu entwickeln.

Keine Frage: Das Team, das in Orlando nach dem Gewinn der NBA-Finals – wozu es fünf Spiele bedurfte – vom Feld ging, war ein anderes als dasjenige, das im Jahr zuvor auf dem Platz des TD Garden in Boston auseinandergefallen war. Die Spieler waren nicht nur zäher und selbstbewusster, sondern auch von einem starken Zusammenhalt geprägt. »Es gab einfach so etwas wie eine Brüderlichkeit«, sagte Kobe. »Das ist alles – wir waren Brüder.«

Die meisten Trainer, die ich kenne, verbringen viel Zeit damit, Spielzüge in Form von Diagrammen aufzuzeichnen. Ich muss gestehen, dass ich manchmal selbst in diese Falle getappt bin. Was jedoch die meisten Menschen an diesem Sport fasziniert, ist nicht das endlose Gerede über irgendwelche Strategien, das durch den Äther schwirrt. Vielmehr ist es das, was ich gerne als die »spirituelle Natur des Spiels« bezeichne.

Ich kann nicht behaupten, ein Experte in Sachen Führungstheorie zu sein. Ich weiß jedoch, dass die Kunst, eine Gruppe junger, ehrgeiziger Menschen in ein ganzheitliches Meisterschaftsteam zu verwandeln, kein mechanischer Prozess ist. Es ist eher ein geheimnisvoller Balanceakt, der nicht nur eine gründliche Kenntnis der Gesetze voraussetzt, die dem Spiel zugrunde liegen, sondern auch ein offenes Herz, einen klaren Verstand und eine tiefe Neugierde für die Wege des menschlichen Geistes.

Dieses Buch handelt von meiner Reise, auf der ich versucht habe, dieses Geheimnis zu lüften.

KAPITEL 2
DIE JACKSON-ELF

Man kann nicht gegen die Spielregeln verstoßen, solange man nicht weiß, wie man das Spiel zu spielen hat.

Ricky Lee Jones

Bevor wir fortfahren, möchte ich einen Überblick über die Grundprinzipien der achtsamen Menschenführung geben, die ich über die Jahre entwickelt habe, um mit deren Hilfe aus schlecht organisierten Teams NBA-Champions zu machen. Hochtrabende Theorien zum effektiven Management wird man hier vergeblich suchen. In Sachen Menschenführung ist, wie bei den meisten Dingen des Lebens, der beste Ansatz stets der einfachste.

1. MENSCHENFÜHRUNG – VON INNEN NACH AUSSEN

Manche Trainer schließen sich gerne den Lemmingen an und laufen einfach mit. Sie investieren übermäßig viel Zeit in das Studium dessen, was andere Trainer machen, und probieren jede neue schrille Methode aus, um sich einen Vorteil gegenüber ihren Gegnern zu verschaffen. Dieser methodische Ansatz, bei dem man den Blick vom äußeren Umfeld auf den inneren Kern der Sache, das heißt auf das Team, lenkt, mag kurzfristig funktionieren, vorausgesetzt, man ist eine starke, charismatische Persönlichkeit.

Das geht jedoch unweigerlich ins Auge, wenn die Spieler es leid sind, sich einschüchtern zu lassen, und gänzlich abschalten – oder aber, was noch wahrscheinlicher ist: wenn die Gegner sich schlaumachen über deine Strategien und ein kluges Vorgehen austüfteln, mit dem sie deiner nächsten Taktik Paroli bieten.

Ich schließe mich allein aufgrund meines Naturells nicht den Lemmingen an. Das geht auf meine Kindheit zurück, als meine Eltern – beide waren Pastoren der Pfingstbewegung – mir religiöse Dogmen förmlich eintrichterten. Von mir wurde erwartet, auf streng vorgeschriebene Weise zu denken und mich entsprechend zu verhalten. Als Erwachsener versuchte ich, mich von dieser frühen elterlichen Prägung zu befreien; ich wollte ein aufgeschlosseneres, für mich persönlich sinnvolleres Dasein in der Welt entfalten.

Lange Zeit glaubte ich, meine persönlichen Überzeugungen strikt von meinem Berufsleben fernhalten zu müssen. In meinem Bestreben, mit meinem eigenen spirituellen Verlangen klarzukommen, probierte ich mich an vielen religiösen Ideen und Praktiken, von christlicher Mystik bis hin zu Zen-Meditation und den Ritualen der amerikanischen Ureinwohner. Schließlich gelangte ich zu einer Synthese, die mir authentisch erschien. Und obwohl ich zunächst befürchtete, dass meine Spieler meine unorthodoxen Ansichten etwas verrückt finden könnten, stellte ich im Lauf der Zeit fest: Je mehr ich aus dem Herzen sprach, desto besser hörten mir die Jungs zu und konnten von dem, was ich an Informationen und Fakten zusammengetragen hatte, profitieren.

2. DROSSELUNG DES EGOS

Bill Fitch, mein Coach an der University of North Dakota, wurde einmal von einem Reporter gefragt, ob der Umgang mit schwierigen Menschen ihm Magenschmerzen bereiten würde, und er erwiderte: »Ich bin derjenige, der den Leuten Magenschmerzen bereitet, nicht umgekehrt.« Fitch, der später ein erfolgreicher NBA-Trainer wurde, steht für einen der gängigsten Trainingsstile, und zwar nach dem gebieterischen Motto: »Entweder du tust, was ich dir sage, oder du fliegst raus!«, was jedoch in Bills Fall infolge seines verschmitzten Humors in etwas milderer Form rüberkam. Der andere klassische Trainertyp ist der »Schleimer-Coach«, der seine Stars im Team zu beschwichtigen versucht und ihr bester Freund sein möchte – was jedoch allenfalls ein albernes Gehabe ist.

Ich habe einen anderen Weg eingeschlagen. Nach Jahren des Experimentierens stellte ich fest: Je mehr ich versuchte, Macht auszuüben, desto weniger Macht ging von mir aus. Ich lernte, mein Ego zu drosseln und den Spielern so gut es ging meine Vorstellungen nahezubringen, ohne dabei meine Autorität aufzugeben. Kurioserweise hatte dieser Ansatz mich als Coach noch wirkmächtiger gemacht, denn er nahm mir die Last von den Schultern, die Träume und Visionen des Teams zu bewahren und aufrechtzuhalten.

Manche Trainer bestehen darauf, das letzte Wort zu haben. Ich versuchte jedoch stets ein Umfeld zu schaffen, in dem jeder eine Führungsrolle spielte, vom noch unerfahrenen *Rookie* bis zum alterfahrenen Veteranen. Wenn es dein vorrangiges Ziel ist, ein Team in harmonischen Einklang zu bringen und eine Einheit daraus zu formen, ergibt es keinen Sinn, deine Autorität auf Biegen und Brechen durchsetzen zu wollen.

Das Zurückschrauben des Egos bedeutet nicht, ein Schwächling zu sein. Das habe ich von meinem Mentor Red Holzman, dem ehemaligen Coach der Knicks, gelernt, einer der selbstlosesten Führungspersönlichkeiten, die ich je gekannt habe. Als wir mit dem Team einmal im Bus unterwegs waren, ertönte aus dem Ghettoblaster eines Spielers plötzlich harte Rockmusik. Red ging zu dem Jungen und sagte. »Hey, hast du auch etwas von Glenn Miller dabei?« Der Bursche schaute Red an, als wäre er von allen guten Geistern verlassen. »Nun«, sagte Red, »falls ja, dann kannst du etwas von meiner Musik und etwas von deiner spielen. Ansonsten schalte dieses verdammte Ding aus.« Danach setzte Red sich neben mich und sagte: »Du weißt ja, die Spieler haben ihren Stolz, aber manchmal vergessen sie, dass auch die Trainer ihren haben.«

3. JEDEM SPIELER SEINE BESTIMMUNG

Was ich als Trainer gelernt habe, ist, dass man anderen Menschen nicht seinen Willen aufzwingen kann. Wenn man möchte, dass sie anders handeln oder agieren, müssen sie angespornt werden, sich selbst zu ändern.

Für die meisten Spieler ist es Usus, das Denken ihren Trainern zu überlassen. Wenn sich auf dem Spielfeld ein Problem entwickelt, schauen sie nervös zur Seitenlinie und erwarten vom Coach, dass er eine Lösung parat hat. Viele Trainer tun ihnen diesen Gefallen. Ich aber nicht. Ich wollte immer, dass die Spieler sich selbst Gedanken machen, sodass sie im Kampf auf dem Platz schwierige Entscheidungen treffen können.

Als Faustformel in der NBA gilt, eine Auszeit zu nehmen, sobald das gegnerische Team einen 6:0-Lauf hinlegt. Ich ließ jedoch, sehr zum Entsetzen meines Trainerstabs, die Uhr an diesem Punkt noch weiterlaufen, sodass die Jungs auf dem Feld sich zwangsläufig selbst eine Lösung einfallen lassen mussten. Das sorgte nicht nur für ein solidarisches Gefühl unter den Spielern, sondern steigerte auch, wie Michael Jordan es stets nannte, die kollektive »Denkkraft« des Teams.

Auf einer anderen Ebene habe ich immer versucht, jedem Spieler die Freiheit zu geben, eine eigene Rolle innerhalb des Teams zu finden. Ich habe Dutzende von Spielern erlebt, deren Karriere ein plötzliches Ende nahm und die in der Versenkung verschwanden, nicht nur aufgrund ihres mangelnden Talents, sondern weil sie es nicht verstanden, sich in das Schema des Basketballs einzufügen, das der NBA zugrunde liegt.

Mein Ansatz war stets, jeden Spieler als ein Ganzes zu betrachten, und nicht nur als ein Rädchen in der Basketballmaschinerie. Das bedeutete, ihn dahinzubringen, selbst herauszufinden, welche besonderen Qualitäten er ins Spiel einbringen konnte, neben seiner Fähigkeit, zu werfen und Pässe zu spielen. Wie beherzt war er? Oder wie belastbar? Wie war es um seinen Charakter bestellt, wenn wir angegriffen wurden? Viele Spieler, die ich trainiert habe, machten auf dem Papier nicht viel her. Aber während sie sich ihre eigene Rolle zulegten, wurden sie zu überragenden Champions. Derek Fisher ist ein Paradebeispiel dafür. Er begann als *Backup*-Point-Guard für die Lakers, dessen Lauftempo und Wurffähigkeiten eher durchschnittlich waren. Er trainierte jedoch unermüdlich und wandelte sich zu einem unbezahlbaren *Clutch*-Spieler, der in entscheidenden Situationen unter Druck Punkte erzielen konnte, und wurde zu einer der besten Führungspersönlichkeiten, die ich je trainiert habe.

4. DER WEG ZUR FREIHEIT IST EIN SCHÖNES SYSTEM

Als ich 1987 als Assistenztrainer zu den Bulls kam, brachte mir mein Kollege Tex Winter eine Taktik bei, die als *Triangle Offense* (dt. »Dreiecksoffensive«)

bekannt ist und die perfekt mit den Wertvorstellungen der Selbstlosigkeit und Achtsamkeit übereinstimmt, die mich der Zen-Buddhismus gelehrt hat. Tex wurde als Student an der University of Southern California (USC) mit den Grundlagen dieses Systems vertraut, und zwar unter dem legendären Coach Sam Barry. Als Cheftrainer des Basketballteams der Kansas State University verfeinerte Tex diese Form des Offensivspiels und führte die Wildcats damit zu acht Meistertiteln und zwei Final-Four-Teilnahmen. Er verließ sich auch auf diese Taktik, als er der Chefcoach der Houston Rockets war. (Tex' Teamkameraden an der USC, Bill Sharman und Alex Hannum, nutzten ihre eigenen Varianten der Triangle Offense, um mit den Lakers beziehungsweise den Philadelphia 76ers Meisterschaften zu gewinnen.)

Obwohl Tex und ich mit der Triangle Offense bei den Bulls und den Lakers außerordentlich erfolgreich waren, gibt es immer noch viele Missverständnisse darüber, wie das System funktioniert. Kritiker bezeichnen es als unflexibel, als veraltet und schwierig zu erlernen, was aber alles nicht stimmt. Tatsächlich ist die Triangle Offense eine einfachere Angriffstaktik als die der meisten heutigen Teams in der NBA. Das Beste daran ist, dass sie automatisch die Kreativität und Teamarbeit fördert, und die Spieler müssen nicht etliche *Set plays*, die in der Hälfte des Gegners angewendet werden, auswendig lernen.

Was mich an der Triangle Offense reizte, war, wie sie den Spielern mehr Handlungsfähigkeit gibt, indem sie jedem eine zentrale Rolle zuweist und ein hohes Maß an Kreativität innerhalb eines klaren, gut definierten Spielaufbaus ermöglicht. Entscheidend ist, jedem Spieler beizubringen, die gegnerische Verteidigung zu lesen und entsprechend zu reagieren. So kann die Mannschaft aufeinander abgestimmt zusammenspielen – je nach dem, was gerade auf dem Feld passiert. Beim Triangle kann man nicht herumstehen und darauf warten, dass die Michael Jordans und Kobe Bryants dieser Welt anfangen zu zaubern. Alle fünf Spieler müssen in jeder Sekunde voll dabei sein, ansonsten scheitert das ganze System. Dies setzt einen anhaltenden Prozess in Gang, bei dem Probleme gemeinsam durch die Spieler auf dem Platz in Echtzeit gelöst werden, und nicht nur auf dem Klemmbrett des Trainers während der Auszeiten. Wenn die Triangle Offense richtig funktioniert, ist es praktisch unmöglich, sie aufzuhalten, weil niemand weiß, was als Nächstes passiert, nicht einmal die Spieler selbst.

5. AUS DEM ALLTÄGLICHEN ETWAS HEILIGES MACHEN

Als Junge fand ich es erstaunlich, wie es meinen Eltern gelang, für ein Leben in Gemeinschaft zu sorgen; sie verwandelten das harte Leben in der Prärie Montanas und North Dakotas in eine sakrale Erfahrung.

Man kennt das kirchliche Loblied:

Gesegnet sei das Band, das verbindet
Unsere Herzen in christlicher Liebe;
Die Gemeinschaft gleichgesinnter Gemüter
Ist wie die dort oben.

Das ist die Essenz dessen, was es bedeutet, Menschen zusammenzubringen und sie mit etwas zu verbinden, das größer ist als sie selbst. Als ich heranwuchs, habe ich dieses Lied tausendmal gehört und erlebt, was geschieht, wenn Menschen vom Geist berührt werden und er sie eint. Die Rituale hatten eine starke Auswirkung auf mich – und auf meinen Führungsstil –, auch wenn ich mich später vom Glauben der Pfingstbewegung distanzierte und in spiritueller Hinsicht eine neue Richtung fand.

Einmal, als die Bulls nach einem hart umkämpften und knappen Sieg in den Mannschaftsbus stiegen, sagte mein Athletiktrainer Chip Schaefer, er wünschte, wir könnten diese Energie aus dem Spiel wie einen Zaubertrank in eine Flasche abfüllen, damit wir sie immer dann herauslassen können, wenn wir sie brauchen. Das ist eine schöne Idee, doch ich habe gelernt, dass die Kräfte, die für ein harmonisches Band unter den Menschen sorgen, nicht so eindeutig sind. Sie lassen sich nicht nach Wunsch herbeirufen, aber man kann sein Bestes tun, um die Voraussetzungen zu schaffen, die diese Art der Transformation fördern; das ähnelt sehr dem, was meine Eltern jeden Sonntag in der Kirche versuchten.

Ich denke, meine Aufgabe als Trainer bestand darin, aus einer der profansten Tätigkeiten der Welt etwas Sinnvolles zu machen: Profibasketball zu spielen. Trotz des ganzen Glamours, der sich wie ein Ring um diesen Sport legt, kann das Spielen tagein, tagaus, erst in der einen, dann in einer anderen Stadt, etwas Nervtötendes sein. Deshalb habe ich Meditation zum Bestandteil des Trainings gemacht. Ich wollte den Spielern neben den grafischen Darstellungen der Spielzüge an der Tafel etwas geben, auf das sie sich konzentrieren konnten. Darüber hinaus haben wir oft eigene Rituale ins Leben gerufen, um dem Training einen gewissen sakralen Hauch zu verleihen.

Zu Beginn des Trainingslagers haben wir beispielsweise ein Ritual durchgeführt, das ich von dem großartigen Footballspieler Vince Lombardi übernommen hatte. Die Spieler stellten sich an der Grundlinie in einer Reihe auf, und ich bat sie, mich in dieser Saison als ihren Trainer anzuerkennen, und sagte: »Gott hat mich dazu bestimmt, euch junge Männer zu trainieren, und ich nehme die mir übertragene Rolle an. Wenn ihr die von mir angenommene Aufgabe akzeptieren und meinem Training folgen wollt, dann müsst ihr als Zeichen eurer Einwilligung diese Linie überschreiten.« Und wunderbarerweise haben sie es auch jedes Mal getan.

Wir haben das auf eher lustige Art und Weise zelebriert, aber stets mit ernster Absicht. Das Wesentliche des Coachings besteht darin, die Spieler dazu zu bringen, von ganzem Herzen damit einverstanden zu sein, gecoacht zu werden, und ihnen dann das zu vermitteln, was sie als die Bestimmung ihres Teams betrachten.

6. EIN ATEM – EIN GEIST

Als ich die Lakers 1999 übernahm, war es ein Team mit talentierten Spielern, denen es allerdings sehr an Konzentration mangelte. In den Playoffs brach die Mannschaft oft auseinander, weil sie eine so konfuse und undisziplinierte Offensive spielte, und die besseren Teams wie die San Antonio Spurs und die Utah Jazz hatten durchschaut, wie sie die stärkste Waffe der Lakers – Shaquille O'Neal – ausschalten konnten.

Ja, wir konnten einige taktische Züge machen, um diese Schwachpunkte zu kompensieren, aber was die Spieler wirklich brauchten, war ein Weg, den wilden Selbstgesprächen, die sie in ihren Köpfen führten, ein Ende zu bereiten und sich stattdessen darauf zu konzentrieren, Basketballspiele zu gewinnen. Als ich Head Coach der Bulls war, mussten die Spieler mit dem Medienrummel um Michael Jordan fertigwerden. Das war jedoch nichts im Vergleich zu all dem Wahnsinn, dem sich die Lakers im Kosmos der Promi-Kultur ausgesetzt sahen. Um die Spieler zur Ruhe kommen zu lassen, machte ich sie mit einer der Methoden bekannt, die ich bei den Bulls erfolgreich angewendet hatte: der Achtsamkeitsmeditation.

Viele Trainer haben mich wegen meiner Meditationsexperimente aufgezogen. Einmal kamen die College-Basketballtrainer Dean Smith und Bobby Knight zu einem Spiel der Lakers und fragten mich: »Stimmt es, Phil, dass ihr, du und dein Team, vor den Spielen in einem dunklen Raum sitzt und Händchen haltet?«

Ich konnte darüber nur lachen. Die Achtsamkeitsmeditation hat zwar ihre Wurzeln im Buddhismus, ist aber eine leicht zugängliche Methode, um den rastlosen Geist zu beruhigen und die Aufmerksamkeit auf das zu richten, was im gegenwärtigen Augenblick geschieht.

Das ist für Basketballspieler, die oft unter enormem Druck stehen und innerhalb von Bruchteilen von Sekunden Spielentscheidungen treffen müssen, äußerst nützlich. Außerdem stellte ich fest: Wenn ich die Spieler in Ruhe zusammensitzen und sie alle synchron atmen ließ, konnte ich sie ohne Worte besser in Einklang bringen, als wenn ich auf sie einredete. Ein Atem ist gleich einem Geist.

Ein weiterer Aspekt der buddhistischen Lehre, der mich nachhaltig geprägt hat, ist, welche zentrale Bedeutung Aufgeschlossenheit und Freiraum haben. Der Zen-Lehrer Shunryu Suzuki verglich den menschlichen Geist mit einer Kuh auf einer Weide. Sperrt man die Kuh in ein enges Gehege ein, wird sie nervös und frustriert und beginnt, das Gras des Nachbarn zu fressen. Lässt man die Kuh jedoch auf einer großen Wiese weiden, auf der sie sich frei bewegen kann, ist sie zufriedener und wird nicht so schnell ausbrechen. Für mich hat diese Herangehensweise an die geistige Disziplin etwas sehr Erfrischendes, jedenfalls im Vergleich zu dem eingeschränkten Denken, das mir als Kind eingeimpft wurde.

Ich habe auch festgestellt, dass man mithilfe von Suzukis Metapher ein Team leiten kann. Legt man den Spielern zu viele Einschränkungen auf, verbringen sie zu viel Zeit damit, sich den Methoden des Trainers zu widersetzen. Sie brauchen, wie jeder von uns, eine gewisse Struktur in ihrem Leben, aber eben auch genug Freiraum, um kreativ zu werden. Andernfalls verhalten sie sich wie die eingezäunte Kuh.

7. DER SCHLÜSSEL ZUM ERFOLG IST EINFÜHLUNGSVERMÖGEN

In seiner neuen Übersetzung des chinesischen *Tao Te King* liefert Stephen Mitchell eine etwas gewagte Version hinsichtlich Laotses Auffassung über den richtigen Führungsstil:

Ich habe nur drei Dinge zu lehren:
Einfachheit, Geduld und Einfühlungsvermögen.
Diese drei sind die größten Schätze.
Einfach im Handeln und Denken,
kehrst du zur Quelle des Seins zurück.
Geduld mit Freunden und Feinden,
stimmst du mit den Dingen überein, wie sie sind.
Du bist mitfühlend mit dir selbst,
versöhnst alle Wesen der Welt.

Alle diese »Schätze« waren ein wesentlicher Bestandteil meines Coachings, doch Einfühlungskraft war der wichtigste. In der westlichen Welt fassen wir Empathie gerne als eine Art Wohltätigkeit auf, aber ich teile Laotses Ansicht, dass Einfühlungsgabe mit allen Wesen – nicht zuletzt mit sich selbst – der Schlüssel zum Abbau von Grenzen zwischen den Menschen ist.

Nun ist »Empathie« ein Wort, das nicht oft in Umkleidekabinen fällt. Ich habe jedoch die Erfahrung gemacht, dass ein paar freundliche, bedächtige Worte große Veränderungen mit Blick auf die Beziehungen, die die Spieler untereinander pflegen, herbeiführen können, auch bei den härtesten Typen im Team.

Da ich selbst als Spieler angefangen habe, konnte ich mich stets in junge Männer hineinversetzen, die mit der brutalen Realität in der NBA konfrontiert werden. Die meisten Spieler leben in einem Zustand ständiger Angst; sie machen sich Sorgen, dass sie verletzt oder gedemütigt, gefeuert oder im *Trade* getauscht werden oder dass sie – und das ist das Schlimmste, was ihnen passieren kann – einen blöden Fehler machen, der sie für den Rest ihres Lebens verfolgen wird.

Als ich für die Knicks spielte, musste ich aufgrund einer Rückenverletzung über ein Jahr lang pausieren. Ich konnte daher aus eigener Erfahrung mit Spielern, die ich trainiert habe, darüber sprechen, wie es sich anfühlt, wenn der Körper streikt und man nach einem Spiel jedes Gelenk mit Eis kühlen oder sogar eine ganze Saison lang auf der Bank sitzen muss.

Darüber hinaus halte ich es für wichtig, dass die Sportler lernen, ihre Herzen zu öffnen, damit sie auf sinnvolle Weise zusammenarbeiten können. Als Michael 1995 zu den Bulls zurückkehrte, nachdem er eineinhalb Jahre lang in der Baseball-Minor-League gespielt hatte, kannte er die meisten Spieler nicht und hatte das Gefühl, in keinster Weise mit dem Team harmonieren zu können. Erst als er beim Training in einen Streit mit Steve Kerr geriet, wurde ihm klar, dass er seine Teamkollegen besser kennenlernen musste. Er musste verstehen, wie sie ticken, damit er ergiebiger mit ihnen arbeiten konnte. Dieser Moment des Erwachens half Michael, eine einfühlsame Führungspersönlichkeit zu werden, und trug letztlich dazu bei, das Team zu einem der besten aller Zeiten zu machen.

8. ACHTE AUF DEINEN GEIST, NICHT AUF DIE ANZEIGETAFEL

Stephen Covey, der Autor eines der einflussreichsten Bücher über Managementmethoden, erzählt folgende alte japanische Geschichte über einen Samurai-Krieger und seine drei Söhne: Der Samurai wollte seinen Söhnen klarmachen, wie wirkmächtig Teamarbeit ist. Also gab er jedem von ihnen einen Pfeil und bat sie, ihn zu zerbrechen. Das war kein Problem, jeder Sohn schaffte es mit Leichtigkeit. Dann gab der Samurai ihnen ein Bündel mit drei zusammengebundenen Pfeilen und bat sie, das Gleiche noch einmal zu tun. Es gelang jedoch niemandem. »Das ist eure Lektion«, sagte der Samurai. »Wenn ihr drei zusammenhaltet, werdet ihr niemals besiegt werden.«

Diese Geschichte zeigt, wie stark ein Team sein kann, wenn jedes Mitglied seinen Egoismus zum Zwecke eines größeren Ganzen hintanstellt. Das sportliche Können eines Spielers entfaltet sich am besten, wenn er nicht auf Teufel komm raus einen Wurf einfordert oder der Mannschaft seine Persönlichkeit aufdrängt. Und indem er so spielt, wie es seine Veranlagung zulässt, mobilisiert er kurioserweise ein höheres Potenzial für das Team. Dadurch wiederum gelangt er über seine eigenen Grenzen hinaus und hilft auch seinen Mitspielern, mehr aus sich herauszuholen. Wenn dies der Fall ist, summiert sich das Ganze zu mehr als nur der Summe seiner Teile.

Ein Beispiel: Wir hatten einen Spieler bei den Lakers, der in der Verteidigung gerne dem Ball nachjagte. Hätte er sich darauf konzentriert, am anderen Ende des Spielfelds Punkte zu erzielen, statt dem Gegner den Ball abzuluchsen, hätte er weder die eine noch die andere Aufgabe gut gemacht. Als er sich jedoch mit Leib und Seele auf die Verteidigung fokussierte, sprangen seine Teamkollegen auf der anderen Spielfeldseite für ihn ein, weil sie intuitiv wussten, was er tun würde. Sodann fand plötzlich jeder seinen Rhythmus, und fortan nahmen die Dinge einen guten Lauf.

Interessanterweise waren sich die anderen Spieler gar nicht bewusst, dass sie das Verhalten ihres Mitspielers antizipierten. Das war keine Erfahrung, die man losgelöst vom Körper erlebt hat oder so etwas. Aber intuitiv haben sie gespürt, was als Nächstes passieren würde, und machten ihre entsprechenden Spielzüge.

Die meisten Trainer verstricken sich in taktische Überlegungen; ich hingegen konzentrierte mich lieber darauf, ob die Spieler sich in beherzter Weise auf dem Spielfeld bewegten. Michael Jordan sagte immer, dass ihm an meinem Trainerstil gefiel, wie ruhig ich in den letzten Minuten eines Spiels blieb, ähnlich wie sein College-Trainer Dean Smith. Das war keine große Sache. Mein Selbstvertrauen erwuchs aus dem Wissen: Wenn die Chemie stimmte und die Spieler aufeinander abgestimmt waren, würde das Spiel wahrscheinlich zu unseren Gunsten ausgehen.

9. MANCHMAL MUSS MAN DEN STOCK HERAUSHOLEN

In der strengsten Form des Zen schlendern Aufseher durch die Meditationshalle und schlagen meditierende Schüler, die schlafen oder lustlos wirken, mit einem flachen Holzstock, dem sogenannten *Keisaku*, auf die Schultern, damit sie sich wieder richtig konzentrieren. Das ist nicht als Bestrafung gedacht. Tatsächlich wird der *Keisaku* manchmal als »Stock des Mitgefühls« bezeichnet. Der Zweck des Schlags ist es, den Meditierenden erneut anzuregen und ihn oder sie wieder etwas mehr aufzumuntern.

Ich habe beim Training keinen *Keisaku* benutzt, obwohl es Zeiten gab, in denen ich mir wünschte, ich hätte einen zur Hand gehabt. Ich habe einige andere Tricks aus der Tasche gezogen, um die Spieler wachzurütteln und ihr Bewusstsein zu schärfen. Einmal habe ich die Bulls schweigend trainieren lassen; ein anderes Mal mussten sie bei ausgeschaltetem Licht ein

Übungsspiel absolvieren. Ich mag es, Dinge zu verändern und die Spieler im Ungewissen zu halten. Nicht etwa, weil ich ihnen das Leben zur Hölle machen will, sondern weil ich sie auf das programmierte Chaos vorbereiten will, das in dem Moment auftaucht, in dem sie ein Basketballfeld betreten.

Einer meiner Lieblingstricks war es, die Spieler in zwei ungleiche Teams für ein Trainingsmatch aufzuteilen und dem Team in Unterzahl die Fouls durchgehen zu lassen. Ich wollte sehen, wie die Spieler der Mannschaft in Überzahl reagieren, wenn alle Fouls gegen sie gepfiffen würden und ihre Gegner einen 30-Punkte-Vorsprung herausspielten. Solche Spiele machten Michael verrückt, weil er grundsätzlich nicht verlieren konnte, obwohl er wusste, dass es nur eine zurechtgebastelte Trainingspartie war.

Ein Spieler, den ich mir genauer vorknöpfte, war der Lakers-Forward Luke Walton. Manchmal habe ich Psychospielchen mit ihm gespielt, damit ihm klar wurde, wie es sich anfühlt, gestresst zu sein. Einmal habe ich ihn eine Reihe von Übungen absolvieren lassen, die besonders frustrierend für ihn waren, und an seiner Reaktion konnte ich erkennen, dass ich es übertrieben hatte. Danach setzte ich mich mit ihm zusammen und sagte: »Ich weiß, du denkst darüber nach, eines Tages Trainer zu werden. Ich denke, das ist eine gute Idee, aber Coaching besteht nicht nur aus Spaß und Spiel. Manchmal, egal wie nett du bist, musst du ein Arschloch sein. Man kann kein Trainer sein, wenn man gemocht werden muss.«

10. IM ZWEIFELSFALL NICHTS TUN

Basketball ist ein Sport, der von Handlungen und Taten auf dem Spielfeld lebt, und die meisten Menschen, die ihn betreiben, sind solche, in denen jede Menge Energie steckt und die gerne etwas – oder besser: *alles* – tun, um Probleme zu lösen. Es gibt aber auch Situationen, in denen die beste Lösung darin besteht, gar nichts zu tun.

Das gilt vor allem dann, wenn die Medien mit im Spiel sind. Reporter haben sich oft über mich lustig gemacht, weil ich meine Spieler nicht sofort zur Rede gestellt habe, wenn sie sich eher wie Kinder aufgeführt oder in der Presse etwas Dummes gesagt haben. T.J. Simers von der *Los Angeles Times* schrieb einmal in einer witzigen Kolumne, dass ich zur Untätigkeit neige, und er schlussfolgerte ironisch, dass »niemand nichts besser macht als Phil«. Ich habe den Witz verstanden. Aber ich habe mich stets davor gehütet, mir mit meinem Ego auf leichtsinnige Weise Geltung zu verschaffen, nur um den Journalisten Futter zu geben, um über irgendetwas schreiben zu können.

Auf einer tieferen Ebene glaube ich, dass die Konzentration auf etwas anderes als auf die eigentlichen Aufgaben mitunter der effektivste Weg ist, um schwierige Probleme zu lösen. Wenn der Geist sich entspannen darf, folgt oft die Inspiration, und Forschungen bestätigen das allmählich. In einem Kommentar auf CNNMoney.com berichtet Anne Fisher, Senior Writer von *Fortune*, dass Wissenschaftler langsam erkennen, »dass Menschen am besten denken können, wenn sie sich überhaupt nicht auf die Arbeit konzentrieren«. Sie zitiert Studien, die von niederländischen Psychologen in der Zeitschrift *Science* publiziert wurden und die zu dem Schluss kamen: »Das Unbewusste kann auf hervorragende Weise komplexe Probleme lösen, wenn das Bewusstsein anderweitig beschäftigt ist oder, vielleicht noch besser, gar nicht überfordert wird.« Deswegen schließe ich mich der Philosophie des verstorbenen Satchel Paige an, der sagte: »Manchmal sitze ich und denke nach, und manchmal sitze ich einfach nur.«

11. VERGISS DEN RING

Ich hasse es zu verlieren. Ich habe es schon immer gehasst. Als Kind war ich so versessen darauf zu gewinnen, dass ich oft in Tränen ausbrach und Kleinholz aus dem Brettspiel machte, wenn einer meiner älteren Brüder, Charles oder Joe, mich in einer Partie besiegte. Sie liebten es, mich aufzuziehen, wenn ich einen Wutanfall bekam, was mich aber nur noch verbissener machte, beim nächsten Mal zu gewinnen. Ich übte und übte, bis ich einen Weg gefunden hatte, sie zu schlagen und ihnen das selbstgefällige Grinsen aus dem Gesicht zu vertreiben.

Auch als Erwachsener bin ich dafür bekannt, gelegentlich etwas aus der Rolle zu fallen. Einmal, nach einer besonders peinlichen Niederlage gegen Orlando in den Playoffs, rasierte ich mir fast alle Haare ab und stampfte fast eine Stunde lang durch den Raum, bis sich meine Wut gelegt hatte.

Als Trainer weiß ich jedoch, dass es kontraproduktiv ist, wenn man nur auf den Sieg fixiert ist (oder, was wahrscheinlicher ist: darauf, nicht zu verlieren), vor allem, wenn einem dadurch die Kontrolle über die eigenen Emotionen aus den Händen gleitet. Darüber hinaus ist es ein Spiel für »Loser«, wenn man geradezu besessen davon ist, als Gewinner dazustehen: Wir können allenfalls hoffen, die optimalen Voraussetzungen für den Erfolg zu schaffen, und dann das Ergebnis loslassen. Auf diese Weise macht das alles viel mehr Spaß. Bill Russell, der großartige Spieler der Boston Celtics, der als Spieler mehr Meisterschaftsringe (elf) gewann als jeder andere, enthüllte in seinen Memoiren *Second Wind*, dass er bei großen Spielen manchmal heimlich die gegnerische Mannschaft anfeuerte, denn wenn sie ein gutes Spiel machte, war das für ihn ein größeres Erlebnis.

Laotse sah das anders. Er glaubte, dass es einen psychisch aus dem Gleichgewicht bringen kann, wenn man zu siegesorientiert ist:

Der beste Athlet
will, dass sein Gegner sein Bestes gibt.
Der beste General
dringt in den Geist seines Gegners ein …
Sie alle verkörpern
Die Tugend des Nichtwettstreitens.
Nicht, dass sie nicht gerne miteinander wettstreiten würden,
aber sie tun es im Sinne des Spiels.

Deshalb habe ich die Spieler zu Beginn einer jeden Saison stets animiert, sich auf den Weg und nicht auf das Ziel zu konzentrieren. Das Wichtigste ist, das Spiel richtig zu spielen und den Schneid zu haben, sich weiterzuentwickeln, als Mensch und als Basketballspieler. Wenn man das tut, sorgt der Ring für sich selbst.

KAPITEL 3

RED

Der beste Schnitzer schneidet am wenigsten ab.

LAOTSE

Mein erster Eindruck von der NBA war, dass sie ein völlig chaotischer Verband war, dem jegliche Struktur fehlte.

Als Red Holzman mich 1967 zu den New York Knicks holte, hatte ich bis dahin nie ein NBA-Spiel gesehen, außer einigen Playoff-Spielen im Fernsehen zwischen den Boston Celtics und den Philadelphia Warriors. Red schickte mir also die Aufzeichnung eines Spiels von 1966 zwischen den Knicks und den Lakers zu, und ich lud ein paar Teamkameraden meines Colleges ein, um den Film auf einem großen Bildschirm anzuschauen.

Ich war sprachlos, als ich sah, wie schluderig und undiszipliniert beide Teams agierten. An der University of North Dakota brüsteten wir uns damit, mit System zu spielen. In meinem letzten Studienjahr hatte unser Trainer Bill Fitch ein Spielsystem eingeführt, das mir sehr gut gefiel. Später wurde mir klar, dass es sich dabei um eine Version der Triangle Offense handelte, die er von Tex Winter übernommen hatte.

Dem Spiel der Knicks aber, das wir uns anschauten, fehlte jegliche logische Strategie. Auf mich wirkte es wie ein Haufen talentierter Spieler, die auf dem Feld auf und ab liefen und versuchten, den Ball in den Korb zu werfen.

Und dann ging die Schlägerei los.

Willis Reed, der imposante 2,06 Meter große und 235 Pfund schwere *Power Forward* der Knicks, geriet in der Nähe der Lakers-Bank mit dem Forward Rudy LaRusso aneinander. Dann folgte eine Pause im Film, und als er weiterlief, schüttelte Willis mehrere Lakers-Spieler von seinem Rücken ab, bevor er *Center* Darrall Imhoff zu Boden riss und LaRusso zweimal ins Gesicht schlug. Bevor er schließlich gebändigt wurde, hatte Willis zuvor noch die Nase des Forward John Blocks gebrochen und Center Hank Finkel zu Boden geworfen.

Irre! Wir sprangen alle gleichzeitig auf und riefen: »Spul noch mal zurück!« Und ich dachte mir dabei: *Worauf habe ich mich da nur eingelassen? Das ist der Typ, mit dem ich es Tag für Tag beim Training zu tun haben werde!*

Doch als ich Willis in jenem Sommer kennenlernte, empfand ich ihn als warmherzigen und netten Kerl, der Würde ausstrahlte und großherzig erschien und überdies eine geborene Führungspersönlichkeit war, die alle respektierten. Er war eine eindrucksvolle Erscheinung auf dem Spielfeld und spürte instinktiv, dass seine Aufgabe darin bestand, seinen Mitspielern den Rücken frei zu halten. Die Knicks gingen davon aus, dass Willis für den Vorfall im besagten Spiel gegen die L.A. Lakers gesperrt werden würde, aber die Liga ließ damals gegenüber Prügeleien auf dem Platz mehr Toleranz walten und sah schließlich von einer Sperre ab. Von da an überlegten es sich die *Big Men* der Liga zweimal, bevor sie sich mit Willis auf dem Boden rauften.

Reed war nicht der einzige tolle Leader bei den Knicks. Spielte man damals in den Championship-Jahren für New York, war es tatsächlich so, als absolvierte man an einer Graduiertenschule ein Studium in Führungsmanagement. Der Forward Dave DeBusschere, der bei den Detroit Pistons Spielertrainer war, bevor er zu den Knicks kam, war ein gerissener Offensivspieler und konnte den Angriff dirigieren. Forward Bill Bradley, der spätere US-Senator, besaß das Talent, Konsens zwischen den Spielern zu stiften, und half ihnen, zu einem Team zu verschmelzen. *Shooting Guard* Dick Barnett, der später einen Doktortitel in Pädagogik erwarb, sorgte mit seinem bissigen Humor dafür, dass sich alle selbst nicht zu ernst nahmen. Und Walt Frazier, mein Zimmergenosse in der ersten Saison, war ein souveräner Point Guard, der dem Team als Quarterback auf dem Feld diente.

Doch der Mann, von dem ich am meisten über Menschenführung lernte, war der unscheinbarste von allen: Red Holzman selbst.

Das erste Mal, dass Red mich auf dem Basketballfeld sah, war während eines der schlimmsten Matches meiner Karriere als College-Spieler. Wegen der Menge meiner verursachten Fouls lief ich Gefahr, schon früh vom Platz gestellt zu werden, und ich fand nie meinen Rhythmus, als Louisiana Tech uns in der ersten Runde des NCAA-Turniers für *Small Colleges* abservierte. Im Spiel um den dritten Platz gegen Parsons kam ich auf 51 Punkte, aber dieses Spiel hat Red verpasst.

Trotzdem muss er irgendetwas an mir gesehen haben, das ihm gefiel, denn er schnappte sich Bill Fitch nach der Partie gegen Louisiana Tech und fragte ihn: »Meinst du, dass Jackson für mich spielen kann?« Fitch zögerte nicht. »Natürlich kann er für dich spielen«, sagte er, weil er glaubte, Red suche nach Männern, die über die Länge des gesamten Spielfeldes verteidigen können (die sogenannte *Full-court-Presse*). Erst im Nachhinein wurde ihm klar, was Red wirklich wissen wollte, nämlich: Kommt dieser Hinterwäldler aus North Dakota mit dem Leben im Big Apple zurecht? Wie dem auch sei, Fitch sagte, seine Antwort wäre ohnehin die gleiche gewesen.

Fitch war ein hartgesottener Trainer – ein ehemaliger Marinesoldat –, der das Training so leitete, als bildete er Rekruten auf Parris Island aus. [Anm. d. Übers: Das MCRD Parris Island ist eine militärische Einrichtung in Beaufort, South Carolina.] Zwischen ihm und meinem gutmütigen Highschool-Trainer Bob Peterson aus Williston, North Dakota, lagen zwar Welten, aber ich spielte gerne für ihn, denn er war zäh und eine ehrliche Haut, der mich stets anspornte, bessere Leistungen zu erbringen. Einmal, in meinem dritten College-Jahr, habe ich mich betrunken und machte mich zum Narren, als ich mich einer Gruppe von Studenten als Cheerleader anschloss und wir Schulgesänge skandierten. Als Fitch die Geschichte zu Ohren bekam, sagte er mir, ich müsse jedes Mal Liegestütze machen, wenn ich ihn auf dem Campus sehe.

Dennoch blühte ich in Fitchs Spielsystem auf. Wir spielten eine Full-court-Presse und ich liebte es. Mit meinen 2,03 Metern war ich groß genug, um Center zu spielen, aber ich war auch schnell und dynamisch. Zudem hatten meine Arme eine große Spannweite, wodurch es mir leichtfiel, Spielmacher zu bedrängen und mir durch gute Defensivarbeit Bälle vom

Gegner zu klauen. Tatsächlich waren meine Arme so lang, dass ich auf dem Rücksitz eines Autos sitzen und beide Vordertüren gleichzeitig öffnen konnte, ohne mich vorzubeugen. Auf dem College war mein Spitzname »Der Mop«, weil ich mich immer zu Boden warf und freien Bällen hinterherjagte.

In meinem dritten College-Jahr konnte ich mich richtig entfalten und kam im Schnitt auf 21,8 Punkte und 12,9 Rebounds pro Spiel und durfte den Titel des »First-Team All-American« tragen. In jenem Jahr gewannen wir den Conference-Titel und spielten zum zweiten Mal in Folge im Final Four der Small Colleges, wo wir in einem engen Halbfinale gegen Southern Illinois verloren. Im nächsten Jahr holte ich durchschnittlich 27,4 Punkte und 14,4 Rebounds und erzielte zweimal 50 Punkte und kam so wieder in das First Team der All-American.

Zuerst dachte ich: Sollte ich im *Draft* von der NBA ausgewählt werden, dann würde ich von den Baltimore Bullets als *Pick* gezogen werden, deren Chef-Scout, mein zukünftiger Boss, Jerry Krause, ein Auge auf mich geworfen hatte. Aber die Bullets wurden von den Knicks ausgebremst, die mich mit einem frühen Pick in der 2. Runde (es war der 17. insgesamt) bekamen. Und Krause, der darauf gesetzt hatte, dass man mich erst in der 3. Runde zöge, sollte sich deswegen noch jahrelang die Haare raufen.

Ich wurde auch von den Minnesota Muskies in der American Basketball Association (ABA) gedraftet, was mir sehr entgegenkam, denn somit hätte ich näher an meinem Wohnort gespielt. Aber Holzman wollte die Muskies nicht gewinnen lassen. Er besuchte mich in jenem Sommer in Fargo, North Dakota, wo ich als Betreuer in einem Ferienlager arbeitete, und machte mir ein besseres Angebot. Er fragte mich, ob ich irgendwelche Bedenken hätte, bei den Knicks zu unterschreiben, und ich erwiderte, dass ich in Betracht zog, eine Graduiertenschule zu besuchen, um Pfarrer zu werden. Er sagte, dass ich nach meiner Profikarriere noch genug Zeit hätte, um das zu tun, was ich tun wollte. Zudem versicherte er mir, dass ich mich an ihn wenden könne, wenn das Leben in New York City für mich schwierig wäre.

Wie sich herausstellte, war John Lindsay, der damalige Bürgermeister von New York, in Fargo und hielt eine Rede bei der Organisation, für die ich im Feriencamp arbeitete. Red fand es amüsant, wie sich beide Ereignisse überschnitten. Während ich den Vertrag unterschrieb, sagte er: »Kannst du dir das vorstellen? Der Bürgermeister von New York ist hier und jeder weiß es. Und du bist auch hier, unterschreibst, und niemand weiß es.«

Da wusste ich, dass ich meinen Mentor gefunden hatte.

Als ich im Oktober ins Trainingslager kam, saßen die Knicks gewissermaßen auf heißen Kohlen. Denn wir warteten immer noch darauf, dass Bill Bradley, unser neuer Forward-Star, nach Beendigung seines Boot Camps bei der Air Force Reserve zu uns stieß. Tatsächlich hatten wir unser Trainingslager auf der McGuire Air Force Base eingerichtet, in der Hoffnung, dass er sich irgendwann loseisen und mit der Mannschaft trainieren könnte.

Obwohl unser Kader voller Talente steckte, war noch nicht geklärt, wer das Team führen sollte. Der vermeintliche Star war Walt Bellamy, ein Center, der berühmt dafür war, viele Punkte zu erzielen, und später in die Basketball Hall of Fame aufgenommen werden sollte. Aber Walt lag im ständigen Clinch mit Willis, der wesentlich besser für die Führungsrolle geeignet war. In der vorherigen Saison waren die beiden einmal aneinandergeraten und hatten sich im Kampf um die Position des Centers buchstäblich ausgeknockt. Dick Van Arsdale war der *Small Forward* der *Starting Five*, viele hielten jedoch Cazzie Russell für den talentierteren Spieler. Dick Barnett und Howard Komives bildeten einen verlässlichen *Backcourt*, aber Barnett erholte sich noch von einem Achillessehnenriss, den er sich im Jahr zuvor zugezogen hatte.

Hinzu kam, dass die Spieler offensichtlich das Vertrauen in Trainer Dick McGuire verloren hatten; sein Spitzname »Mumbles« [Anm. d. Übers.: *to mumble* bedeutet »nuscheln«] sagt viel über seine Unfähigkeit aus, mit dem Team zu kommunizieren. So war es nicht verwunderlich, dass Ned Irish, der Präsident der Knicks, McGuire im Dezember zu einem Scout degradierte und Red zum Cheftrainer ernannte. Holzman war ein zäher, zugeknöpfter New Yorker mit trockenem Humor und langjähriger Erfahrung. Einst ein zweifacher All-American-*Guard* am City College of New York, spielte er für die Rochester Royals, mit denen er zwei Meisterschaften gewann, bevor er Cheftrainer der Milwaukee/St. Louis Hawks wurde.

Red war ein Meister des einfachen Basketballs. Er hatte kein bestimmtes System und schlug sich auch nicht die Nächte um die Ohren, um raffinierte Spielzüge auszutüfteln. Er glaubte daran, Basketball auf die richtige Art und Weise zu spielen, und das bedeutete für ihn, den Ball nach vorne in die Offensive zu bringen und als Team stark und geschlossen zu verteidigen. Red erlernte unseren Sport in einer Zeit, als es den Sprungwurf noch nicht gab und das Spiel mit dem Ball zu fünft mit Zug zum Korb weitaus verbreiteter war als das kreative Spiel im Duell eins gegen eins. Er hatte zwei einfache Regeln, die er bei jedem Spiel von der Seitenlinie aus brüllte. Die erste lautete: *Achte darauf, dass du den Ball im Auge behältst.*

Beim Training legte Red den Schwerpunkt eher auf das Defensivspiel, denn seiner Überzeugung nach war eine starke Verteidigung der Schlüssel zu allem. Red konnte, wenn es unbedingt nötig war, sehr anschaulich werden. So schnappte er sich einmal während des Trainings Kopien unserer Spielzüge und tat so, als würde er sich damit den Hintern abwischen. »So viel dazu, was dieses Zeug taugt«, sagte er und ließ die Seiten zu Boden fallen. Deshalb wollte er, dass wir lernten, in der Verteidigung besser zusammenzuspielen, denn wenn einem das gelang, so meinte er, stelle sich das Angriffsspiel von ganz allein ein.

Das Geheimnis einer guten Verteidigung lag für Red darin, auf dem Feld ein aufmerksamer Spieler zu sein. Man müsse den Ball stets im Auge behalten, betonte er, und genau aufpassen, was auf dem Spielfeld passiert. Die Knicks waren nicht so großgewachsene Spieler wie die in den anderen Teams, und wir hatten in unseren Reihen auch nicht so einen großartigen Shotblocker wie Bill Russell von den Celtics. Unter Reds Regie fanden wir also zu einem sehr effektiven Verteidigungsstil, der von der gemeinsamen Aufmerksamkeit aller fünf Spieler und nicht von den grandiosen Spielzügen eines einzigen Mannes unter dem Korb lebte. Agierten alle fünf Spieler als Einheit, war es einfacher, *Ballhandler* abzufangen, Passwege abzuschneiden, Fehler auszunutzen und auf *Fast Breaks* umzuschalten, noch bevor das gegnerische Team mitbekam, was überhaupt auf dem Feld vor sich ging.

Red liebte es, den Gegner mit der Taktik der Full-court-Presse aus dem Konzept zu bringen. Bei meinem allerersten Training haben wir das gesamte Übungsspiel mit diesem System bestritten. Besser konnte es für Walt Frazier, Emmett Bryant und mich gar nicht sein, weil wir im College mit Full-court-Presse gespielt hatten. Meine Teamkameraden nannten mich wegen meines Körperbaus »Kleiderständer« und »Kopf und Schultern«, aber der Name, den mir der Sportreporter Marv Albert gab, gefiel mir besser: »Action Jackson«. Mir war klar: Spielte ich Forward statt Center, würde ich meine größte Stärke, nämlich das *Post-Play* aufgeben müssen. Aber ich konnte dem Team helfen und mehr Zeit auf dem Platz bekommen, indem ich mich auf die Verteidigung konzentrierte. Zudem war ich nicht in der Lage, einen Sprungwurf aus 4,5 Metern Entfernung zu machen, und meine Ballbehandlung war so dürftig, dass Red mir später verordnete, mit beiden Händen zu dribbeln.

Spiel den freien Mann an, war die zweite Regel. Wäre Red heute Trainer, er wäre entsetzt darüber, wie sehr das Spiel von der Egozentrik der Spieler geprägt ist. Für ihn bestand der heilige Gral des Basketballs im uneigennützigen Spiel jedes Einzelnen. »Das ist keine höhere Mathematik«, würde er sagen und ergänzen, die beste Angriffsstrategie sei die, den Ball zwischen allen fünf Spielern in Bewegung zu halten, um sich Wurfmöglichkeiten zu erarbeiten und es der anderen Mannschaft schwerzumachen, sich auf einen oder zwei Werfer zu konzentrieren. Obwohl wir einige der besten Spieler hatten, die ihre eigenen Würfe kreieren konnten – vor allem Frazier und Earl »The Pearl« Monroe –, bestand Red darauf, dass wirklich alle zusammenarbeiteten, um den Ball dem Mann zuzuspielen, der im Moment die beste Wurfposition hatte. Entschied man sich für einen Alleingang, was allerdings nur wenige Spieler versuchten, fand man sich bald auf der Bank wieder.

»In einem guten Team gibt es keine Superstars«, betonte Red nachdrücklich. »Es gibt super Spieler, die zeigen, dass sie grandiose Spieler sind, indem sie es vermögen, mit anderen als Team zusammenzuspielen. Sie haben das Zeug dazu, Superstars zu sein, aber wenn sie in eine gute Truppe passen, bringen sie Opfer und tun alles, was nötig ist, um der Mannschaft zum Sieg zu verhelfen. Wie hoch die Gehälter oder die Statistiken der Punkte, Rebounds und so weiter sind, spielt keine Rolle, sondern allein, wie sie zusammenspielen.«

Nur wenige Teams in der NBA waren in der Offensive so ausgeglichen wie die Knicks in der Saison 1969/70. Wir hatten sechs Spieler, die regelmäßig zweistellig punkteten, und keinen, der im Schnitt wesentlich mehr als 20 Punkte pro Spiel erzielte. Die Verteidigung des Gegners tat sich deshalb so schwer mit uns, weil alle fünf Startspieler *Clutch Shooter* waren: Wurde einer unserer Männer, von dem Gefahr ausging, von zwei Verteidigern bedrängt (»gedoppelt«), ergaben sich dadurch Möglichkeiten für die anderen vier Spieler, die alle hervorragende Werfer waren.

Eine Sache, die mich an Red faszinierte, war, wie sehr er die Offensivtaktik zu großen Teilen den Spielern überließ. Er ließ uns Spielzüge entwerfen und fragte uns anschließend, welche *Moves* wir in wichtigen Spielen machen sollten. Vielen Trainern fällt es schwer, ihren Spielern die Entscheidungen darüber zu überlassen, wie man taktisch vorgehen soll. Doch Red hatte ein offenes Ohr für das, was wir zu sagen hatten, denn ihm war klar: Wir wussten besser als er selbst, was auf dem Spielfeld abging.

Reds einzigartiges Talent war jedoch seine unheimliche Begabung, erwachsene Männer zu führen und sie dazu zu bringen, sich als Einheit für eine gemeinsame Aufgabe starkzumachen. Er verzichtete auf ausgefeilte Motivationstechniken, vielmehr war er geradeheraus und ehrlich. Anders als viele Trainer mischte er sich nicht in das Privatleben der Spieler ein, es sei denn, sie führten etwas im Schilde, das sich negativ auf die Mannschaft auswirkte.

Als Red Head Coach wurde, war das Training ein einziges Chaos, über das man nur lachen konnte. Die Spieler kamen oft zu spät und brachten ihre Freunde und Verwandten als Zuschauer mit. In der Halle, in der wir trainierten, waren die Fußböden kaputt, und die hölzernen Boards, an denen die Körbe hingen, waren verzogen. Aus den Duschen kam nur kaltes Wasser, und das Training selbst bestand aus planlosen, unkontrollierten Trainingsspielen fern von Drills oder Übungen. Red schob all dem einen Riegel vor. Er führte, wie er es nannte, »blöde Geldstrafen« für jeden ein, der unpünktlich war, und schloss alle, die nicht zum Team gehörten, vom Training aus, einschließlich der Presse. Er führte ein hartes, diszipliniertes Training durch, das sich hauptsächlich auf die Verteidigung konzentrierte. »Übung macht nicht den Meister«, pflegte er zu sagen, »perfektes Training schon.«

Bei Auswärtsspielen gab es keine Ausgangssperren oder Kontrollen, ob jeder zeitig im Bett war. Red hatte nur eine Regel: Die Hotelbar gehörte ihm. Es war ihm egal, wohin man ging oder was man tat, solange man ihn nicht bei seinem nächtlichen Scotch mit Trainer Danny Wilson und den umherschwirrenden Reportern störte. Obwohl er zugänglicher war als andere Trainer, hielt er es für wichtig, eine gewisse Distanz zu den Spielern zu wahren, weil er wusste, dass er eines Tages vielleicht einen von uns entlassen oder traden musste.

Glaubte er, jemanden maßregeln oder zurechtstutzen zu müssen, tat er dies selten vor dem Team, es sei denn, es ging allein um die Art und Weise des Basketballspielens. Dann lud er in sein »Privatbüro« ein, soll heißen: aufs Klo der Umkleidekabine. Er zitierte meist mich in die Toilette, wenn ich vor der Presse kritische Bemerkungen über das Team geäußert hatte. Ich hatte jahrelang Karten mit den Reportern gespielt, daher kamen wir gut miteinander klar, und bisweilen war ich etwas zu unbedacht mit meinen Worten. Red war der Presse gegenüber zurückhaltender und vorsichtiger. »Ist dir denn nicht klar«, sagte er, »dass diese Zeitungen nichts taugen und schon morgen irgendwo als Unterlage im Vogelkäfig dienen?«

Red war berüchtigt dafür, dass seine Statements gegenüber den Medien so rätselhaft waren wie die Sphinx. Oft lud er Reporter zum Essen ein und unterhielt sich stundenlang mit ihnen, doch er gab ihnen selten etwas Verwertbares in die Hand. Er kritisierte nie die Spieler oder einen unserer Gegner. Vielmehr spielte er oftmals mit den Journalisten, um zu sehen, mit welchem Unsinn er sie bequatschen konnte, den sie dann in Druck gaben. Einmal, nach einer besonders schweren Niederlage, fragte ihn ein Reporter, wie er es nur schaffe, so ruhig zu bleiben, und Red antwortete: »Weil mir klar ist, dass das einzige echte Desaster darin besteht, nach Hause zu kommen und festzustellen, dass kein Scotch mehr da ist.« Natürlich stand er mit diesem Satz am nächsten Tag in den Zeitungen.

Was ich an Red schätzte, war, wie er unseren Sport relativieren und ins rechte Licht rücken konnte. Zu Beginn der Saison 1969/70 legten wir eine Siegesserie hin, blieben 18 Spiele in Folge ungeschlagen und setzten uns von den anderen Teams ab. Als unsere Serie mit einer enttäuschenden Heimniederlage endete, wurde Red von Reportern gefragt, was er getan hätte, wenn die Knicks gewonnen hätten, und er erwiderte: »Ich wäre nach Hause gegangen, hätte einen Scotch getrunken und das leckere Essen gegessen, das Selma [seine Frau] gekocht hat.« Und was mache er jetzt, da wir verloren haben? »Nach Hause gehen, einen Scotch trinken und das leckere Essen genießen, das Selma gerade kocht.«

Der Wendepunkt für die Knicks kam mit einer weiteren Rauferei, dieses Mal in einem Spiel gegen die Hawks in Atlanta im November 1968, das im Fernsehen übertragen wurde. Ausgelöst wurde die Prügelei von Atlantas

Lou Hudson nach der Halbzeitpause, als er versuchte, Willis Reeds harten Block (*Pick*) zu umlaufen und ihm schließlich ins Gesicht schlug. Alle Knicks standen von der Bank auf und mischten bei der Schlägerei mit (oder taten zumindest so), außer einem Spieler: Walt Bellamy.

Am nächsten Tag hatten wir eine Teamsitzung, um den Vorfall zu besprechen. Das Gespräch drehte sich darum, dass Bellamy sich aus dem Kampf herausgehalten hatte, und die Spieler waren sich einig, er habe eben deswegen seinen Job nicht gemacht. Als Red Walt fragte, warum er seine Mitspieler in dem Gerangel nicht unterstützt hatte, sagte er: »Ich glaube nicht, dass Prügeleien im Basketball angebracht sind.« Viele von uns mögen ihm rein theoretisch zugestimmt haben, aber in der NBA waren Schlägereien an der Tagesordnung, und es war für keinen für uns tröstlich zu hören, dass unser Big Man uns nicht den Rücken freihielt.

Ein paar Wochen später tradeten die Knicks Bellamy und Komives gegen Dave DeBusschere zu den Pistons – ein Wechsel, der die Starting Five festigte und uns so flexibel und stark machte, dass wir zwei NBA-Meisterschaften gewannen. Willis übernahm die Rolle des Centers und etablierte sich als Teamleader und Reds rechte Hand auf dem Platz. DeBusschere, ein ehrgeiziger, 1,98 Meter großer und 220 Pfund schwerer Spieler mit großem Spielverständnis, der auch mit Distanzwürfen punkten konnte, übernahm die Rolle des Power Forward. Walt Frazier ersetzte Komives als Point Guard und bildete den Backcourt mit Barnett, einem begabten Eins-gegen-Eins-Spieler. Bill Bradley und Cazzie Russell teilten sich die letzte Position, die des Small Forward, da unser Startspieler Dick Van Arsdale im Rahmen des *Expansion Draft* von den Phoenix Suns geholt worden war. Bill gewann jedoch die Oberhand, als Cazzie sich, nur zwei Monate nach dem DeBusschere-Tausch, den Fußknöchel brach.

Es war interessant zu beobachten, wie Bill und Cazzie um diese Position kämpften, als Russell im nächsten Jahr zurückkehrte. Beide waren auf dem College Stars und geschätzte Picks in den Drafts gewesen. (Bill war 1965 ein sogenannter *Territorial Pick*, und Cazzie war 1966 der Spieler, der beim NBA-Draft an Position 1 ausgewählt wurde). Bradley, der wegen seines Vierjahresvertrags mit über – für die damalige Zeit – stattlichen 500 000 Dollar den Spitznamen »Dollar Bill« (dt. »Dollarschein«) trug, hatte in Princeton drei Jahre hintereinander durchschnittlich mehr als 30 Punkte pro Spiel erzielt und die Tigers zum Final Four der NCAA geführt, wo er zum MVP, dem wertvollsten Spieler des Turniers, ernannt wurde. Nachdem er 1965 von den Knicks gedraftet worden war, hatte er beschlossen, als Rhodes-Stipendiat zwei Jahre in Oxford zu studieren, bevor er sich dem Team anschloss. Der Hype um ihn nahm ein derart großes Ausmaß an, dass Barnett ihn höhnisch als den Mann bezeichnete, »der hohe Gebäude mit einem einzigen Sprung überbrücken konnte«.

Cazzie sah sich ebenfalls oft Sticheleien ausgesetzt. Auch er hatte einen lukrativen Vertrag erhalten (200 000 Dollar für zwei Jahre) und war in Michigan ein so dynamischer Scorer gewesen, dass die schuleigene Sporthalle den Namen »Das Haus, das Cazzie gebaut hat« erhielt. Niemand stellte sein Können infrage: Cazzie war ein hervorragender Werfer, der die Wolverines zu drei aufeinanderfolgenden Titeln in der Big Ten Conference, einer der ältesten Ligen des Universitätssports der USA, geführt hatte. Die Spieler amüsierte, wie besessen er von gesunder Ernährung und alternativen Behandlungsmethoden war. Ausnahmsweise gab es in meinem Team einmal jemanden, der mehr Spitznamen hatte als ich. Man nannte ihn »Wonder Boy«, »Muscles Russell«, »Cockles 'n' Muscles« und – das war mein Lieblingsname – »Max Factor«, weil er seinen Körper nach dem Training liebend gern mit jeder Menge Massageöl einrieb [Anm. d. Red.: Max Factor war ein polnisch-amerikanischer Kosmetikunternehmer]. In seinem Zimmer stapelten sich so viele Vitamin- und Nahrungsergänzungspräparate, dass sein Mitbewohner Barnett scherzte, man benötige erst ein Rezept vom Arzt, um ihn zu besuchen.

Was mich an Bill und Cazzie beeindruckte, war, wie sehr sie miteinander wetteifern konnten, ohne dabei in einen Kampf zu geraten, in dem sie gegenseitig ihr Ego behaupten mussten. Anfangs fiel es Bill schwer, sich an Profibasketball zu gewöhnen, weil es ihm an Sprungkraft mangelte und er auch nicht der Schnellste war. Er kompensierte diese Defizite jedoch, indem er lernte, sich ohne Ball schnell zu bewegen und die gegnerische Defensive zu überlisten. Ich musste oft im Training als Verteidiger gegen ihn spielen, und das war nervenaufreibend. Gerade wenn man dachte, man hätte ihn in einer Ecke kaltgestellt, löste er sich unbemerkt und tauchte auf der anderen Seite des Spielfelds auf und kam frei zum Wurf.

Cazzie hatte ein anderes Problem. Er war ein großartiger Dribbler mit einem starken Zug zum Korb, aber die Starting Five funktionierte besser, wenn Bradley auf dem Platz stand. Also machte Red Cazzie zum *Sixth Man*, der von der Bank kommen und eine spielentscheidende Serie an Punkten entfachen konnte. Mit der Zeit gewöhnte sich Cazzie an diese Rolle und war stolz darauf, die zweite Mannschaft anzuführen, zu der 1969/70 Center Nate Bowman, Guard Mike Riordan und Forward Dave Stallworth (der eineinhalb Jahre lang ausfiel, weil er sich von einem Schlaganfall erholen musste) gehörten, sowie die Ersatzspieler John Warren, Donnie May und Bill Hosket. Cazzie gab der Truppe einen Spitznamen: die »Minutemen« [Anm. d Übers.: angelehnt an die Freiwilligen im amerikanischen Unabhängigkeitskrieg, die auf Abruf bereitstanden].

Es ist nicht allzu lange her, da nahm Bill an einem Treffen der Knicks teil und war überrascht, als Cazzie, der heute Pfarrer ist, auf ihn zukam und sich für sein egoistisches Verhalten entschuldigte, als sie beide um dieselbe Position stritten. Er brauche sich nicht zu entschuldigen, sagte Bill zu Cazzie, denn er wisse, dass Cazzie, egal wie ehrgeizig er gewesen sei, niemals seine eigenen Ambitionen über die des Teams gestellt habe.

Leider konnte ich 1969/70 nicht einer von Cazzies Minutemen sein. Im Dezember 1968 hatte ich mir meinen Rücken dermaßen schwer verletzt, dass eine Versteifungsoperation an der Wirbelsäule nötig war und ich für gut eineinhalb Jahre nicht spielen konnte. Meine Genesung war grauenvoll: Ich musste sechs Monate lang ein Stützkorsett tragen und sollte in dieser Zeit meine körperlichen Aktivitäten herunterschrauben, einschließlich Sex. Meine Teamkameraden fragten mich, ob ich gedachte, meine Frau einen Keuschheitsgürtel tragen zu lassen. Klar, ich musste lachen, aber es war tatsächlich alles andere als lustig.

Wahrscheinlich hätte ich in der Saison 1969/70 wieder mitspielen können, aber das Team hatte einen großartigen Start hingelegt, und das Frontoffice gab die Order, mich für das ganze Jahr auf die Verletztenliste zu setzen, um zu verhindern, dass man mich über einen Pick beim Expansion Draft ziehen konnte.

Über Geld musste ich mir keine Sorgen machen, denn ich hatte nach meiner ersten Saison einen Zweijahresvertrag mit dem Klub unterzeichnet. Ich brauchte jedoch irgendeine Beschäftigung, also verdingte ich mich zeitweise als TV-Kommentator, arbeitete gemeinsam mit dem Mannschaftsfotografen George Kalinsky an einem Buch über die Knicks mit dem Titel *Take It All!* und begleitete als Reds inoffizieller Assistenztrainer das Team zu Auswärtsspielen. Zu jener Zeit hatten die meisten Coachs noch keine Assistenten, aber Red wusste, dass ich mehr über das Spiel lernen wollte, und er suchte jemanden, mit dem er neue Ideen austauschen konnte. Dies gab mir die Möglichkeit, Basketball einmal aus der Sicht des Trainers zu sehen.

Red war jemand, der seine Vorstellungen und Anweisungen sehr gut mit Worten vermitteln konnte; grafische Darstellungen hingegen waren weniger sein Ding, und er zeichnete während der Vorbesprechung zu einer Partie selten Spielzüge an die Tafel. Damit die Spieler ihm während seiner Ansprache auch die ganze Zeit konzentriert zuhörten, forderte er sie hin und wieder auf, mit dem Kopf zu nicken, wenn immer sie das Wort »Verteidigung« hörten – und das war etwa bei jedem vierten Wort der Fall. Dennoch dösten sie dahin, wenn er sprach, und so bat er mich, die Stärken und Schwächen unserer jeweiligen Gegner zu analysieren und ihre wichtigsten Spielzüge an die Tafel zu zeichnen. Das brachte mich zwangsläufig dazu, das Basketballspiel eher als eine strategische und nicht als eine taktische Aufgabe zu betrachten. Als junger Spieler neigt man dazu, sich größtenteils darauf zu konzentrieren, wie man seinen Gegenspieler überwinden kann. Jetzt aber begann ich, Basketball als eine lebhafte Schachpartie zu sehen, bei der alle Figuren in Bewegung waren. Und das war ein berauschendes Gefühl.

Eine weitere Lektion, die ich gelernt habe, war, wie bedeutsam Rituale vor einem Spiel sind. Das *Shootaround* gab es damals nicht, also versuchten die meisten Trainer, in den 15 oder 20 verbleibenden Minuten vor Spielbeginn den Jungs ihre wie auch immer gearteten Anweisungen einzutrichtern, bevor sie hinaus aufs Feld gingen. Als Spieler hat man allerdings nur eine begrenzte Aufnahmekapazität, wenn der Körper vollgepumpt ist mit Adrenalin. Daher ist das kein guter Zeitpunkt für rationale Diskussionen, sondern eher der Moment, beruhigend auf die Spieler einzuwirken und ihr verbindendes mentales Band zu stärken, bevor sie in die Schlacht ziehen.

Die Spieler auf der Bank, die nicht zur Startaufstellung gehörten, nahmen in Reds Denken einen großen Stellenwert ein, da sie eine bedeutende Rolle in unserem Team spielten, das oftmals durch verletzte Spieler geschwächt war. Für Red war es genauso wichtig, dass die Ersatzspieler ebenso aktiv in das Spielgeschehen eingebunden waren wie die Jungs der Starting Five. Um zu gewährleisten, dass sie auch mental vorbereitet waren, kündigte er ihre Einwechslung in der Regel einige Minuten vorher an. Außerdem wies er sie unablässig darauf hin, die 24-Sekunden-Uhr im Auge zu behalten, damit sie jederzeit und ohne zu zögern einspringen konnten. Red gab jedem Einzelnen das Gefühl, eine zentrale Rolle in der Mannschaft zu spielen, egal ob er 4 oder 40 Minuten pro Spiel auf dem Platz stand. Und das trug dazu bei, die Knicks in ein schnelles, geschlossenes Team zu verwandeln.

Als es 1969/70 in die Playoffs ging, schienen die Knicks unaufhaltbar zu sein. Wir beendeten die Saison als Tabellenführer mit 60 Siegen und 22 Niederlagen und setzten uns in den ersten Runden gegen Baltimore und Milwaukee durch. Glücklicherweise brauchten wir uns um die Celtics keine Sorgen zu machen, denn Bill Russell hatte seine aktive Laufbahn an den Nagel gehängt, und Boston hatte hinsichtlich der Finanzen den Gürtel enger geschnallt.

Unser Gegner in den Championships Finals waren die Lakers, ein starbesetztes Team, angeführt von Wilt Chamberlain, Elgin Baylor und Jerry West, die in den letzten acht NBA-Finals sechsmal gegen Boston verloren hatten und um jeden Preis einen Ring gewinnen wollten. Aber sie waren nicht annähernd so schnell und wendig wie wir, und ihre größte Waffe, Chamberlain, hatte die meiste Zeit der Saison damit verbracht, sich von einer Knieoperation zu erholen.

Bei einem Unentschieden von 2:2-Spielen in der Serie zog sich Willis in Spiel 5 in New York einen Muskelfaserriss im Oberschenkel zu, und wir mussten für den Rest der Partie auf eine Aufstellung mit kleineren Spielern ohne Center zurückgreifen. Das bedeutete, das Duo DeBusschere und Stallworth – der erste 1,98 Meter und der andere 2,01 Meter groß – mussten mit List und Tücke den 2,16 Meter langen und 275 Pfund schweren Chamberlain, den wohl übermächtigsten Center, den es je gab, in den Griff bekommen. Damals durfte man sich nicht mehr als zwei Schritte von seinem Gegenspieler entfernen, um einen anderen Spieler zu doppeln, also mussten wir eine Zonenverteidigung bilden, die damals zwar auch verboten war, aber die Chance, dass sie als regelwidrig gepfiffen wurde, war vor dem tobenden Heimpublikum der Knicks eher geringer. Auf der Angriffsseite lockte DeBusschere Chamberlain mit seinen treffsicheren Würfen aus 4,5 Metern vom Korb weg, sodass sich der Rest des Teams innen freier bewegen konnte, und das Ganze führte zu einem entscheidenden 107:100-Sieg.

Die Lakers kehrten zurück nach Hause, schafften in Spiel 6 den Ausgleich und sorgten damit für einen der dramatischsten Momente in der Geschichte der NBA. Die große Frage war, ob Willis für das entscheidende Spiel 7 im Madison Square Garden wieder zur Verfügung stehen würde. Die Ärzte ließen uns bis zur letzten Minute im Unklaren. Willis konnte sein Bein wegen des Muskelrisses nicht beugen, und Springen kam schon gar nicht infrage. Dennoch zog er sich für das Spiel um und machte ein paar Aufwärmwürfe, bevor er sich für weitere Behandlungen in die Trainerkabine zurückzog. Ich folgte ihm mit meiner Kamera und schoss ein Foto, das zeigte, wie ihm eine riesige Spritze mit Carbocain (Mepivacain) in die Hüfte verabreicht wurde. Red wollte jedoch nicht, dass ich das Foto veröffentlichte, denn, so meinte er, dass sei unfair gegenüber den Pressefotografen, denen der Zugang zur Kabine verwehrt worden war.

Kurz vor Spielbeginn humpelte Willis den Mittelgang hinunter, betrat das Spielfeld, und die Menge tobte. Der spätere Sportreporter Steve Albert, der als Balljunge für das Spiel eingeteilt war, sagte, er habe zu den Lakers hingeschaut, als Willis auf dem Spielfeld erschien: »Sie alle, einer nach dem anderen, drehten sich um, hörten auf zu werfen und sahen zu Willis. Und ihre Kinnladen fielen herunter. Das Spiel war vorbei, bevor es begonnen hatte.«

Frazier brachte den Ball zu Beginn des Spiels nach vorne, spielte ihn zu Willis in der Nähe des Korbes, der daraufhin einen kurzen Sprungwurf verwandelte. Dann traf er noch einmal, und plötzlich gingen die Knicks mit 7:2 in Führung, was in der NBA normalerweise nicht viel bedeutet, aber in diesem Fall schon. Willis' eindrucksvoller Auftritt in der Frühphase des Spiels brachte die Lakers aus dem Spiel, wovon sie sich nicht mehr erholen sollten.

Natürlich hat es nicht geschadet, dass Frazier mit 36 Punkten, 19 Assists und 7 Rebounds eine der besten Leistungen in der Playoff-Geschichte gezeigt hat, die aber kaum Beachtung fand. Obwohl Walt enttäuscht darüber war, dass er von Willis überschattet wurde, zog auch er seinen Hut vor dem Kapitän. »Jetzt sagen viele Leute zu mir: ›Wow, ich wusste gar nicht, dass du so ein Spiel gespielt hast‹«, sagte Frazier später. »Mir ist jedoch klar: Wenn Willis nicht das getan hätte, was er getan hat, hätte ich nicht das Spiel machen können, das ich gespielt habe. Er hat die Fans mitgerissen und uns Selbstvertrauen gegeben, indem er einfach nur das Spielfeld betrat.«

Die Knicks gewannen 113:99, und wir alle wurden über Nacht zu Promis. Für mich war es allerdings ein Sieg mit bittersüßem Beigeschmack. Ich war dankbar, dass meine Teamkollegen mir einen vollen Anteil an den Playoff-Einnahmen gewährten und für meinen ersten Meisterschaftsring sorgten. Sobald jedoch der Champagner aufhörte zu fließen, hatte ich ein schlechtes Gewissen, dass ich nicht mehr zur Meisterschaft beigetragen hatte. Ich wollte unbedingt wieder ins Spiel kommen.

KAPITEL 4

AUF SINNSUCHE

Die Ehre im Leben eines Menschen besteht darin, der zu sein, der man ist.

JOSEPH CAMPBELL

Im Sommer 1972 machten mein Bruder Joe und ich mit unseren Motorrädern eine Tour durch den amerikanischen Westen, was meinem Leben eine neue Richtung geben sollte.

Zwei Jahre zuvor hatte ich nach meiner Rückenverletzung wieder das Basketballspielen aufnehmen können, fühlte mich aber immer noch unsicher auf dem Platz und hatte meinen Rhythmus noch nicht gefunden. Und meine Ehe mit Maxine, meiner College-Liebe, ging in die Brüche. Die sechsmonatige Reha im Anschluss an meine Operation machte die Dinge auch nicht besser, und Anfang des Jahres gingen wir dann – im guten Einvernehmen – jeder seiner Wege. Joe, seines Zeichens Psychologieprofessor an der State University of New York in Buffalo, hatte sich ebenfalls von seiner Frau getrennt. Es schien also der richtige Zeitpunkt für unsere Bikertour zu sein.

Ich kaufte mir eine gebrauchte 750er BMW und traf mich mit Joe in Great Falls, Montana, nicht weit vom Pfarrhaus meiner Eltern entfernt. Wir machten uns über die Great Divide, das heißt über die nordamerikanische kontinentale Wasserscheide, auf den Weg nach British Columbia; für die Strecke benötigten wir etwa einen Monat. Joe und ich ließen es langsam angehen; wir fuhren morgens fünf bis sechs Stunden und schlugen am Nachmittag unser Lager auf. Abends saßen wir mit ein paar Bier am Lagerfeuer und redeten.

Joe nahm kein Blatt vor den Mund. »Wenn ich dir beim Spielen zuschaue«, sagte er, »habe ich den Eindruck, als wärst du ängstlich. Es scheint, als ob du Sorge hättest, dich wieder zu verletzen, und du deshalb nicht mehr so ins Spiel gehst wie früher. Glaubst du, dass du dich vollständig erholt hast?«

»Ja, aber heute ist es anders«, antwortete ich. »Ich kann nicht mehr auf demselben Niveau spielen wie früher. Ich bin immer noch recht schnell, aber ich habe nicht mehr so viel Kraft in den Beinen.«

»Tja«, sagte Joe, »die musst du wieder zurückbekommen.«

Hinsichtlich meiner Ehe erzählte ich, dass Maxine und ich uns auseinandergelebt hatten. Sie interessierte sich nicht für die Basketballwelt, in der ich lebte, und ich war noch nicht bereit, mich häuslich niederzulassen und ein typischer Familiendaddy in irgendeiner Vorstadt zu werden. Außerdem wollte sie ihrer Wege gehen und eine Karriere als Anwältin einschlagen.

Joe war geradeheraus. Ich hätte mich in den vergangenen zwei Jahren weder um meine Ehe, meine Karriere noch um sonst irgendetwas gekümmert. »Da du zu viel Schiss hattest, dir wirklich Mühe zu geben«, fuhr er fort, »ging dir die einzige Liebe verloren, die du immer hattest – Basketball. Du musst dein Leben mit mehr Entschlossenheit angehen.«

Das war genau die Botschaft, die ich brauchte. Als ich zurück in New York war, beschloss ich, mich wieder voll und ganz auf meine Karriere zu konzentrieren, und in den nächsten drei Saisons spielte ich den besten Basketball meines Lebens. Maxine und ich machten die Trennung offiziell und reichten die Scheidung ein. Ich quartierte mich in ein Loft über einer Autowerkstatt in Chelsea in Manhattan ein, und Maxine zog mit unserer vierjährigen Tochter Elizabeth in ein Apartment in der Upper West Side.

Es war eine wilde Zeit für mich, die mir die Augen öffnete, und ich führte das Leben eines Mannes, der in den Sechzigern ein alltäglicher Anblick gewesen war: mit langen Haaren, in Jeans und fasziniert davon, die Welt mit anderen Augen zu sehen und zu erkunden. Ich liebte die Freiheit und den Idealismus, ganz zu schweigen von der großartigen Musik der Gegenkultur, die wie eine Welle durch New York und den Rest des Landes schwappte. Ich kaufte mir ein Fahrrad und radelte durch die Stadt, um das wahre New York City kennenzulernen. Aber ganz gleich, wie viel Zeit ich auch im Central Park verbrachte: Das Leben in der Stadt kam mir vor, als lebte ich in einem geschlossenen Raum. Ich brauchte einen Ort, an dem ich eine starke Verbundenheit mit der Erde spüren konnte.

Außerdem verspürte ich den Drang, mich wieder mit dem Geistigen, das mich im Kern beseelte, in Einklang zu bringen, was ich bisher vernachlässigt hatte. Während des Studiums hatte ich mich mit anderen Religionen beschäftigt und war fasziniert von der breiten Vielfalt geistlicher Traditionen, die es rund um den Globus gibt. Aber das war in erster Linie eine Übung für den Intellekt gewesen und nicht etwas, das mich spirituell angesprochen hatte. Jetzt fühlte ich mich genötigt, tiefer zu gehen.

Mein Selbstfindungsprozess wurde begleitet von lauter Ungewissheiten, aber auch von Hoffnung. Obwohl mir klar war, dass die strenge Art und Weise, wie meine Eltern Geistlichkeit auffassten und praktizierten, nicht das Richtige für mich war, so war ich immer noch hingerissen von dem Gedanken, mir die Kraft des menschlichen Geistes zunutze zu machen.

Als Kind litt ich an einer Reihe seltsamer gesundheitlicher Probleme. Im Alter von etwa zwei Jahren zeichnete sich eine große Wucherung an meinem Hals ab, die die Ärzte vor ein Rätsel stellte und meinen Eltern große Sorgen bereitete. Die Geschwulst wurde mit Penicillin behandelt, und sie verschwand schließlich, aber ich wuchs mit dem Gefühl auf, dass irgendetwas mit mir nicht stimmte. Als ich dann in die erste Klasse kam, diagnostizierte man bei mir ein seltsames Herzgeräusch, und ich durfte mich ein ganzes Jahr lang körperlich nicht betätigen, was für mich einer Folter gleichkam, denn ich war ein sehr lebhaftes Kind.

Eines Nachts, ich war elf oder zwölf Jahre alt, war ich krank und hatte mit hohem Fieber zu kämpfen. Ich schlief unruhig, als ich plötzlich ein Dröhnen hörte, das sich anhörte wie der Lärm eines Eisenbahnzuges, der immer lauter wurde, bis er so laut wurde, dass ich glaubte, der Zug würde gleich durch die Wände meines Zimmers preschen. Dieser Eindruck hatte mich völlig umgehauen, aber aus irgendeinem Grund hatte ich keine Angst. Als der Lärm immer lauter wurde, spürte ich, wie ich plötzlich von

Energie durchdrungen wurde; es war wie eine mächtige Welle, die meinen Körper durchströmte und viel stärker und überwältigender war als alles, was ich je zuvor erlebt hatte.

Ich weiß nicht, woher diese Kraft kam, aber als ich am nächsten Tag erwachte, fühlte ich mich stark, war voller Zuversicht und strotzte vor Energie. Das Fieber war verschwunden, und danach verbesserte sich meine allgemeine Gesundheit enorm; ich bekam nur noch selten Erkältungen oder eine Grippe.

Die größte Folge dieser Erfahrung, die ich spontan in jener Nacht erlebte, war jedoch psychologischer, nicht physischer Natur. Danach glaubte ich mehr an mich selbst und vertraute im Stillen darauf, dass sich alles zum Besten wenden würde. Es kam mir so vor, als könnte ich eine neue Energiequelle nutzbar machen, die ich vorher nicht gespürt hatte. Von diesem Zeitpunkt an fühlte ich mich selbstsicher genug, um mich mit Leib und Seele dem zu widmen, was ich liebte – und genau das war das Geheimnis meines sportlichen Erfolgs.

Ich habe mich immer gefragt, woher diese Kraft kam und ob ich lernen würde, sie für mich selbst fruchtbar zu machen, und zwar nicht nur auf dem Basketballfeld, sondern auch im übrigen Leben. Das war eines der Dinge, nach denen ich suchte, als ich mich auf den Weg der Selbstfindung begab. Ich wusste nicht, wohin ich gehen oder über welche Fallstricke ich dabei stolpern würde. Angespornt wurde ich durch diese Zeilen aus dem Song »Ripple« von The Grateful Dead:

Es gibt eine Straße, die nicht nur ein schlichter Highway ist,
Zwischen der Morgendämmerung und dem Dunkel der Nacht,
Und wenn du sie begehst, kann niemand dir folgen,
Denn dieser Weg ist allein für deine Schritte da.

Um ehrlich zu sein, hatte ich schon eine ziemliche Achterbahnfahrt hinter mir. Da meine Eltern beide Pastoren waren, mussten meine Geschwister und ich gewissermaßen perfekter als perfekt sein. Sonntags gingen wir zweimal in die Kirche – morgens, um die Predigt meines Vaters zu hören, und abends für die meiner Mutter. Außerdem mussten wir einen weiteren Gottesdienst mitten in der Woche besuchen und in der Sonntagsschule die besten Schüler sein, da meine Mutter hier unterrichtete. Jeden Morgen hielten wir vor dem Frühstück eine Andacht ab, und abends lernten wir oft Bibeltexte auswendig.

Meine Eltern hatten sich während ihres Studiums an einer Bibelschule in Winnipeg kennengelernt, und sie waren auf unterschiedlichen Wegen dorthin gelangt. Mein Vater Charles war ein groß gewachsener, stattlicher Mann mit lockigem Haar, dunklen Augen und einem ruhigen, unaufdringlichen Auftreten. Unsere Tory-Vorfahren hatten sich während der amerikanischen Revolution für die falsche Seite entschieden und waren nach dem Krieg nach Ontario gezogen, wo sie von König George III. eine Landschenkung erhielten, die zur Farm der Familie Jackson wurde. Mein Vater war stets im Glauben, er werde aufs College gehen, aber nachdem er die Aufnahmeprüfungen nicht bestanden hatte – hauptsächlich aus gesundheitlichen Gründen –, ging er in der achten Klasse von der Schule ab und arbeitete auf der Farm. Nebenher verbrachte er einige Zeit als Forstarbeiter in der Hudson Bay. Eines Tages, als er im Stall Kühe melkte, erhielt er plötzlich den Anruf, in den Dienst der Kirche treten zu dürfen.

Meine Mutter Elisabeth war eine auffallende, charismatische Frau mit türkis schimmernden Augen, blondem Haar und markanten germanischen Zügen. Sie wuchs in Wolf Point, Montana, auf, wohin Großvater Funk die Familie nach dem Ersten Weltkrieg gebracht hatte, um sie nicht den starken Ressentiments, die die Kanadier gegen Deutsche hegten, auszusetzen. Alle ihre Geschwister waren Jahrgangsbeste in der Highschool, doch Mutter fehlten zwei Zehntelpunkte dafür, weil sie sechs Wochen die Schule schwänzen musste, um bei der Herbsternte mitzuarbeiten. Später war sie Lehrerin an einer Schule, die nur aus einem Raum bestand, als sie an einem Erweckungstreffen der Pfingstbewegung teilnahm, wovon sie fortan völlig hingerissen war. Mit Anfang 30 war Mom als etablierte Reisepredigerin in den Kleinstädten im Osten Montanas unterwegs.

Als meine Eltern sich kennenlernten, war mein Vater bereits Witwer. Seine erste Frau war einige Jahre zuvor gestorben, als sie mit ihrem zweiten Kind schwanger war. (Ihr erstes Kind war meine Halbschwester Joan.) Mom und Dad fühlten sich eher durch eine tiefe geistliche Verbundenheit denn durch Liebe zueinander hingezogen. Sie waren beide von der Pfingstbewegung fasziniert, die sich in den 1920er- und 1930er-Jahren in den ländlichen

Gebieten Nordamerikas schnell verbreitete, und zwar mit dem Grundgedanken, das Heil ließe sich durch eine direkte Verbindung mit dem Heiligen Geist finden. Gleichermaßen waren sie von der Prophezeiung über das zweite Kommen Christi, wie es in der Offenbarung beschrieben wird, angetan und sprachen darüber, wie wichtig es sei, sich geistig auf Seine Ankunft vorzubereiten, könne dies doch jeden Moment geschehen. Ihre größte Angst war, nicht im Reinen mit Gott zu sein. »Wenn du heute stürbest«, fragte meine Mutter oft, »würdest du deinem Schöpfer im Himmel begegnen?« Das war das große Thema in unserem Haus.

Meine Eltern hielten auch streng an den Lehren des heiligen Paulus fest, denen zufolge man sich von der materialistisch bestimmten Gesellschaft zu lösen habe, indem man zwar *auf* dieser Welt, aber nicht *von* ihr sei. Wir durften weder fernsehen noch Filme sehen, geschweige denn Comics lesen oder auf Tanzveranstaltungen gehen – oder uns mit unseren Schulfreunden in der Mensa treffen. Joan durfte keine Shorts oder einen Badeanzug anziehen, und meine Brüder und ich trugen überall weiße Hemden, außer wenn wir Sport trieben. Vor nicht allzu langer Zeit fragte ich Joe, wovor er als Kind Angst gehabt hatte, und er sagte: in der Schule ausgelacht zu werden, wenn er Fehler machte. Unerbittlich lästerten die anderen Kinder über uns, nannten uns »Holy Rollers« [Anm. d. Übers.: Bezeichnung für Anhänger der Pfingstbewegung, die sich bisweilen auf dem Boden »rollen«, um im Heiligen Geist zu baden] und machten sich über unsere Lebensweise lustig, die ihnen merkwürdig und angestaubt erschien.

Als ich etwa elf Jahre alt war, meinte meine Mutter, es sei für mich an der Zeit, »die Ausgießung des Heiligen Geistes zu empfangen«, mit anderen Worten: die Taufe im Heiligen Geist. Meine Brüder und meine Schwester hatten bereits die »Geisttaufe« erhalten und »redeten in Zungen« (Apostelgeschichte 10,46). Dies war ein zentraler Aspekt des Glaubens der Pfingstler. Jahrelang hatte ich anderen Menschen zugesehen, wie sie sich dieser rituellen Handlung unterzogen, aber ich selbst wollte das nie mitmachen. Meine Eltern drängten jedoch darauf, dass ich mich dazu bereit erklärte, und sie beteten mit mir jeden Sonntagabend nach dem Gottesdienst, als ich mich um die Gabe bemühte, in fremden Zungen zu reden.

Nach einigen Jahren hingebungsvollen Betens und Bittens beschloss ich, dass das nicht mein Ding sein würde. Intensiv begann ich mich nach schulischen Aktivitäten umzuschauen, die mich von meinem Leben mit der Kirche, das fast rund um die Uhr währte, befreien könnten. Ich spielte in Theaterstücken mit, sang im Chor, arbeitete an einem Motivwagen meiner Jahrgangsklasse mit und war Sportkommentator im Schulradio. In meinem vierten Jahr an der Highschool nahm mein Bruder Joe – meine Eltern waren außer Haus zu einer Versammlung – mich heimlich mit ins Kino, wo ich meinen ersten Film sah: *Eine Braut für sieben Brüder.*

Was mich jedoch tatsächlich rettete, war Basketball. In meinem dritten Highschool-Jahr wuchs ich um 4 Zentimeter auf 1,96 Meter, brachte 160 Pfund auf die Waage und begann, mich als Spieler merklich zu verbessern. Meine Größe und meine langen Arme waren für mich ein großer Vorteil. Ich kam in diesem Jahr auf durchschnittlich 21,3 Punkte pro Spiel, was meiner Mannschaft, Williston High, half, es bis ins Finale der Landesmeisterschaft von North Dakota zu schaffen. Allerdings hatten wir in der regulären Saison zweimal gegen unseren Gegner Rugby verloren. In beiden Spielen war ich wegen meiner persönlichen Fouls drauf und dran, vom Platz gestellt zu werden, also ließ unser Trainer Bob Peterson im letzten Spiel eine Zonenverteidigung spielen. Wir hielten meinen Highschool-Rivalen Paul Presthus in Schach, aber Rugby trafen ihre Würfe gut genug, um mit 12 Punkten Differenz zu gewinnen.

Was mir am Basketball gefiel, war, wie alles miteinander verbunden war. Der Sport war ein schwieriger Tanz aus den eigenen Spielzügen und denen der gegnerischen Mannschaft, wodurch er wesentlich lebendiger war als andere Sportarten, die ich spielte. Außerdem erforderte Basketball viel Synergie. Um erfolgreich zu sein, musste man sich auf alle anderen Mitspieler auf dem Feld verlassen, nicht nur auf sich selbst. Das verlieh dem Sport eine Art Schönheit, die jenseits des Irdischen lag und die mich zutiefst erfüllte.

Außerdem ersparte mir Basketball an den meisten Wochenenden den Gang in die Kirche. Unser nächstgelegener Gegner war 125 Meilen entfernt, und an den Wochenenden fuhren wir in weit abgelegene Regionen des Landes, sodass wir dort auch übernachten mussten. Das bedeutete, dass ich die Gottesdienste am Freitagabend und Sonntagmorgen in der Regel versäumte.

In meinem vierten Highschool-Jahr wurde ich in unserem Bundesstaat zu einer kleinen Berühmtheit. Ich erzielte im Schnitt 23 Punkte pro Spiel, und wieder einmal schafften wir es ins Finale der Landesmeisterschaft, auch wenn wir keine so gute Bilanz hatten wie im Jahr zuvor. Das Endspiel gegen Grand Forks Red River wurde im Fernsehen übertragen, und in der Mitte der ersten Halbzeit nahm ich dem Gegner den Ball ab, rannte über das Feld und schloss mit einem *Dunk* ab. Das machte mich im gesamten Bundesstaat zu einer Art Volksheld, denn die meisten Zuschauer hatten noch nie einen Dunk gesehen. Am Ende erzielte ich 35 Punkte für unser Team und wurde auf dem Weg zur Meisterschaft zum MVP ernannt.

Nach dem Spiel traf ich Bill Fitch, der gerade als Trainer der University of North Dakota (UND) engagiert worden war, und er versprach mir, falls ich interessiert sei, einen Platz in seinem Team freizuhalten. Ein paar Wochen später tauchte er in Williston auf, um bei der jährlichen Preisverleihung des Teams die Eröffnungsrede zu halten. Am Ende seiner Ansprache rief er einen meiner Mitspieler und mich auf die Bühne und fesselte uns aneinander. »Sobald ich meine Rede beendet habe,« sagte er scherzhaft, »nehme ich diese Jungs mit zur UND.«

Schließlich fragte mich meine Mutter, die nie eines meiner Highschool-Spiele besucht hatte, wie es um mein geistliches Leben bestellt sei, woraufhin ich ihr gestehen musste, dass ich mit meinem Glauben zu kämpfen hatte. Das brach ihr in diesem Moment das Herz, denn sie hatte bereits mitbekommen, wie ihre älteren Söhne von der Kirche »abgekommen« waren. Als ich ein Baby war, hatten meine Eltern ihrer Kirchengemeinde versprochen, mich als Diener des Herrn zu erziehen, so wie Charles und Joe vor mir. Es muss schmerzlich für sie gewesen sein, dass keiner von uns ihre Erwartungen erfüllt hat. Deshalb haben sie wohl nie, so vermute ich, die Hoffnung aufgegeben, dass eines Tages einer von uns zu unserer wahren Berufung, dem Dienst an der Kirche, zurückkehren würde.

Als ich auf dem College war, kam mir eine weitere geistige Erkenntnis, und zwar mit voller Wucht. Ich war mit der wörtlichen Auslegung der Bibel aufgewachsen. Als ich mich also im Biologieunterricht mit Darwins Evolutionstheorie beschäftigte, war es für mich befremdlich zu erfahren, dass der Mensch, soweit man das damals nach dem Stand der Forschung einschätzen konnte, seit mehr als vier Millionen Jahren auf dem Planeten aufrecht geht. Diese profane Offenbarung ließ mich vieles infrage stellen, was mir als Kind beigebracht worden war, und lieferte mir den Anreiz, einige der inhärenten Widersprüche zwischen religiösem Dogma und wissenschaftlicher Erkenntnis aufzulösen.

Ich wechselte daher von Politikwissenschaft, meinem Hauptfach, zu einer Kombination aus Psychologie, Religion und Philosophie. Das bot mir die Möglichkeit, eine große Auswahl an spirituellen Lehren aus Ost und West zu erforschen. Besonders angetan war ich von Nikos Kazantzakis' Roman *Die letzte Versuchung*, dem Versuch einer humanistischen Vision Christi, der viele Parallelen zu dem aufwies, was ich über Buddha gelesen hatte. Ebenso war ich von William James' *The Varieties of Religious Experience* ergriffen, das mir nicht nur half, meine Kindheitserfahrungen ins rechte Licht zu rücken, sondern mir auch zeigte, wie meine Suche nach einer neuen spirituellen Identität, die insgesamt authentischer war, in die weite Landschaft der amerikanischen Kultur passte.

Während meiner ersten Jahre in der NBA habe ich diese Suche auf Eis gelegt. Als ich dann nach Chelsea zog, freundete ich mich mit einem Psychologiestudenten namens Hakim an; er war ein gläubiger Muslim, der erneut mein Interesse für Spiritualität weckte und mich auf den Gedanken brachte, mich mit Meditation zu befassen.

In einem Sommer in Montana heuerte ich einen Nachbarn mit Namen Ron Fetveit an, einen frommen Christen, um mir beim Ausbessern meines undichten Dachs behilflich zu sein. Während wir die Schindeln reparierten, kamen wir in ein langes Gespräch über spirituelle Fragen, und ich gestand, dass es mir aufgrund meiner Kindheitserfahrungen schwerfiel, seinen Glauben nachzuvollziehen. »Ich weiß, woher du kommst«, sagte er, »aber weißt du, es gibt kein Enkelkind von Gott. Du bist nicht deine Eltern. Du musst deine eigene persönliche Beziehung zu Gott gestalten.«

An diesem Punkt begann ich, in aller Ruhe nach spirituellen Praktiken zu suchen, die für mich persönlich ergiebig sein könnten. Eine meiner ersten Entdeckungen war Joel S. Goldsmith, ein Autor, Mystiker und ehemaliger Heiler der Christlichen Wissenschaft, der seine eigene Bewegung gegründet hatte, bekannt als der *Infinite Way* (dt. »der unendliche Weg«). Was mich an seiner Arbeit so fesselte, war seine völlige Ablehnung jeglicher Organisation sowie der Verzicht auf religiöse Riten und Regeln. Seiner Ansicht nach war Spiritualität eine persönliche Reise. Punkt. Und seine Vorträge waren so konzipiert, dass sie aus unterschiedlichen Perspektiven interpretiert werden konnten. Vor allem faszinierte mich, was Goldsmith unter Meditation verstand, nämlich einen Weg, innere Stille zu erfahren und sich die eigene intuitive Weisheit zu erschließen. Ich hatte mir Meditation immer als eine Art Therapie vorgestellt, um den Geist zu beruhigen und sich ausgeglichener zu fühlen. Goldsmith aber zeigte mir, dass sie auch als Ersatz für das Gebet dienen kann, als eine Pforte zum Göttlichen.

Mit der Zeit bin ich zu anderen Praktiken übergegangen, aber der *Infinite Way* hat mir die Augen geöffnet. Er war wie ein Sprungbrett von der strengen geistlichen Lehre, mit der ich im Elternhaus aufgewachsen war, hin zu einer spirituellen Praxis, die eine erweiterte Sicht auf die Dinge erlaubte. Als kleiner Junge hatte meine Mutter mir jeden Tag bestimmte Bibelstellen eingebläut, weil sie glaubte, ein untätiger Geist sei der Spielplatz des Teufels. Ich hingegen war der Meinung, dass genau das Gegenteil der Fall war. Ich wollte meinen Kopf nicht mit noch mehr Lärm füllen. Ich wollte mit meinem Geist zur Ruhe kommen und einfach nur ich sein.

Etwa zu dieser Zeit lernte ich meine spätere Frau June kennen, und zwar bei meiner regelmäßigen Binokel-Runde in New York. Sie war eine warmherzige, lebenslustige Frau und hatte an der University of Connecticut Sozialarbeit studiert. Wir verliebten uns während eines Sommers, als wir mit dem Motorrad durch den amerikanischen Nordwesten reisten, und 1974 heirateten wir. Im Jahr darauf kam unser erstes Kind, Chelsea, zur Welt; unsere Tochter Brooke und die Zwillingssöhne Charley und Ben folgten bald darauf.

Kurz nach Chelseas Geburt, es war in einem Sommer, besuchten June und ich meinen Bruder Joe und seine neue Lebensgefährtin – Junes Schwester Deborah –, die zusammen in einer Kommune in Taos, New Mexico, lebten. Joe war seit Jahren ein praktizierender Sufi und hatte kurz zuvor seine Stelle als Lehrer in Buffalo an den Nagel gehängt, um in der Lama Foundation zu leben, einer geistlichen Gemeinschaft, in der spirituelle Praktiken aus einer bunten Vielfalt religiöser Traditionen gepflegt wurden.

Der Sufismus ist eine Form der islamischen Mystik mit dem Hauptakzent, das eigene Bewusstsein so zu beherrschen, dass man zum göttlichen Bewusstsein gelangt. Man könne sich nur dann von dem niedrigen, individuellen Selbst befreien, so die sufistische Lehre, wenn man sich der

Kraft des Heiligen hingibt. Das bedeutet, sich dem hinzugeben, was der Sufi-Meister Pir Vilayat Inayat Khan »den magischen Zauber der bedingungslosen Liebe« nennt, »nämlich jene ekstatische Umarmung, die die Kluft zwischen Liebendem und Geliebtem überbrückt«.

Die Sufis der Lama Foundation verbrachten einen Großteil des Tages damit, sich durch Meditation, Andacht und eine ekstatische Form des Sprechgesangs und Verbeugens, *zikr* genannt, in Einklang mit dem Göttlichen zu bringen. Joe fühlte sich hingezogen zu dieser körperbetonten religiösen Praxis, mit all ihren sich wiederholenden, tänzerischen Bewegungen, um das Bewusstsein zum Göttlichen zu verlagern.

Nachdem ich mehrere Wochen lang an den religiösen Riten teilgenommen hatte, wurde mir klar, dass der Sufismus nicht der richtige Weg für mich war. Ich suchte nach etwas, das mir helfen würde, meinen hyperaktiven Geist zu bändigen.

Ein paar Jahre später heuerte ich Joe an, mir beim Bau eines neuen Hauses am Flathead Lake in Montana zu helfen. Nachdem der Rohbau stand, holten wir einen Bauarbeiter ins Boot, der uns bei der Fertigstellung helfen sollte. Er hatte im Kloster Mount Shasta in Nordkalifornien den Zen-Buddhismus studiert und war ein ruhiger, fokussierter Mensch, der seine Arbeit auf seriöse Art und Weise anging. Seit ich Shunryu Suzukis Klassiker *Zen-Geist, Anfänger-Geist – Unterweisungen in Zen-Meditation* gelesen hatte, wollte ich mehr über Zen erfahren. Laut Suzuki, einem japanischen Zen-Meister, der in großem Maße dafür gesorgt hat, dass der Zen-Buddhismus in den Westen gelangte, sollte man jeden einzelnen Moment mit einem neugierigen, unvoreingenommenen Geist begegnen. »Wenn euer Geist leer ist«, schreibt er, »ist er stets für alles bereit; er ist offen für alles. Im Anfänger-Geist gibt es viele Möglichkeiten, im Geist des Experten nur wenige.«

Joe und ich schlossen uns in jenem Sommer der Gruppe unseres Freundes an und praktizierten alle zusammen einmal pro Woche *Zazen*, eine Meditationstechnik, die im Sitzen absolviert wird. Was mir an dieser Zen-Praxis gefiel, war die ihr innewohnende Einfachheit. Man brauchte keine Mantras vor sich herzusagen oder sich irgendwelche vertrackten Bilder vorzustellen, wie es bei anderen Praktiken, die ich ausprobiert hatte, der Fall war. Zen ist praxisorientiert, unkompliziert und offen dafür, etwas Neues zu erkunden. Man muss sich nicht bestimmten Prinzipien verschreiben oder an irgendetwas glauben; Menschen, die Zen praktizieren, werden tatsächlich darin bestärkt, alles zu hinterfragen. Der Zen-Lehrer Steve Hagen schreibt: »Im Buddhismus geht es um das *Sehen*. Es geht darum, etwas zu wissen, statt etwas zu glauben, zu erhoffen oder zu wünschen. Ein weiterer Aspekt ist, sich nicht zu scheuen, alles und jedes zu erkunden, auch die eigenen persönlichen Absichten.«

Shunryu Suzukis Anleitung zur Meditation ist einfach:

1. Haltet beim Sitzen die Wirbelsäule gerade, entspannt eure Schultern und zieht euer Kinn etwas ein, »als würdet ihr den Himmel mit eurem Kopf stützen«.
2. Konzentriert euch mit eurem Geist auf euren Atem, während die Luft hereinkommt und hinausgeht wie jemand, der durch eine Schwingtür tritt.
3. Versucht nicht, euer Denken anzuhalten. Kommt euch etwas in den Sinn, dann lasst es herein- und wieder hinausgehen und beobachtet erneut euren Atem. Versucht nicht, euren Geist zu kontrollieren; die Gedanken sollen auf ganz natürliche Weise immer wieder kommen und gehen. Nach etwas Übung werden die Gedanken anfangen zu schweben wie vorbeiziehende Wolken, und ihre Macht, das Bewusstsein zu dominieren, wird schwinden.

Suzuki zufolge hilft das Meditieren, Dinge »mit einem einfachen, klaren Geist« zu tun, »ohne bestimmte Vorstellungen oder Schatten«. Den meisten Menschen schwirren zwei oder drei Ideen im Kopf herum, wenn sie etwas tun, und das hinterlässt »Gedankenspuren«, die Verwirrung stiften und die nur schwer abzuschütteln sind. »Um keine Spuren zu hinterlassen, wenn man etwas tut«, schreibt er, »sollte man es mit Leib und Seele tun und sich auf das konzentrieren, was man gerade macht. Du solltest es zur Gänze erledigen, wie ein gutes Feuer, das alles verbrennt.«

Ich musste jahrelang üben, um meinen regen Geist zur Ruhe zu bringen, doch dabei stellte ich fest: Je bewusster ich mir dessen wurde, was in mir vorging, desto verbundener fühlte ich mich mit der Welt außerhalb meines Selbst. Ich hatte mehr Geduld mit anderen und wurde ruhiger, wenn ich unter Druck stand – Eigenschaften, die sehr hilfreich waren, als ich Trainer wurde.

Drei Aspekte des Zen waren für mich als Führungskraft von entscheidender Bedeutung:

1. KONTROLLE AUFGEBEN

Suzuki schreibt: »Wenn du in deinem *Zazen* vollkommen zur Ruhe kommen willst, solltest du dich nicht von all den Bildern, die du in deinem Geist vorfindest, beunruhigen lassen. Lass sie kommen und gehen. Dann bekommst du sie unter Kontrolle.«

Der beste Weg der Menschenführung, ergänzt er, bestehe darin, den Menschen viel Spielraum zu geben und sie zu animieren, etwas Schelmisches zu tun und sie dann zu beobachten. »Sie zu ignorieren, ist nicht gut; das ist die schlechteste Strategie«, schreibt er. »Die zweitschlechteste ist der Versuch, sie zu steuern. Am besten ist es, sie zu beobachten, sie einfach nur zu beobachten, ohne dabei zu versuchen, sie zu lenken.«

Dieser Ratschlag erwies sich später als nützlich, als ich es mit Dennis Rodman zu tun bekam.

2. VERTRAUE DEM AUGENBLICK

Die meisten von uns verbringen den größten Teil ihrer Zeit mit Gedanken an die Vergangenheit oder an die Zukunft – was mitunter nicht ganz ungefährlich ist, wenn deine Aufgabe darin besteht, Basketballspiele zu gewinnen. Basketball wird in einem so rasanten Tempo gespielt, dass einem schnell Fehler unterlaufen und man danach verbissen darüber sinniert, was um Himmels willen denn nun gerade passiert ist oder was als Nächstes geschehen könnte. Und das lenkt einen von der einzigen Sache ab, auf die es wirklich ankommt, nämlich auf *diesen einen* Moment im Hier und Jetzt.

Das Praktizieren von Zen half mir nicht nur, mich noch mehr für das zu sensibilisieren, was im jeweiligen Augenblick ablief, sondern schob auch einen Bremsblock vor meine Wahrnehmung der Zeit, denn ich neigte fortan weniger dazu, mich in die Zukunft zu stürzen oder mich in der Vergangenheit zu verlieren. Der vietnamesische Zen-Lehrer Thich Nhat Hanh spricht davon, »glücklich im Augenblick zu verweilen«, denn dies sei der Ort, wo alles das, was man braucht, vorhanden sei. »Das Leben findet man nur im

Augenblick«, schreibt er. »Die Vergangenheit ist vorbei, und die Zukunft ist noch nicht da, und wenn wir nicht im gegenwärtigen Moment zu uns selbst zurückkehren, können wir nicht in Kontakt mit dem Leben sein.«

3. EINFÜHLSAMKEIT ALS LEBENSIDEAL

Ein Aspekt des Buddhismus, den ich besonders fesselnd fand, war die Lehre über Einfühlsamkeit. Buddha war bekannt als der »Mitfühlende«, und Religionswissenschaftlern zufolge ähneln seine moralischen Lehren stark denen von Jesus, der seinen Jüngern beim letzten Abendmahl sagte: »Das ist mein Gebot, dass ihr einander liebt, wie ich euch geliebt habe. Eine größere Liebe hat niemand als die, dass er sein Leben hingibt für seine Freunde.« (Johannes, 15,12–13) In ähnlicher Weise sagte Buddha: »So wie eine Mutter ihr einziges Kind unter Einsatz ihres eigenen Lebens beschützen würde, so lass dein Herz grenzenlos sein für alle Wesen. Lass deinen Geist der unendlichen Liebe die ganze Welt durchdringen.«

Nach buddhistischer Auffassung besteht der beste Weg zum Mitgefühl darin, im Augenblick voll und ganz präsent zu sein. »Meditieren bedeutet«, sagte Buddha, »mit einem empfänglichen Herzen zuzuhören.« In dem Buch *Start Where You Are* der buddhistischen Lehrerin Pema Chödrön heißt es, das Meditieren verwische die traditionellen Grenzen zwischen sich selbst und anderen. »Was Sie für sich selbst tun – jede freundliche, jede sanfte, jede ehrliche Geste und der unverstellte Blick, mit dem man sich selbst sieht –, hat Einfluss darauf, wie man die Welt erlebt«, schreibt sie. »Was Sie für sich selbst tun, tun Sie auch für andere, und was Sie für andere tun, tun Sie für sich selbst.«

Dieser Gedanke wurde später zu einer wichtigen Komponente in meiner Arbeit als Coach.

In der Zwischenzeit musste ich noch meinem Job als Spieler nachkommen.

In der Saison 1971/72 tauschte Red Holzman, der damals sowohl General Manager als auch Cheftrainer war, per Trade einige Spieler aus, wodurch das Team der Knicks eine Umgestaltung erfuhr. Zunächst ging Cazzie Russell zu den San Francisco Warriors, und für ihn kam Jerry Lucas, ein starker, dynamischer Big Man, der einen guten Distanzwurf hatte, aber auch mit starken Centern wie Dave Cowens und Kareem Abdul-Jabbar klarkam. Als

Nächstes schickte Red Mike Riordan und Dave Stallworth für Earl »The Pearl« Monroe nach Baltimore, der zu dieser Zeit wahrscheinlich der kreativste Ballhandler war. Red sicherte sich über den NBA-Draft auch die Rechte an Dean »The Dream« Meminger, einem schnellen, langbeinigen Guard aus Marquette, der in der Defensive beim Gegner für Terror sorgte.

Mit diesen neuen Talenten bekamen wir ein vielseitigeres Team zustande, als wir je hatten. Es war größer und tiefer besetzt, und aufgrund des Kaders stand uns eine reichhaltigere Palette an Möglichkeiten zur Verfügung, Punkte zu erzielen, als es das Team von 1969/70 hatte; außerdem waren wir als Mannschaft die perfekte Mischung aus individuellem Können und Teamgeist. Einige von uns befürchteten, dass Monroe versuchen könnte, Frazier im Backcourt in den Hintergrund zu drängen, aber Earl passte sich Walts Spiel an und ergänzte die Offensive um eine ganz neue Dimension. Mit Lucas als Center, einem Magier im Passspiel, verwandelten wir uns von einem Power-Team in eine facettenreiche Truppe, die sowohl auf Mitteldistanzwürfe als auch auf Korbleger setzte. Red machte mich zum wichtigsten Ersatzspieler für Dave DeBusschere und Bill Bradley – und meine neue Rolle gab mir enorm Auftrieb. Das war echter Basketball vom Feinsten, und ich passte da genau hinein.

Das einzige Team, um das wir uns 1972/73 Sorgen machen mussten, waren die Boston Celtics, die die Eastern Conference mit einer Bilanz von 68:14 dominiert hatten. In den vier Jahren nach Bill Russells Ausscheiden hatte General Manager Red Auerbach das Team in der klassischen Celtics-Tradition neu aufgebaut, und zwar mit einem starken, effektiven Center (Dave Cowens), einem gerissenen Distanzschützen (Jo Jo White) und mit John Havlicek, einem der besten Allround-Spieler.

Holzman war kein großer Fan von Auerbach, weil dieser jeden Trick anwandte, um seinem Team einen Vorteil zu verschaffen. Auerbach war ein Meister in der Kunst, mit fraglichen Mitteln zu gewinnen. Er konnte den Gegner so verunsichern, dass er dabei nicht gegen die Regeln verstoßen musste. Eines seiner Markenzeichen war, sich kurz vor dem Ende eines Spiels, wenn er glaubte, sein Team habe gewonnen, eine Zigarre anzuzünden. Das aber brachte seine Gegner zur Weißglut, vor allem dann, wenn der Punktestand noch äußerst eng war.

In den Playoffs 1973 hatte Auerbach es mit seiner Unsportlichkeit übertrieben, doch dieser Schuss sollte nach hinten losgehen. Nachdem wir Baltimore in der ersten Runde mit 4:1 Spielen besiegt hatten, trafen wir in den Finals der Eastern Conference auf die Celtics. Boston hatte Heimvorteil in der Serie, und das nutzte Auerbach voll aus. Jedes Mal, wenn wir im Boston Garden spielten, machte Auerbach uns das Leben zur Hölle: Er steckte uns in Umkleideräume, in denen die Schlüssel nicht funktionierten, die Handtücher fehlten, die Heizung auf über 37 Grad Celsius eingestellt war und die Fenster sich nicht öffnen ließen. In dieser Serie hatte er uns jedes Mal eine andere Umkleidekabine zugewiesen, und die letzte – für Spiel 7 – war die Abstellkammer des Hausmeisters, die kaum Platz für uns bot. Es gab keine Spinde, und die Decke war so niedrig, dass sich viele von uns bücken mussten, um sich umzuziehen. Aber statt uns zu demoralisieren, wie Auerbach es zweifelsohne beabsichtigt hatte, brachte uns sein Trick mit der Kabine so in Rage, dass wir nur noch mehr Ansporn bekamen, hier zu gewinnen.

Noch nie hatte jemand die Celtics zu Hause in einem 7. Spiel geschlagen, aber wir waren immer noch zuversichtlich, denn wir hatten Boston zu Beginn der Serie mit unserer Ganzfeldpresse dominiert. In der Nacht vor dem großen Spiel sahen wir uns die Aufzeichnung von Spiel 6 an und stellten fest, dass Jo Jo White uns das Genick gebrochen hatte, weil wir die für ihn gestellten *High Screens* nicht verteidigen konnten. Dean Meminger, der Jo Jo verteidigte, versuchte zu argumentieren, aber unser Coach Red Holzman schnauzte zurück. »Ich schere mich einen Dreck um den Block«, sagte er. »Finde einen Weg, drumrum zu kommen und diesen Kerl zu stoppen. Mecker nicht über den Block, sondern mach einfach deinen Job!«

Am nächsten Tag spielte Dean wie besessen. Er griff Jo Jo früh an und stellte ihn kalt, wodurch er das geplante Offensivspiel der Celtics effektiv durchkreuzte. Dann kam Dean auf der anderen Seite in Fahrt, durchbrach die Verteidigung der Celtics und bereitete den Boden, dass wir in der zweiten Halbzeit 37:22 Punkte holten. Danach erholte sich Boston nicht mehr. Der Endstand lautete: Knicks 94, Celtics 78.

Ich habe Red Holzman nie glücklicher gesehen als in dieser Nacht in der Abstellkammer des Boston Garden. Es bedeutete ihm sehr viel, seinen Erzfeind Auerbach in seiner eigenen Halle geschlagen zu haben. Freudestrahlend kam er zu mir und sagte mit einem schiefen Lächeln: »Weißt du, Phil, manchmal ist das Leben ein großes Mysterium, und der Unterschied zwischen Gut und Böse ist nicht immer eindeutig. Das hier aber ist einer der Fälle, in denen das Gute definitiv über das Böse triumphiert hat.«

Die Meisterschaftsrunde gegen die Lakers war wenig spektakulär. Im ersten Spiel hatten sie uns noch überrascht, aber danach konnten wir ihr Laufspiel unterbinden und hatten nach fünf Spielen gewonnen (4:1). Die Feier nach dem Spiel in L.A. stieß auf wenig Interesse, nur wenige Reporter waren da und hielten Ausschau nach Spielern, die ihnen ein paar Sprüche liefern konnten. Aber das war mir egal. Endlich hatte ich einen Ring, den ich mein Eigen nennen durfte.

Die nächste Saison, 1973/74, war eine der besten meiner Karriere. Ich gewöhnte mich an meine Rolle als sechster Mann und kam auf durchschnittlich 11,1 Punkte und 5,8 Rebounds pro Spiel. Doch das Team machte einen Wandel durch, der mich beunruhigte.

Das Markenzeichen der Meisterschafts-Knicks war der außergewöhnliche Zusammenhalt der Spieler und wie wir als Team zusammenarbeiteten, nämlich auf selbstlose Art und Weise. Dieser Teamzusammenhalt war besonders stark, als wir 1970 den Weg zu unserem ersten Meisterschaftstitel beschritten. Nachdem Earl Monroe, Jerry Lucas und Dean Meminger im Jahr 1971 zu uns gestoßen waren, änderte sich die Chemie im Team. Es kristallisierte sich jedoch eine neue Verbundenheit heraus, die eher rein professioneller Natur, aber nicht weniger effektiv war. Wir Spieler verbrachten abseits des Platzes nicht viel Zeit miteinander, aber auf dem Spielfeld harmonierten wir hervorragend. Dann erfuhr das Team einen weiteren Umbruch, dieses Mal allerdings mit gravierenden Folgen.

In der Saison 1973/74 hatten wir Mühe, alles zusammenzuhalten. Reed, Lucas und DeBusschere waren durch Verletzungen gehandicapt, und nachdem wir eine harte Serie mit sieben Spielen gegen die Bullets knapp für uns entscheiden konnten, humpelten wir in die Finals der Eastern Conference gegen die Boston Celtics. Der entscheidende Moment kam in Spiel 4 im Madison Square Garden, als die Celtics mit 2:1 in der Serie führten und der junge Ersatzcenter John Gianelli und ich versuchten, unsere geschwächten Big Men zu ersetzen. Dieses Mal aber gab es keinen Wunderauftritt von Willis Reed. Dave Cowens und John Havlicek von den Celtics wussten, wie sie unseren Mangel an starken Führungsspielern ausnutzen konnten, und überlisteten uns in der zweiten Halbzeit bei jeder entscheidenden Spielsituation. Boston gewann 98:91.

Drei Tage später machten uns die Celtics in Boston auf ihrem erfolgreichen Weg zu einer weiteren Meisterschaft – diesmal mussten sie gegen die Milwaukee Bucks in den Finals antreten – den Garaus. Ich weiß noch, dass ich nach dieser Niederlage mit meinen Teamkameraden am Logan Airport saß und mich das Gefühl beschlich, unsere einst so ruhmreiche Herrschaft sei zu Ende gegangen. Lucas und DeBusschere hatten bereits angekündigt, dass sie als Spieler in den Ruhestand gehen wollten. Zu Beginn der nächsten Saison verließen auch Reed und Barnett die Knicks, und Meminger wurde von New Orleans im Expansion Draft als Pick gezogen und in einem Trade nach Atlanta geschickt.

Danach war nichts mehr so wie zuvor. Im nächsten Jahr war ich als Ersatz für DeBusschere in der Startaufstellung und machte meinen Job recht gut; vom ursprünglichen Team waren jedoch nur drei Spieler übrig – Walt Frazier, Bill Bradley und Earl Monroe –, und es war schwierig, diesen Zusammenhalt zu schaffen, den wir zuvor gehabt hatten. Die Zeiten änderten sich, und die neuen Spieler, die die NBA bevölkerten, waren mehr daran interessiert, ihre tollen Skills zu präsentieren und das mit der NBA verbundene Highlife zu genießen, als hart daran zu arbeiten, ein einheitliches Team zu formen.

In den nächsten zwei Jahren kamen einige talentierte Spieler hinzu, darunter der NBA All-Star Spencer Haywood und der dreimalige Scoring-Champion Bob McAdoo. Keiner von ihnen schien jedoch besonders daran interessiert zu sein, die für die Knicks so typische Kombination aus intensiver Verteidigung und selbstlosem Teamwork zu erlernen.

Die Kluft zwischen den Generationen wurde mit jedem Tag deutlicher. Die neuen Spieler, die es vom College her gewohnt waren, verwöhnt zu werden, beschwerten sich, dass sich niemand um ihre Wäsche kümmerte oder dass der Trainer nicht gut genug beim Anlegen von Tapes war. Für die alten Knicks war es ganz normal, sich selbst um die Reinigung der Spielkleidung zu kümmern, weil es damals noch keinen Zeugwart gab. Und so seltsam es auch klingen mag, aber das Waschen der eigenen Trikots wirkte sich auch auf das Team aus, indem es irgendwie Verbundenheit zwischen uns stiftete. Wir fragten uns daher: Wenn die Neulinge nicht ihre eigenen

Sachen waschen wollten, würden sie dann Verantwortung für die Aufgaben übernehmen, die sie auf dem Parkett zu erledigen hatten?

Es dauerte nicht lange, das herauszufinden. Innerhalb sehr kurzer Zeit verwandelten sich die Knicks derart, dass man glaubte, das Team sei innerlich in zwei Teile gespalten. Wir konnten einerseits einen 15-Punkte-Vorsprung herausspielen, um andererseits gegen Spielende völlig einzubrechen, weil wir keinen koordinierten Angriff zustande brachten. Wir hielten mehrere Teammeetings ab, um das Problem zu besprechen, wurden uns aber nicht einig, wie wir diese Diskrepanz beseitigen konnten. Sämtliche von Red ergriffenen Maßnahmen zur Belebung des Mannschaftsspiels waren vergebens, weil sie nicht funktionierten.

Im Jahr 1976 kamen die Knicks zum ersten Mal seit neun Jahren nicht in die Playoffs. Ein Jahr später verabschiedete sich Bradley als Spieler, und Frazier wurde im Trade zu den Cleveland Cavaliers geschickt. Dann trat Red zurück und wurde durch Willis Reed ersetzt.

Ich dachte, die Saison 1977/78 würde meine letzte sein, aber in der Off-Season planten die Knicks, mich zu den New Jersey Nets zu schicken. Ich zögerte zunächst, aber als Coach Kevin Loughery anrief und mir sagte, er benötige meine Hilfe bei der Arbeit mit den jüngeren Spielern, stimmte ich zu. »Ich weiß, dass du am Ende deiner Karriere stehst«, sagte er, »aber wenn du nach New Jersey kommst, könnte dieser Wechsel für dich eine gute Brücke zwischen Spielen und Coaching sein.«

Ich war nicht so sehr daran interessiert, Trainer zu werden, war allerdings von Lougherys eigenwilligem Führungsstil fasziniert. Nach dem Trainingscamp wollte er mich zum Assistenztrainer befördern, doch bevor das geschehen konnte, verletzte sich Forward Bob Elliott, und ich wurde als Spieler eingesetzt. Dennoch bekam ich in diesem Jahr die Chance, zumindest als Assistenztrainer in Teilzeit mit den Big Men zu arbeiten und Kevin als Cheftrainer zu vertreten, wenn er von den Schiedsrichtern aus der Halle verwiesen wurde, was in dieser Saison 14-mal vorkam.

Loughery, der zwei ABA-Meisterschaften gewonnen hatte, besaß ein außergewöhnliches Auge für das Spiel und verstand es, Mismatches auszunutzen. Was ich von ihm gelernt habe, war, wie man bis an die Grenze geht und damit durchkommt. Loughery war der erste mir bekannte Trainer, der einen gegnerischen Spieler beim Einwurf von der Mittellinie doppeln ließ – ein riskanter Schachzug, der sich jedoch oft auszahlte. Er übernahm auch Hubie Browns Trick, den Ballhandler mit zwei Mann zu bedrängen, und machte dies zu einem festen Bestandteil der Verteidigung, auch wenn es damals nicht wirklich regelkonform war. Eine seiner größten Innovationen war, Isolation Plays, Angriffsmöglichkeiten im Eins-gegen-Eins, für unsere besten Werfer zu entwickeln. Diese Taktik entsprach zwar nicht Holzmans Modell des Fünf-Mann-Angriffs, doch sie passte zum Lineup der Nets, das voll von guten Werfern war, und bereitete den Weg für neue kreative Spielweisen, die sich in den kommenden Jahren entfalten sollten.

Unser Starspieler war Bernard King, ein explosiver Small Forward, der sich super schnell vom Gegenspieler lösen konnte und im Jahr zuvor als Rookie auf durchschnittlich 24,2 Punkte und 9,5 Rebounds pro Spiel gekommen war. Leider hatte er aber auch ein Drogenproblem. Eines Nachts in jener Saison wurde er, während er mit seinem Wagen vor einem Stoppschild stand, schlafend hinter dem Lenkrad erwischt und wegen Trunkenheit am Steuer und Kokainbesitz verhaftet. (Die Anklage wurde später fallen gelassen.) Dieser Vorfall hatte Loughery in den Wahnsinn getrieben. Er war dafür bekannt, dass er mit egozentrischen Stars gut fertigwerden konnte, hatte aber bei King das Gefühl, dass er nicht zu ihm durchkam und die Kontrolle über das Team verlor. Also drohte er damit, das Handtuch zu schmeißen. Als daraufhin Charlie Theokas, der General Manager der New Jersey Nets, Loughery bat, einen Nachfolger vorzuschlagen, brachte er mich ins Spiel. Ich war etwas verblüfft, als ich das hörte, aber es war ein gutes Gefühl, zu wissen, dass jemand mit Kevins Standing dachte, ich könne den Job erledigen. Schließlich lenkte Loughery ein und machte weiter. Einige Monate später gaben die Nets King an die Utah Jazz ab, wo er die meiste Zeit der Saison in der Reha verbrachte.

Zu Beginn der Saison 1979/80 teilte mir Loughery mit, dass er mich aus dem aktiven Kader streichen würde. Im Gegenzug bot er mir einen Job als Assistenztrainer in Vollzeit an, wofür ich allerdings eine erhebliche Gehaltskürzung in Kauf nehmen musste. Dies war der Moment, den ich immer gefürchtet hatte. Ich erinnere mich, wie ich mit dem Auto zum Trainingszentrum der Nets in Piscataway, New Jersey, fuhr und dachte, dass ich nie wieder den Nervenkitzel eines brisanten Spiels spüren würde. Klar, sagte ich mir, werde ich in der Zukunft wahrscheinlich noch einige Höhenflüge erleben. Solange ich jedoch nicht eine Krise durchmachen musste, die über Leben und Tod entscheidet, würde ich vermutlich nie wieder solch eine Erfahrung erleben, wie ich sie als Spieler in der NBA gemacht hatte.

Trainer zu sein war nicht dasselbe, zumindest empfand ich das damals so. Sieg oder Niederlage, ich würde immer außerhalb des Spielgeschehens sein, wenn auch nur einen Schritt davon entfernt.

Irgendwo am Stadtrand von Piscataway führte ich im Geiste ein Gespräch mit meinem Vater, der ein paar Monate zuvor gestorben war.

»Was soll ich tun, Dad?«, fragte ich. »Wird der Rest meines Lebens eine einzige Schufterei sein, bei der ich mich nur noch abrackere?«

Pause.

»Wie kann irgendwas anderes für mich so bedeutsam sein wie Basketballspielen? Wo werde ich meinen neuen Lebensinhalt finden?«

Es sollte mehrere Jahre dauern, bis ich die Antwort fand.

KAPITEL 5

DER MIT DEN BULLEN TANZT

Spiel nicht das Saxophon. Lass es dich spielen.

Charlie Parker

Es war nicht das erste Mal, dass Jerry Krause mich anrief, um mir einen Job bei den Bulls anzubieten. Bereits drei Jahre zuvor, als Stan Albeck Cheftrainer war, hatte Jerry mich zu einem Vorstellungsgespräch für eine Stelle als Assistenztrainer eingeladen. Damals war ich Coach in Puerto Rico, und als ich in Chicago ankam, mit Bart und Tropenkleidung, trug ich einen ecuadorianischen Strohhut, aus dem eine blaue Papageienfeder ragte – was auf den Inseln sehr modisch (und praktisch) war. Albeck musterte mich und legte Einspruch ein, oder anders ausgedrückt – er wollte mich nicht haben. Jerry hatte bereits Stans erste Wahl für die Stelle als Assistenztrainer abgelehnt, also war Stans Nein gegen mich vielleicht eine Art persönlicher Rache. Auf jeden Fall bekam ich den Job nicht.

Beim zweiten Mal riet mir Krause, den Bart abzurasieren sowie ein Sportjackett und eine Krawatte zu tragen. Der neue Cheftrainer war Doug Collins, gegen den ich in meiner aktiven Zeit gespielt hatte, als er für die Philadelphia 76ers auf dem Platz stand, und dort war er als Shooting Guard ein regelrechter Star gewesen. Er war ein intelligenter, tatkräftiger Trainer, den Krause 1986 als Nachfolger von Albeck angeheuert hatte. Krause hatte nach einem Coach gesucht, der aus den jungen Spielern der Bulls ein Team formte, das um die Meisterschaft mitspielen konnte, und das war Doug auch gelungen. Johnny Bach, der Collins noch aus ihrer gemeinsamen Zeit im Olympiateam von 1972 kannte, sagte, Doug erinnere ihn an den berühmten Spruch von Coach Adolph Rupp, demzufolge es nur zwei Arten von Trainern gebe: solche, die Teams zum Sieg führen, und solche, die sie *antreiben*. Doug gehörte zweifellos zur zweiten Kategorie. Obwohl er keinen fundierten Hintergrund als Trainer hatte, verfügte er über endlose Tatkraft, die er nutzte, um das Feuer seiner Männer für große Spiele anzufachen.

Doug und ich verstanden uns auf Anhieb. Als wir nach dem gemeinsamen Abendessen mit Jerry zurück zu meinem Hotel fuhren, sagte Doug zu mir, er suche jemanden, der bereits Meisterschaften gewonnen hatte, um somit die Spieler zu inspirieren. Zwei Tage später bot Jerry mir einen Job als Assistenztrainer an und gab mir noch einen Tipp für mein Outfit. Das nächste Mal, wenn du nach Chicago zurückkommst, sagte er, trägst du deine Meisterschaftsringe.

Die Bulls waren ein Team, das kurz davor stand, richtig in Fahrt zu kommen. Gleichwohl gab es immer noch ein paar Lücken in ihrer Aufstellung: Ihr Center, Dave Corzine, war weder besonders schnell noch sehr geschickt an den Brettern, und Brad Sellers, ihr 2,11 Meter großer Forward, hatte chronische Verletzungsprobleme. Aber sie hatten mit Charles Oakley einen starken Power Forward, mit John Paxson einen zuverlässigen Distanzschützen sowie zwei vielversprechende Rookies auf der Forward-Position, Scottie Pippen und Horace Grant, die Bach die »Dobermänner« nannte, weil sie schnell waren und die nötige Aggressivität besaßen, um mit Druck zu verteidigen und so den Gegner förmlich erdrückten.

Der Star war natürlich Michael Jordan, der sich im Jahr zuvor zum weltweit alles überragenden Spieler entwickelt hatte. Er gewann nicht nur den Scoring-Titel mit durchschnittlich 37,1 Punkten pro Spiel, sondern testete auch die Grenzen des menschlichen Leistungsvermögens aus, indem er atemberaubende Bewegungen in der Luft vollführte. Der einzige mir bekannte Spieler, der an Michaels Sprungkraft herankam, war Julius Erving, aber »Dr. J«, wie er auch genannt wurde, besaß nicht Jordans außerordentliche Energie. Michael konnte an einem Abend ein großartiges Spiel zeigen, ließ am Tag darauf eine noch verrücktere Leistung folgen, um dann zwei Tage später das Ganze zu wiederholen.

Die größten Rivalen der Bulls waren die Detroit Pistons, ein ruppiges Team mit physischem Spielstil, das sich selbst stolz als »Bad Boys« bezeichnete. Angeführt von Point Guard Isiah Thomas waren die Pistons stets auf der Suche nach Streit, und ihr Team war voller Schläger, darunter Bill Laimbeer, Rick Mahorn, Dennis Rodman und John Salley. Zu Beginn meiner ersten Saison brach ein Streit zwischen Mahorn und Charles Oakley von den Bulls aus, und das Ganze endete in einer körperlichen Auseinandersetzung. Doug Collins stürmte aufs Spielfeld, um die Lage zu beruhigen, wurde allerdings selbst über den Anschreibetisch geschleudert. Und in seinem Bemühen, Frieden zwischen den Parteien zu stiften, verstauchte sich Johnny Bach das Handgelenk. Isiah Thomas prahlte später, dass die Pistons »das letzte Gladiatorenteam« seien.

Die Pistons waren ein durchtriebenes routiniertes Team, das es verstand, die Schwächen des Gegners auszunutzen. Bei Spielen gegen die Bulls bedeutete das, die jüngeren, weniger erfahrenen Spieler durch körperliche Einschüchterung und versteckte Fouls emotional fertigzumachen. Diese Taktik funktionierte jedoch nicht bei Jordan, der sich nicht so leicht einschüchtern ließ. Um ihn in Schach zu halten, ersann Pistons-Trainer Chuck Daly eine Strategie namens »Jordan Rules«, um Michael zu zermürben, indem er ihn gleich mit mehreren Spielern hart attackieren ließ, wann immer er den Ball hatte. Michael war ein unglaublich zäher Spieler, der oft auch dann werfen konnte, wenn zwei oder drei Spieler an ihm dranhingen. Doch die Strategie der Pistons zahlte sich – zumindest anfangs – aus, weil den Bulls nicht viele andere Optionen in der Offensive zur Verfügung standen.

Meine Aufgabe war es, durch das ganze Land zu reisen und die Teams zu scouten, auf die die Bulls in den kommenden Wochen treffen würden. Dadurch konnte ich selbst erleben, wie hochgradig die Rivalität zwischen Magic Johnsons L.A. Lakers und Larry Birds Boston Celtics die NBA verändert hatte. Nur ein paar Jahre zuvor war die Liga in ernsten Schwierigkeiten gewesen, ihr Ruf diskreditiert durch Spieler, die Drogen konsumierten oder deren egozentrisches Gehabe außer Kontrolle geriet. Doch jetzt ging es wieder aufwärts, und zwar mit charismatischen Jungstars und zwei der berühmtesten *Franchises* der Liga, die eine aufregende neue Art teamorientierten Basketballs spielten, bei der es Spaß machte, zuzusehen.

Und was noch wichtiger war: Dieser Job bot mir die Gelegenheit, meine theoretische Ausbildung in Sachen Basketball abzuschließen, und zwar bei zwei der besten Köpfe in diesem Sport: Johnny Bach und Tex Winter. Die letzten fünf Jahre war ich Cheftrainer der Albany Patroons gewesen, die in der zweitklassigen Continental Basketball Association (CBA) spielten, und hatte mit allen möglichen Ideen experimentiert, wie man den Basketballsport gerechter und teamorientierter gestalten könnte, indem man unter anderem allen Spielern ein Jahr lang das gleiche Gehalt zahlte. In meiner ersten Saison als Trainer gewannen wir die Liga-Meisterschaft, und ich erkannte, dass ich einen Riecher dafür hatte, während eines Spiels bestimmte Korrekturen vorzunehmen und das Beste aus den Talenten in unserem Kader herauszuholen. Nach einer Weile wurde mir allerdings klar, dass meine größte Schwäche als Trainer darin bestand, keine formelle Ausbildung zu haben. Ich hatte weder die Hoops U [Anm. d. Übers.: eine Akademie für Basketballtrainer] noch einen der Sommerlehrgänge besucht, bei denen Trainer ihre Fachkenntnisse austauschen. Die Arbeit mit Johnny und Tex war daher die Chance, meinen Rückstand aufzuarbeiten. Dabei wurde mir klar, dass einige längst vergessene Strategien aus alten Zeiten wiederbelebt und für das heutige Spiel bedeutsam werden konnten.

Johnny Bach war ein Meister des Basketballs, wie er typisch für den Osten der USA ist, nämlich die aggressive, schonungslose Variante, die östlich des Mississippi gespielt wird. Bach wuchs in Brooklyn auf und spielte Basketball und Baseball an der Fordham University und Brown University, bevor er zur Marine ging und während des Zweiten Weltkriegs im Pazifik diente. Nach kurzen Engagements bei den Boston Celtics und den New York Yankees wurde er 1950 an der Fordham University zu einem der jüngsten Cheftrainer einer großen College-Basketballmannschaft ernannt. Später war er zehn Jahre lang als Trainer an der Pennsylvania State University erfolgreich. Anschließend wechselte er als Assistenztrainer in die NBA und war kurzzeitig Cheftrainer der Golden State Warriors. 1972, während seiner Zeit als Assistenztrainer der US-amerikanischen Olympiamannschaft, verstand sich Johnny gut mit Collins, der eine entscheidende Rolle in der umstrittenen Partie spielte, in der es um die Goldmedaille ging. Doug erzielte die zwei Freiwürfe, mit der das Spiel gewonnen gewesen wäre, wenn ein IOC-Offizieller nicht unerklärlicherweise beschlossen hätte, die Uhr um drei Sekunden zurückzustellen, nachdem der Buzzer ertönt war.

Anders als Tex war Johnny nicht auf ein bestimmtes Spielsystem festgelegt. Er war ein wandelndes Lexikon in Sachen Basketballstrategie und konnte sich auf seine schnelle Auffassungsgabe und sein fotografisches Gedächtnis verlassen, um kreative Wege zu finden, mit denen sich Spiele gewinnen ließen. Wenn ich im Büro war, kam Johnny oft mit Büchern voller Markierungen irgendwelcher Trainerkoryphäen an meinen Schreibtisch, von denen ich noch nie etwas gehört hatte, sowie mit Videokassetten, auf denen sich Spielaufzeichnungen aktueller NBA-Teams befanden, die Spielzüge anwendeten, welche vor Jahren erfunden worden waren.

Einmal saß ich vor meinem Videorekorder und versuchte herauszufinden, welche Art von Offensive die Milwaukee Bucks spielten, und ich rief Johnny zu mir, damit er sich das Band ansah. Er schaute es sich kurz an und sagte: »Oh, das ist die Pinwheel-Offensive von Garland Pinholster.« Dann erklärte er mir, dass Pinholster in den 1950er- und 1960er-Jahren einer der innovativsten Trainer der USA war. Er war Coach am Oglethorpe College in Georgia und erzielte mit der von ihm entwickelten kontinuierlichen *Motion Offense* eine Spielbilanz von 180:68, bevor er das Interesse am Basketball verlor und ins Geschäft mit Lebensmitteln und in die staatliche Politik wechselte.

Bach, der sich vor allem auf die Verteidigung konzentrierte, benutzt liebend gerne militärische Bilder und spielte seinen Jungs Ausschnitte aus alten Kriegsfilmen vor, um sie auf den Kampf auf dem Parkett einzustimmen. Eines seiner Lieblingssymbole war das Pik-Ass, das die Marines im Zweiten Weltkrieg verwendeten, um, so Johnny, ihre gefallenen Kameraden zu ehren. Wenn Johnny also ein Pik-Ass neben dem Namen eines gegnerischen Spielers an die Tafel zeichnete, bedeutete das, dass die Bulls-Verteidiger diesen Spieler »killen« mussten, sobald er den Ball hatte.

Ich war von Kriegsbildern nicht so begeistert wie Johnny, also begann ich, während meiner Reden Musikvideos (und später Filmclips) einzusetzen. Angefangen habe ich mit Jimi Hendrix' Version von »The Star-Spangled Banner«, danach bin ich zu Songs von David Byrne und Freddie Mercurys »We Are the Champions« übergegangen. Letztlich habe ich die Videos genutzt, um Botschaften mit subtilen Inhalten zu vermitteln. Während einer Playoff-Runde schnitt ich ein Video mit der Talking-Heads-Hymne »Once in a Lifetime« zusammen – ein Lied, das die Gefahren thematisiert, wenn man den Geist auf Autopilot schaltet und den gegenwärtigen Moment verschwendet.

Ich hatte instinktiv schon immer das Gefühl, dass eine starke Verbindung zwischen Musik und Basketball besteht. Das Spiel ist hinsichtlich seiner Struktur grundsätzlich rhythmisch angelegt und erfordert die gleiche Art von selbstloser, nonverbaler Kommunikation, wie man sie in den besten Jazz-Combos findet. Als John Coltrane noch in der Band von Miles Davis spielte, legte er einmal ein endlos langes Solo hin, das Miles wütend machte. »Was zum Teufel sollte das?«, brüllte Miles.

»Mein Saxofon wollte einfach nicht aufhören, Bro«, antwortete Coltrane. »Es spielte einfach weiter.«

»Nun, dann leg das Mistding weg.«

Steve Lacy, der unter anderem mit Thelonious Monk gespielt hat, hat eine Liste von Monks Ratschlägen für seine Bandmitglieder zusammengestellt. Hier ist eine Auswahl:

- Nur weil du kein Schlagzeuger bist, heißt das nicht, dass du den Takt nicht halten musst.
- Hört auf, all diese komischen Noten (diesen Quatsch) zu spielen. Spielt die Melodie!
- Achtet beim Spielen darauf, dass der Schlagzeuger einen guten Sound hat.
- Spielt nicht den Klavierpart, den spiele ich schon.
- Spielt nicht alles (oder nicht jedes Mal); lasst ein paar Sachen weg. Was man nicht spielt, kann wichtiger sein als das, was man spielt.
- Wenn ihr swingt, legt noch einen drauf und swingt noch mehr.
- Was auch immer ihr meint, dass es unmöglich sei: Irgendjemand wird kommen und es tun. Ein Genie ist derjenige, der sich selbst am ähnlichsten ist.
- Man muss es mögen, um es zu mögen, klar?

An Monks Tipps gefällt mir, wie wichtig für ihn die Bedeutung von Achtsamkeit, Teamwork und klar definierten Rollen ist, denn sie alle gelten für

Basketball ebenso wie für Jazz. Schon früh merkte ich, dass man die Spieler am besten dazu bringt, ihre Aktionen zu koordinieren, wenn man sie im 4/4-Takt spielen lässt. Die Grundregel lautete, dass der Spieler, der den Ball hat, vor dem dritten Taktschlag etwas mit dem Ball machen muss: entweder passen, werfen oder anfangen zu dribbeln. Wenn alle im Takt bleiben, fällt es leichter, sich Takt für Takt in Einklang zu bringen.

Kein Mensch verstand das besser als Tex Winter, der andere große Basketball-Guru im Team der Bulls. Tex, ein Experte für Free-Flow-Basketball, wie er im Westen der USA gespielt wird, ist vor allem für seine Arbeit mit der Triangle Offense – oder Triple-Post Offense, wie er es nannte – bekannt, die er als Spieler von Coach Sam Barry an der University of Southern California erlernt hatte. Obwohl er nicht der geistige Vater der Triangle Offense war, hat Tex sie durch mehrere Innovationen erweitert, und dazu gehörte auch, eine Abfolge von Pässen zu entwickeln, die zu einer koordinierten Bewegung zwischen den Spielern führte. Darüber hinaus war Tex ein begabter Lehrer, der sich eigene Übungen ausdachte, damit die Spieler die grundlegenden Aktionen geschickt beherrschten.

Im Alter von nur 29 Jahren bekam Tex den Spitzenjob an der Marquette University und wurde der jüngste Cheftrainer eines Colleges der Division I. Zwei Jahre später übernahm er an der Kansas State University, führte die Triangle Offense ein und formte aus den Wildcats ein Team, das regelmäßig am NCAA-Turnier teilnahm. Zu dieser Zeit freundete sich Jerry Krause, damals noch als Scout unterwegs, mit Tex an und verbrachte viel Zeit in Manhattan, Kansas, um sich von ihm in seine Strategien des Basketballspiels einweihen zu lassen. Irgendwann sagte Jerry dann zu Tex, dass, sollte er jemals General Manager einer NBA-Franchise werden, Tex der Erste wäre, den er einstellen würde. Tex dachte sich zu diesem Zeitpunkt nichts dabei. Doch Jahre später, als er Trainer an der Louisiana State University war, sah er auf ESPN einen Bericht über die Ernennung Krauses zum General Manager der Bulls und sagte zu seiner Frau Nancy, dass der nächste Anruf, den er erhalten würde, von Jerry käme. Er sollte recht behalten.

Seit ich als Trainer in der CBA begonnen hatte, war ich auf der Suche nach einem Angriffssystem, das dem uneigennützigen Spiel ähnelte, das wir damals bei den Knicks angewendet hatten, als wir die Championships gewannen. Ich experimentierte mit der Flex-Variante, einem schnellen, fließenden Offensivspiel, das in Argentinien und Europa sehr beliebt ist, welches allerdings für mein Spiel nur bedingt tauglich war. Was mich daran störte, war die Art, wie die Spieler sich räumlich zueinander positionieren mussten, und es gab keine Möglichkeit, den Angriff zu unterbrechen und etwas anderes zu tun, wenn es die Situation verlangte. Im Gegensatz dazu erforderte die Triangle Offense, dass die Spieler nicht nur äußerst selbstlos agierten, sondern sie gestand den Spielern auch ein hohes Maß an individueller Kreativität zu. Und das kam mir sehr entgegen.

Der Name der Triangle Offense verdankt sich einem ihrer wichtigsten Merkmale, und zwar einem Dreieck an der Seitenlinie, das von drei Spielern auf der *Strong Side* des Spielfelds gebildet wird. Ich bezeichne das Dreieck jedoch lieber als »Tai-Chi mit fünf Mann«, da sich alle Spieler gemeinsam bewegen, um darauf zu reagieren, wie sich die Verteidigung des Gegners positioniert. Es geht nicht darum, die gegnerische Defensive im Spiel Eins-gegen-Eins zu überwältigen, sondern zu lesen, was die Verteidigung unternimmt, und entsprechend zu handeln. Wenn Michael Jordan zum Beispiel auf der einen Seite des Spielfelds von der Defensive umringt wird, eröffnet das den anderen vier Spielern eine Reihe von Möglichkeiten. Sie müssen jedoch alle genau mitbekommen, was auf dem Platz passiert, und aufeinander so abgestimmt sein, um sich übereinstimmend zu bewegen, damit sie die Lücken, die die Verteidigung bietet, ausnutzen können. Hier kommt die Musik ins Spiel.

Wenn sich alle im Einklang bewegen, ist es praktisch unmöglich, sie aufzuhalten. Einer, der – letztendlich – zu einem der größten Befürworter der Triangle Offense wurde, war Kobe Bryant, der die Unberechenbarkeit des Systems liebte. »Gegen unser Team war es schwer zu spielen«, sagte Kobe, »weil der Gegner nicht wusste, was wir tun würden. Und warum? Weil *wir* nicht wussten, wie wir von einem Moment zum anderen agierten. Jeder hat die Verteidigung gelesen und auf den anderen reagiert. Es war wie ein großes Orchester.«

Es gibt alle möglichen Missverständnisse über die Triangle Offense. Einige Kritiker glauben, es bedürfe Spieler vom Kaliber eines Michael und eines Kobe, damit sie funktioniert. Eigentlich ist aber das Gegenteil der Fall. Die Dreiecksoffensive wurde nicht für die Superstars entwickelt, die unabhängig vom Spielsystem immer eine Möglichkeit finden, um zu punkten, sondern für alle anderen Spieler im Team, die nicht ihre eigenen Würfe kreieren können. Außerdem kommt dadurch jedem Spieler eine zentrale Rolle in der Offensive zu, ganz gleich, ob er am Ende wirft oder nicht.

Ein weiterer Irrglaube ist, die Triangle Offense sei für die meisten Spieler viel zu kompliziert zu erlernen. Sobald man jedoch die Grundlagen verinnerlicht hat, lässt sich dieses System viel einfacher aneignen als die komplexeren Angriffsvarianten, die heute üblich sind. Das Wichtigste ist zu wissen, wie man den Ball passt, und dass man die gegnerische Defensive genau liest. Früher bekamen die meisten Spieler das auf der Highschool oder am College beigebracht, aber das gilt nicht mehr für die vielen jungen Spieler, die heute in die NBA kommen. Deshalb mussten wir viel Zeit darauf verwenden, ihnen das Spiel beizubringen: von den Basics über kontrolliertes Dribbeln und Beinarbeit bis hin zum Passspiel.

Tex war ein Meister auf diesem Gebiet. Er hatte eine ganze Palette von Übungen entwickelt, damit die Spieler die Grundlagen des Spiels erlernen. Er brachte ihnen bei, für die richtigen Freiräume im Angriff zu sorgen und ihre Bewegungen nach einem festgelegten Regelwerk aufeinander abzustimmen. Für Tex steckte das Genie in den Details, und es spielte keine Rolle, ob man Michael Jordan oder ein Rookie im Team war; Tex hatte einen so lange genervt, bis man es richtig machte.

Als echter Liebhaber motivierender Sinnsprüche las Tex dem Team jedes Jahr sein Lieblingssprichwort vor, das zeigte, wie entscheidend es ist, die Einzelheiten zu erlernen:

Wegen eines fehlenden Nagels kam das Hufeisen abhanden.
Wegen eines fehlenden Hufeisens ging das Pferd verloren.
Wegen eines fehlenden Pferdes war kein Reiter da.
Wegen eines fehlenden Reiters ging die Nachricht verloren.
Wegen einer fehlenden Nachricht kam es nicht zur Schlacht.
Wegen einer ausbleibenden Schlacht ging das Königreich verloren.
Und das alles wegen eines fehlenden Hufeisennagels.

Ein Aspekt, der mir an Tex' System gefiel, war, dass es aus der Sicht des Trainers keine Kritik an Einzelpersonen gestattete. So konnte ich die Leistung der Spieler kritisieren, ohne dass sie den Eindruck hatten, ich würde sie persönlich angreifen. Profibasketballer reagieren sehr empfindlich auf Kritik, weil fast alles, was sie tun, jeden Tag von den Trainern, den Medien und so ziemlich jedem, der einen Fernseher besitzt, beurteilt wird. Das Schöne an dem Spielsystem – und das gilt für alle Systeme, nicht nur für die Triangle Offense – war, dass es das gesamte Team gewissermaßen in eine *lernende Organisation* verwandelte. Ausnahmslos jeder, von Michael an der Spitze bis zu den Spielern am unteren Ende der Skala, musste etwas lernen, ganz gleich, wie talentiert oder untalentiert er war. Wenn ich also einen Spieler im Training hart angegangen bin, hat er verstanden, dass ich ihm lediglich beibringen wollte, wie das Triangle funktioniert. Wie ich bereits sagte, ist der Weg zur Freiheit ein schönes System.

Ein weiterer von mir geschätzter Aspekt der Dreiecksoffensive war, dass man sich auf das System verlassen konnte, oder anders ausgedrückt: Die Spieler konnten darauf zurückgreifen, wenn sie in einer Partie unter Stress standen. Sie mussten nicht so tun, als wären sie wie Michael und müssten jeden Spielzug, den sie machten, neu erfinden. Sie brauchten lediglich ihre Rolle im System zu spielen, und zwar in dem Wissen, dass sich daraus unweigerlich gute Möglichkeiten zum Punkten ergeben würden.

Durch dieses System bekamen die Spieler als Mannschaft auch ein klares Ziel vor Augen, und es sorgte bei allen für ein hohes Leistungsniveau. Noch wichtiger war, dass es sie alle zu Führungsspielern machte, da sie begannen, sich gegenseitig beizubringen, wie man das System erlernte. Im Zuge dessen entwickelte sich im Team ein so starker Zusammenhalt, wie er von glorreichen Momenten einzelner Spieler mit ihren individuellen Leistungen, so aufregend sie auch sein mochten, niemals gefördert werden konnte.

Doug Collins war von dem System nicht so angetan wie ich. Als er 1986 die Bulls übernahm, bemühte er sich zwar, es einzuführen, gab es jedoch bald wieder auf, weil es nicht zu der Verteidigung passte, die er spielen lassen wollte. Collins hielt an einer der Hauptprinzipien von Hank Iba fest: Die Guards sollten aus verteidigungstechnischen Gründen auf dem Weg zur Mittellinie sein, wenn es einen Rebound oder einen Einwurf gab. Die Herausforderung der Triangle Offense besteht darin, dass sich die Guards oft in eine der Ecken des Spielfelds begeben müssen, um mit zwei anderen Spielern eine Dreiecksformation zu bilden. Das macht es für sie schwieriger, bei einem Fast Break, einem schnellen Gegenangriff, zurückzukommen.

Deshalb hat Doug die Dreiecksoffensive abgeschafft, sie aber nicht durch ein anderes System ersetzt. Stattdessen ließ er die Spieler ein Repertoire von 40 bis 50 Spielzügen erlernen, die sich ständig änderten. Dann gab er während einer Partie lautstark Spielanweisungen von der Seitenlinie, je nachdem, was er gerade auf dem Parkett sah. Diese Art des Coachings, die in der NBA nicht unüblich ist, passte gut zu Doug. Er hatte eine ausgezeichnete Spielübersicht und wurde dadurch, dass er aktiv am Spielgeschehen teilnahm, regelrecht beflügelt. Der Nachteil war nur, dass die Spieler von seinen Anweisungen, die er jede Minute über den Platz brüllte, zu sehr abhängig wurden und folglich weniger frei agierten. Zudem wurden dadurch alle außer Michael zum Nebendarsteller, denn viele der Spielzüge dienten nur dem Zweck, seine geniale Trefferquote zu maximieren. Zu oft bestand die Offensive der Bulls aus vier Spielern, die Michael den nötigen Raum verschafften, seinen Zauber entfalten zu können, und ihm dann dabei zusahen. Die Presse hatte bereits damit begonnen, die Bulls sarkastisch als »Jordan and the Jordanaires« zu bezeichnen.

Während des Trainingscamps in meinem ersten Jahr sagte ich Doug, dass Michael meiner Meinung nach zu viel allein machte und dass er sich an Magic Johnson und Larry Bird ein Beispiel nehmen sollte, wie sie mit ihren Mitspielern zusammenarbeiteten, sodass aus ihnen ein echtes Team mit starkem Zusammenhalt wurde. Ich fügte noch hinzu, dass Red Holzman zu sagen pflegte: »Einen echten Star erkennt man daran, um wie viel besser er seine Teamkollegen gemacht hat.«

»Super, Phil«, antwortete Doug. »Das musst du Michael sagen. Warum sagst du es ihm nicht jetzt gleich?«

Ich zögerte. »Ich bin erst seit einem Monat hier, Doug. Ich bin mir nicht sicher, ob ich Michael gut genug kenne, um ihm etwas zu sagen, was Red mir erzählt hat.« Aber Doug bestand darauf, dass ich Michael erklären sollte, woran man »einen echten Star erkennt«.

Also ging ich zu Michael und nahm ihn zur Seite. Das war mein erstes richtiges Gespräch mit ihm, und es war mir etwas peinlich. Ich sagte ihm, Doug sei der Meinung, er solle sich anhören, was Holzman über das Star-Dasein zu sagen hatte, und ich wiederholte Reds berühmten Satz. Michael musterte mich ein paar Sekunden lang, dann sagte er: »Okay, danke«, und ging weg.

Ich weiß nicht, was Michael von meinem Spruch hielt, den ich ihm damals steckte. Allerdings musste ich später feststellen, dass er im Training ein wesentlich offeneres Ohr dafür hatte, sich coachen zu lassen, als andere Stars, weil er großen Respekt vor seinem College-Trainer Dean Smith hatte. Außerdem wollte er alles tun, um seine erste NBA-Meisterschaft zu gewinnen.

Die einzige andere Gelegenheit, bei der ich mich als Assistenztrainer mit Michael Jordan persönlich austauschte, war bei einem Mittagessen für Dauerkarteninhaber in Chicago. Mein Sohn Ben, der damals die Grundschule besuchte, war ein großer Fan von Michael. Er hatte mehrere Bilder von ihm in seinem Zimmer hängen und erzählte einem seiner Lehrer, dass es sein Lebenstraum sei, einmal sein Idol zu treffen. Im Jahr zuvor, als wir noch in Woodstock wohnten, hatte ich Ben zu einem Spiel der Bulls gegen die Celtics nach Boston mitgenommen, und er hatte nach dem Spiel lange darauf gewartet, ein Autogramm von Michael zu bekommen. Aber als MJ endlich aus der Umkleidekabine kam, ging er einfach an Ben vorbei. Und jetzt, da ich bei den Bulls war, nahm ich Ben zum Mittagessen mit den Inhabern der Dauerkarten mit und wollte ihm Michael persönlich vorstellen. Als wir schließlich dort waren, erzählte ich Michael, wie lange Ben damals im Boston Garden auf ihn gewartet hatte. Michael lächelte und war sehr freundlich zu Ben, aber ich fühlte mich ein wenig unwohl dabei, ihn in Verlegenheit zu bringen.

Danach habe ich es mir zum Prinzip gemacht, Michael um keine besonderen Gefallen mehr zu bitten. Ich wollte, dass wir ein blitzsauberes Verhältnis zueinander haben, und nicht sein Erfüllungsgehilfe sein. Später, als ich das Amt des Cheftrainers übernahm, machte ich es mir zur Regel, Michael viel Freiraum zu lassen. Ich sorgte dafür, dass er ein geschütztes Umfeld bekam, in dem er sich frei mit seinen Teamkollegen austauschen und er selbst sein konnte, ohne sich Gedanken über die Einmischung der Außenwelt zu machen. Schon in jenen ersten Tagen war das Geschrei der Fans, die versuchten, irgendetwas von Michael Jordan zu erhaschen, überwältigend. Er konnte nicht in ein Restaurant gehen, ohne verfolgt zu werden, und die Angestellten der meisten Hotels standen vor seinem Zimmer Schlange, um ein Autogramm von ihm zu bekommen. Eines Abends, nach einem Spiel in Vancouver, mussten wir buchstäblich Dutzende von Jordan-Fans vom Mannschaftsbus abschälen, bevor wir den Parkplatz verlassen konnten.

Einer der Spieler, mit denen ich während meiner Zeit als Assistenztrainer eng zusammenarbeitete, war Scottie Pippen. Wir stießen beide im selben Jahr zum Team, und ich investierte viel Zeit, um ihm zu zeigen, wie man aus dem Dribbling heraus wirft, sogenannte Pullup-Jumpshots. Scottie lernte schnell und eignete sich mit Geduld und Ausdauer die Spielweise der Triangle Offense an. Bevor er Small Forward wurde, spielte er am College als Point Guard, und er hatte einen sechsten Sinn dafür, wie sich alle Teile auf dem Spielfeld zusammenfügen. Scottie hatte lange Arme und eine hervorragende Spielübersicht; er war somit perfekt geeignet, um in der Defensive viel Druck auf das gegnerische Aufbauspiel auszuüben.

Am meisten beeindruckte mich an Scottie jedoch, wie er sich mit der Zeit als Führungspersönlichkeit entwickelt hat – nicht etwa, indem er Michael nachahmte, sondern indem er seinen Mitspielern beibrachte, wie man innerhalb der Triangle Offense spielt, und er hatte stets ein offenes Ohr, wenn sie dabei in Schwierigkeiten gerieten. Das war ein entscheidender Punkt, denn Michael war kein sehr zugänglicher Typ, und viele der Spieler ließen sich allein durch seine Anwesenheit einschüchtern. Scottie hingegen war eine Art Kumpel, mit dem sie reden konnten, jemand, der auf dem Platz ein Auge auf sie haben würde. Wie Steve Kerr sagte: »Scottie war der Erzieher, Michael der Abräumer.«

In meiner ersten Saison mit dem Team, 1987/88, begann für die Bulls der Weg nach oben. Wir gewannen 50 Spiele und belegten in der schwierigen Central Division zusammen mit den Atlanta Hawks den zweiten Platz. Michael setzte seinen Höhenflug fort, gewann seinen zweiten Scoring-Titel und seine erste Auszeichnung als MVP. Das beste Zeichen setzten wir mit dem 3:2-Sieg gegen die Cleveland Cavaliers in der ersten Runde der Playoffs. Doch die Pistons überrollten die Bulls in den Conference Finals in fünf Spielen und zogen so in die Endrunde um die Meisterschaft gegen die Los Angeles Lakers ein.

In der Off-Season gab Jerry Krause Charles Oakley im Tausch für Bill Cartwright an die Knicks ab, was Michael in Rage brachte, da Oakley für ihn der Spieler war, der ihm auf dem Spielfeld den Rücken freihielt. Jordan machte sich über Cartwright lustig, weil er so ungeschickt mit seinen Händen war, und scherzte, er würde vor dem Training buttrige Popcorn essen, und nannte ihn wegen seiner ständigen Fußprobleme »Medical Bill« (dt. »Arztrechnung«). Aber trotz seiner schmalen Schultern und seines eher schmächtigen Körperbaus war Bill ein cleverer Verteidiger und wie ein Fels in der Brandung, der Patrick Ewing und andere Big Men ausschalten konnte. Einmal führten wir eine Trainingseinheit durch, bei der sich schließlich der 1,98 Meter große Michael und Cartwright, ein Hüne von 2,16 Metern, gegenüberstanden und sich im Eins-gegen-Eins gnadenlos bekämpften. Michael wollte unbedingt über Cartwright dunken, doch ebenso war Bill fest entschlossen, genau das nicht zuzulassen. So prallten sie in der Luft zusammen, und alle hielten den Atem an, als Bill dafür sorgte, dass Michael in der Horizontalen zu Boden flog. Danach änderte Michael seine Meinung über Cartwright.

Cartwright war nicht die einzige Waffe, die das Team brauchte, um das nächste Level zu erreichen. Collins drängte darauf, dass Krause einen starken, spielbestimmenden Point Guard finden sollte, der die Offensive orchestrieren konnte, wie es Isiah Thomas in Detroit tat. Doch das Team hatte auf der Suche nach jemandem, der Jordans Erwartungen erfüllen würde, bereits mehrere Point Guards – darunter Sedale Threatt, Steve Colter und Rory Sparrow – ausprobiert. Der letzte Kandidat war Sam Vincent, der im Rahmen eines Trades aus Seattle gekommen war, aber nicht lange bleiben sollte. Also beschloss Doug, Michael zum Point Guard zu machen, was auch recht gut funktionierte, aber im Gegenzug Michaels Möglichkeiten, zu punkten, arg verringerte, was ihn während der regulären Saison körperlich zermürbte.

Irgendwann geriet Doug mit Tex in einen heftigen Streit über das Point-Guard-Dilemma. Tex' Vorschlag lautete: Wenn Doug ein Angriffssystem einführt – nicht unbedingt die Triangle Offense, sondern irgendein System –, wäre er nicht mehr so sehr auf einen Point Guard angewiesen, der das Angriffsspiel organisiert. Zu diesem Zeitpunkt war Doug es mittlerweile leid, sich Tex' ständige Kritik anzuhören. Also ließ er ihn nur noch im Hintergrund agieren und schmälerte seine Rolle als Trainer.

Als Krause Wind davon bekam, begann er allmählich das Vertrauen in Collins' Urteilsvermögen zu verlieren. Warum sollte jemand, der bei klarem Verstand ist, Tex Winter ins Abseits stellen? Auch die Spieler schienen das Vertrauen in Doug zu verlieren. Er änderte die Spielzüge so häufig – oft sogar mitten im Spiel –, dass das Team die Offensive flapsig als »Angriff mit einem Spielzug pro Tag« bezeichnete.

Ein kritischer Punkt war während eines Spiels in Milwaukee kurz vor Weihnachten erreicht. Doug legte sich mit den Schiedsrichtern an und wurde gegen Ende der ersten Halbzeit des Feldes verwiesen, also übergab er mir die Teamleitung. Die Bulls lagen so weit zurück, dass ich beschloss, die Full-court-Presse zu spielen und den Spielern in der Offensive freie Hand zu lassen, anstatt ihnen Dougs Spielzüge zuzurufen. Dem Team gelang es, die Partie schnell zu drehen, und wir trugen einen mühelosen Sieg davon.

Erst später bemerkte ich, dass gegen Ende des Spiels die TV-Übertragung aus Chicago meine Frau June zeigte, die neben Jerry Krause und seiner Frau Thelma auf der Tribüne saß. Das sollte, wie alles andere auch, in den nächsten Monaten zu großen Spannungen zwischen Doug und mir führen.

Ein paar Wochen später war ich in Miami, um ein Spiel zu scouten, als Krause mich anrief und mir zu verstehen gab, er wolle nicht mehr, dass ich mich vom Team entferne. Wie ich später erfuhr, hatten Doug und Michael sich über irgendetwas gestritten, und Jerry wollte, dass ich anwesend sei, um notfalls einzuschreiten, sollte es zu weiteren Auseinandersetzungen im Team kommen. Schon bald darauf zog Jerry mich in sein Vertrauen.

Schließlich kehrte wieder Ruhe ein. Die Bulls stolperten durch die verbleibende Saison und wurden Fünfter in der Conference, mit drei Siegen weniger als im Vorjahr. Aber mit dem Neuzugang von Cartwright und dem Aufstieg von Pippen und Grant war das Team wesentlich besser gerüstet als zuvor, um in den Playoffs einen Run Richtung Finals zu starten.

Die erste Runde gegen die Cavaliers zog sich über alle fünf Spiele, doch Michael strotzte vor Zuversicht, als er in den Bus zum Finale in Cleveland stieg. Er zündete sich eine Zigarre an und sagte: »Macht euch keine Sorgen, Jungs. Wir werden gewinnen.« Doch Clevelands Craig Ehlo sorgte dafür, dass er seine Worte beinahe zurücknehmen musste, als Ehlo die Cavaliers Sekunden vor Schluss mit einem Punkt in Führung brachte. Aber Michaels Antwort war ein anmutiger Jumpshot nahe der Freiwurflinie mit Ertönen der Schlusssirene, während Ehlo förmlich in hohem Sprung vor ihm vorbeisegelte. So endete das Spiel dank Michaels *Buzzer Beater* schließlich 101:100 für die Bulls. Danach sagte Tex zu mir: »Jetzt werden sie wohl nicht mehr so schnell den Trainer wechseln.« Ich musste lächeln. Es war mir egal, denn wir waren auf dem Weg in die Finals der Eastern Conference. Die Bulls hatten es von ihrer Bilanz von 40 Siegen und 42 Niederlagen der vorherigen Saison, bevor ich dem Team beigetreten war, weit gebracht.

Als Nächstes trafen wir auf die Detroit Pistons, und es war wie immer eine schlimme Angelegenheit. Chicago konnte das erste Spiel im Pontiac Silverdome für sich entscheiden, aber danach überwältigten die Pistons die Bulls mit ihrer einschüchternden Verteidigung und gewannen die Serie mit 4:2. Wie mir Krause später erzählte, hatte er, nachdem die Serie zur Hälfte gespielt war, dem Eigentümer der Bulls, Jerry Reinsdorf, gesagt, dass Collins durch jemanden ersetzt werden müsse, der eine Meisterschaft gewinnen könne.

Nach den Playoffs besuchte ich das NBA-Talent-Showcase in Chicago, eine von der Liga organisierte Veranstaltung, bei der sich Spieler, die für den Draft infrage kommen, vor Trainern und Scouts beweisen können. Dort fragte mich Dick McGuire, mein erster Trainer bei den Knicks, ob ich interessiert sei, den New Yorker Cheftrainer Rick Pitino zu ersetzen, der den Verein verließ, um das Basketballteam der University of Kentucky zu trainieren. Ja, würde ich machen, sagte ich, und plötzlich war der Stein ins Rollen gebracht.

Kurz darauf lud mich Jerry Reinsdorf ein, ihn am Flughafen O'Hare zu treffen. Ich hatte Jerry immer gemocht, weil er in Brooklyn aufgewachsen war und zudem viel für den selbstlosen Basketballstil übrig hatte, den die Knicks spielten. Er hatte spitzgekriegt, dass ich Interesse an dem Job in New York zeigte, und fragte mich, welches Team ich, wenn ich die Wahl hätte, lieber trainieren würde, die Bulls oder die Knicks. Ich sagte, dass ich New York sehr verbunden bin, weil ich dort gespielt hatte, dass ich aber auch glaubte, die Bulls könnten mehrere Meisterschaften gewinnen, während die Knicks froh sein könnten, auch nur eine einzige zu gewinnen. Kurzum, ich sagte, ich würde lieber bei den Bulls bleiben.

Ein paar Wochen später rief mich Krause in Montana an und bat mich, zu einem Telefon mit einer sicheren Leitung zu gehen. Also fuhr ich mit meinem Motorrad in die Stadt und rief ihn aus einer Telefonzelle zurück.

Er sagte mir, dass er und Reinsdorf beschlossen hatten, den Trainer zu wechseln, und er bot mir den Job an.

Ich war begeistert, aber die Fans in Chicago waren es weniger. Collins war in der Stadt sehr beliebt und hatte das Team in den vergangenen drei Jahren zu neuen Höhen geführt. Als Reinsdorf von Reportern gefragt wurde, warum er einen so riskanten Wechsel vorgenommen hatte, sagte er: »Doug hat uns von dort, wo wir einst standen, weit nach vorne gebracht. Zu behaupten, er sei nicht nutzbringend für uns gewesen, wäre falsch. Aber jetzt haben wir einen Mann, von dem wir glauben, dass er uns noch weiterbringen kann.«

Dann war der Druck da.

KAPITEL 6

KAMPFGEIST

Denke leicht über dich selbst und tiefgründig über die Welt nach.

Miyamoto Musashi

Als ich in jenem Sommer am Flathead Lake in Montana saß und über die kommende Saison nachdachte, wurde mir klar, dass dies der Moment der Wahrheit für die Bulls war. In den vergangenen sechs Jahren hatten wir uns abgequält, ein Team um Michael Jordan herum aufzubauen. Jetzt waren wir gerüstet, um eine Meisterschaft zu gewinnen, aber es fehlte noch ein entscheidender letzter Schritt, oder anders ausgedrückt: Aus den Bulls musste ein Stamm werden.

Um erfolgreich zu sein, mussten wir an den Detroit Pistons vorbeikommen. Ich glaubte jedoch nicht, dass wir ihnen in körperlicher Hinsicht überlegen sein könnten, wenn wir nicht mit einer völlig anderen Aufstellung aufwarteten. Die Pistons waren »im Kampf mit den Alligatoren im Teich«, wie Johnny Bach es ausdrückte, einfach zu gut. Und wenn wir versuchten, ihr Spiel zu spielen, endete das Ganze damit, dass unsere Jungs frustriert und wütend waren, was genau das war, was sich die Pistons erhofft hatten.

Allerdings waren wir den Pistons läuferisch überlegen und konnten auch besser verteidigen als sie. Niemand bei den Pistons, außer vielleicht Dennis Rodman, war schnell genug, um mit Michael, Scottie und Horace im Fast Break mitzuhalten. Und mit Bill Cartwrights gewaltiger Präsenz unter dem Korb hatten wir alles, was wir brauchten, um eines der besten Defensivteams der Liga zu sein. Michael Jordan war sehr stolz darauf, dass er in der Saison zuvor als bester Defensivspieler des Jahres ausgezeichnet worden war, und Scottie und Horace entwickelten sich schnell zu erstklassigen Verteidigern. Um diese Vorteile jedoch ausnutzen zu können, mussten wir als Team ein besseres Zusammengehörigkeitsgefühl entwickeln und ein tieferes Verständnis für unsere Zusammenarbeit erlangen, als lediglich dafür zu sorgen, dass Michael den Ball bekommt und wir dann auf das Beste hoffen konnten.

Als ich Assistenztrainer war, habe ich für die Spieler ein Video mit Ausschnitten aus *Das Geheimnis des weißen Büffels* erstellt, einer TV-Miniserie über die Kultur der Sioux, die auf dem Bestseller-Roman *Hanta Yo – Eine Indianer-Saga* von Ruth Beebe Hill basiert. Seit meiner Kindheit bin ich fasziniert von den Sioux, von denen einige in der Pension meines Großvaters gelebt hatten, die sich in der Nähe eines Reservats in Montana befand. Als ich bei den Knicks war, hat ein Freund von mir am College, der zu den Lakota-Sioux gehörte und dessen Name Mike Her Many Horses lautete, mich gebeten, eine Reihe von Basketballkursen im Pine-Ridge-Reservat in South Dakota zu geben. Der Zweck des Ganzen war, die Kluft in seiner Community zu überwinden, die 1973 durch die verfahrene Situation zwischen der Polizei und den Aktivisten der AIM, einer proindigenen Bewegung, am Ort des Massakers von Wounded Knee herbeigeführt wurde. Bei diesen Seminaren, die ich zusammen mit meinen Teamkollegen Bill Bradley und Willis Reed leitete, stellte ich fest, wie sehr die Lakota Basketball liebten und beim Spielen eine tiefe seelische Verbundenheit zeigten, die ein wesentliches Element ihrer Stammestradition war.

Ein Aspekt, der mich an der Kultur der Lakota fasziniert hat, war ihre Auffassung vom Selbst. Die Lakota-Krieger waren wesentlich selbstbestimmter und unabhängiger als ihre weißen Pendants, doch ihre Freiheit ging mit einem hohen Maß an Verantwortung einher. Wie der native Gelehrte George W. Linden hervorhebt, war der Lakota-Krieger »Mitglied eines Stammes, und als ein solches handelte er nie ohne triftigen Grund weder als Einzelner noch im Namen aller gegen den Stamm«. Für die Sioux bedeutete Freiheit nicht, abwesend zu sein, sondern da zu sein, erklärt Linden weiter. Das bedeutete »Freiheit *für* etwas, Freiheit für die Verwirklichung größerer Zusammenhänge«.

Was ich den Spielern mit dem Video *Das Geheimnis des weißen Büffels* klarmachen wollte, war, dass die Verbundenheit mit etwas, das über die eigenen Ziele hinausgeht, ein Quell großer Macht sein kann. Der Held der Serie, der in etwas abgewandelter Form auf Crazy Horse basiert, zieht nach einer erlebten Vision in den Kampf, um seinen Stamm zu retten. Nachdem wir uns das Video angesehen hatten, sprachen wir darüber, und den Spielern schien die Vorstellung, wie ein Stamm zusammenzuhalten, tatsächlich zu gefallen. Darauf, so dachte ich, könnten wir aufbauen, wenn wir in die neue Saison gehen.

Wie bereits im ersten Kapitel erwähnt, beschreiben die Managementberater Dave Logan, John King und Halee Fischer-Wright in ihrem Buch *Tribal Leadership* fünf Stufen der Stammesentwicklung. In meinem ersten Jahr als Cheftrainer war es mein Ziel, die Bulls von einem Team der Stufe 3, das aus lauter Einzelkämpfern bestand und die nur an ihren eigenen Erfolg dachten (»*Ich* bin großartig und du nicht«) in ein Team der Stufe 4 zu verwandeln, in dem das Engagement für das »Wir« stärker war als die Hervorhebung des eigenen »Ich« (»*Wir* sind großartig und ihr nicht«).

Für diese Transformation bedurfte es jedoch mehr, als nur Druck auf sie auszuüben. Ich wollte, dass die Bulls den Idealen der Selbstlosigkeit und Achtsamkeit folgten. Um das zu erreichen, konnte ich mich nicht nur auf ein oder zwei neue Motivationsmethoden verlassen. Vielmehr musste ich ein vielseitiges Programm entwickeln, das die Triangle Offense beinhaltete, aber auch all das, was ich im Laufe der Jahre darüber gelernt hatte, wie man Menschen zusammenschweißt und den Geist erweckt.

Mein erster Schritt bestand darin, mit Michael zu sprechen.

Michael war kein Fan der Triangle Offense, das war mir klar. Er nannte sie sarkastisch »diese Offensive der Chancengleichheit«, erdacht für eine Spielergeneration, die im Spiel Eins-gegen-Eins längst nicht so kreativ war wie er. Ich wusste aber auch, dass Michael unbedingt Teil eines Teams sein wollte, das sich durch Ganzheitlichkeit auszeichnete und vielschichtiger war als der gegenwärtige Zustand der Bulls.

Es sollte kein einfaches Gespräch werden. Eigentlich wollte ich Michael, der in der vergangenen Saison mit durchschnittlich 32,5 Punkten pro Spiel seinen dritten Scoring-Titel in Folge gewonnen hatte, darum bitten, die Anzahl seiner Würfe zu drosseln, damit auch seine Mitspieler mehr in die Offensive einbezogen werden konnten. Mir war bewusst, dass dies eine Herausforderung für ihn wäre: Michael war erst der zweite Spieler, der sowohl den Scoring-Titel und die MVP-Auszeichnung der regulären Saison im selben Jahr gewonnen hatte; der erste war Kareem Abdul-Jabbar im Jahr 1971.

Ich erklärte ihm, dass ich vorhatte, die Triangle Offense einzuführen und dass er deshalb wahrscheinlich keinen weiteren Scoring-Titel gewinnen würde.

»Du musst das Rampenlicht mit deinen Mitspielern teilen«, sagte ich, »denn wenn du das nicht tust, werden sie sich nicht weiterentwickeln.«

Michaels Reaktion war erstaunlich pragmatisch. Seine Hauptsorge war, dass er nicht allzu viel Vertrauen in seine Mitspieler hatte, vor allem nicht in Cartwright, der Schwierigkeiten beim Fangen von Pässen hatte, und in Horace, der nicht so gut in der Beinarbeit war.

»Entscheidend ist«, erwiderte ich, »dass alle den Ball bekommen, damit sie sich nicht wie Zuschauer fühlen. Mit einem Mann allein kann man ein gut verteidigendes Team nicht bezwingen. Es erfordert eine Teamleistung.«

»Okay, ich denke, ich könnte im Schnitt 32 Punkte holen«, sagte er. »Das sind 8 Punkte pro Viertel. Niemand sonst wird das schaffen.«

»Tja, wenn du es so siehst, *kannst* du vielleicht den Titel gewinnen«, sagte ich. »Aber wie wäre es, wenn du ein paar mehr von diesen Punkten am Ende des Spiels wirfst?«

Michael gab mir sein Okay für meinen Plan. Wie ich erst später erfuhr, sagte er kurz nach unserem Gespräch dem Reporter Sam Smith: »Ich gebe ihm zwei Spiele.« Als er jedoch sah, dass ich nicht klein beigeben würde, machte Michael sich daran, das Spielsystem zu erlernen, und fand Wege und Mittel, es zu seinem Vorteil zu nutzen – genau das, was ich mir von ihm erhofft hatte.

Es war lustig, Tex und Michael dabei zuzusehen, wie sie sich über das System stritten. Tex bewunderte Jordans Können, aber was die Triangle Offense anging, war er ein strenger Purist und scheute sich nicht, Michael die Meinung zu sagen, wenn er vom Drehbuch abwich. Michael hingegen zeigte keine Hemmungen, Varianten von Tex' System zu kreieren. Er hielt die Triangle Offense allenfalls für eine Angriffsstrategie, die sich für drei Viertel des Spiels bezahlt machte. Danach mussten die Spieler als Team improvisieren und ihre »Denkkraft« benutzen, um Spiele zu gewinnen.

Hier prallten unterschiedliche Vorstellungen aufeinander. Tex hielt es für töricht, sich als Mannschaft so sehr auf eine einzige Person zu verlassen, egal wie talentiert sie war. Und Michael hielt dagegen, dass seine Kreativität dem Spiel spannende neue Möglichkeiten böte.

»In dem Wort ›Team‹ gibt es kein ›i‹«, sagte Tex.

»Aber in dem Wort ›gewinnen‹ schon«, konterte Michael grinsend.

Aus meiner Sicht hatten beide recht – bis zu einem gewissen Punkt. Ich glaubte nicht, dass das Triangle die einzige Lösung für die Bulls war. Ich suchte nach einem Mittelweg zwischen Tex' Purismus und Michaels Kreativität. Es dauerte seine Zeit, doch sobald die Spieler die Grundlagen beherrschten, ergänzten wir das System um einige Varianten, sodass das Team bestimmte Spielzüge zur Vermeidung intensiven Defensivdrucks anwenden konnte. Danach nahm das Spiel der Bulls richtig Fahrt auf.

Eine weitere Änderung, die ich einführte, damit sich nicht alles nur um Michael drehte, bestand darin, die Hackordnung im Team zu verändern. Michael hatte zwar eine starke Präsenz auf dem Spielfeld, aber einen anderen Führungsstil als Larry Bird oder Magic Johnson, die als einflussreiche Persönlichkeiten ein Team mitreißen konnten. Wie der Kolumnist der *Los Angeles Times*, Mark Heisler, es ausdrückte, war Jordan »kein geborener Führungsspieler, er war ein geborener Macher«. Er trieb das Team mit seiner schieren Willenskraft an, als wollte er sagen: »Ich gehe hier raus, Männer, und ich werde einigen in den Hintern treten. Kommt ihr mit?«

Darüber hinaus stellte Michael an seine Teamkollegen die gleichen hohen Anforderungen wie an sich selbst. »Michael war ein anspruchsvoller Mitspieler,« sagte John Paxson. »Wenn du auf dem Parkett warst, musstest du deinen Job machen, und zwar richtig. Er konnte nicht akzeptieren, dass sich jemand nicht so sehr ins Zeug legte wie er selbst.«

Meiner Meinung nach brauchten wir einen weiteren Führungsspieler im Team, um Michaels Perfektionismus auszutarieren, also ernannte ich Bill Cartwright zum Co-Kapitän. Grundsätzlich zeichnete Bill sich durch sein ruhiges Auftreten aus, gleichwohl sollte man sich dadurch nicht täuschen lassen, denn er konnte, wenn er wollte, sehr energisch sein und scheute sich nicht, Michael Paroli zu bieten, was dieser auch respektierte. »Bill war eine ruhige, stille Führungspersönlichkeit«, sagte Michael. »Er redete nicht viel, und wenn doch, hörten ihm alle zu. Er hat mich herausgefordert, wenn er glaubte, ich sei fehl am Platz. Was auch okay war. Wir hatten diesen eigentümlichen Draht zueinander. Wir haben uns gegenseitig kritisch hinterfragt.«

Die Spieler nannten Cartwright »Teach«, weil er andere Big Men ausschalten konnte, wenn sie versuchten, in der Zone an ihm vorbeizukommen, und er seinen Mitspielern vormachte, wie man so etwas verhinderte. »Bill war der Fels in der Brandung in unserem Team«, sagte Paxson. »Er schreckte vor niemandem zurück, und das Spiel war damals wesentlich körperbetonter. Er war wie ein großer Bruder. Wenn jemand auf dir herumhackte, sorgte er dafür, dass man wusste, dass er auf einen aufpasste.«

Mit seinen 32 Jahren war Bill der älteste Spieler im Team. Er hatte den richtigen Riecher, um zu wissen, was wir mit den Bulls erreichen wollten, und konnte es den Spielern besser erklären als ich. Eine meiner Schwächen war, dass ich bei meinen Ansprachen die Dinge mitunter zu sehr verallgemeinert habe. Bill brachte das, was ich eigentlich sagen wollte, auf den Punkt.

Basketball ist ein großes Mysterium. Man kann alles richtig machen und die perfekte Mischung aus Talenten und dem besten Angriffssystem haben. Man kann sich eine idiotensichere Verteidigungsstrategie ausdenken und seine Spieler auf alle Eventualitäten vorbereiten. Wenn sie allerdings kein Gefühl dafür haben, sich als Team als Einheit zu verstehen, werden sich ihre Bemühungen nicht auszahlen. Und das Band, das ein Team zusammenhält, kann sehr brüchig sein und leicht zerreißen.

Einheit ist nicht etwas, das man auf Knopfdruck einschalten kann. Es gilt, das richtige Umfeld zu schaffen, damit sie sich entfaltet, und dann muss sie jeden Tag wie eine Pflanze behutsam gepflegt werden, damit sie wächst. Ich beschloss, dass die Bulls einen Zufluchtsort brauchten, an dem sie sich als Team zusammenfinden konnten, geschützt vor der Außenwelt und all dem, was sie dort ablenken könnte. Ich verbot den Spielern, Familie und Freunde in unser Trainingszentrum mitzubringen, außer zu besonderen Anlässen. Außerdem gewährte ich den Medien nur beschränkten Zugang, das Training zu beobachten. Die Spieler sollten das Gefühl haben, sich während des Trainings ganz natürlich verhalten zu können, ohne sich Gedanken darüber machen zu müssen, etwas zu tun oder zu sagen, was am nächsten Tag für Schlagzeilen sorgen könnte.

Im Verlauf der Saison begann ich damit, die Mannschaft allmählich mit einigen Stammesbräuchen der Lakota vertraut zu machen. Einige davon waren recht subtil. Zu Beginn jedes Trainings stellte sich der Kern des Teams – Spieler, Trainer und Trainerstab – kreisförmig im Mittelkreis auf, um unsere Ziele für den Tag zu besprechen. Auf die gleiche Weise beendeten wir auch das Training.

Die Lakota-Krieger stellten sich stets in einem Kreis auf, da er für sie die elementare Harmonie des Universums symbolisiert. Black Elk, der berühmte weise Mann der Lakota, erklärte es wie folgt:

> *Alles, was die Macht der Welt tut, findet in einem Kreis statt. Der Himmel ist rund, und ich habe gehört, die Erde sei rund wie ein Ball, und die Sterne sind es auch ... Die Sonne geht auf und wieder unter in einem Kreis. Gleiches gilt für den Mond, und beide sind rund. Auch die Jahreszeiten bilden in ihrem Wechsel einen großen Kreis und kehren immer wieder dorthin zurück, wo sie waren. Das Leben eines Menschen ist ein Kreis von Kindheit zu Kindheit, und so ist es in allem, wo sich die Macht bewegt.*

Für die Lakota ist alles heilig – auch der Feind –, denn sie glauben an die grundlegende Verbundenheit allen Lebens. Deshalb trachteten die Lakota-Krieger auch nicht danach, andere Stämme zu unterwerfen. Vielmehr wollten sie mutige Taten vollbringen; da gab es beispielsweise die Mutprobe, einen Feind mit einem Stock zu berühren, ohne ihn zu verletzen oder zu töten, oder an einem Überfall teilzunehmen, um Pferde zu stehlen, oder einen ihrer gefangenen Krieger zu befreien. Für die Lakota war es eine Freude, in die Schlacht zu ziehen; es war wie ein Spiel, auch wenn der Einsatz natürlich wesentlich höher war.

Ein weiterer von mir übernommener Brauch der Lakota war, auf einer Trommel herumzuschlagen, wenn die Spieler sich zu einer Besprechung im »Stammesraum« versammeln sollten. Der Stammesraum – auch Videoraum genannt – war mit verschiedenen Totems der Natives dekoriert, die ich im Lauf der Jahre bekommen hatte: eine Kette mit einer Bärenklaue (als Symbol für Kraft und Weisheit), die mittlere Steuerfeder einer Eule (als Zeichen für Gleichgewicht und Harmonie), ein Gemälde, das die Geschichte von Crazy Horse' Reise darstellt, sowie Fotos eines neugeborenen weißen Büffelkalbs, das Wohlstand und Glück symbolisiert. Manchmal, wenn die Bulls ein besonders einseitiges Spiel verloren hatten, zündete ich ein Räucherbündel aus Salbeiblättern an – eine Tradition der Lakota – und schwenkte es durch die Luft, um den Umkleideraum zu reinigen. Als ich dies das erste Mal tat, zogen mich die Spieler auf: »Was ist das für ein Gras, das du da rauchst, Phil?«

Der Trainerstab spielte ebenfalls eine entscheidende Rolle dabei, dass die Spieler ein anderes Bewusstsein entwickelten. Als ich Assistenztrainer war, saßen Tex, Johnny und ich stundenlang herum und redeten über die Geschichte des Basketballs und wie man ihn richtig spielte. Wir stimmten nicht in allen Punkten überein, bauten aber großes Vertrauen zueinander auf und wollten auf alle Fälle eine Art von Teamarbeit entwickeln, die auch die Spieler akzeptieren sollten.

Natürlich zieht der Beruf des Trainers viele Kontrollfreaks an, die einen ständig daran erinnern, dass sie die Alphatiere im Raum sind. Ich bin selbst dafür bekannt, dass ich das tue.

Mit den Jahren habe ich jedoch gelernt, dass es methodisch am effektivsten ist, Befugnisse oder Kompetenzen so weit wie möglich auf andere zu übertragen und ebenso deren Führungsqualitäten zu fördern. Wenn mir das gelingt, sorgt das nicht nur für Einheit im Team und ermöglicht die Weiterentwicklung der anderen Beteiligten, sondern stärkt auch – seltsamerweise – meine Rolle als Führungskraft.

Manche Coaches drosseln das Engagement ihres Trainerstabs, weil sie selbst die Leitfigur sein wollen. Ich habe jedoch Trainer und Spieler gleichermaßen angespornt, sich an den Gesprächen zu beteiligen, um die Kreativität anzuregen und ein Klima zu schaffen, in dem jeder miteinbezogen wird. Das ist besonders wichtig für Spieler, die nicht viel Spielzeit bekommen. Mein Lieblingsgedicht über Integration und wie wirkmächtig sie ist stammt aus der Feder von Edwin Markham und lautet »Outwitted«:

Er zeichnete den Kreis, der mich hat ausgeschlossen –
Andersgläubiger, Aufständischer, es gilt ihn zu verspotten.
Doch die Liebe und ich verstanden es, zu siegen:
Wir zogen einen Kreis, um ihn zu integrieren!

Wenn ich Trainer anheuere, umgebe ich mich grundsätzlich mit den charakterstärksten und kompetentesten Menschen, die ich finden kann, und lasse ihnen viel Freiraum, um sich zu entfalten. Kurz nachdem ich das Amt des Cheftrainers übernommen hatte, stellte ich Jim Cleamons ein, einen meiner ehemaligen Teamkollegen bei den Knicks, um den Trainerstab zu ergänzen. Er war einer der geschicktesten Guards, und ich wusste, dass er unsere jungen Talente fördern konnte. Was ihn für mich allerdings am interessantesten machte, war die Tatsache, dass er an der Ohio State University unter Fred Taylor trainiert hatte, einem der besten systemaffinen Trainer in der Geschichte des Sports. Tex und Johnny konnten es kaum erwarten, Jim und seinen Sachverstand zu einem Teil unseres Teams zu machen.

Jeder Assistenztrainer hatte seine klare Aufgabe. Tex sollte allen Spielern beibringen, was es für das Angriffsspiel braucht, aber auch die Grundlagen der Triangle Offense. Johnny managte die Verteidigung und war darauf spezialisiert, die Spieler auf jeden neuen Gegner einzustellen. Und Jim knöpfte sich die Spieler, die noch mehr Anweisungen benötigten, einzeln vor. Jeden Morgen trafen wir, der Trainerstab und ich, uns zum Frühstück und besprachen die Feinheiten des Trainingsplans sowie die neuesten Scouting-Berichte. So konnten wir Informationen austauschen und gewährleisten, dass wir hinsichtlich der jeweiligen Tagesstrategie auf derselben Seite waren. Jeder Trainer besaß ein hohes Maß an Eigenständigkeit, aber wenn wir mit den Spielern sprachen, redeten wir geschlossen mit einer Stimme.

Das Team kam in jenem ersten Jahr nur schleppend in Fahrt. Die meisten Spieler standen der Dreiecksoffensive skeptisch gegenüber. »Es war frustrierend«, sagte Scottie. »Wir hatten kein gutes Gefühl füreinander. Und gegen Ende eines Spiels haben wir uns komplett von der Triangle Offense verabschiedet, weil wir dem System nicht vertrauten.« In der zweiten Hälfte der Saison hatte sich das Team jedoch besser mit dem System angefreundet, und wir legten eine 27:8-Serie hin. Die meisten gegnerischen Mannschaften waren verwirrt, weil sie nicht wussten, wie sie Michael decken sollten, da er sich nun ohne Ball mehr bewegte. Sie konnten ihn nicht mehr doppelt und dreifach decken, wie sie es sonst taten, wenn er den Ball hatte. Doch sie durften ihn auch nicht aus den Augen lassen, egal wo er war, und das eröffnete anderen Spielern viele unerwartete Lücken auf dem Feld.

Wir wurden in unserer Division mit 55 Siegen und 27 Niederlagen Zweiter und kamen gegen Milwaukee und Philadelphia mühelos durch die ersten beiden Serien der Playoffs. Unser nächster Gegner, Detroit, erwies sich jedoch als weniger gefällig. Obwohl wir die Pistons in der regulären Saison geschlagen hatten, spukten die Erinnerungen an die Abreibung, die sie uns in den vorherigen Playoffs verpasst hatten, noch immer in den Köpfen einiger Spieler herum, insbesondere bei Scottie, der in Spiel 6 mit einer Gehirnerschütterung ausscheiden musste, nachdem Center Bill Laimbeer ihm von hinten einen Schlag versetzt hatte. Zudem hatte Scottie mit einem großen persönlichen Problem zu kämpfen. Er hatte die meisten Spiele gegen Philadelphia verpasst, um an der Beerdigung seines Vaters teilzunehmen. Und mit dem Stress, öffentlich trauern zu müssen, konnte er nur schwer umgehen.

Es war eine knallharte Serie, die erst im 7. Spiel in der neuen Arena der Pistons in Auburn Hills, Michigan, entschieden werden sollte. Hinzu kam, dass wir intern arge Probleme hatten. Paxson hatte sich im vorherigen Spiel den Knöchel verstaucht, und Scottie litt unter einer furchtbaren Migräne, die seine Sehkraft so stark beeinträchtigte, dass er die Farben der Trikots nicht unterscheiden konnte. Gleichwohl versuchten beide, sich durch das Spiel zu straucheln, aber die Mannschaft fiel in einem peinlichen zweiten Viertel völlig auseinander, wovon sie sich nicht mehr erholen sollte. Wir verloren mit 19 Punkten Unterschied – aber es fühlte sich an wie 100.

Nach dem Spiel tauchte Jerry Krause in der Umkleidekabine auf und ließ ein Donnerwetter vom Stapel, was für ihn recht ungewöhnlich war. Und Michael war so wütend, dass er auf der Rückbank des Teambusses in Tränen ausbrach. »Ich habe mir in diesem Moment vorgenommen, dass das nie wieder passieren wird«, sagte er später.

Meine Reaktion war verhaltener. Ja, es war in der Tat eine schwere Niederlage und eines meiner schlimmsten Spiele als Coach. Aber als sich der Lärm gelegt hatte, bemerkte ich, dass der Schmerz einer solch demütigenden Niederlage das Team wachgerüttelt hat, wie ich es noch nie erlebt hatte. Aus den Bulls wurde allmählich ein Stamm.

KAPITEL 7
DAS UNGEHÖRTE HÖREN

Und vor allem: Beobachte die dich umgebende Welt mit strahlenden Augen, denn die größten Geheimnisse verbergen sich stets an den merkwürdigsten Orten. Wer nicht an Zauberei glaubt, wird sie niemals finden.

ROALD DAHL

In meinem Haus in Südkalifornien hängt in der Diele ein großes, totemartiges Bild der Spieler, die die ersten drei Meisterschaften der Bulls gewonnen haben. Die einzelnen Porträts sind von oben nach unten aneinandergereiht, beginnend mit Michael Jordan, gefolgt von den anderen Stammspielern, und zuletzt kommen die Bankspieler. Mit der geschmackvollen roten Einfassung, den gedämpften Farben und der würdevollen Darstellung der einzelnen Spieler wirkt das Gemälde eher wie ein sakrales Objekt als eine Sammlung von Bildern. Gut finde ich, dass der Künstler, Tim Anderson, keine Unterscheidung zwischen den Stars und den Rollenspielern gemacht hat, außer in der Reihenfolge, in der sie erscheinen. Alle Bilder sind gleich groß, und jedes Porträt strahlt die gleiche ruhige Selbstsicherheit der Dargestellten aus. Für mich ist das Gemälde eine Huldigung an die Verbundenheit, die damals im Team herrschte.

Nach der schmerzhaften Niederlage gegen Detroit in den Playoffs hatten wir noch einen langen Weg vor uns, bis wir unser Ideal erreichen sollten. Doch wir gingen auf jeden Fall in die richtige Richtung. Die Spieler machten sich die Triangle Offense allmählich zu eigen und ließen erkennen, dass sie sich zu einem Team der Stufe 4 entwickelten, dessen Mitglieder zunehmend ihr Ego ablegten.

In jenem Sommer überlegte ich, was zu tun sei, um diesen Prozess zu beschleunigen. Zunächst einmal durften wir die Saison mit 82 Spielen, die natürlich auch an den Kräften zehrt, nicht so absolvieren, als liefen wir einen Sprint nach dem anderen, sondern einen Marathon. Um die Pistons von ihrem Thron zu stoßen, mussten wir uns früh den Heimvorteil zunutze machen und zur richtigen Zeit in Höchstform sein, sowohl physisch als auch psychisch. Zweitens galt es, unsere ausschwärmende Full-court-Presse effektiver einzusetzen, vor allem in den Playoffs, wenn die Defensive normalerweise den Unterschied zwischen Erfolg und Misserfolg ausmacht. Drittens mussten wir uns darüber im Klaren sein, dass jedes Spiel im Hinblick auf das, was wir als Team erreichen wollten, von Bedeutung war. Ich habe die Spieler oft daran erinnert, sich auf die einzelnen Etappen zu konzentrieren und nicht auf das Endspiel selbst, denn schenkt man allein der Zukunft seine ganze Aufmerksamkeit, zieht die Gegenwart an einem vorbei.

Das Wichtigste war jedoch, die Spieler zu animieren, eine starke Gruppenintelligenz zu entwickeln, um harmonischer zusammenzuspielen. In Rudyard Kiplings Buch *Das zweite Dschungelbuch* gibt es einen Abschnitt, der als Sinnbild für diese Gruppendynamik steht, die ich von den Spielern erwartete. In der Saison 1990/91 wurde dies zu unserem Teammotto:

Dies ist das Gesetz des Dschungels – so alt und wahr wie der Himmel;
Und der Wolf, der es befolgt, mag erfolgreich sein, aber der Wolf, der es bricht, muss sterben.
Wie die Kletterpflanze, die sich um den Baumstamm rankt, läuft das Gesetz vor und zurück.
Denn die Stärke des Rudels ist der Wolf, und die Stärke des Wolfes ist das Rudel.

Als ich anfing, für die Knicks zu spielen, verbrachte ich ein paar Sommer als Student im Aufbaustudium an der Universität von North Dakota, wo ich Psychologie studierte. Ich hatte mich damals mit dem Werk des Psychologen Carl Rogers beschäftigt, dessen wegweisender Ansatz zur Stärkung der eigenen Persönlichkeit großen Einfluss auf meine Herangehensweise als Führungskraft hatte. Rogers, einer der Begründer der Humanistischen Psychologie, war ein innovativer Klinikarzt, der nach jahrelangem Experimentieren mehrere Methoden entwickelte, um das zu fördern, was er das »Real-Selbst« nannte, das im Gegensatz zum »Ideal-Selbst« steht, von dem wir glauben, dass wir uns zu einem solchen entfalten sollen. Nach Rogers lag der Schlüssel für den Therapeuten darin, zu den Klienten eine Beziehung aufzubauen, die nicht darauf abzielt, ihre Probleme zu lösen, sondern die persönliche Entwicklung zu unterstützen.

Um dies zu erreichen, so Rogers, müsse der Therapeut möglichst ehrlich und authentisch sein und dem Klienten gegenüber eine bedingungslose Wertschätzung empfinden, ganz gleich, in welcher Verfassung er oder sie sich befindet. Das Paradoxe, so schreibt er in seinem wegweisenden Werk *Die Entwicklung der Persönlichkeit*, ist, dass je »mehr ich einfach gewillt bin, inmitten dieser ganzen Komplexität des Lebens ich selbst zu sein, und je mehr ich gewillt bin, die Realitäten in mir selbst und im anderen zu verstehen und zu akzeptieren, desto mehr scheint Veränderung in Gang zu kommen«.

Nach Rogers ist es praktisch unmöglich, dass sich jemand ändert, wenn er nicht voll und ganz akzeptiert, wer er ist. Ebenso wenig kann er erfolgreiche Beziehungen zu anderen knüpfen, wenn er nicht den Sinn seiner eigenen Erfahrungen entdecken kann. Rogers erklärt: »Jeder Mensch ist in einem sehr realen Sinn eine Insel für sich, und er kann erst dann Brücken zu anderen Inseln bauen, wenn er zuallererst gewillt ist, er selbst zu sein, und wenn ihm das erlaubt wird.«

Ich behaupte nicht, ein Therapeut zu sein. Aber der von Rogers beschriebene Prozess ähnelt in gewisser Weise dem Ansatz, den ich als Coach versucht habe, zu befolgen. Statt jeden in eine vorherbestimmte Rolle zu quetschen, wollte ich stets ein Umfeld schaffen, in dem die Spieler sich als Individuen entwickeln und innerhalb des Teamgefüges kreativ tätig werden können. Mir lag nichts daran, dass die Spieler und ich beste Freunde wurden; vielmehr finde ich es wichtig, eine gewisse Distanz zu wahren. Dennoch habe ich versucht, eine soziale Beziehung zu jedem Spieler herzustellen, die auf gegenseitigem Respekt, Empathie und Vertrauen beruht.

Entscheidend ist Transparenz. Das Einzige, was die Spieler nicht dulden, ist ein Coach, der nicht ehrlich und aufrichtig zu ihnen ist. In meinem ersten Trainerjahr bei den Bulls machte B.J. Armstrong sich dafür stark, John Paxson als Point Guard der Starting Five zu ersetzen. B.J. argumentierte, er sei ein besserer Spielmacher als John und könne ihn im Dribbling schlagen. Er zögerte jedoch, sich dem Spiel der Triangle Offense zu öffnen, da er glaubte, das System hindere ihn daran, sich mit seinen stylischen Moves im Eins-gegen-Eins zu profilieren. Ich sagte ihm, dass ich sein Engagement schätze, wollte aber, dass er sich die Spielminuten mit Paxson teilt, da John besser mit der Startmannschaft zurechtkam, und B.J. brauchten wir, um die zweite Garde anzuheizen. Außerdem kam das Team effektiver in Fluss, wenn John in der Starting Five stand. B.J. war zwar nicht gerade begeistert von meiner Entscheidung, hatte die Botschaft aber verstanden. Ein paar Jahre später, nachdem er unter Beweis gestellt hatte, dass er die Triangle Offense beherrschte und sich als kooperativer Mitspieler erwies, machten wir ihn zum Stammspieler.

Eine der schwierigsten Aufgaben eines Trainers ist es, die Ersatzspieler davon abzuhalten, die Teamchemie zu untergraben. Casey Stengel, der Manager der New York Yankees, pflegte zu sagen: »Das Geheimnis des Managements ist es, die Jungs, die dich hassen, von den Jungs fernzuhalten, die noch unschlüssig sind.« Im Basketball sind die Jungs, die dich hassen, in der Regel diejenigen, die nicht so viel Spielzeit bekommen, wie sie meinen, verdient zu haben. Ich war selbst Ersatzspieler und weiß, wie ärgerlich es sein kann, wenn man mitten in einem entscheidenden Spiel auf der Bank sitzt.

Meine Strategie bestand darin, die Bankspieler so weit wie möglich in den Spielfluss einzubinden. Tex pflegte zu sagen, wenn die Triangle Offense richtig funktioniert, sollte das Team harmonieren, als wären die Spieler »fünf Finger an einer Hand«. Wenn also jemand eingewechselt wurde, musste er in der Lage sein, nahtlos mit den Spielern auf dem Parkett zu verschmelzen. In den ersten Jahren ließ ich nach dem Rotationsprinzip spielen, insgesamt mit zehn Mann – fünf Stammspieler und fünf Ersatzspieler –, um sicherzustellen, dass die Reservisten genug Zeit auf dem Platz hatten, um sich mit dem Rest des Teams zu arrangieren. Gegen Ende der Saison setzte ich die Zahl der Spieler in der Rotation auf sieben oder acht herab, versuchte allerdings, die anderen Reservespieler so oft wie möglich zum Einsatz zu bringen. Manchmal sorgen Ersatzspieler für einen Überraschungseffekt. Zum Beispiel Cliff Levingston, ein Power Forward in Reservistenrolle, der in der Saison 1990/91 nur wenige Minuten spielte, aber in den Playoffs aufblühte, weil er dem *Frontcourt* der Detroit Pistons gut gewachsen war.

Ich bin nicht der Typ, der schnell Lob austeilt oder jemanden vor lauter Begeisterung umarmt; tatsächlich finden manche Menschen mich sogar unnahbar und rätselhaft. Ich zeige meine Wertschätzung eher mit subtilen Gesten – ein anerkennendes Nicken hier, einen Klaps auf den Arm dort. Das habe ich von Dick McGuire gelernt, meinem ersten Coach bei den Knicks. Nach einem Spiel kam er stets zu meinem Spind und versicherte mir mit Flüsterstimme, dass er mich im Auge behielt und versuchen würde, mir in der nächsten Partie mehr Spielzeit zu geben. Als Coach wollte ich jedem Spieler das Gefühl vermitteln, dass er mir als Mensch wichtig ist und nicht nur als Basketball-Faktor.

Das große Geschenk meines Vaters war, dass er mich gelehrt hat, wie man wirklich einfühlsam sein kann und sich damit zugleich den Respekt der Leute verschafft. Dad war ein großer, majestätischer Mann mit vornehmer Haltung. Er hatte ein warmes Lächeln, und seine sanften Augen ließen ihn vertrauenswürdig und fürsorglich erscheinen, aber auch etwas geheimnisvoll. Er ähnelte den Porträts, die ich von George Washington gesehen habe; er war ein bescheidener Mann der leisen Töne und hatte sich völlig im Griff. Als Kind stand ich oft neben ihm und grüßte die Kirchenmitglieder, wenn sie den Gottesdienst verließen. Manche behaupten, ich sähe ihm aufgrund meiner würdevollen Körperhaltung ähnlich. Zweifellos habe ich als Trainer von meiner großen Statur und meiner tiefen, weithin schallenden Stimme profitiert. Wenn ich mit Spielern spreche, muss ich nicht zu ihnen aufschauen; wir stehen uns auf Augenhöhe gegenüber.

Dad war ein Pastor im wahrsten Sinne des Wortes und einer der wenigen aufrichtigen Christen, die ich kennengelernt habe. Er lebte nach ein paar einfachen Regeln, die ihm von der Bibel diktiert wurden, und überhaupt vermied er Rechtsstreitigkeiten und Anfeindungen, weil sie im Widerspruch zu seinen christlichen Idealen standen. Während meine Mutter in ihren Predigten oft über das Fegefeuer wetterte, galt Dads Hauptanliegen der allgemeinen Fürsorge und zeigte sein edles Herz. Er kümmerte sich in großem Maße um seine Gemeindemitglieder und betete nach dem Frühstück in seinem Arbeitszimmer für jeden einzelnen von ihnen. Sie fühlten sich von ihm behütet und beruhigt, was die Gemeinde zusammenschweißte. Das war für mich eine Erfahrung, die ich nie vergessen habe.

Profibasketballer sind in der Regel nicht sehr mitteilsam, wenn es um ihre tiefsten Sehnsüchte geht. Sie bevorzugen eine nonverbale Kommunikation oder machen Witze, statt zu zeigen, dass sie verletzlich sind, insbesondere wenn sie mit ihrem Trainer sprechen. Es kann also schwierig sein, herauszufinden, wie die einzelnen Spieler ticken.

Ich suchte stets nach neuen Wegen und Mitteln, um in die Köpfe der Spieler einzudringen. Als ich als Coach bei den Bulls begann, ließ ich die Spieler ein – wie ich es nannte – persönliches Schutzschild erstellen. Es war ein einfaches Profil, das auf Fragen beruhte wie »Was ist dein größter Wunsch?«, »Wer hat dich am meisten beeinflusst?« und »Was wissen die Leute nicht über dich?«. Später bat ich sie, einen etwas formelleren Fragebogen auszufüllen. Die Antworten nutzte ich dann, um während unserer Treffen unter vier Augen, die zur Mitte der Saison stattfanden, tiefer nachzubohren.

Mein bevorzugtes psychologisches Werkzeug war das, was meine Frau June als »soziales Bull's Eye« bezeichnete. Denn es zeigte, wie Menschen sich selbst im Verhältnis zu einer Gruppe sehen. Wenn wir mit dem Mannschaftsbus lange unterwegs waren, gab ich jedem Spieler ein Blatt Papier, auf dem sich in der Mitte ein Bull's Eye aus drei Ringen – dem äußeren Ring, dem mittleren Ring (Bull) und dem Auge selbst (Eye) – befand, das die soziale Struktur des Teams darstellen sollte. Dann bat ich die Spieler, sich irgendwo in dem Bull's Eye zu verorten, je nachdem, wie sehr sie sich mit dem Team verbunden fühlten. Dass die Stammspieler sich in der Regel in der Nähe des Auges positionierten, war nicht weiter überraschend, wohingegen die Ersatzspieler sich im zweiten und dritten Ring verteilten. Einmal zeichnete sich Stacey King, ein wortgewandter, stets elegant gekleideter Spieler, der bei uns im Team ein Ersatz-Forward war und der alle zum

Lachen brachte, weit außerhalb des dritten Rings ein. Als ich ihn nach dem Grund fragte, antwortete er: »Ich bekomme keine Spielzeit, Coach.« Das stimmte zwar nicht, aber er hatte jedenfalls das Gefühl. Oberflächlich betrachtet schien Stacey ein selbstbewusster und geselliger Kerl zu sein, aber innerlich fühlte er sich wie ein Außenseiter, der um Anerkennung kämpfte. Ich glaube nicht, dass ich jemals herausgefunden habe, wie ich diese Wunde heilen kann.

Statt ihnen von oben herab vorzuschreiben, was sie zu tun haben, sollten die Spieler selbst herausfinden, wie sie sich ins Spielsystem der Triangle Offense einfügen können. Einigen war nicht ganz wohl dabei, weil ihnen noch niemand solch einen Freiraum gegeben hatte; andere hingegen fühlten sich völlig befreit.

Mit Beginn der Saison 1990/91 beschloss ich, Michael in Ruhe zu lassen. Mir war klar, dass er Zeit brauchte, um herauszubekommen, wie er innerhalb der Triangle Offense so spielen konnte, dass es Sinn für ihn ergab. In der Off-Season kam er zu dem Entschluss, dass er mehr Muskelmasse benötigte, um sich gegen die Schläge zu wehren, die er von den Pistons und anderen Teams auf dem Parkett einstecken musste. Dafür engagierte er Tim Grover, einen Spezialisten für körperliches Training, der ihn eine Reihe mörderischer Workouts absolvieren ließ, um seine Ausdauer zu verbessern und seinen Ober- und Unterkörper zu stärken. Michael war wie immer unglaublich diszipliniert bei den Workouts, und als er zu uns ins Trainingslager kam, wirkte er wesentlich muskulöser und kräftiger, vor allem in den Schultern und Armen.

Michael liebte Herausforderungen. Also forderte ich ihn auf, sich neue Mittel und Wege hinsichtlich des Umgangs mit seinen Teamkameraden auszumalen. Er erwartete von ihnen, dass sie auf dem Spielfeld die gleiche Leistung erbringen wie er, obwohl es in der Liga nur eine Handvoll Spieler gab, die mit ihm mithalten konnten. Ich sprach ihm gut zu, seine Rolle im Team neu zu überdenken und zu überlegen, wie er die nötigen Impulse geben könnte, um alle Spieler zur Zusammenarbeit zu motivieren. Ich schrieb ihm nicht vor, was ich wollte, sondern gab ihm lediglich einen Denkanstoß, das Problem einmal anders zu betrachten, vor allem indem ich ihn fragte, wie sich diese oder jene Strategie auf das Team auswirken könnte. »Was glaubst du, wie Scottie oder Horace die Sache sehen würden, wenn du das machen würdest?«, fragte ich. Ich behandelte ihn wie einen Partner, und allmählich änderte sich seine Denkweise. Wenn ich es ihm überließ, das Problem zu lösen, war er eher bereit, sich auf die Lösung einzulassen und sein kontraproduktives Verhalten in Zukunft nicht zu wiederholen.

Im Rückblick höre ich Michael sagen, dass er diesen Ansatz mochte, weil es ihm »erlaubte, die Person zu sein, die ich sein musste«. Manchmal sagte ich ihm, er müsse aggressiv sein und den Ton im Team angeben, und ein anders Mal: »Warum versuchst du nicht, Scottie mehr zu involvieren, damit die Verteidiger auf ihn losgehen und du dann angreifen kannst?« Ich versuchte, Michael Raum zu geben, damit er sich darüber klar wurde, wie er seine persönlichen Ambitionen mit denen des Teams in Einklang bringen konnte. »Phil wusste, dass es wichtig für mich war, den Scoring Title zu gewinnen«, sagt Michael heute, »aber ich wollte ihn auf eine Art und Weise für mich holen, die die Arbeit des Teams nicht schmälert.«

Ab und an gerieten Michael und ich verbal aneinander, normalerweise immer dann, wenn er auf dem Feld zu eigensinnig agierte. Aber unsere Streitigkeiten arteten nie in größere Kämpfe aus. »Es dauerte eine Weile, bis ich mich beruhigt hatte«, sagt Michael. »Vielleicht musste ich selbst in den Spiegel schauen und versuchen zu verstehen, was Phil genau meinte. Und ich kann mir vorstellen, dass er das Gleiche tat. Jedes Mal, wenn wir eins dieser Gefechte zwischen uns austrugen, wuchs unser gegenseitiger Respekt.« Dem stimme ich zu.

Ein weiterer Spieler, der in jener Saison einen großen Sprung nach vorn machte, war Scottie Pippen – und er wusste, was es heißt, große Sprünge zu machen. Aufgewachsen war er als jüngstes von zwölf Kindern in Hamburg, Arkansas. Seine Familie war alles andere als vermögend, was zum Teil daran lag, dass sein Vater bei der Arbeit in einer Papierfabrik einen Schlaganfall erlitt und fortan auf einen Rollstuhl angewiesen war. Dennoch war Scottie der Sonnyboy in der Familie. Obwohl er kein Stipendium erhielt, schrieb er sich an der University of Central Arkansas ein und zog dort seine Schulausbildung durch, indem er Gelegenheitsjobs annahm und als Gerätewart der Schulmannschaft fungierte. Sein Debüt als sogenannter »Walk-on« – das heißt als jemand, der kein Sportstipendium bekommt und sich im Basketball in der Regel mit der Reservistenrolle begnügen muss – für das Freshman-Team war nicht gerade spektakulär: Er kam im Schnitt nur auf 4,3 Punkte und 2,9 Rebounds pro Spiel. Im Laufe des nächsten Jahres wuchs er jedoch um 10 Zentimeter auf 1,96 Meter an und kehrte in die Schule zurück, nachdem er den ganzen Sommer über in den Spielen hart gekämpft hatte, und zwar wesentlich besser als jeder andere im Team. »Ich war schon immer ein guter Ballhandler«, sagt Scottie, »und als ich noch an Körpergröße zulegte, war das ein großer Vorteil, denn jetzt musste man schon ein Center sein, um mich zu verteidigen. Und so viele große Jungs gab es in der Liga nicht.«

Als Scottie seinen Schulabschluss in der Tasche hatte, war er 2 Meter groß und kam auf durchschnittlich 26,3 Punkte und 10 Rebounds pro Spiel; in seinem Abschlussjahr wurde er zum »Consensus All-American« ernannt. Jerry Krause, der ihn früh entdeckt hatte, handelte ein paar geschickte Tauschgeschäfte aus, um ihn im NBA-Draft von 1987 an 5. Stelle auszuwählen. Aber Scottie war regelrecht auf seine Position als Small Forward festgelegt und hatte eine schwierige Zeit, sich an diese Rolle anzupassen, weil er kein guter Distanzschütze war. Er besaß jedoch die seltene Fähigkeit, sich einen Rebound zu schnappen und sich seinen Weg durch die Verteidigung in der gegnerischen Zone zu bahnen, um den Korb zu attackieren. Und auch durch seine defensive Arbeit gegen Michael im Training entwickelte sich Scottie zu einem herausragenden Verteidiger. Als ich anfing, mit ihm zu arbeiten, beeindruckte mich am meisten, dass er genau lesen konnte, was auf dem Parkett gerade vor sich ging, und er entsprechend reagierte. Auf der Highschool war er Point Guard gewesen, und auch bei den Bulls war er nicht eigensinnig, sondern spielte bereitwillig den Ball ab. Während Michael stets zu punkten versuchte, schien Scottie mehr daran gelegen zu sein, dass die Offensive als Ganzes erfolgreich war. In dieser Hinsicht orientierte er sich mehr an Magic Johnson als an Michael Jordan.

In meinem zweiten Jahr als Cheftrainer schuf ich also eine neue Position für Scottie – den sogenannten »Point Forward« –, der sich zusammen mit den Guards um den Spielaufbau kümmern und den Ball nach vorne bringen sollte – ein Experiment, das wesentlich besser funktionierte, als ich erwartet hatte. Diese Umstellung hatte in Scottie eine Seite zum Vorschein gebracht, die nie zuvor genutzt worden war, und er entwickelte sich zu einem begabten Allrounder, der einen so großen Einfluss auf das Spielgeschehen hatte, dass er sein Team schnell in Führung bringen konnte. Oder wie Scottie es formulierte: »Diese Umstellung hat mich zu dem Spieler gemacht, der ich in der NBA sein wollte.«

Scottie war in der Saison 1990/91 in allen Bereichen der zweitbeste Spieler der Bulls: Punkte (17,8), Rebounds (7,3) und *Steals* (2,35), zudem wurde er im Folgejahr in das NBA All-Defense First Team berufen. Die Auswirkungen auf das Team waren gewaltig. Durch Scotties Wandlung zum Point Guard bekam er genauso viele Ballkontakte wie Michael, sodass letzterer auf den Flügel wechseln und verschiedene Rollen in der Offensive übernehmen konnte, wozu auch gehörte, den Angriff zu leiten, wenn wir von Defensive auf Offensive umschalteten.

Der Positionswechsel eröffnete auch anderen Spielern die Möglichkeit, zu punkten, denn Scottie verteilte die Bälle gleichmäßiger als Michael. Plötzlich entwickelte sich eine neue Gruppendynamik, die wesentlich mehr auf Zusammenarbeit setzte.

Zu jener Zeit hatten sich die meisten Coaches hinsichtlich des mentalen Trainings der Knute-Rockne-Theorie verschrieben, das heißt, sie versuchten, ihre Spieler mit aufmunternden Reden à la *Win one for the Gipper* auf das Spiel einzustimmen. Das mag funktionieren, wenn man Linebacker ist. Als ich für die Knicks spielte, fiel es mir jedoch schwer, unter Druck konzentriert zu bleiben, wenn ich zu enthusiastisch war. Also habe ich genau das Gegenteil getan. Anstatt die Spieler mental anzuregen, habe ich ein paar Strategien entwickelt, um ihr Gemüt zu beruhigen, sodass sie mit einer gewissen Achtsamkeit ausgeglichen und kontrolliert ins Spiel gehen konnten.

Als Erstes brachte ich den Bulls eine verkürzte Variante der Achtsamkeitsmeditation bei, und zwar basierend auf der Zen-Praxis, die ich schon seit Jahren ausübte. Ich habe keine große Sache daraus gemacht. Wir saßen für etwa zehn Minuten während des Trainings still zusammen, normalerweise bevor wir uns Spielaufzeichnungen im Videoraum anschauten. Einige Spieler fanden das äußerst eigenartig, während andere die Zeit für ein Nickerchen nutzten. Doch sie nahmen es stillschweigend hin, weil sie wussten, dass Meditation eine zentrale Rolle in meinem Leben spielte. Aus meiner Sicht war es zunächst einmal ein guter Anfang, die Spieler dazu zu bringen, zehn Minuten lang einfach nur still zusammenzusitzen. Und einige von ihnen, vor allem B.J. Armstrong, zeigten ernsthaftes Interesse an Meditation und praktizierten sie auch später für sich allein weiter.

Es lag mir fern, die Bulls in buddhistische Mönche zu verwandeln. Sie sollten gegenüber dem Basketballspiel und im Umgang miteinander lediglich mehr Achtsamkeit zeigen. Im Wesentlichen bedeutet das, im gegenwärtigen Moment möglichst präsent zu sein, ohne sich dabei schwerwiegende Gedanken über die Vergangenheit oder die Zukunft zu machen. Bei Suzukiroshi heißt es: Wenn wir etwas mit »ganz einfachem, klarem Geist tun ... handeln wir entschlossen und geradeheraus. Wenn wir jedoch zu verkopft sind und uns mit Blick auf andere Dinge oder Menschen oder auf die Gesellschaft zu viele Gedanken machen, dann handeln wir auch kompliziert.«

Der Sachbuchautor John McPhee sagte einmal, um im Basketball erfolgreich zu sein, bedarf es eines feinen Gespürs dafür, wo man sich befindet und was um einen herum gerade passiert. Einige Spieler werden mit dieser besonderen Befähigung geboren – Michael, Scottie und Bill Bradley, um nur einige zu nennen –, aber die meisten müssen sie sich erst aneignen. Nach all den Jahren des Meditierens habe ich eines gelernt: Wenn man sich voll und ganz in einen bestimmten Moment vertieft, entwickelt man ein viel stärkeres Bewusstsein für das, was hier und jetzt vor sich geht. Und dieses Bewusstsein führt letztlich zu einem stärkeren Einheitsgefühl – dem Kern der Teamarbeit.

Einmal ließ mir John Paxson einen Artikel aus dem *Harvard Business Review* zukommen, von dem er sagte, sein Inhalt erinnere ihn an mich. Der Artikel – »Parables of Leadership« von W. Chan Kim und Renée A. Mauborgne – beinhaltete mehrere alte Gleichnisse, die sich um das drehten, was die Autoren »den unsichtbaren Raum des Führungsstils« nannten. Die Geschichte, die Paxson ins Auge fiel, handelte von einem jungen Prinzen, der von seinem Vater ausgesandt wurde, um bei einem großen chinesischen Meister zu lernen, wie man ein guter Herrscher wird.

Die erste Aufgabe, die der Meister ihm auferlegte, bestand darin, ein Jahr allein im Wald zu verbringen. Als der Prinz zurückkehrte, sollte er dem Meister beschreiben, was er gehört hatte, und er antwortete: »Ich konnte den Kuckuck singen, die Blätter rascheln, die Kolibris surren, die Grillen zirpen, das Gras wehen, die Bienen summen sowie den Wind säuseln und brüllen hören.«

Nachdem der Prinz fertig war, forderte der Meister ihn auf, abermals in den Wald zu gehen, um darauf zu achten, was sonst noch zu hören sei. Also ging der Prinz zurück und saß mehrere Tage und Nächte lang allein im Wald und fragte sich, wovon der Meister wohl gesprochen hatte. Dann, eines Morgens, hörte er auf einmal leise Geräusche, die er noch nie zuvor gehört hatte.

Nach seiner Rückkehr erzählte der Prinz dem Meister: »Wenn ich ganz genau lauschte, konnte ich das Ungehörte hören – den Klang der sich öffnenden Blumen, den Klang der Sonne, die die Erde wärmt, und den Klang des Grases, das den Morgentau trinkt.«

Der Meister nickte. »Das Ungehörte zu hören«, sagte er, »ist eine unerlässliche Disziplin, um ein guter Herrscher zu sein. Denn nur wenn ein Herrscher gelernt hat, den Herzen der Menschen genau zuzuhören, und ihre unausgesprochenen Gefühle, ihre unterdrückten Sorgen und ihre unartikulierten Beschwerden hört, kann er hoffen, das Vertrauen des Volkes zu gewinnen und zu verstehen, wenn etwas falsch läuft, und die wahren Bedürfnisse seiner Bürger erfüllen.«

Das Ungehörte hören. Dazu muss jeder in der Gruppe in der Lage sein, nicht nur der Anführer. Im Basketball wird für die Statistik festgehalten, wenn Spieler Pässe spielen, die zu Punkten führen. Ich wollte jedoch eher, dass die Spieler sich auf den Pass konzentrieren, der *zu dem Pass führt*, der zu den Punkten führt. Ein solches Gewahrwerden braucht Zeit, um zu reifen; wenn man aber erst einmal derart sensibilisiert ist, wird das Unsichtbare sichtbar und das Spiel entfaltet sich wie eine Geschichte vor deinen Augen.

Um dieses Bewusstsein bei den Spielern zu forcieren, ließ ich sie während des Trainings gerne raten, was als Nächstes passieren würde. Einmal machten sie einen so lustlosen Eindruck, dass ich das Licht ausschalten und sie im Dunkeln spielen ließ – keine leichte Aufgabe, wenn man versucht, einen blitzschnellen Pass von Michael Jordan zu fangen. Ein anderes Mal, nach einer peinlichen Niederlage, ließ ich sie ein ganzes Training lang schweigend absolvieren. Die anderen Coachs dachten, ich sei verrückt. Entscheidend für mich war, die Spieler zum Aufwachen zu bringen, wenn auch nur für einen Moment, um das Unsichtbare zu sehen und das Ungehörte zu hören.

Die Vorbereitung auf die Playoffs in der NBA ist so, als bereite man sich auf einen Besuch beim Zahnarzt vor. Man weiß zwar, dass es nicht so schlimm wird, wie man glaubt, aber es kann einen auch nicht davon abhalten, stets daran zu denken. Dein ganzes Dasein ist darauf ausgerichtet. Eine solche Angst beschleicht mich oft mitten in der Nacht, und ich liege im Bett und grüble über unsere Strategie für das nächste Spiel nach, bis ich sie wieder überdenke. Manchmal meditiere ich in diesen frühen Morgenstunden, um meinen Kopf frei zu bekommen und mich von den Zweifeln, die sich im Nachhinein hinsichtlich unserer Spielstrategie breitmachen, zu befreien. Wie ich jedoch erkannte, lässt sich am effektivsten mit Angst umgehen, wenn man sich so gut wie möglich auf das vorbereitet, was auf einen zukommt. Mein Bruder Joe spricht oft davon, dass der Glaube eines der beiden Dinge ist, die einem helfen können, mit Angst fertigzuwerden. Das andere sei die Liebe. Joe sagt, man muss daran glauben, alles Mögliche getan zu haben, um sicherzustellen, dass alles gut ausgeht – ganz gleich, wie das Ergebnis letztlich ausfällt.

Ich erzähle gerne die Geschichte, die davon handelt, wie Napoleon Bonaparte seine Generäle auswählte. Nachdem einer seiner großen Generäle gestorben war, sandte Napoleon angeblich einen seiner Stabsoffiziere aus, um nach einem Ersatzmann zu suchen. Der Offizier kehrte einige Wochen später zurück und beschrieb jemanden, den er aufgrund seiner militärisch-taktischen Kenntnisse und seiner hervorragenden Fähigkeiten als Führungskraft für den perfekten Kandidaten hielt. Als der Offizier geendet hatte, sah Napoleon ihn an und sagte: »Das ist alles sehr gut, aber hat er auch Glück?«

Tex Winter nannte mich »den Trainer mit dem größten Glück der Welt«. Doch ich glaube nicht, dass Glück viel damit zu tun hat. Klar, jemand kann sich auch verletzen oder es bricht ein anderes Unglück über das Team herein. Ich denke jedoch, wenn man auf alles achtet, auch auf das kleinste Detail, bestimmen normalerweise die Gesetze von Ursache und Wirkung – und nicht das Glück – das Resultat. Natürlich gibt es viele Dinge, die man bei einem Basketballspiel nicht kontrollieren kann. Deshalb haben wir uns die meiste Zeit auf das konzentriert, was wir kontrollieren *können*: die korrekte Beinarbeit, Freiraum zu schaffen im Angriff sowie der richtige Umgang mit dem Ball. Wenn man das Spiel auf korrekte Art und Weise spielt, verstehen es auch die Spieler, und ein Sieg ist das wahrscheinliche Ergebnis.

Es gibt allerdings noch eine andere Form des Glaubens, die noch wichtiger ist: der Glaube, dass wir alle irgendwo auf einer Ebene, die unser Verständnis übersteigt, miteinander verbunden sind. Deshalb lasse ich die Spieler still zusammensitzen. In einer Gruppe schweigend zu sitzen, ohne jegliche Ablenkung, kann Menschen auf tiefgreifende Weise miteinander in Einklang bringen. Wie Friedrich Nietzsche sagte: »Unsichtbare Fäden sind die stärksten Verbindungen.«

In meiner Laufbahn habe ich mehrmals beobachtet, wie diese Verbindungen zustande kamen. Das tiefe Gefühl der Verbundenheit, das in dem Moment erwächst, wenn alle Spieler an einem Strang ziehen, ist eine gewaltige Kraft, die die Angst vor dem Verlieren auslöschen kann. Das war die Lektion, die die Bulls gerade lernen sollten.

Nachdem die Hälfte der Saison 1990/91 gespielt war, fügten sich alle Teile wie ein Puzzle zusammen. Als die Bulls mit der Triangle Offense vertrauter wurden, lehrte Tex sie, sich auf eine Abfolge wichtiger Spielabläufe zu konzentrieren, die wir als »Automatismen« bezeichneten, und die in Gang gesetzt werden konnten, wenn das gegnerische Team in der Verteidigung einen Bereich des Spielfelds zu sehr abdeckte. Der entscheidende Punkt war – wie Tex es nannte – der »Moment der Wahrheit«, mit anderen Worten: wenn der Spieler, der den Ball nach vorne bringt, auf die gegnerische Defensive trifft. Übte die Verteidigung just in diesem Moment viel Druck auf ihn aus, konnte er einen automatischen Spielzug einleiten, um dadurch das Spiel in einen anderen Bereich des Felds zu verlagern und somit neue Möglichkeiten zum Punkten eröffnen. Einer der beliebtesten dieser Automatismen innerhalb des Teams war das sogenannte »Blind Pig« – eine Aktion, bei der die Spieler des Frontcourts den Point Guard entlasten und der Forward auf der *Weak Side* (auch genannt »The Pig«) ausbricht, den Pass annimmt und für Verwirrung in der Verteidigung sorgt. Das Blind Pig war nicht nur für die Bulls, sondern später auch für die Lakers ein entscheidender Spielzug, weil er einen Werfer aus einem Doppelblock auf der Weak Side löste und zwei unserer besten Spieler in die Position zum Punkten brachte.

Die Spieler waren begeistert. Durch das Blind Pig und andere Automatismen konnten sie sich, da sie aufeinander abgestimmt waren, an das Verhalten der gegnerischen Defensive anpassen, und sie brauchten nicht darauf zu setzen, dass ich ihnen von der Seitenlinie die entsprechenden Spielzüge diktierte. »Das wurde unsere wichtigste Waffe«, erinnert sich Scottie. »Wir hatten ein gutes Gefühl, wenn wir aufs Spielfeld kamen und den Ball einfach ins Spiel brachten. Wir alle liefen zu bestimmten Stellen auf dem Platz, weil wir uns dort wohl fühlten. Wir alle waren happy. Michael hat mit seinen Würfen immer besser getroffen. Und wir waren räumlich besser verteilt, wenn wir von Angriff auf Verteidigung umschalteten. Wir entwickelten uns zu einem besseren Team in unserer Defensive. Und letztlich ging uns das Ganze in Fleisch und Blut über.«

Durch die Automatismen lernten die Spieler auch, wie sie die Verteidigung des Gegners für sich nutzen konnten, indem sie weniger Druck auf sie ausübten und sie nicht direkt angriffen. Das sollte eine wichtige Rolle spielen, wenn das Team auf stärkere Mannschaften traf, die einen physischeren Spielstil hatten, etwa die Pistons. Um Detroit zu schlagen, mussten wir widerstandsfähiger sein und durften nicht nachgeben. Doch wir würden sie niemals besiegen, wenn wir uns jedes Mal auf einen Ringkampf mit ihnen einließen.

Kurz vor der Spielpause durch das *All-Star-Weekend* legten die Bulls eine Serie von 18 Siegen gegenüber nur einer Niederlage hin; unter anderem gewannen sie in Auburn Hills mit 95:93 gegen die Pistons, was die Moral der Mannschaft stärkte. Auch wenn Isiah Thomas infolge einer Handgelenksverletzung ausfiel, war das Spiel ein entscheidender Wendepunkt für unser Selbstverständnis als Team. Danach schienen die Bad Boys nicht mehr so »böse« zu sein.

Wir schlossen die Saison in der Central Division als Tabellenführer mit einer Spielbilanz von 61:21 ab, was uns den Heimvorteil in den Playoffs einbrachte. In der ersten Runde *sweepten* wir die Knicks mit 3:0 aus dem Rennen und gewannen dann die ersten beiden Spiele der Halbfinals gegen Philadelphia mit Leichtigkeit, bekamen allerdings in Spiel 3 Probleme. Jordan kam mit einer Sehnenentzündung im Knie zum Spiel (die er sich wahrscheinlich beim Golfspielen zwischen den Spielen zugezogen hatte), und die großen Forwards der 76ers – Armen Gilliam, Charles Barkley und

Rick Mahorn – spielten sehr körperbetont gegen Horace Grant und brachten ihn damit aus dem Konzept.

Horace war ein 2,08 Meter großer Power Forward, der unheimlich flinke Füße und einen guten Riecher für Rebounds hatte. Johnny Bach nannte ihn den »Unerschütterlichen«, weil er schnelle Ballhandler abdrängen konnte und dafür sorgte, dass der Verteidigungsdruck so funktionierte, wie er sollte. Horace, aufgewachsen im ländlichen Georgia, hatte sich schon früh mit Scottie angefreundet und gegenüber Reportern einmal gesagt, Pippen sei »wie mein Zwillingsbruder«. In der Saison 1990/91 hatten sich die beiden jedoch voneinander distanziert, da Scottie sich freundschaftlich immer mehr Michael verbunden fühlte. Derweil hatte sich Horace, der darum kämpfte, seine Ehe zu retten, der Religion zugewandt, um Trost zu finden.

Im Jahr zuvor hatte Johnny mir vorgeschlagen, Horace als »Prügelknaben« auszuwählen, um somit dem Team einen weiteren Motivationsanreiz zu liefern. Das ist bei Profiteams eine recht gängige Praxis, und auch ich hatte diese Rolle kurzzeitig bei den Knicks eingenommen. Es geht dabei darum, einen Spieler zu bestimmen, der den Hauptanteil der Kritik einstecken muss, um die übrigen Spieler zu motivieren, Partei für ihn zu ergreifen und zusammenzuhalten. Ich war von diesem althergebrachten Coaching nicht wirklich überzeugt, war aber bereit, es zu versuchen. Ich wusste, dass die Spieler Horace mochten und sich solidarisch um ihn scharen würden, wenn ich ihn zu sehr unter Druck setzte. Und Johnny, der mit Horace gut klarkam, versicherte mir, dass dieser das nötige Fell habe, um dem Druck standzuhalten.

Wir erklärten Horace unser Vorhaben, und er war zunächst einverstanden. Schon als Kind hatte er davon geträumt, Marinesoldat zu werden, strenge Disziplin war also sein Ding. Mit der Zeit empörte er sich jedoch, wenn man ihn kritisierte. Im dritten Viertel des Spiels gegen die 76ers spitzte sich das Ganze dann zu.

Gilliam hatte Horace das ganze Spiel über in den Rücken geschlagen und ihn von seiner Position abgedrängt, und die Schiedsrichter ließen ihn ungestraft davonkommen. Als Horace schließlich vor lauter Frust zurückschlug, ahndeten die Unparteiischen das Foul.

Ich war wütend. Ich nahm Horace aus dem Spiel und schrie ihn an, weil er sich von den 76ers mehr oder weniger verprügeln ließ. Horace blaffte zurück: »Ich bin es leid, dein Prügelknabe zu sein.« Dann fing er an, mich zu beschimpfen, was ungewöhnlich für ihn war.

Unnötig zu sagen, dass wir das Spiel verloren haben, und ich gebe zu – es war nicht mein bester Moment. Allerdings habe ich eine entscheidende Lektion gelernt, und zwar, wie wichtig es ist, jedem Spieler als Individuum mit Respekt und Empathie zu begegnen, egal wie sehr ich auch unter Druck stehe. Als sich die Wogen wieder geglättet hatten, sagte ich ihm, dass wir neu anfangen müssten. Von heute an, gab ich ihm zu verstehen, würde er nur konstruktive Kritik von mir bekommen, und ich hoffte, dass er mir im Gegenzug Feedback zu allem geben würde, was ihn eventuell bekümmerte.

Vor dem nächsten Spiel traf ich mich mit dem Team zum Frühstück, um zu besprechen, was vorgefallen war. Ich sagte den Spielern, dass wir den Stammeskreis durchbrochen hätten und ihn wieder zusammensetzen müssten. Am Ende des Meetings bat ich Horace, dem Team einen Abschnitt aus den Psalmen vorzulesen.

Horace spielte an diesem Tag wie ein Besessener. Er stürmte auf das Spielfeld, schnappte sich früh einige wichtige Rebounds und erzielte 22 Punkte, als wir einen 101:85-Sieg einfuhren. Noch wichtiger aber war, dass Horace sich gegenüber Gilliam und den anderen Big Men behaupten konnte, ohne sich aus dem Konzept bringen zu lassen. Das war ein gutes Zeichen. Die 76ers sahen abgespannt und geknickt aus, und später, im entscheidenden 5. Spiel, brachen sie regelrecht ein. Nächster Halt: Detroit.

Während der Playoffs 1990 hatte ich dem Team ein Video mit Szenen aus *Der Zauberer von Oz* vorgespielt. Damit wollte ich verdeutlichen, wie sehr die Spieler sich durch das raue Spiel der Pistons einschüchtern ließen. Es gab eine Szene mit B.J. Armstrong, wie er dribbelnd zum Korb zieht und von den beiden Forwards und dem Center der Pistons umgenietet wird. Darauf folgte dann ein Clip, in dem Dorothy sagt: »Wir sind nicht mehr in Kansas, Toto.« Die Szene sollte verdeutlichen, dass wir nicht mehr gegen College-Spieler der Kansas University antreten, sondern gegen knallharte Profis. Eine andere Szene zeigte Joe Dumars, der Jordan beim Dribbeln den Ball abnahm, danach beklagte sich der Blechmann darüber, kein Herz zu haben. In einem anderen Ausschnitt trickste Isiah Thomas kinderleicht Paxson, Horace, und Cartwright aus, während der feige Löwe jammerte, ihm fehle der Mut. Die Spieler brachen zunächst in Gelächter aus, aber das legte sich wieder, als sie erkannten, welche Botschaft ich damit vermitteln wollte.

Dieses Mal brauchte ich keine Filmszenen zu zeigen. Stattdessen stellte ich eine Reihe von Clips für das Front Office der NBA zusammen, die die ungeheuerlichsten Beispiele für die harten und versteckten Fouls der Pistons gegen die Bulls zeigten. Ich bin mir nicht sicher, in welchem Maße das Video die Entscheidungen der Schiedsrichter beeinflusst hatte, aber zumindest hat es gezeigt, dass wir das nicht still hinnahmen.

Das war vielleicht gar nicht so wichtig. Die Aufstellung der Pistons von 1990/91 war nicht mehr so furchterregend wie zuvor, vor allem, weil sie ihren Power Forward Rick Mahorn verloren hatten, dessen Markenzeichen das zusätzliche Foulen eines bereits gefoulten Gegners war. Und unser Team war wesentlich selbstsicherer und zuversichtlicher als noch ein Jahr zuvor. Mein Rat an die Spieler lautete, als Erste in Führung zu gehen und nicht zuzulassen, dass Detroit uns früh unter Druck setzte, und sich nicht von den rüden Beschimpfungen der Pistons fertigmachen zu lassen. Es freute mich, wie Scottie sich in Spiel 1 verhielt, denn als der neueste »Bad Boy«, Mark Aguirre, drohte, ihn fertigzumachen, lachte Scottie nur.

Jordan war an diesem Tag nicht in Form, aber die zweite Garde baute im vierten Viertel eine 9-Punkte-Führung auf, was den entscheidenden Unterschied ausmachte. Nach dem Spiel bedankte sich Jordan – zur Überraschung aller – bei seinen Mitspielern dafür, dass sie für ihn eingesprungen waren. Nun spürte ich, dass sich unsere Bemühungen, die Einstellung des Teams zu ändern, langsam auszahlten. Einige Tage darauf erzählte Scottie dem Reporter der *Chicago Tribune*, Sam Smith, dass er eine Veränderung bei Michael bemerkt hatte. »Man merkt, dass MJ mehr Vertrauen in jeden Einzelnen setzt«, sagte Scottie, »und ich finde, das hat sich gerade in diesen Playoffs gezeigt. Er spielt jetzt mannschaftsdienlich, und zum ersten Mal kann ich sagen, dass es ihm nicht mehr nur ums Punkten geht. Er scheint zu spüren, dass – und bei uns allen scheint das der Fall zu sein –, jeder jedem helfen kann, wenn wir zusammenspielen.«

Für Spiel 2 war vereinbart, dass Scottie den Ball nach vorne bringt und Paxson sich auf den Flügel verlagert. Das sorgte zum Nachteil der Pistons dafür, dass sich körperlich ungleich große Spieler gegenüberstanden, ein Problem, das sie nie lösen konnten. Zudem hatten wir einige Umstellungen in unserer Defensive vorgenommen, indem wir Pippen auf ihren Center, Laimbeer, und Cartwright auf ihren Small Forward, Aguirre, ansetzten, und das hatte auch gut geklappt. Unsere Verteidigung war so gut vernetzt, dass bei den Pistons nichts zu funktionieren schien. Im 4. Spiel drohte ihnen eine sichere Niederlage auf dem eigenen Platz, und als sie das nicht mehr verhindern konnten, wurde es hässlich. Laimbeer foulte Paxson aus heiterem Himmel, und Rodman stieß Scottie mit einem Schlag, der seine Karriere hätte beenden können, in die Sitze am Spielfeldrand. Der schlimmste Moment kam jedoch am Ende, als die Pistons, angeführt von Isiah Thomas, vom Platz gingen, ohne uns die Hand zu schütteln – eine Beleidigung nicht nur für die Bulls, sondern für den Basketball selbst, über die ich mich noch heute ärgere.

Unser nächster Gegner waren die L.A. Lakers – ein geschichtsträchtiger Klub, der die NBA im letzten Jahrzehnt dominiert hatte und immer noch aus einem starkem Team bestand, angeführt von Magic Johnson, zu dem auch James Worthy, Sam Perkins, Byron Scott und Vlade Divac gehörten. Diese Serie würde der ultimative Test für Michael sein, der sich immer mit Johnson gemessen hatte. Magic hatte nicht nur (fünf) Ringe und (drei) MVP-Auszeichnungen gewonnen, er verfügte auch über beeindruckende Führungsqualitäten. In seinem Rookie-Jahr hatte er ein Team übernommen, das von All Stars, darunter Kareem Abdul-Jabbar, dominiert wurde, und es zu einer Meisterschaft geführt. Michael hingegen war in seinem siebten Jahr in der NBA und wartete immer noch auf seinen ersten Ring.

Wir hatten einen schlechten Start und verloren Spiel 1 in Chicago. Nachdem die erste Hälfte gespielt war, fiel mir jedoch eine Schwäche bei den Lakers auf, die ich auf keinem der Videobänder gesehen hatte. Immer wenn Magic das Spiel verließ, waren seine Teamkollegen nicht in der Lage, die Führung gegen unsere zweite Garde zu halten. Magic machte nach dem aufreibenden Kampf der Lakers gegen Portland in den Western Conference Finals einen müden Eindruck. Und die Lakers waren, wenn er nicht spielte und sich erholte, natürlich wesentlich schwächer als wir, wenn Michael bei uns auf der Bank saß. Das war etwas, das wir ausnutzen konnten.

Unser Plan sah vor, Scottie auf Magic anzusetzen.

In Spiel 2 hatte Michael bereits früh viele Fouls auf dem Konto, sodass Scotties Positionswechsel sich als guter Plan erwies – er brachte die Offensive der Lakers aus dem Gleichgewicht, und wir gewannen locker mit 107:86. Nach dem Spiel stellte ich ein Video für Michael zusammen, das ihm zeigte, wie Magic oft seinen Mann – Paxson – verließ, um anderen Spielern in der Verteidigung zu helfen; denn er setzte darauf, dass Michael den Ball nicht abspielen würde. Paxson war ein starker Clutch Shooter, und im Allgemeinen vertraute Michael ihm mehr als anderen, wenn es eng wurde. In der Serie gegen die Lakers fiel Michael jedoch wieder in seinen alten Trott zurück, Spiele allein gewinnen zu wollen. Trotz unseres Sieges im 2. Spiel hat uns das geschadet.

Die nächsten drei Spiele wurden in L.A. ausgetragen. In Spiel 3 sorgte Michael 3,4 Sekunden vor Ende der regulären Spielzeit für den Ausgleich, indem er mit dem Ball bis an die Freiwurflinie lief und einen schnellen Sprungwurf verwandelte. Dann formierten wir uns neu und gewannen in der Verlängerung mit 104:96. Zwei Tage später, im 4. Spiel, dominierte unsere Defensive die Lakers voll und ganz und sorgte mit 82 Punkten bei ihnen für die niedrigste Punktzahl seit Einführung der Wurfuhr, sodass wir in der Serie mit 3:1 in Führung gingen. Magic nannte es »einen altmodischen Arschtritt«.

In Spiel 5 lagen wir die meiste Zeit vorne, doch zur Hälfte des vierten Viertels schlugen die Lakers zurück und übernahmen die Führung. Ich war mit dem, was ich sah, nicht zufrieden. Trotz unserer Diskussionen ließ Michael Paxson immer noch in der Luft hängen. Daher rief ich eine Auszeit ein und versammelte das Team um mich herum.

»Wer ist der freie Mann, MJ?«, fragte ich und schaute Michael direkt in die Augen.

Er antwortete nicht. Also fragte ich ihn erneut: »Wer ist frei?«

»Paxson«, antwortete er.

»Okay, dann finde ihn.«

Nach dieser kurzen Aussprache drehte sich das Spiel. Michael und andere Teamkollegen spielten den Ball zu Paxson, und er bedankte sich dafür mit vier Treffern in Folge. Etwas mehr als eine Minute vor Schluss waren die Lakers bis auf 2 Punkte herangekommen. Doch dann sah ich, wie Michael den Ball nach vorn brachte. Ich ging davon aus, dass er zum Korb ziehen würde, wie er es normalerweise in solchen Situationen tat. Stattdessen spielte er den Lockvogel und zog die Verteidigung in seine Richtung, um eine Wurfmöglichkeit für, ja, Paxson zu schaffen. Es war ein schönes Ende. John holte die 2 Punkte und wir gewannen mit 108:101.

Das war ein Moment, der mich innerlich sehr berührte. Achtzehn Jahre zuvor hatte ich meinen ersten Meisterschaftsring als Spieler in diesem Stadion gewonnen – dem Los Angeles Forum. Jetzt hatte ich mir soeben meinen ersten Ring als Trainer gesichert, und das Beste war: Wir hatten es geschafft, indem wir das Spiel so spielten, wie es damals mein Team der Knicks gespielt hatte.

Auf die richtige Art und Weise.

KAPITEL 8

EINE FRAGE DES CHARAKTERS

So wie du irgendetwas tust, machst du alles andere.

Tom Waits

Man sollte meinen, dass es beim zweiten Mal einfacher wird, aber so funktioniert das leider nicht. Sobald das Hurrageschrei verhallt ist, beginnt der Tanz der gekränkten Egos. John Wooden, der ehemalige Cheftrainer des College-Basketballteams der University of California, Los Angeles (UCLA), pflegte zu sagen: »Zum Gewinnen braucht man Talent, zum wiederholten Gewinn bedarf es Charakter.« Ich habe nicht wirklich verstanden, was er damit meinte, bis wir zum zweiten Mal Anlauf nahmen, um uns den nächsten Ring zu holen. Mit einem Mal richtete sich das Rampenlicht der Medien auf uns, und jeder, der in irgendeiner Weise mit den Bulls zu tun hatte und nicht Michael Jordan hieß, buhlte nun um mehr Aufmerksamkeit. Wie Michael es formulierte: »Erfolg macht aus Wirs wieder Ichs.«

Einen ersten Schimmer davon bekam ich, als Horace in den Medien über Michael herzog, weil er die Meisterschaftsfeier im Weißen Haus ausgelassen hatte. Die Teilnahme war freiwillig, und Michael hatte Horace vor der Veranstaltung mitgeteilt, dass er nicht kommen werde. Horace schien damals kein Problem damit zu haben, aber als wir aus Washington zurückkehrten, erzählte er den Reportern, er habe sich darüber aufgeregt, dass Jordan nicht erschienen war. Michael fühlte sich von Horace hintergangen, wollte aber auf dessen Bemerkungen nicht weiter eingehen. Ich nahm an, dass Horace sich von den Reportern verleiten lassen hatte, etwas zu sagen, was er so nicht wirklich meinte, und verpasste ihm daher keine Disziplinarstrafe. Allerdings warnte ich ihn, in Zukunft vorsichtig zu sein, wenn er gegenüber der Presse Dinge behauptet, die im Team Uneinigkeit stiften könnten.

Horace war zwar nicht der einzige Spieler, der Michaels Ansehen beneidete, aber er war derjenige, der am allerwenigsten ein Blatt vor dem Mund nahm. Er konnte nur schwer nachvollziehen, dass ich keinen Einfluss auf Michaels Ruhm hatte, der über die Bulls und den Basketball selbst weit hinaushing.

Kaum hatte sich die Aufregung über die Geschichte mit dem Weißen Haus gelegt, kam es zu einer weiteren Streitigkeit, die das Team viel nachhaltiger beeinflussen sollte. Es ging dabei um die Veröffentlichung des Bestsellers *The Jordan Rules* von Sam Smith, in dem der Autor die Meisterschaftssaison 1990/91 schilderte und versuchte, den »Mythos Michael Jordan« zu dekonstruieren und einen Einblick in die geheime Welt der Chicago Bulls zu geben. Smith, ein cleverer, fleißiger Reporter, den ich mochte, nahm seine Berichterstattung über die Bulls für die *Chicago Tribune* als Grundlage für sein Buch. Einige der Anekdoten stellten Michael und Jerry Krause in einem weniger schmeichelhaften Licht dar.

Wenngleich Michael alles andere als glücklich war über das Buch, nahm er das Ganze gelassen hin, wohl in der Annahme, dass es keine gravierenden Auswirkungen auf sein öffentliches Image haben würde. Krause jedoch war die Sache längst nicht so egal. Eines Abends, kurz nachdem das Buch erschienen war, rief er mich, als wir ein Auswärtsspiel hatten, in sein Hotelzimmer und fing an, über Smith zu schimpfen. Er habe »176 Lügen« in dem Buch gefunden und legte mir zum Beweis sein Exemplar vor, das er mit etlichen Randmarkierungen versehen hatte. Als er jede vermeintliche Lüge Seite für Seite aufzuzählen begann, unterbrach ich ihn mit den Worten: »Du musst die Sache wirklich auf sich beruhen lassen, Jerry.«

Aber das konnte er nicht. Jerry war misstrauisch gegenüber Reportern, seit er 1976 in einen Medienkonflikt geraten war, der dazu führte, dass er nach nur drei Monaten im Amt seinen Posten als zuständiger Personalleiter für die Spieler der Bulls verlor. Er war gerade dabei, einen neuen Cheftrainer für das Team zu verpflichten, als die Zeitungen vermeldeten, dass er den Posten Ray Meyer, dem damaligen Coach der DePaul Blue Demos, angeboten hatte. Jerry dementierte dies, aber die Geschichte wollte nicht verstummen. Enttäuscht darüber, wie Jerry mit der Situation umging, wurde er von Arthur Wirtz, dem Chairman der Bulls, gefeuert.

In den darauffolgenden Wochen wollte Jerry auf Teufel komm raus dahinterkommen, wer die Hauptquelle für Sam Smiths Buch gewesen war. Natürlich gab es Dutzende von Quellen; Sam sprach regelmäßig mit fast allen, die mit dem Team zu tun hatten, auch mit dem Besitzer Jerry Reinsdorf. Ich arrangierte ein Treffen zwischen Krause und Smith und versuchte, die Dinge zu klären, aber das Gespräch blieb ohne Ergebnis. Schließlich kam Jerry zu dem Schluss, dass der Assistenztrainer Johnny Bach der Hauptschuldige war. Ich dachte, das sei absurd, aber der Verdacht blieb bestehen und spielte bei Johnnys Entlassung Jahre später eine Rolle.

Dies war der erste Riss in meiner Beziehung zu Jerry, die bis zu diesem Zeitpunkt äußerst Erfolg versprechend gewesen war. Ich war ihm dankbar, dass er an mich geglaubt und mir die Chance gegeben hatte, die Bulls zu trainieren. Außerdem bewunderte ich seine Art und Weise, wie er das Team aufgebaut und die richtigen Talente als Ergänzung zu Jordan verpflichtet hatte, auch wenn er oft viel Kritik von Michael und anderen für seine Spielerwechsel einstecken musste. Ich genoss die Zusammenarbeit mit Jerry, als wir das erste Meisterteam der Bulls ins Leben riefen und sie später wieder aufbauten, nachdem Michael von seinem Abstecher zum Baseball zu uns zurückkehrte. Eine Sache, die ich an Jerry besonders schätzte, war, dass er immer erst die Meinungen von Trainern, Spielern und Scouts einholte, bevor er wichtige Entscheidungen traf. Ebenso legte er großen Wert darauf, Spieler mit starker Persönlichkeit zu finden, und er stocherte schonungslos in der Vergangenheit eines potenziellen Kandidaten herum, um herauszufinden, was in ihm steckte.

Zu Beginn meiner Amtszeit als Cheftrainer begrüßte Jerry die Spieler am ersten Tag des Trainingslagers und gab stets die folgende Geschichte zum Besten, die seine Vorstellung von unserer Beziehung auf den Punkt brachte. Jerry war ein Einzelkind, und als er jung war, so erzählte er, versuchte er, seine Eltern gegeneinander auszuspielen, sodass es zwischen ihnen hin und her ging, bis er die gewünschte Antwort erhielt. Eines Tages durchschaute sein Vater seinen Plan und sagte: »Hör zu, Jerry, stell dich niemals zwischen deine Mutter und mich. Wir müssen das Bett miteinander teilen.« Ich verdrehte die Augen, wenn er diese Geschichte erzählte, und sagte etwas in der Art wie: »Tut mir leid, Jerry. Aber das geht nicht« – und sorgte damit für allgemeines Gelächter.

Offensichtlich hatte ich eine andere Vorstellung davon, wie wir zusammenarbeiten sollten. Ich wollte Jerry unterstützen und verbrachte viel Zeit damit, zwischen ihm und den Spielern zu vermitteln. Aber ich wollte nichts tun, was das Vertrauensverhältnis zwischen mir und dem Team gefährden würde.

Die meisten Spieler hegten aus dem einen oder anderen Grund Groll gegen Jerry. Es begann mit Michael. In seinem zweiten Jahr bei den Bulls brach Michael sich den linken Fuß, folglich musste er die meiste Zeit der Saison aussetzen, um seine Verletzung auszukurieren. Irgendwann insistierte Michael darauf, dass sein Fuß vollständig geheilt sei, aber Jerry weigerte sich, ihn spielen zu lassen, bevor die Ärzte ihm das endgültige Okay gaben. Als Michael sich dagegen wehrte, sagte Jerry ihm, dass das Management die Entscheidung getroffen habe, weil er *ihr* Eigentum sei – ein unglücklicher Fauxpas, mit dem er Michael gegen sich aufbrachte. Von diesem Tag an war die Beziehung zwischen den beiden vergiftet.

Auch andere Spieler hatten Probleme mit Jerry. Es gefiel ihnen nicht, wie er die Wahrheit über seine früheren Erfolge als Scout verdrehte, um sich selbst als ein toller Hecht zu präsentieren. Sie ärgerten sich auch darüber, dass er auf Biegen und Brechen Toni Kukoč zu den Bulls holen wollte, einen vielversprechenden Forward aus Kroatien, der Jerry zufolge der nächste Magic Johnson sein würde, obwohl Toni noch nie ein Spiel in der NBA bestritten hatte. Die Art und Weise, wie Jerry sich für Kukoč, der später bei den Bulls unterschrieb, starkmachte, fassten Scottie und Michael als Beleidigung für seine eigenen Spieler auf und setzten alles daran, Kukoč und die kroatische Nationalmannschaft bei den Olympischen Spielen 1992 vernichtend zu schlagen, was ihnen schließlich auch gelang.

Genervt waren die Spieler insbesondere von Jerrys ständigem Anbiedern, mit ihnen abhängen und einer von ihnen sein zu wollen; sein kleiner, pummeliger Körperbau half ihm dabei auch nicht weiter. Michael gab ihm den Spitznamen »Crumbs« (dt. »Krümel«), da seine Tischmanieren alles andere als perfekt waren, und machte sich oft über seine vielen Pfunde und andere Eigenarten lustig, wenn er im Mannschaftsbus mitfuhr.

Derartige Spannungen in einem Team bereiten mir stets ein ungutes Gefühl. Als Kind war mir jede Art von Zwistigkeit ein Gräuel. Meine älteren Brüder, die weniger als zwei Jahre auseinander waren, stritten ständig, und ich war derjenige, der Frieden zwischen ihnen stiftete. Mein Vater hat meine Brüder mit seinem Gürtel versohlt, und ich erinnere mich, wie ich oben auf der Kellertreppe saß und in Tränen ausbrach, als ich hörte, wie sie ausgepeitscht wurden.

Mein Umgang mit Jerry war so geeicht, dass ich das Ganze nicht allzu eng sah. Seine Überreaktion auf *The Jordan Rules* rührte daher, dass er nicht die Anerkennung bekam, die er für den Aufbau dieses großartigen Teams meinte verdient zu haben. Ich konnte das zwar verstehen, war aber nicht in der Lage, es zu ändern, also versuchte ich, ihn mit etwas Humor umzustimmen, und ging einfühlsam mit ihm um. Zudem gab ich mir redlich Mühe, unsere Beziehung so professionell wie möglich zu halten. Als das Team immer mehr Berühmtheit erlangte, wurde die Kluft zwischen Jerry und mir zunehmend größer, aber der professionelle Umgang zwischen uns war unsere tragende Säule. Trotz all der Wirren hatten Jerry und ich nicht den Fokus verloren und erledigten unsere Arbeit.

Bei den Spielern war das etwas anderes. Ich sagte ihnen, dass sie alles, was sie in irgendeiner Form ablenkte – seien es die Medien, Krause oder weiß der Himmel was – ausblenden und sich darauf konzentrieren müssten, eine zweite Meisterschaft zu gewinnen. Zu diesem Zweck gab ich mir verstärkt Mühe, aus dem Training eine Art Refugium zu machen, das den Spielern vor den Tücken der Außenwelt Schutz bieten sollte. »Wir waren ein sehr beliebtes Team«, sagt Scottie, »und mussten uns gegenseitig schützen. Wir konnten nicht zulassen, dass Leute ihre Freunde mit zum Training brachten und die Jungs damit nervten, Autogramme zu geben. Denn wenn du keine Freiheit im Umfeld deiner Teamkameraden hast, wo sonst sollst du sie haben?«

Als das Team sich nicht mehr auf die Welt dort draußen konzentrierte und stattdessen den Fokus auf sich selbst lenkte, begann das Band zwischen den Spielern sich neu zu formieren. Die »Ichs«, um es mit Michaels Worten zu sagen, verwandelten sich langsam in ein starkes Wir-Gefühl – und in eine der stärksten und vielseitigsten Mannschaften, die ich je trainiert habe. Die Triangle Offense funktionierte, und unsere Verteidigung war nicht zu stoppen. Wir legten einen Start mit einer Bilanz von 15:2 hin und beendeten die Saison mit 67 Siegen, mit zehn mehr als jeder andere Klub in der Liga; unsere längste Pechsträhne währte gerade mal zwei Spiele. Irgendwann rief Reinsdorf an und sagte: »Ich hoffe, du spornst das Team nicht an, den Rekord zu brechen.« Nein, sagte ich ihm, das passiere einfach spontan. B.J. Armstrong sagte, er habe das Gefühl, dass die Bulls in dieser Saison »im Einklang mit der Natur« waren und dass alles zusammenpasste »wie Herbst und Winter und Frühling und Sommer«.

Dann kamen die Playoffs. Nachdem wir Miami in drei Spielen besiegt hatten, mussten wir gegen ein starkes Team der New York Knicks antreten, trainiert von Pat Riley, dem das Kunststück gelungen war, die Knicks in eine neue Version der alten Detroit Pistons zu verwandeln. Tatsächlich hatte Riley einen ehemaligen Defensivtrainer der Pistons, Dick Harter, angeheuert, um die Knicks mit dieser speziellen Härte vertraut zu machen. Die NBA hatte das Verhalten der Bad Boys aus Detroit in den letzten fünf Jahren geduldet, und nachdem wir sie im Jahr zuvor aus dem Weg geräumt hatten, seufzten alle in der Liga erleichtert auf. Der Basketball mit überhartem Körpereinsatz war Geschichte, stattdessen kam es langsam wieder in Mode, mit Finesse zu spielen. Gleichwohl hatten die Knicks mit Patrick Ewing, Charles Oakley und Xavier McDaniel sowie Anthony Mason als Backup einen starken Frontcourt. Die Strategie der Knicks bestand darin, mit hartem Körpereinsatz das Spiel unter den Brettern zu dominieren, das Spieltempo zu verlangsamen und den schnellen Gegenangriff zu unterbinden. Ihre wirksamste Waffe war jedoch Rileys Geschick, die Medien zu manipulieren. Er hatte zuvor als Coach der L.A. Lakers viel darüber gelernt, wie man sich der Presse bedient, um die Schiedsrichter auszuspielen, und er feuerte seine erste Salve vor dem ersten Playoff-Spiel ab. Und die lautete: Sollten die Schiedsrichter nicht Feuer und Flamme für Michael Jordan sein und das Spiel fair pfeifen, hätten die Knicks eine Chance, zu gewinnen. Ich feuerte zurück und sagte, dass Ewing sich alles erlauben dürfe, weil er jedes Mal, wenn er zum Korb zieht, zusätzliche Schritte macht. Die Schlacht konnte beginnen.

Ich fühlte mich stets gut aufgehoben, wenn ich mit Reportern sprach, da ich während meiner Zeit als Spieler bei den Knicks viel Zeit mit ihnen verbracht hatte. Allerdings habe ich auch aus einigen dummen Fehlern gelernt. In meinem ersten Jahr als Stammspieler, es war die Saison 1974/75, kamen wir zwar ganz gut in Fahrt, beendeten die Saison aber mit einer enttäuschenden Bilanz von 40 Siegen und 42 Niederlagen. Gegenüber den Journalisten sagte ich, dass wir zwar die Playoffs erreicht hätten, aber »immer noch Verlierer« seien. Das war die große Schlagzeile am nächsten Tag: »Jackson nennt Knicks Verlierer«.

Mein anderer Fauxpas war noch schlimmer. Während eines Kampfes zwischen den L.A. Lakers und den Houston Rockets im Jahr 1977 verpasste Kermit Washington von den Lakers dem Houstoner Rudy Tomjanovich einen Schlag ins Gesicht, der ihn fast getötet hätte. Ich sagte den Reportern, dass es nach meinem Dafürhalten eine unglückliche Situation gewesen war, ich jedoch eine Woche zuvor einem ähnlichen Schlag von George McGinnis von den Philadelphia 76ers nur knapp entgangen war und es niemand bemerkt hatte. »Es hatte den Anschein, als müsse man ein Star sein, damit die Liga es mitbekommt«, beschwerte ich mich. Noch heute wünsche ich mir, ich könnte diese Worte zurücknehmen.

Die Knicks waren uns körperlich überlegen, und die Schiedsrichter machten es ihnen leicht auf dem Weg zu ihrem überraschenden Sieg in Spiel 1. Schon früh verstauchte sich Scottie Pippen den Knöchel, und das Spiel wurde langsamer, so wie es das Tempo der Knicks vorsah. In Spiel 2 konnten wir uns dank einiger wichtiger Würfe von B.J. Armstrong wieder aufraffen und besiegten die Knicks. Und Michael konnte sich von der harten Verteidigung der New Yorker lösen, sodass wir Spiel 3 auf eigenem Parkett ebenfalls gewannen.

Das 4. Spiel verglich Horace mit einem Kampf der World Wrestling Federation, und Michael sagte, die Schiedsrichter seien so schlecht gewesen, dass es seiner Meinung nach unmöglich für uns war, zu gewinnen. Ich erhob gegenüber den Unparteiischen schwere Vorwürfe und wurde in der zweiten Halbzeit des Feldes verwiesen, als die Knicks das Spiel in die Hand nahmen und mit 93:86 gewannen.

In den Interviews nach dem Spiel kam meine dunkle Seite zum Vorschein. »Ich glaube, an der Fifth Avenue, wo die NBA ihren Sitz hat, leckt man sich gerade die Lippen. Es gefällt ihnen wohl, dass es 2:2 steht. Ich mag keine ›Inszenierungen‹ ... Aber sie bestimmen, wen sie als Schiedsrichter schicken. Und wenn die Serie auf sieben Spiele hinausläuft, werden alle sehr glücklich sein«, sagte ich.

Das war genau nach Rileys Geschmack. Ich hatte ihm soeben die perfekte Steilvorlage geliefert. Am nächsten Tag sagte er zu Journalisten, ich würde sein Team beleidigen. »Ich war Teil von sechs Meisterschaftsmannschaften und stand 13-mal in den Finals. Ich weiß, was es heißt, sich in den Finals zu behaupten. Die Tatsache, dass er lamentiert und über die Schiedsrichterleistung jammert, ist eine Beleidigung dafür, wie hart unsere Jungs spielen und wie sehr sie gewinnen wollen ... Darum geht es nun einmal bei Meisterschaftsteams. Sie müssen es mit allen Spielern aufnehmen. Darüber können sie nicht nörgeln.«

Das war ein gefundenes Fressen für die gesamte New Yorker Presse. Am nächsten Tag waren die Zeitungen voll mit Geschichten über »Phil den Jammerlappen«. Bis dahin hatten die New Yorker Fans mich wie ein Familienmitglied behandelt, auch wenn ich jetzt in Diensten des Feindes stand. Doch nach Rileys selbstgefälliger Rede erntete ich Pfiffe und Buhrufe. Es war seltsam, aber mir wurde klar, dass ich nichts sagen konnte, um rückgängig zu machen, was geschehen war. Gewinnen war die beste Rache.

Wir brauchten sieben Spiele. Meine Lakota-Freunde sagten mir, ich solle vor Spiel 7 auf Riley zugehen und ihn »in irgendeiner Form berühren«, was ich auch tat. Als ich an der Bank der Knicks vorbeiging, blieb ich stehen, reichte Pat die Hand und sagte: »Bieten wir dem Publikum ein gutes Spiel.« Er nickte und war etwas verblüfft, dass ich mit ihm sprach. Wie sich herausstellte, war das Match eine gute Michael-Jordan-Show. Zu Beginn des Spiels stieß Xavier McDaniel Scottie herum, der sich gerade von seinem verstauchten Knöchel erholte. Also ging Michael dazwischen und stellte sich dem größeren, stärkeren Power Forward entgegen, bis er nachgab. (Ich war dermaßen beeindruckt, wie Michael seinen Teamkollegen verteidigte, dass ich später ein Bild davon, wie Jordan und McDaniel sich anstarrten, über meinem Bürotisch aufhängte.) Im dritten Viertel vereitelte Jordan eine Chance von McDaniel, und zwar durch einen der besten Gegenspielzüge, die ich je gesehen habe. Es begann damit, dass Michael einen Sprungwurf verwandelte, dann den Einwurf der Knicks abfing und zum Korb lief, um zwei weitere schnelle Punkte zu erzielen. Xavier schlug ihm jedoch den Ball aus den Händen und stürmte das Feld zum Korb hinunter, was nach einem einfachen Korbleger aussah – außer dass Jordan ihm auf den Fersen war und ihm, als McDaniel zum Wurf ansetzte, den Ball von hinten wegblockte. Dieser Spielzug zermalmte den Kampfgeist der Knicks, und sie kamen nie wieder an uns heran. Hinterher gab Riley gnädigerweise eine kurze Zusammenfassung dessen, was die Bulls getan hatten: »Sie haben so gespielt, wie sie sind.«

Einfach war es trotzdem nicht. Nachdem wir eine weitere hart umkämpfte Serie in den Conference Finals gegen Cleveland gewonnen hatten, trafen wir in den Finals auf die Playoff-erprobten Portland Trail Blazers. Sie waren ein schnelles, dynamisches Team, angeführt von Clyde Drexler, den einige, die nicht aus Chicago stammten, als ebenbürtig mit Jordan ansahen. Unser Plan war es, eine starke *Transition Defense* zu spielen, das heißt vom Angriff schnell auf die Verteidigung umzuschalten und sie zu schwierigen Würfen zu zwingen. MJ wollte der ganzen Welt zeigen, dass Drexler kein Michael Jordan war. Michael war so fest entschlossen, dass Drexlers Teamkollege Danny Ainge dem Autor David Halberstam später sagte, es sei gewesen, als »beobachtete man einen Attentäter, der kommt, um dich zu töten, und dir dann das Herz herausschneidet«.

Wir erwiesen uns als kampfstark und gewannen das Auftaktspiel in Chicago, verloren dann aber das nächste Spiel in der Verlängerung. Wir nahmen anders als die Blazers keinen Nachtflug nach Portland, sondern ich ließ das Team erst am nächsten Tag ausfliegen, um den Spielern eine Auszeit zu gönnen, statt sie durch das Training zu quälen. Am nächsten Tag gingen wir dann aus uns heraus und eroberten die Führung in der Serie mit 2:1 zurück. Nachdem Spiel 4 an Portland und Spiel 5 an uns ging, kehrten wir nach Chicago zurück und hatten die Möglichkeit, die Serie zu Hause zu beenden.

Die Blazers hatten in Spiel 6 einen Lauf und konnten im dritten Viertel ihre Führung auf 17 Punkte ausbauen. Tex bestand darauf, dass ich Jordan herausnahm, weil er aus der Reihe tanzte und sich nicht an das Spielsystem hielt. Normalerweise nahm ich Michael zwei Minuten vor Ende des dritten Viertels heraus, aber diesmal holte ich ihn früher vom Feld und ließ die Reservisten länger im Spiel, weil sie mit der Unterstützung von MJs Backup

Bobby Hansen, dem ein wichtiger Dreier gelang, 14:2 Punkte erzielt hatten. Michael war nicht glücklich, als ich ihn zu Beginn des vierten Viertels nicht wieder einsetzte. Denn mir gefiel, wie energisch und enthusiastisch die Ersatzspieler ans Werk gingen, und die Blazers schienen verwirrt darüber zu sein, wie man gegen sie verteidigen sollte. Als Michael und die anderen Spieler der Startaufstellung ins Spiel zurückkehrten, war der Vorsprung auf 5 Punkte geschrumpft und die Blazers kamen nun ins Wanken. Michael erzielte 12 seiner insgesamt 33 Punkte, und Scottie verwandelte erfolgreich einige wichtige Würfe, um das Spiel mit 97:93 für uns zu besiegeln.

Her mit dem Champagner! Das war das erste Mal, dass wir eine Meisterschaft zu Hause gewonnen hatten, und die Fans waren begeistert. Nach dem üblichen Trubel in der Kabine führte ich die Spieler zurück aufs Parkett, um in den Jubel einzustimmen. Scottie, Horace und Hansen sprangen auf den Anschreibetisch und begannen zu tanzen; Michael tat es ihnen nach und schwenkte dabei die Meisterschaftstrophäe. Es war eine fröhliche Feier.

Nach einer Weile kehrte ich in mein Büro zurück, um über das nachzudenken, was gerade geschehen war. Später, als ich mich privat mit den Spielern traf, sagte ich ihnen, dass der Gewinn von zwei Meisterschaften in Folge das Merkmal einer großartigen Mannschaft sei. Noch mehr freute mich aber, dass wir uns durch so viele überraschende Wendungen navigieren mussten, um dorthin zu gelangen. Paxson nannte die Saison »eine lange, seltsame Reise« und bezog sich dabei auf den berühmten Grateful-Dead-Song »Truckin'«, in dem die Zeile vorkommt [Anm. d. Über.: *What a long strange trip*]. Er hatte recht. Unsere erste Meisterschaft war wie Flitterwochen gewesen, die zweite dagegen eine Odyssee.

KAPITEL 9

BITTERSÜSSER SIEG

Die Menschen werden nicht an dem Tag geboren, an dem ihre Mutter sie zur Welt bringt ... sondern das Leben zwingt sie immer wieder, sich selbst zur Welt zu bringen.

GABRIEL GARCÍA MÁRQUEZ

Im Sommer 1992 fuhren Michael und Scottie nach Barcelona zu den Olympischen Spielen, um für das sogenannte »Dream Team« zu spielen. Jerry Krause war alles andere als begeistert. Er plädierte dafür, dass sie die Spiele auslassen und sich für die kommende Saison ausruhen sollten. Die beiden ignorierten jedoch seine Bitte, und ich war froh, dass sie es taten. In Barcelona fand eine nennenswerte Veränderung statt, die enorme Auswirkungen auf die Zukunft der Bulls haben sollte.

Michael kehrte von den Spielen zurück und schwärmte von der Leistung, die Scottie dort abgeliefert hatte. Vor dem olympischen Sommer hatte Michael Pippen als das talentierteste Glied in der Kette der Spieler gesehen, die ihn auf dem Platz unterstützten. Doch nachdem er in Barcelona gesehen hatte, wie er Magic Johnson, John Stockton, Clyde Drexler und andere zukünftige Spieler der Hall of Fame ausstach, wurde Michael klar, dass Scottie der beste Allround-Spieler in dem Team war, das viele für die beste Basketballmannschaft hielten, die je zusammengestellt wurde. Scottie, so musste Michael zugeben, hatte selbst ihn in einigen Spielen in den Schatten gestellt.

Scottie kam mit neuem Selbstvertrauen zurück und übernahm eine noch größere Rolle bei den Bulls. Gemäß den NBA-Regeln durften wir keinen dritten Co-Kapitän im Kader benennen (neben Michael Jordan und Bill Cartwright), aber wir überließen Scottie diese Rolle von Amts wegen. Wir machten auch B.J. Armstrong zum Stammspieler, da John Paxson sich von einer Knieoperation erholte und er nur für begrenzte Zeit einsatzfähig war.

In seinem Buch *The Tao of Leadership* betont John Heider, wie wichtig es ist, sich so wenig wie möglich einzumischen. »Regeln schränken Freiheit und Verantwortung ein«, schreibt er. »Die Durchsetzung von Regeln ist mit Zwang verbunden und manipulativ, was zu weniger Spontaneität führt und die Gruppenenergie drosselt. Je mehr Zwänge auferlegt werden, desto mehr Widerstand macht sich in der Gruppe breit.«

Heider, dessen Buch auf Laotses *Tao Te King* basiert, empfiehlt Führungskräften, zu üben, sich mehr zu öffnen. »Der weise Anführer ist ein dienlicher Mensch: Er ist aufgeschlossen, nachgiebig und folgt den anderen. Die Schwingung des Gruppenmitglieds ist dominierend und führend, während der Leiter folgt. Doch schon bald erfährt das Bewusstsein des Gruppenmitglieds eine Transformation; es ist die Schwingung des Mitglieds, die sich auflöst.«

Genau das wollte ich mit den Bulls erreichen. Ich wollte möglichst instinktiv vorgehen, damit die Spieler das Team von innen heraus führen. Sie sollten in der Lage sein, mit dem Spiel mitzufließen, gleich einem Baum, der sich im Wind biegt. Deshalb habe ich viel Wert auf ein straff strukturiertes Training gelegt, bei dem ich als Coach den Takt vorgab, um den Spielern eine klare Vorstellung davon zu geben, wo wir hinwollen, und was wir tun müssen, um dorthin zu gelangen. Doch sobald das Spiel begann, trat ich in den Hintergrund und überließ es den Spielern, den Angriff zu organisieren. Hin und wieder griff ich ein, um Anpassungen in der Defensive vorzunehmen oder Spieler auszutauschen, wenn wir frischen Wind brauchten. Die meiste Zeit überließ ich es jedoch den Jungs auf dem Platz, zu zeigen, wo es langgeht.

Damit diese Strategie Früchte trieb, musste ich einen Personenkreis aufbauen, der sich aus kampfstarken Teamleitern zusammensetzte, die dies in die Tat umsetzen konnten. Struktur ist entscheidend. In jedem erfolgreichen Team, das ich trainiert habe, hatten die meisten Spieler eine klare Vorstellung von der Rolle, die sie zu spielen hatten.

Ist die Rangfolge klar, sind die Spieler weniger ängstlich und nicht so gestresst. Wenn die Hackordnung hingegen nicht eindeutig festgelegt ist und die Topspieler ständig um ihre Position wetteifern, fällt die Mitte auseinander, egal wie talentiert der Kader ist.

Bei den Bulls mussten wir uns keine Gedanken darüber machen, wer der Platzhirsch ist, solange Michael dabei war. Hatte ich erst ein starkes Band zu Michael geknüpft, ergab sich der Rest von selbst. Michael bezog sich auf das »soziale Bull's Eye«, das ich weiter oben beschrieben habe, weil er sich die Führungsstruktur als eine Reihe konzentrischer Kreise vorstellte. »Phil war das Herzstück des Teams, und ich war ein verlängerter Arm dieses Kerns«, sagt er. »Er verließ sich auf mich, eine Beziehung zu all den verschiedenen Persönlichkeiten in der Mannschaft aufzubauen, um somit den Teamzusammenhalt zu festigen. Phil und ich kamen gut miteinander aus, und alles, was ich tat, tat auch Scottie, und dann ging es im Team immer so weiter. Und das hat den Zusammenhalt so gestärkt, dass nichts ihn brechen konnte. Nichts konnte in diesen Kreis eindringen.«

Scottie war eine andere Art von Anführer, er war lockerer als Michael. Er hörte sich geduldig an, wenn seine Teamkollegen Luft ablassen wollten, und versuchte dann, etwas gegen ihre Probleme zu unternehmen. »Ich glaube, die Jungs fühlten sich zu Scottie hingezogen, weil er eher war wie wir«, sagt Steve Kerr. »Michael war so dominant, dass er manchmal nicht wie ein Mensch wirkte. Michael ließ nichts an sich heran. Scottie war menschlicher, so verletzlich wie wir.«

Die Saison 1992/93 war ein langer Winter der Unzufriedenheit. Cartwright und Paxson erholten sich von Knieoperationen, denen sie sich in der Off-Season unterzogen hatten, und Scottie und Michael wurden von allzu vielen Verletzungen geplagt. Im Jahr davor hatte ich den Spielern versprochen, dass wir, sollten wir eine zweite Meisterschaft gewinnen, im Trainingscamp nicht zweimal am Tag mörderische Übungseinheiten absolvieren würden. Stattdessen führten wir jeden Tag ein langes Training durch, unterbrochen von Pausen, in denen wir uns Spielaufzeichnungen ansahen. Dieser Zeitplan hat allerdings nicht besonders gut funktioniert, da die Spieler während der Pausen wieder versteiften.

So mancher Coach lässt gerne lange Trainingseinheiten absolvieren, vor allem nach einer schweren Niederlage. Mein College-Coach, Bill Fitch, war ein klassisches Beispiel dafür. Einmal hatte er sich über unsere lasche Leistung bei einem Spiel in Iowa dermaßen geärgert, dass er uns am nächsten Tag, als wir zurück waren, auf dem Campus der University of North Dakota trainieren ließ, obwohl das Flugzeug erst nach 22.00 Uhr gelandet war. Ich halte nichts davon, Training als eine Art Strafarbeit zu betrachten, nach meinem Dafürhalten sollte es anregend sein, Spaß machen und vor allem effizient sein. Der Coach Al McGuire sagte mir einst, sein Geheimnis bestehe darin, niemandes Zeit zu verschwenden. »Wenn man es nicht in acht Stunden am Tag schafft«, sagte er, »ist es der Sache nicht wert.« Das ist seither meine Philosophie.

Viele meiner Gedanken zu diesem Thema wurden durch die Arbeit von Abraham Maslow geprägt, einem der Begründer der Humanistischen Psychologie, der insbesondere für seine Theorie der Bedürfnishierarchie bekannt ist. Maslow ging davon aus, dass das höchste menschliche Bedürfnis darin besteht, »Selbstverwirklichung« zu erreichen, was er als »die volle Nutzung und Ausschöpfung der eigenen Talente, Fähigkeiten und Potenziale« definierte. Die grundlegenden Eigenschaften von Menschen, die sich selbst verwirklichen, so fand er in seinen Forschungen heraus, sind Spontaneität und Natürlichkeit, eine größere Akzeptanz von sich selbst und anderen, ein hohes Maß an Kreativität sowie die Konzentration auf Problemlösungen statt auf die Befriedigung des eigenen Egos. Um diese Selbstverwirklichung zu erlangen, so schlussfolgerte er, müssen zunächst eine Reihe elementarer Bedürfnisse, die aufeinander aufbauen, befriedigt werden, illustriert anhand der sogenannten Maslow'schen Pyramide. Die unterste Stufe besteht aus physiologischen Bedürfnissen (Hunger, Schlaf, Sex), gefolgt von Sicherheitsbedürfnissen (Struktur, Ordnung), sozialen Bedürfnissen (Freundschaft, Liebe), Wertschätzung (Selbstachtung, Anerkennung) und schließlich Selbstverwirklichung. Maslow kam zu dem Schluss, dass die meisten Menschen die Stufe der Selbstverwirklichung nicht erreichen, weil sie irgendwo weiter unten in der Pyramide stecken bleiben.

In seinem Buch *The Farther Reaches of Human Nature* beschreibt Maslow die wichtigsten Schritte zur Selbstverwirklichung:

1. das Leben »eindringlich, selbstlos, mit voller Konzentration und dem ganzen Aufnahmevermögen« erleben;
2. von Augenblick zu Augenblick Entscheidungen treffen, die eher die eigene Entwicklung statt Angst fördern;
3. sich mehr der inneren Natur anpassen und in Übereinstimmung mit dem handeln, was man ist;
4. ehrlich zu sich selbst sein und Verantwortung für das übernehmen, was man sagt und tut, statt Spiele zu spielen oder sich zu verstellen;
5. die Mechanismen zur Verteidigung des Egos erkennen und den Mut finden, sie aufzugeben;
6. die Fähigkeit entwickeln, sein eigenes Schicksal zu bestimmen, und wagen, anders als andere und ein Nonkonformist zu sein;
7. einen anhaltenden Prozess in Gang setzen, um das Potenzial auszuschöpfen, und alles Nötige tun, um die eigenen Vorstellungen zu verwirklichen;
8. die Voraussetzungen für Gipfelerlebnisse oder, wie Maslow es nennt, »ekstatische Momente« schaffen, in denen wir klarer denken, handeln und fühlen und wir mehr Liebe und Akzeptanz gegenüber anderen zeigen.

Als ich auf der Graduiertenschule zum ersten Mal auf Maslows Ideen stieß, empfand ich sie als äußerst befreiend. Als Sportler waren Gipfelerlebnisse für mich nichts Neues, ich hatte jedoch nie die komplexe Psychologie, die dahintersteckt, ganz verstanden. Maslows Arbeit öffnete mir die Tür, in größeren Zusammenhängen über das Leben nachzudenken. Insbesondere war ich von seinen Erkenntnissen angetan, wie man sich selbst aus dem Weg gehen und seine wahre Natur zum Ausdruck bringen kann. Als ich später Coach wurde, stellte ich fest, dass Maslows Ansatz, nämlich physische, psychologische und spirituelle Bedürfnisse in Einklang zu bringen, mir den Grundstein für eine neue Methode zur Motivation junger Männer lieferte.

Unser größter Feind in der Saison 1992/93 war die Langeweile. Das Leben in der NBA kann lähmend und nervtötend sein, vor allem, wenn man sich auf einer langen Fahrt zu Auswärtsspielen befindet und jede Minute eines

Tages verplant ist. Ich wollte die Spieler dazu bringen, dass sie aus dem Mikrokosmos ihrer Basketballwelt ausbrechen und die tieferen, spirituellen Aspekte des Lebens erkunden. Mit »spirituell« meine ich nicht »religiös«, sondern die Selbstfindung, die dann beginnt, wenn man über die eigene gewohnte Weltanschauung hinausgeht. Wie Maslow es ausdrückt: »Die große Lehre der wahren Mystiker ... [ist], dass das Geistliche im Gewöhnlichen liegt, dass es im täglichen Leben zu finden ist, bei Nachbarn, Freunden und in der Familie, im eigenen Hinterhof.«

Um der Arbeit einen Sinn zu geben, muss man sie mit der eigenen wahren Natur in Einklang bringen. »Arbeit ist etwas Heiliges, Geistliches, und sie ist erbaulich, wenn sie dem entspringt, was wir sind, wenn sie im Zusammenhang mit unserer sich entfaltenden Reise steht«, schreibt der Aktivist, Lehrer und Laienmönch Wayne Teasdale in *A Monk in the World*. »Wenn Arbeit geistlich sein soll, muss sie mit unserer spirituellen Verwirklichung verbunden sein. Arbeit muss unsere Leidenschaft verkörpern, unseren Wunsch, zur eigenen Kultur und insbesondere zur Entwicklung anderer Menschen beizutragen. Mit Leidenschaft meine ich die Talente, die wir mit anderen teilen müssen, die Talente, die unser Schicksal prägen und die es uns ermöglichen, anderen in unserer Gemeinschaft einen echten Dienst zu erweisen.«

Um sich das Geistliche in der Arbeit wie auch im Leben zunutze zu machen, muss aus dem Chaos unbedingt Ordnung geschaffen werden. Teasdale zitiert den indianischen Liedermacher James Yellowbank: »Die Aufgabe des Lebens besteht darin, deine Welt in Ordnung zu halten.« Und das erfordert Disziplin, ein gesundes Gleichgewicht zwischen Arbeit und Spiel sowie die Pflege von Körper, Geist und Seele im Kontext der Gemeinschaft – Werte, die tief in meinem eigenen Wesen verwurzelt sind, ebenso wie meine Ziele für die von mir gecoachten Teams.

Es war nicht immer einfach, die Spieler dazu zu bewegen, den Blick nach innen zu richten. Nicht jeder bei den Bulls war an »spiritueller« Verwirklichung interessiert, und ich habe ihnen das nicht mit dem Hammer eingebläut, sondern ging eher auf raffinierte Weise vor. Jedes Jahr machte sich das Team im November, wenn ein Zirkus für ein paar Wochen in unserem Chicagoer Stadion gastierte, auf eine lange Auswärtsreise an die Westküste. Bevor wir losfuhren, suchte ich für jeden Spieler ein Buch zum

Lesen aus, je nachdem, was ich über ihn wusste; hier ist eine typische Liste: *Das Hohelied Salomos* (für Michael Jordan), *Alles zerfällt* (Bill Cartwright), *Zen und die Kunst ein Motorrad zu warten* (John Paxson), *The Ways of White Folks* (Scottie Pippen), *Joshua: A Parable for Today* (Horace Grant), *Zen-Geist, Anfänger-Geist* (B.J. Armstrong), *Der Pfad des friedvollen Kriegers* (Craig Hodges), *Unterwegs* (Will Perdue) und *Beavis & Butt-Head: This Book Sucks* (Stacey King).

Einige Spieler lasen jedes Buch, das ich ihnen gab, andere warfen es in den Müll, und ich hatte auch nicht erwartet, dass alle wirklich mitmachten. Ich wollte ihnen die Message vermitteln, dass ich mich um jeden Einzelnen als Person kümmere, und zwar in dem Maße, dass ich meine Zeit damit verbringe, Bücher zu finden, die eine besondere Bedeutung für sie haben könnten – oder sie zumindest zum Lachen bringen.

Eine weitere Maßnahme, alles aus ihnen herauszuholen, bestand darin, Experten einzuladen, die den Spielern Yoga, Tai Chi und andere Trainingstechniken für Körper und Geist beibrachten. Ich lud auch Gastredner ein, darunter einen Ernährungsberater, einen verdeckten Ermittler und einen Gefängnisdirektor, um sie mit neuen Denkansätzen für komplexe Probleme vertraut zu machen. Manchmal, wenn wir nur kurze Strecken zu fahren hatten – zum Beispiel von Houston nach San Antonio –, luden wir alle in einen Bus, damit sie einmal die Welt jenseits von Flughafenwartesälen kennenlernten. Einmal, nach einer schweren Niederlage in einer Playoff-Serie mit den Knicks, überraschte ich alle, indem ich das Team mit einer Fähre nach Staten Island brachte, statt eine weitere Runde entnervender Interviews mit den New Yorker Medien über sich ergehen zu lassen. Bei einer anderen Gelegenheit arrangierte ich einen Besuch der Bulls bei meinem ehemaligen Teamkameraden, Senator Bill Bradley, in dessen Büro in Washington, D.C., wo er uns einen Vortrag über Basketball, Politik und Rassenfragen hielt. Er hatte gerade eine überwältigende Rede im Senat gehalten (kurz nachdem Rodney King von Polizeibeamten in L.A. verprügelt worden war), in der er einen Bleistift 56-mal gegen das Mikrofon schlug, was der Anzahl der Schläge entsprach, die King eingesteckt hatte. An einer Wand in Bradleys Büro hing ein Foto des Sprungwurfs, den er in Spiel 7 der Eastern Conference Finals im Jahr 1971 vergeigte und der die Hoffnung der Knicks auf eine erneute Meisterschaft in diesem Jahr zunichte gemacht hatte. Bill bewahrte es als Erinnerung an seine eigene Fehlbarkeit auf.

All diese Unternehmungen haben uns nicht nur als Individuen, sondern auch als Team gestärkt. »Eines der besten Dinge an unserem Training war, dass es uns vom Alltäglichen befreite«, sagt Steve Kerr, der 1993 zu den Bulls kam. »Wenn man in der NBA einen Trainer hat, der jeden Tag das Gleiche sagt, und auch das Training immer gleich abläuft, wird es schnell langweilig. Aber unsere gemeinsamen Aktivitäten waren wirklich wichtig. Unser Team hat auf eine Weise zusammengehalten, wie es die anderen Mannschaften, für die ich gespielt habe, nie getan haben.«

Für Paxson waren unsere Erlebnisse außerhalb der alltäglichen Basketballwelt etwas Überwältigendes, ja Transzendierendes: »Man hatte das Gefühl, als ob wir Teil von etwas wirklich Bedeutsamen wären«, sagt er. »Wir kamen uns vor wie die Guten, weil wir versuchten, Basketball auf die richtige Weise zu spielen. Es war, als ob wir ein Teil von etwas waren, das größer war als das Spiel. Und das Ganze wurde noch verstärkt, als wir anfingen zu gewinnen, denn die Fans ließen einen wissen, wie wichtig es für sie war. Noch immer kommen Leute zu mir und erzählen, wo sie waren, als wir unsere erste Meisterschaft gewannen, und warum das für sie ein unbezahlbarer Moment war. Wir haben das Spiel auf die richtige Weise gespielt, und das ist es, wonach die Leute sich sehnen.«

»Überwältigend« ist nicht gerade das Wort, mit dem ich die Bulls beschreiben würde, als die Playoffs Ende April begannen. Wir hatten uns die ganze Saison über schwergetan und mussten auf Cartwright und andere Spieler, die ihre Verletzungen auskurierten, verzichten. Obwohl wir letztlich die Division gewannen, hatten wir mit 57 Siegen zehn weniger als im Vorjahr. Darüber hinaus konnten wir in den Playoffs nicht auf den Heimvorteil zählen, wie es in der letzten Saison der Fall war.

Sobald jedoch die Playoffs begannen, spielten die Bulls auf einem anderen Niveau. Zumindest schien es so, als wir in den ersten Runden sowohl Atlanta als auch Cleveland sweepten. Doch dann trafen wir in New York auf die Knicks und verloren gleich zwei Spiele in Folge. Diesmal war der aufstrebende Königskiller John Starks, ein schneller Guard mit gutem Zug zum Korb und einem tödlichen Dreier, der Jordan in der Verteidigung endlosen Kummer bereitete. 47 Sekunden vor Schluss in Spiel 2 flog Starks über Michael und Horace hinweg und erzielte einen In-your-face-Dunk, der die Knicks mit 5 Punkten in Führung brachte. Pat Riley nannte Starks' Spielzug »das Ausrufezeichen«.

Als wir nach Chicago zurückkehrten, zeigte ich den Spielern ein Video von diesem Dunk und sagte Michael, dass wir Starks daran hindern müssten, in unsere Verteidigung einzudringen und seine Pässe zu Ewing in die Zone zu unterbinden. Damit war Michaels Aufmerksamkeit geweckt.

Michaels Herausforderungen blieben jedoch nicht auf den Basketballplatz beschränkt. In jener Woche deckte Dave Anderson von der *New York Times* auf, dass Michael in der Nacht vor Spiel 2 beim Glücksspiel in Atlantic City gesehen worden war, und Anderson fragte, ob sein nächtlicher Ausflug seine Leistung beeinträchtigt habe. Plötzlich stürmte ein Heer von Reportern auf unser Trainingsgelände und stellte detaillierte Fragen über Michaels Spielgewohnheiten, was er als Beleidigung auffasste. Fortan sprach er nicht mehr mit den Medien, und seine Mannschaftskameraden taten es ihm gleich. Ich hielt die Geschichte für albern. »Wir brauchen keine Ausgangssperre«, sagte ich den Journalisten. »Das sind Erwachsene. Sie müssen auch andere Dinge in ihrem Leben machen, ansonsten wird der Druck zu groß.«

Leider nahm die Geschichte kein Ende. Kurz darauf veröffentlichte der Geschäftsmann Richard Esquinas ein Buch, in dem er behauptete, Michael schulde ihm 1,25 Millionen Dollar, die er beim Golf gegen ihn verloren habe. Michael bestritt, dass die Spielverluste so hoch waren, und später wurde berichtet, dass er eingewilligt hätte, Esquinas einen Vergleich in Höhe von 300 000 Dollar zu zahlen. Weitere Geschichten tauchten auf, in denen es darum ging, dass Michael von zwielichtigen Golfabzockern um große Geldsummen betrogen worden war. Als die Berichterstattung eskalierte, nahm Michaels Vater, James Jordan, seinen Sohn in Schutz. »Michael hat kein Problem mit Glücksspielen«, sagte er. »Er hat ein Problem mit dem Konkurrenzkampf im Sport.«

Glücklicherweise wirkte sich keine dieser Geschichten negativ auf das Spiel der Mannschaft aus. Wenn überhaupt trugen sie eher dazu bei, dass sich jeder Einzelne mit all seiner Kraft auf die anstehende Aufgabe konzentrierte. Michael ging laut brüllend in das 3. Spiel, schaltete Starks aus und führte die

Bulls zu vier Siegen in Folge und dem Gewinn der Serie. »Das Wichtigste an diesem Team ist, dass alle hier den brennenden Wunsch haben, zu gewinnen«, sagte Cartwright. »Jeder hier hasst es, zu verlieren. Das ist die Einstellung, mit der wir auf den Platz gehen. Wir hassen es einfach, zu verlieren, und wenn man solche Jungs hat, werden sie alles tun, um zu gewinnen.«

Die nächste Runde – die Finalserie gegen die Phoenix Suns – wurde als Showdown zwischen Michael und Charles Barkley angekündigt, der in diesem Jahr zum Superstar aufgestiegen war, nachdem er als MVP der regulären Saison ausgezeichnet wurde und die Suns zur besten Bilanz der Liga mit 62 Siegen und 20 Niederlagen geführt hatte. Ich machte mir keine großen Gedanken um Barkley, denn unsere Spieler kannten die meisten seiner Spielzüge noch aus seiner Zeit bei den Philadelphia 76ers. Eine größere Gefahr sah ich in Point Guard Kevin Johnson, der die blitzschnellen Gegenangriffe der Suns einleitete und die der Schlüssel zu ihrer hohen Trefferquote in der Offensive waren. Außerdem machte ich mir Sorgen um Shooting Guard/Small Forward Dan Majerle und seine Dreier-Würfe, die einen in den Wahnsinn treiben konnten.

Johnny Bach redete mir gut zu, mit unserer Defensivtaktik der Fullcourt-Presse Johnson in Schach zu halten – ihn mithilfe von B.J., Pax und Horace in die Falle zu locken –, und das half uns, die ersten beiden Spiele in Phoenix zu gewinnen. Doch als wir nach Chicago zurückkehrten, erwachten die Suns wieder zum Leben und gewannen zwei der nächsten drei Spiele, einschließlich eines Marathons mit dreifacher Nachspielzeit in Spiel 3. Aber Michael ließ sich durch nichts aus der Fassung bringen. Als wir in den Flieger für Spiel 6 stiegen, erschien er mit einer langen Zigarre, die er gerade rauchte. »Hallo, Champions«, sagte er. »Lasst uns nach Phoenix fliegen und ein paar Leuten in den Arsch treten.«

Das Spiel war eine Schlacht um alles oder nichts. Im Nachhinein dachte ich, der beste Slogan für diese Serie wäre »Three the Hard Way« (dt. sinngemäß: drei mühsam erzielte Punkte), denn die Verteidigung der Suns gestattete uns im vierten Viertel insgesamt nur 12 Punkte. Doch unsere Verteidigung war sogar noch effektiver, mit dem Resultat, dass die Suns im letzten Viertel nur auf eine läppische Trefferquote von 24 Prozent kamen.

Letztlich war es ein Spiel, das Tex Winter ein Lächeln ins Gesicht zauberte. Jordan kam acht Minuten vor Schluss ins Spiel und übernahm das Kommando. Er erzielte die ersten 9 Punkte in diesem Viertel, unter anderem mit einem schnellen Gegenangriff, der uns 38 Sekunden vor Spielende bis auf 2 Punkte heranbrachte. Während des *Huddles* in der Pause sagte ich mit ernster Miene: »Macht um MJ einen großen Bogen.« Einige Spieler sahen mich an, als hätte ich nicht mehr alle Tassen im Schrank. Dann merkten sie, dass ich es nicht ernst meinte, und die Lage war wieder entspannt.

Wie sich herausstellte, war es nicht Michael, der den letzten Wurf machte. Er dribbelte nach vorne, spielte ab zu Pippen, der den Ball zu MJ zurückpasste. Als die Verteidigung der Suns über ihn einbrach, spielte er den Ball zurück zu Scottie, der auf den Korb zulief. Im letzten Moment spielte Scottie einen Pass zu Horace an der Grundlinie. Dann sah Horace, dass Danny Ainge sich näherte, um ihn zu foulen, und warf den Ball zu Paxson, der an der Dreipunktelinie völlig frei stand. Und John holte die mühsam erkämpften 3 Punkte, die uns den Sieg sicherten.

Jahre später erzählte Paxson in einem Interview mit dem Autor Roland Lazenby, was ihm damals durch den Kopf gegangen war. »Es war ein wahr gewordener Traum«, sagte er. »Du bist ein Kind, das zu Hause in der Garageneinfahrt auf den Basketballkorb wirft, weil du Meisterschaften gewinnen willst. Und wenn es dann so weit ist, ist es immer noch nur ein Wurf in einem Basketballspiel. Ich denke jedoch, dass viele Menschen dies nachvollziehen können, denn es gibt viele Kinder und Erwachsene, die ihre eigenen Fantasien vor ihrer Haustür ausleben. Das machte die dritte der drei Meisterschaften zu etwas Besonderem. Es ist eine sehr schöne Art und Weise, den *Three-Peat* zu sichern, indem einem ein Dreier gelingt.«

Es war jedoch nicht dieser spielentscheidende Wurf, der mich faszinierte. Vielmehr war es der abgespielte Ball von Michael, der zu Scotties Pass führte, welcher in Horace' Pass resultierte und der wiederum zum entscheidenden Wurf führte. Diese Abfolge von Pässen hätte es nie gegeben, wenn wir nicht all die Monate und Jahre damit verbracht hätten, nicht nur alle Drills von Tex zu erlernen, sondern auch diese bestimmte Gruppenintelligenz zu entwickeln, die ein Team braucht, um als Einheit aufzutreten. An diesem Abend war die Triangle Offense etwas Wunderschönes.

Nach dem Spiel haben die Sportexperten die Bulls mit den ganz Großen der Vergangenheit verglichen. Mit diesem Sieg waren wir erst die dritte Mannschaft in der Geschichte – neben den Minneapolis Lakers und den

Boston Celtics –, die drei NBA-Meisterschaften direkt hintereinander gewonnen hat. Es war sehr schmeichelhaft, in einem Satz mit diesen ehrwürdigen Teams genannt zu werden. Sie hatten jedoch übersehen, welche Geschichte wirklich hinter diesem Erfolg stand: die innere Reise, die die Spieler unternommen haben, um die Bulls von einem Team der Stufe 3 (»Ich bin toll, du nicht«) zu einem Team der Stufe 4 (»Wir sind großartig, die anderen nicht«) zu verwandeln.

Ich war schon immer dagegen, vor einem großen Spiel voreilig die Koffer zu packen – denn es ist immer möglich, dass die Basketballgötter unserem Gegner wohlgesinnt sind und wir noch einen weiteren Tag bleiben müssen, um zu spielen. Also kehrten wir nach dem Sieg in unser Hotel zurück, um dann erst unsere Sachen zu packen, und feierten während des Rückflugs nach Chicago, wo uns bei der Ankunft eine riesige Menge begeisterter Fans erwartete.

Diese Saison war ein hartes Stück Arbeit gewesen. Der Druck war zunehmend größer geworden, bis wir das Gefühl hatten, er würde nie aufhören. Aber die Spieler hatten sich gegenseitig Kraft gegeben und das Ganze mit einem Moment reiner Basketballpoesie abgeschlossen, die uns all den Schmerz und die Hässlichkeit vergessen ließ. In dieser Nacht wachte ich nach ein paar Stunden Schlaf plötzlich auf, überwältigt von einem Gefühl tiefer Zufriedenheit. Dann schlief ich wieder ein und war für Stunden weg.

Doch schon kurz darauf schlugen die Freudengefühle in Trauer um. Im August wurde Michael Jordans Vater auf dem Heimweg von einer Beerdigung in Wilmington, North Carolina, ermordet. Michael war zutiefst erschüttert. Er hatte seinem Dad, der sich zur Ruhe gesetzt und als Michaels größter Unterstützer viel Zeit in Chicago verbracht hatte, sehr nahegestanden. Nach dem Tod seines Vaters wurde Michael überall von den Medien beschattet, und es schmerzte ihn, dass seine Familie es aufgrund seiner Berühmtheit schwer hatte, in Ruhe zu trauern. Es gab eine Zeit, da hatte Michael nur mit einer Handvoll Sportreportern zu tun, von denen er viele persönlich kannte. Jetzt wurde er von einer großen, gesichtslosen Schar von Promi-Journalisten verfolgt, die keine Skrupel hatten, in Bereiche seines Privatlebens einzudringen, die einst tabu gewesen waren.

Ich hatte schon seit Langem den Verdacht gehegt, dass Michael sich vom Basketball – und all dem damit verbundenen Druck – zurückziehen und etwas anderes mit seinem Leben anfangen wollte. Er hatte schon seit Monaten angedeutet, dass er eventuell daran interessiert sei, zum Profibaseball zu wechseln, und er war sogar so weit gegangen, dass er seinen Trainer, Tim Grover, ein auf Baseball ausgerichtetes Trainingsprogramm entwerfen ließ. Daher überraschte es mich nicht, als Michael sich im Sommer mit Jerry Reinsdorf traf und ihm sagte, er wolle die Bulls verlassen und für Jerrys andere Franchise spielen: die White Sox. Jerry sagte Michael, dass er erst mit mir darüber reden müsse, bevor er ihm eine Antwort geben könne.

Ich wollte Michael keinesfalls davon abbringen, seinem Traum zu folgen, jedoch sichergehen, dass er diesen Schritt aus allen möglichen Blickwinkeln betrachtete. Ich sprach mit ihm mehr als sein Freund denn als sein Trainer und brachte nie mein persönliches Interesse an der Sache zur Sprache. Zunächst einmal appellierte ich an seine Einsicht, dass er für etwas Höheres berufen sei. Gott, so fuhr ich fort, habe ihm ein bemerkenswertes Talent gegeben, das Millionen von Menschen glücklich macht, und ich es nicht für richtig halte, dass er nun geht. Er konterte jedoch mit einer passenden Antwort: »Aus irgendeinem Grund sagt mir Gott, dass ich weiterziehen soll, und ich muss weiterziehen. Die Menschen müssen lernen, dass nichts ewig währt.«

Dann versuchten wir einen Weg zu finden, wie er in den Playoffs antreten konnte, ohne die gesamte reguläre Saison zu spielen. Er hatte aber bereits alles, was ich vorgeschlagen hatte, in Betracht gezogen und in den Wind geschlagen. Schließlich wurde mir klar, dass er sich entschieden hatte und es ernst meinte, das Basketballspielen, das er so lange beherrscht hatte, an den Nagel zu hängen. Das war sehr bewegend.

»Wir saßen in diesem Raum, ließen unseren Emotionen freien Lauf und sprachen über die Schritte, die ich unternehmen musste«, erinnert sich Michael. »Und ich ging mit der Einsicht nach Hause, dass Phil ein großartiger Freund war. Er brachte mich dazu, über viele verschiedene Dinge nachzudenken, und drängte mich nicht zu einer übereilten Entscheidung. Aber letztlich hat er absolut eingesehen, dass ich eine Pause brauchte. Dass ich an einem Punkt angelangt war, an dem ich mit vielen Dämonen kämpfte, statt mich auf den Basketball zu konzentrieren. Und zu diesem Zeitpunkt war mein Weggang genau das, was ich tun musste.«

Doch als Michael zur Tür hinausging, hatte ich irgendwie das Gefühl, dass dies nicht das Ende der Geschichte sein würde.

KAPITEL 10

DIE WELT IM UMBRUCH

Wer im Fluss lebt, sollte sich mit dem Krokodil anfreunden.

INDISCHES SPRICHWORT (PUNJABI)

Es sollte eine feierliche Nacht werden. Michael Jordan war mit seiner Familie bei der Zeremonie zur Verleihung des Meisterschaftsrings 1993 und beim ersten Heimspiel der Saison im Chicago Stadium dabei. Es war sein erster öffentlicher Auftritt seit der Bekanntgabe seines Rücktritts am 6. Oktober, und die Fans wollten ihm unbedingt ihre Dankbarkeit zeigen. Nachdem er seinen dritten Ring erhalten hatte, sagte er zu der Zuschauermenge: »Tief in meinem Herzen werde ich immer ein Fan der Chicago Bulls sein und meine Teamkollegen nach Kräften unterstützen.«

Wir brauchten jedoch nicht nur einen weiteren Fan an diesem Abend. Ich bin mir nicht sicher, ob es daran lag, dass Michael in der ersten Reihe saß, oder an der Tatsache, dass wir gegen die Miami Heat spielten, einen Rivalen, den wir oft geschlagen hatten und der auf Rache aus war. Aber wie dem auch gewesen sein mag, wir spielten eines der schlechtesten Spiele in der Geschichte des Klubs. Und wie schlecht es war! Wir stellten den Rekord für die wenigsten Punkte in einem Viertel (6), in einer Halbzeit (25) und in unserer Halle (71) auf. Es war so schlimm, dass man auf der Mannschaftsbank von Miami den ganzen Abend ungeniert über uns lästerte und schimpfte, ohne dass dies irgendwelche Konsequenzen hatte. Hinzu kam, dass die Fans in der Mitte des dritten Viertels scharenweise die Arena verließen.

Nach der 95:71-Klatsche sagte Miamis Center Rony Seikaly, er habe schon befürchtet, dass Michael »sein Jackett ausziehen und wieder den Superman gegen uns geben würde«. Eigentlich bin ich froh, dass er das nicht getan hat. Denn wie hätten die Spieler besser lernen können, dass sie nicht mehr auf Michael zählen konnten, um ihnen aus der Patsche zu helfen, als durch eine Niederlage von so historischem Ausmaß, bei der MJ selbst in der ersten Reihe saß.

Die Sportexperten waren der Meinung, dass wir jetzt, da Michael sich vom Basketball verabschiedet hatte, gleich einem todkranken Patienten auf der Intensivstation an lebenserhaltenden Apparaten hingen. Wenn wir Glück hätten, so meinten sie, könnten wir 30 Spiele gewinnen. Und die Quoten in Las Vegas standen 25:1 gegen eine vierte Meisterschaft. Doch ich war verhalten optimistisch. Der Kern unseres Meisterteams war auch ohne Michael immer noch intakt, und ich glaubte, dass der Teamgeist, den wir über die Jahre aufgebaut hatten, uns in die Playoffs bringen könnte. Ich notierte, was ich für ein vernünftiges Saisonziel hielt: 49 Siege. Allerdings war ich nicht zuversichtlich genug, es auch anderen zu sagen.

Die größte Sorge bereitete mir die Frage, wie wir nun an die über 30 Punkte kommen sollten, die Michael durchschnittlich pro Spiel erzielte. Da Jordan so spät im Jahr zurücktrat, hatte Jerry Krause nicht mehr viele Optionen. Also verpflichtete er den Free Agent Pete Myers, einen zuverlässigen Guard (und ehemaligen Spieler der Bulls), der ein verlässlicher Verteidiger, ein hervorragender Passgeber und ein Schnelllerner in Sachen Triangle Offense war. Allerdings hatte er in seinen sieben Jahren in der NBA im Schnitt nur 3,8 Punkte pro Spiel erzielt – was nicht gerade der Punktzahl eines Michael Jordan entsprach. Vielversprechender war Toni Kukoč, den Jerry nach langem Umwerben endlich dazu überreden konnte, sich den Bulls anzuschließen. Kukoč, ein 2,10 Meter großer Forward, der als »der beste Spieler der Welt außerhalb der NBA« angekündigt wurde, war ein begnadeter Schütze, der in der italienischen Profiliga durchschnittlich 19 Punkte pro Spiel erzielte und die kroatische Nationalmannschaft bei den Olympischen Spielen 1992 zur Silbermedaille geführt hatte. Doch Toni musste sich erst in der NBA bewähren, und ich bezweifelte, dass er zäh genug war, um die Härte in der Liga zu überstehen. Zwei weitere Neuzugänge waren der Guard Steve Kerr und der Center Bill Wennington, die ebenfalls beide vielversprechend waren, aber die noch keine großen Zahlen in der Statistik vorweisen konnten. Es brauchte ein ganzes Dorf, um die Lücke, die Michael hinterlassen hatte, zu füllen. So viel war klar.

In der Vorsaison hatte ich den Sportpsychologen und Meditationslehrer George Mumford zu uns ins Trainingscamp eingeladen, um den Spielern in einem Mini-Seminar zu erklären, wie man mit Erfolgsstress umgeht. Doch ein paar Tage bevor George bei uns eintraf, gab Michael seinen Rücktritt bekannt, und das Team befand sich in einer Identitätskrise. Daher sprach George über die zwei Aspekte, die typisch für jede Art von Krise sind: Gefahr und Gelegenheit. Wenn man die richtige Einstellung hat, so George, kann man die Krise für sich nutzen. Man hat die Möglichkeit, eine neue Identität für das Team zu schaffen, die sogar noch ausgeprägter sein wird als zuvor. Plötzlich wurden die Spieler hellhörig.

Georges Hintergrund war interessant. Er hatte an der University of Massachusetts (UMass) Basketball gespielt und mit dem NBA-Star Julius Erving und dem Trainer der Boston College Eagles, Al Skinner, zusammengewohnt. Infolge einer schweren Verletzung sah er sich jedoch gezwungen, das Team zu verlassen. Während seiner Genesung begann er, sich für Meditation zu interessieren, und befasste sich damit intensiv für mehrere Jahre im Cambridge Insight Meditation Center. Später erkundete er neue Wege, um Meditation, Psychologie und Organisationsentwicklung zu integrieren. Als ich ihn traf, arbeitete er gerade mit Jon Kabat-Zinn zusammen, dem Gründer der Klinik für Stressreduktion an der Medizinischen Fakultät der University of Massachusetts und einem Wegbereiter in der Erforschung, wie sich Achtsamkeit auf die Schmerzbehandlung und die allgemeine Gesundheit auswirkt.

George besaß das Talent, Meditation vereinfacht darzustellen und sie in einer für die Spieler verständlichen Sprache zu erklären. Aufgrund seiner Freundschaft mit Dr. J. und anderen Spitzensportlern hatte er außerdem ein intuitives Gespür für die Probleme, mit denen sie zu kämpfen hatten. Ich hatte die meisten Spieler bereits mit der Achtsamkeitsmeditation bekannt gemacht, und sie wussten, wie hilfreich sie sein konnte, um das Spielgeschehen besser zu verstehen und effektiver auf dem Platz zu reagieren. George wollte sie auf die nächste Stufe bringen. Er war davon überzeugt, das Achtsamkeitstraining werde ihnen helfen, sich als Einzelpersonen besser konzentrieren zu können und als Team noch selbstloser zu agieren.

Das Wort »Achtsamkeit« ist in den vergangenen Jahren so schwammig geworden, dass es viel von seiner ursprünglichen Bedeutung verloren hat. Es stammt von dem Wort *smriti* aus dem Sanskrit ab, das »sich erinnern« bedeutet. »Achtsamkeit bedeutet, sich daran zu erinnern, in den gegenwärtigen Moment zurückzukehren«, schreibt Zen-Lehrer Thich Nhat Hanh. Dies ist ein andauernder Prozess, der nicht auf das Meditieren selbst beschränkt ist. »Zu sitzen und dabei den Atem zu beobachten ist eine wunderbare Übung, aber sie reicht nicht aus«, fügt er hinzu. »Damit eine Transformation stattfinden kann, müssen wir den ganzen Tag über achtsam sein, nicht nur auf unserem Meditationskissen.« Warum ist das so wichtig? Weil die meisten von uns – Basketballspieler eingeschlossen – so viel Zeit damit verbringen, zwischen Gedanken an die Vergangenheit und die Zukunft hin und her zu springen, dass wir die Bodenhaftung zum Geschehen im Hier und Jetzt verlieren. Und das hindert uns daran, das tiefe Mysterium des Lebendigseins zu würdigen. Wie Kabat-Zinn in seinem Buch *Im Alltag Ruhe finden* schreibt: »Die Gewohnheit, gegenwärtige Augenblicke zugunsten anderer, die noch kommen werden, zu ignorieren, hindert uns auch, das Netz des Lebens, in das wir verwoben sind, wahrzunehmen.«

George lehrte Achtsamkeit als eine Lebensweise, die er als »Meditation außerhalb des Kissens« bezeichnete. Das bedeutete, nicht nur auf dem Basketballfeld, sondern auch für den Rest des Tages voll präsent zu sein. Der Schlüssel dazu sei nicht nur, sich hinzusetzen und den Geist zu beruhigen, sondern auch zu lernen, in jeder Situation das Geschehene zu lesen und effektiv zu reagieren, je nachdem, was in diesem Augenblick gerade vor sich geht.

Eines der ersten Dinge, die ihm bei den Spielern auffiel, insbesondere bei den jüngeren, war, dass sie in einer beschränkten Denkweise gefangen waren, die es ihnen schwer machte, sich an ihre neuen Gegebenheiten anzupassen. »Viele dieser Jungs waren in ihren College-Teams der wichtigste Mann«, sagt er. »Aber jetzt waren sie in der NBA, und dort gab es viele Spieler, die schneller, energischer und stärker waren. Daher mussten sie einen neuen Weg finden, um mithalten zu können und erfolgreich zu sein. Das, was sie hierher gebracht hatte, hob sie nicht auf das nächste Level.«

Als Beispiel nennt George Jared Dudley, einen Forward der Phoenix Suns, mit dem er zusammengearbeitet hat. Am Boston College war Dudley ein Forward und *Post-up*-Spieler mit hoher Trefferquote und einer aggressiven Spielweise, die ihm den Spitznamen »Junkyard Dog« (dt. »Schrottplatzhund«) einbrachte. Doch als er zu den Profis kam, wurde ihm klar, dass er eine andere Rolle übernehmen musste. Durch die Zusammenarbeit mit George ging ihm auf, wie er sich an die jeweilige Situation anpassen und als Spieler entwickeln konnte. George erinnert sich: »Jared sah sich um und sagte: ›Okay, sie brauchen jemanden, der verteidigen kann – ich mach' das. Sie brauchen jemanden, der Dreier wirft – mach ich.‹ Er hat immer gedacht: ›Wie will ich spielen und wie muss ich mich verändern?‹« Das Ergebnis: Jared blühte in seiner neuen Rolle auf und erzielte in der Saison 2011/12 im Schnitt mehr als 12 Punkte pro Spiel.

Wir wollten den Spielern helfen, einen ähnlichen Wandel zu vollziehen. Jeder musste für sich eine Rolle finden, in der er auf seine Stärken setzen konnte. Als Erstes konzentrierte sich George darauf, sie dazu zu bringen, einfach aufzupassen und ihr Verhalten entsprechend so anzupassen, wie es die Ziele des Teams erforderten. Nachdem er eine Weile mit den Spielern gearbeitet hatte, erkannte er, dass der erste Schritt darin bestand, ihnen verständlich zu machen, dass das, was sie auf dem Spielfeld lernten, auch ihre eigene persönliche Entwicklung fördern würde. Wie George sagt, mussten sie lernen, wie sie »in dem Prozess, ein *Wir* zu werden, auch ihr bestes *Ich* sein können«.

Nichts davon kam über Nacht. Für die meisten Menschen braucht es Jahre, die Verbundenheit mit anderen Menschen und die Lebenserfahrung des gegenwärtigen Augenblicks bewusst wahrzunehmen. Aber die Teammitglieder der Saison 1993/94 waren besonders aufgeschlossen. Sie wollten der Welt beweisen, dass sie mehr sein konnten als Michaels Handlanger, und aus eigener Kraft eine Meisterschaft gewinnen konnten. Sie waren nicht so talentiert wie einige der anderen Mannschaften, die ich trainiert habe, aber sie wussten intuitiv, dass ihre größte Hoffnung darin bestand, sich so nahtlos wie möglich zusammenzuschließen.

Zunächst sah es so aus, als hätte der Heimauftakt seine langen dunklen Schatten vorausgeworfen. Mehrere Spieler fielen mit Verletzungen aus – darunter Scottie, John Paxson, Scott Williams und Bill Cartwright –, und Ende November standen sechs Siegen sieben Niederlagen gegenüber. Doch ich sah erste Anzeichen dafür, dass das Team Gestalt annahm – dazu zählten auch die Last-Minute-Siege gegen die Lakers und die Bucks. Und als Scottie zurückkehrte, wuchs das Team regelrecht über sich hinaus und gewann 13 der nächsten 14 Spiele. In der Zwangspause aufgrund des All-Star-Weekend hatten wir eine Bilanz von 34:13 und waren auf dem besten Weg, 60 Spiele zu gewinnen.

Scottie war der ideale Anführer für dieses Team. Zu Beginn der Saison übernahm er Michaels extragroßen Spind, um ein Ausrufezeichen zu setzen, aber es ehrte ihn, dass er sich nicht in einen Klon von MJ verwandeln wollte. »Scottie lag es fern, etwas zu sein, was er nicht ist«, sagte Paxson damals. »Er hat nicht versucht, auf 30 Punkte pro Spiel zu kommen. Er spielt einfach so, wie Scottie Pippen spielt, und das bedeutet, den Ball zu verteilen. Das ist der alte Standard: Großartige Spieler machen andere Spieler besser. Und Scottie hat das definitiv getan.« Und das soll heißen: Horace und B.J. haben es zum ersten Mal ins All-Star-Team geschafft. Toni hat sich als starker Clutch Shooter bewiesen, während Kerr und Wennington sich zu zuverlässigen Scorern entwickelten.

Toni zu coachen war eine Herausforderung für mich. Er war es gewohnt, in Europa einen Basketball zu spielen, der vom Stil her etwas freier war, und die Beschränkungen, die ihm nun die Triangle Offense auferlegte, frustrierten ihn. Er konnte nicht verstehen, warum ich Scottie so viele Freiheiten ließ und ihm jedes Mal einen Klaps auf das Handgelenk gab, wenn er den gleichen Spielzug machte. Ich erklärte ihm, dass es bei Scottie vielleicht den Anschein habe, als agierte er völlig frei, dass aber jeder seiner Spielzüge darauf ausgerichtet sei, das System noch effektiver zu machen. Wenn Toni von der Dreiecksoffensive abwich, war nicht abzusehen, was als Nächstes passieren würde.

Besonders in der Verteidigung war Toni unberechenbar, was Scottie und die anderen Spieler auf die Palme trieb. Damit er achtsamer auf dem Platz agierte, erfand ich eine spezielle Zeichensprache, mit der wir uns während der Spiele verständigen konnten. Wenn er von der Triangle Offense abwich, warf ich ihm einen Blick zu, und ich erwartete von ihm dann ein Zeichen der Bestätigung, dass er verstanden hatte. Darin besteht der eigentliche Kern des Coachings: die Spieler auf Fehler hinzuweisen und sie dazu zu bringen, dir zu signalisieren, dass sie wissen, sie haben etwas falsch gemacht. Wenn sie den Fehler nicht einsehen können, ist das Spiel verloren.

Nach dem All-Star-Break erlitten die Bulls einen Absturz, sodass wir erst im März wieder an Höhe gewannen. Wir beendeten die Saison jedoch mit 17 Siegen gegenüber fünf Niederlagen und einer überzeugenden Bilanz von 55:27. Der Höhenflug setzte sich in der ersten Runde der Playoffs gegen die Cleveland Cavaliers fort, die wir 3:0 sweepten. Dann gerieten wir in New York in eine Sackgasse und verloren die ersten beiden Spiele der Serie.

Spiel 3 nahm ein so bizarres Ende, so etwas hatte ich in meiner ganzen Trainerkarriere noch nicht erlebt, aber es war auch ein Wendepunkt für die Mannschaft.

Patrick Ewing zog durch die Zone und schloss mit einem Hakenwurf ab, der zum Ausgleich (102:102) führte. Ich nahm eine Auszeit und entwarf einen Spielzug, bei dem Scottie den Einwurf zu Kukoč für den letzten Wurf passen sollte. Scottie passte das jedoch überhaupt nicht in den Kram, und als sich der Spielerpulk nach der Auszeit auflöste, zog er sich an das andere Ende der Bank zurück und schmollte.

»Bist du drin oder draußen?«, fragte ich ihn.

»Ich bin raus«, erwiderte er.

Seine Antwort überraschte mich, aber die Uhr tickte, also ließ ich Pete Myers den Pass zu Kukoč einwerfen, der mit einem Sprungwurf unseren Sieg klarmachte.

Auf dem Weg in die Kabine wusste ich nicht, was ich tun sollte. Scotties Verhalten war ungewöhnlich, er hatte noch nie eine meiner Entscheidungen infrage gestellt. Tatsächlich hielt ich ihn sogar für den ultimativen Teamplayer. Da es ihm hier aber nicht gelungen war, mit seinem letzten Ballbesitz das Spiel zu entscheiden, nahm ich an, dass es genau diese Belastung war, die ihn einknicken ließ. Wenn ich nun zu hart mit ihm ins Gericht ginge, so fürchtete ich, könnte Scottie in eine tagelange Depression verfallen.

Als ich im Waschraum meine Kontaktlinsen herausnahm, hörte ich Bill Cartwright unter der Dusche stöhnen und nach Luft schnappen. »Alles okay mit dir, Bill?«, fragte ich.

»Ich kann nicht glauben, wie Scottie sich benommen hat«, sagte er.

Ein paar Minuten später versammelte ich die Spieler in der Kabine und ließ Bill zu Wort kommen. »Hör zu, Scottie, das war Mist«, sagte er und starrte seinen Co-Kapitän an. »Nach all dem, was wir in diesem Team durchgemacht haben. Das ist unsere Chance, es allein zu schaffen, ohne Michael, und du versaust sie, indem du dich wie ein Egomane aufführst. Ich bin in meinem ganzen Leben noch nie so enttäuscht worden.«

Er stand da mit Tränen in den Augen, und alle saßen schweigend und fassungslos herum.

Nachdem Bill seine Ansprache beendet hatte, betete ich mit dem Team das Vaterunser und ging zur Pressekonferenz, während die Spieler die Situation unter sich besprachen. Scottie entschuldigte sich bei ihnen dafür, dass er die Mannschaft im Stich gelassen hatte, und sagte, er sei frustriert darüber gewesen, wie das Spiel geendet hatte. Dann schalteten sich auch andere ein, um ihre Gefühle zu schildern. »Ich glaube wirklich, dass es für das Team eine Läuterung war«, sagte Kerr später. »Wir haben einige Dinge bereinigt, und uns ist wieder klar geworden, was unsere Ziele sind. Das Verrückte daran ist, dass es uns geholfen hat.«

Es ist amüsant, wie die Medien mit dieser Geschichte umgegangen sind. Sie erhoben den moralischen Zeigefinger und meinten, ich solle alles Mögliche mit Scottie tun, nur einsperren dürfe ich ihn nicht. Die meisten Trainer hätten ihn wahrscheinlich beurlaubt oder ihm noch schlimmere Strafen auferlegt, aber ich fand, dass eine Bestrafung nicht das Beste war, mit der Situation umzugehen. Am nächsten Tag versicherte mir Scottie, dass der Vorfall für ihn abgeschlossen war, und das war's. Und so, wie er sich beim Training benahm und bewegte, konnte ich sehen, dass dies kein großes Problem für ihn sein würde.

Einige Leute fanden es in Ordnung, wie ich als Teamchef in besagtem Spiel 3 gegen die New York Knicks vorgegangen war, und hielten meine Strategie für clever. Doch ich wollte gar nicht clever sein. In der Hitze des Gefechts habe ich nur versucht, bewusst in diesem Augenblick zu verharren und Entscheidungen auf der Grundlage dessen zu treffen, was tatsächlich geschehen war. Statt mich unbedingt behaupten zu wollen und die Situation weiter anzuheizen, tat ich das, was getan werden musste: jemanden finden, der den Ball einwirft, um das Spiel zu gewinnen. Und danach war es nicht mehr ich, der versucht hat, die Dinge von der Seitenlinie aus zu regeln, sondern ich habe die Spieler das Problem lösen lassen. Ich handelte intuitiv, und es hat geklappt.

Im nächsten Spiel blühte das Team auf, angeführt von Scottie, der 25 Punkte, 8 Rebounds und 6 Assists zum 95:83-Sieg beisteuerte und damit für ein 2:2 in der Serie sorgte. »Plötzlich war es ein Festival of Love«, sagte Johnny Bach nach dem Spiel. »Aber es war in Chicago und nicht in Woodstock.«

Ich wünschte, das Ganze würde enden wie in einem Märchen, aber die Geschichte nahm eine weitere skurrile Wendung. In den letzten Sekunden von Spiel 5 lagen wir mit einem Punkt in Führung, als Schiedsrichter Hue Hollins beschloss, wie Alice in einen magischen Spiegel zu steigen. Die meisten Unparteiischen versuchen, in den letzten Sekunden einer Partie Entscheidungen zu vermeiden, die in wichtigen Spielen den Ausgang bestimmen. Aber dies war der Madison Square Garden, und die uralten Regeln des Basketballs schienen hier nicht zu gelten.

7,6 Sekunden vor Schluss saß John Starks mit dem Ball an der Seitenlinie in der Falle und warf einen verzweifelten Pass zu Hubie Davis, der knapp innerhalb der Dreipunktelinie stand. Scottie stürmte los, um Davis zu stören, und Hubie machte einen seltsamen Sprungwurf, wobei der Ball nicht einmal in die Nähe des Korbes kam, zumindest sah es in der Wiederholung so aus. Aber das war nicht das, was sich in Hollins' Paralleluniversum abspielte. Er ahndete ein Foul von Scottie mit der Begründung, er habe Hubie berührt und ihn dabei beim Werfen behindert. (Davis hatte seine Beine ausgestreckt und Scottie stieß mit ihnen zusammen, was die NBA inzwischen als ein persönliches Foul des angreifenden Spielers wertet). Unnötig zu erwähnen, dass Hubie die beiden Freiwürfe verwandelte, und die Knicks gingen somit in der Serie mit 3:2 in Führung.

In Spiel 6 trugen wir einen deutlichen Sieg gegen die Knicks davon, aber das Märchen endete im 7. Spiel. Nach unserer Niederlage (77:87) versammelte ich die Spieler, um unsere Leistung zu würdigen. Es war das erste Mal seit Jahren, dass wir eine Saison beendet hatten, ohne von Fernsehkameras umringt zu sein. Wir sollten diesen Moment auskosten, sagte ich der Mannschaft, denn Verlieren gehört genauso zum Spiel wie Gewinnen – und das meinte ich wirklich ernst. »Heute haben sie uns geschlagen«, sagte ich, »aber wir wurden nicht besiegt.«

Es war ein schwieriger Sommer, und die Mannschaft begann plötzlich auseinanderzufallen. Paxson hängte seine aktive Karriere an den Nagel und wurde der Radiosprecher für das Team. Cartwright kündigte seinen Rücktritt an, änderte aber seine Meinung, nachdem er von den Seattle SuperSonics ein lukratives Angebot erhalten hatte. Scott Williams sicherte sich einen Vertrag mit den Philadelphia 76ers, für die er fünf Jahre spielen sollte. Und Horace Grant, der für die Free Agency berechtigt war, nahm zunächst ein Angebot von Jerry Reinsdorf an, bei den Bulls zu bleiben, wechselte dann aber doch nach Orlando.

Auch von Johnny Bach musste ich mich trennen. Die Spannungen zwischen Jerry Krause und Johnny hatten den Siedepunkt erreicht und machten es uns schwer, als Gruppe zusammenzuarbeiten. Jerry, dessen Spitzname in den Medien »The Sleuth« (dt. »der Detektiv«) lautete, weil er für seine Heimlichtuerei bekannt war, misstraute Johnny bereits, weil er angeblich für Sam Smiths Buch *The Jordan Rules* Interna preisgegeben hatte. Jetzt behauptete Jerry, Johnny sei für das Durchsickern vertraulicher Informationen über unser Interesse an dem rumänischen, 2,31 Meter großen Center Gheorghe Muresan verantwortlich. Dies war eine ungeheuerliche Anschuldigung. Obwohl wir Muresan in Europa genau beobachtet und ihn sogar zu einem geheimen Probetraining geholt hatten, gab es mehrere andere Teams, die ihn gescoutet hatten, darunter auch die Washington Bullets, die ihn schließlich im Draft zogen.

Dennoch hielt ich es für alle Beteiligten, einschließlich Johnny, für das Beste, ihn gehen zu lassen, und er bekam eine Stelle als Assistenztrainer bei den Charlotte Hornets. Johnnys Weggang sorgte nicht nur für Niedergeschlagenheit bei meinem Trainerstab und den Spielern, sondern führte auch zu einem Riss in meiner Beziehung zu Krause.

Eine weitere beunruhigende Entwicklung in der Off-Season 1993/94 war der Konflikt zwischen Pippen und Krause über den eventuellen Tausch von Scottie an die Seattle SuperSonics für den Forward Shawn Kemp und den *Swingman* Ricky Pierce, der auf mehreren Positionen spielen konnte. Scottie war sprachlos, als er von Reportern von dem Deal erfuhr, und glaubte Krause kein Wort, als dieser ihm sagte, er höre sich nur Angebote an, die der Trade bereitstelle, so wie er es bei jedem Spieler tun würde. Der Eigentümer der Seattle SuperSonics legte schließlich auf Druck der Fans den

Deal zu den Akten. Aber der Schaden war bereits angerichtet. Scottie fühlte sich durch die Art und Weise, wie er behandelt worden war, beleidigt, und von da an war sein Bild, das er von Jerry hatte, getrübt.

Die Stimmung in der Mannschaft begann sich Ende September zu verbessern, als wir den Free Agent und Shooting Guard Ron Harper verpflichteten und offiziell bekannt gaben, dass wir nicht vorhatten, Pippen abzugeben. Ich warnte Scottie davor, sich in einen Medienkrieg mit Krause einzulassen. »Ich weiß, ihr beide habt diese Fehde am Laufen«, sagte ich, »aber das hilft weder dir noch dem Team. Offen gesagt lässt es dich schlecht dastehen. Für dich wird sich schon alles regeln, Scottie. Du hattest vergangenes Jahr eine Saison wie ein MVP. Warum lässt du es nicht einfach gut sein?«

»Ja, ich weiß«, sagte er achselzuckend. »Es ist, wie es ist.« Gleichwohl hielten die Streitereien zwischen Pippen und Krause noch einige Zeit an, und erst im Januar 1995 bat Scottie darum, per Trade getauscht zu werden.

Dennoch war es ein vielversprechender Deal, dass wir Harper zu den Bulls geholt hatten. Er war 1,98 Meter groß, hatte einen kraftvollen Zug zum Korb, besaß eine gute Wurftechnik und hatte während seiner neun Jahre bei den Cleveland Cavaliers und den Los Angeles Clippers im Schnitt fast 20 Punkte pro Spiel erzielt. Nachdem Ron 1990 einen schweren vorderen Kreuzbandriss erlitten hatte, konnte er sich zwar davon erholen, doch ging von ihm nicht mehr die gleiche Gefahr aus, mit der er uns in den Playoffs 1989 gegen Cleveland konfrontiert hatte. Dennoch waren wir optimistisch, dass er zumindest einen Teil der Lücke, die Jordan hinsichtlich des Scorings hinterlassen hatte, füllen konnte. Was den Rest der Aufstellung betraf, war ich weniger sicher. Unsere größte Schwäche waren unsere beiden unerprobten Neulinge auf der Position des Power Forward – Corie Blount und Dickey Simpkins.

Zu Beginn der Saison beunruhigte mich, dass es dem Team an Kampfgeist mangelte. Das war ein neues Problem für uns. Michael hatte einen so überwältigenden Siegeswillen, dass er auf alle anderen abfärbte. Aber jetzt, da alle Spieler, die den Kern der Meisterteams ausmachten – mit Ausnahme von Scottie, B.J. Armstrong und Will Perdue –, das Team verlassen hatten, war dieser Wille nur noch eine blasse Erinnerung. In der Regel erspielten wir uns in der ersten Halbzeit einen Vorsprung, um dann im vierten Viertel, wenn in den Spielen ein härterer Körpereinsatz herrschte, dem Druck nachzugeben. Bis zum All-Star-Break hatten wir damit zu kämpfen, über der 50-Prozent-Marke unserer gewonnenen Spiele zu bleiben, und wir verloren Spiele auswärts, die wir früher gewonnen hätten.

Dann, eines Morgens Anfang März, tauchte Michael Jordan in meinem Büro im Berto Center auf. Er hatte gerade das Frühjahrstraining verlassen und war nach Hause zurückgekehrt, nachdem er das Angebot der White Sox abgelehnt hatte, während der bevorstehenden *Lockout Season* in der Major League Baseball als Ersatzspieler zu fungieren. Michael sagte, dass er in Betracht ziehe, zum Basketball zurückzukehren, und fragte, ob er am nächsten Tag mit der Mannschaft trainieren dürfe. »Nun, ich glaube, wir haben hier eine Spielkleidung, die dir passen könnte«, antwortete ich.

Was dann folgte, war der schrägste Medienzirkus, den ich je erlebt habe. Ich tat alles in meiner Macht Stehende, um Michaels Privatsphäre zu schützen, aber es sprach sich schnell herum, dass Superman im Haus war. Innerhalb weniger Tage versammelte sich eine Armee von Reportern vor unserem Trainingszentrum und wartete darauf, zu erfahren, wann Michael sich wieder ein Basketballtrikot überstreifen würde. Nachdem man sich über ein Jahr auf den Mordfall O.J. Simpson fixiert hatte, schmachtete Amerika nach guten Nachrichten über einen Superhelden im Sport. Und das Geheimnis um Michaels Comeback verlieh der Geschichte einen zusätzlichen Reiz. Als MJ schließlich beschloss, zurückzukehren, gab sein Agent die vielleicht prägnanteste Pressemitteilung der Geschichte heraus. Sie lautete kurz und bündig: »I'm back.«

Michaels erstes Spiel – am 19. März gegen die Indiana Pacers in Indianapolis – war ein weltweites Medienereignis, das die meisten Fernsehzuschauer für ein Spiel der regulären Saison anlockte. »Die Beatles und Elvis sind zurück«, scherzte Indianas Trainer Larry Brown, als sich vor dem Spiel eine Phalanx von Fernsehkameras in die Umkleideräume drängte. Und während des Aufwärmens konnte Corie Blount zusehen, wie ein Fernsehteam Michaels Nikes fotografierte, und er sagte: »Jetzt interviewen sie seine Schuhe.«

Michaels Rückkehr hatte enorme Auswirkungen auf das Team. Die meisten der neuen Spieler bewunderten seine Basketballkünste und wetteiferten untereinander beim Training, um ihm zu zeigen, was sie draufhatten. Dennoch gab es eine große Kluft zwischen Michael und seinen Mannschaftskollegen, die nur schwer für ihn zu überbrücken war. Um das große Vertrauen aufzubauen, das ein Meisterteam benötigt, bedarf es in der Regel jahrelanger harter Arbeit. Doch diesen Luxus hatte das Team nicht. Michael kannte viele der Spieler nicht sehr gut, und die Saison ließ uns nicht mehr genug Zeit, das zu ändern.

Zunächst schien es keine Rolle zu spielen. Obwohl Michael in besagtem ersten Spiel in Indiana Probleme hatte, seinen Wurfrhythmus zu finden, brach er im nächsten Spiel gegen Boston förmlich aus sich heraus, und das Team legte zu Beginn einen 13:3-Lauf hin. Sollte irgendjemand Zweifel über Michaels Können bei seinem zweiten Anlauf im Basketball gehabt haben, räumte er sie sechs Tage später aus, als er gegen die Knicks im Madison Square Garden auf 55 Punkte kam – die höchste Punktzahl eines Spielers in diesem Jahr.

Nach dem Spiel kam Michael in mein Büro und äußerte einige Vorbehalte. »Du musst den Spielern klarmachen, dass sie von mir nicht erwarten können, jeden Abend so zu spielen wie in New York«, sagte er. »In unserem nächsten Spiel möchte ich, dass sie aus dem Quark kommen, richtig loslegen und als Team spielen.«

Dies war ein neuer Michael. Früher hätte er seinen Triumph über die Knicks genossen – und höchstwahrscheinlich versucht, seine Leistungen am nächsten Tag zu wiederholen. Nachdem er jedoch von seinem Intermezzo im Profibaseball zurückgekehrt war, betrachtete er das Basketballspielen mit anderen Augen. Er wollte nicht mehr im Alleingang agieren; er sehnte sich nach der Teamharmonie, die die Bulls zu Meistern gemacht hatte.

Er würde warten müssen. Nachdem wir uns in der ersten Runde der Playoffs mit 3:1 gegen die Charlotte Hornets durchgesetzt hatten, trafen wir auf die Orlando Magic, eine junge, talentierte Mannschaft, die unsere Schwächen ausnutzen wollte. Bei Orlando spielten Shaquille O'Neal, einer der dominantesten Center der Liga, und Horace Grant, der uns als Power Forward gut Kontra bot. Außerdem hatte das Team mit Anfernee Hardaway, Nick Anderson und Dennis Scott ein mörderisches Trio von Dreier-Spezialisten. Unsere Strategie war es, Shaq mit zwei Verteidigern zu bedrängen und ihn zu zwingen, uns an der Freiwurflinie zu traktieren. Wir setzten zudem Michael auf Hardaway an, und die Verteidiger, die Horace deckten, sollten, wenn nötig, von ihm ablassen, um gegen Shaq auszuhelfen oder den Wurf der Dreier-Schützen zu stören. Dieser Ansatz hätte vielleicht funktioniert, wenn unsere Offensive während der gesamten Serie besser aufeinander abgestimmt gewesen wäre.

Einer der erschreckendsten Momente kam in Spiel 1. Anderson nahm Michael, der einen schlechten Abend hatte, zehn Sekunden vor Schluss den Ball ab, als die Bulls noch mit einem Punkt vorne lagen. Nachdem Orlando dann in Führung gegangen war, verpasste MJ den Korb und warf den Ball ins Aus, womit er unsere Chance auf den Sieg beendet hatte. Nach dem Spiel legte ich meinen Arm um Michael und versuchte, ihn zu trösten. Ich erklärte ihm, dass wir dieser Erfahrung etwas Positives abgewinnen würden, um uns für die Zukunft zu rüsten. »Du bist unser Mann, vergiss das nie«, sagte ich zu ihm.

Michael kam in Spiel 2 zurück und führte uns mit 38 Punkten zum Sieg. Von den nächsten beiden Spielen gewannen eins wir, während das andere auf das Konto von Orlando ging, aber Horace bestrafte uns im 5. Spiel dafür, dass wir ihn zu oft frei stehen gelassen hatten. Er traf 10 seiner 13 Würfe aus dem Feld und erzielte dabei 24 Punkte, wodurch Orlando mit 103:95 Punkten als Sieger vom Platz ging.

Horace' Leistung war allerdings nur ein kleiner Wermutstropfen im Vergleich zu unserem peinlichen Einbruch am Ende des 6. Spiels. Erst sah es so aus, als wären wir ziemlich gut in Form, als B.J. uns kurz vor Schluss mit 102:94 in Führung brachte. Dann aber versagte das Team komplett, und wir konnten von da an nicht mehr punkten. Wir vergaben sechs Würfe in Folge und hatten zwei Ballverluste, während Orlando einen wahnsinnigen Lauf mit 14:0 Punkten hinlegte, einschließlich eines Dunks von Shaq zum Ende des Spiels. Die Saison war vorbei.

Michael war danach auffallend gelassen. Er sprach eine halbe Stunde lang mit Reportern darüber, wie schwierig es für ihn war, mit seinen neuen Mitspielern ein Team zu werden. »Ich bin mit dem Traum zurückgekommen, um zu gewinnen«, sagte er. »Ich dachte, das sei realistisch. Im Nachhinein betrachtet war es das vielleicht nicht, denn wir haben verloren.«

Dies war die Art von Spiel, die einen jahrelang verfolgen kann, wenn man es zulässt. »Schluckt diese Niederlage herunter und versucht, sie zu verdauen«, riet ich den Spielern. »Und dann geht das Leben weiter.« Allerdings wusste ich, dass es nicht leicht sein würde, dieses Spiel einfach zu verdrängen.

Ein paar Tage später, als ich immer noch zu begreifen versuchte, was schiefgelaufen war, hatte ich plötzlich eine Vorstellung davon, wie ich die Chicago Bulls wieder in ein Meisterteam verwandeln könnte.

Ich konnte es nicht erwarten, damit zu beginnen.

KAPITEL 11

DIE POESIE DES BASKETBALLS

Es macht mehr Spaß, ein Pirat zu sein, als in der Navy zu dienen.

Steve Jobs

Oft bittet man mich darum, das Geheimnis der Bulls der Saison 1995/96 zu lüften, die manche für das beste Basketballteam aller Zeiten halten. Wie konnte sich eine Mannschaft, die im Mai nicht von der Stelle kam, ein paar Monate später in ein Team verwandeln, das nicht zu schlagen war?

Die einfache Antwort wäre, dass es vor allem an den Superstars lag: Michael Jordan, Scottie Pippen und Dennis Rodman. Mit Talent allein jedoch kommt man im Basketball nicht so weit. Andere Teams waren personell weitaus stärker besetzt als die Bulls, kamen aber nicht annähernd an deren Erfolg heran. Eine andere Erklärung könnte die unglaubliche Effizienz der Triangle Offense sein. Doch selbst Tex Winter würde zugeben, dass die Dreiecksoffensive die Frage nur zum Teil beantwortet.

In Wahrheit war es ein Zusammenwirken von Kräften, die sich im Herbst 1995 vereinten und die Bulls in eine nie da gewesene Art eines Meisterschaftsteams verwandelten. Vom Standpunkt der Stammesführung betrachtet waren die Bulls dabei, sich von einem Team der Stufe 4 zu einem der Stufe 5 zu entwickeln. Die erste Meisterschaftsserie verwandelte die Truppe von einem »Ich bin großartig, ihr seid es nicht«-Team in eine »Wir sind toll und ihr nicht«-Mannschaft. In der zweiten Serie aber hatte sich das Team einem größeren Blickwinkel verschrieben, dem das Motto »Das Leben ist klasse« zugrunde lag. Zur Mitte der Saison wurde mir klar, dass es nicht der sportliche Wettkampf allein war, der als Motivationsmotor für das Team diente, sondern einfach die Freude am Spiel selbst. Das war unser Tanz, und das einzige Team, das mit uns mithalten konnte, waren wir selbst.

Der erste Durchbruch war ein Perspektivwechsel. Unmittelbar nach unserer Niederlage gegen Orlando in den Playoffs 1995 leuchtete mir ein, dass wir unseren Backcourt neu gestalten mussten. Mitte der 1990er-Jahre hatten die meisten Teams kleine Guards. Es galt als ungeschriebenes Gesetz in der NBA, dass man, wenn man nicht gerade einen neuen Magic Johnson fand, im Backcourt auf kleine Spieler setzte, um mit den schnellen und kleineren Point Guards, die zu dieser Zeit die Liga dominierten, Schritt halten zu können. Durch Scottie Pippen, der als Point Guard spielte, habe ich jedoch erkannt, dass jemand, der 2,01 Meter groß ist und eine extralange Spannweite mit seinen Armen hat, auf dieser Position alle denkbaren tollen Möglichkeiten eröffnen konnte.

Was würde wohl passieren, fragte ich mich, wenn wir drei große Guards mit langen Armen gleichzeitig auf dem Platz hätten? Das würde nicht nur zu irritierenden körperlichen Ungleichheiten für andere Teams führen, sondern auch die Defensive enorm verbessern, weil die großen Guards den Gegenspieler wechseln und gegen die Center verteidigen könnten, ohne einen zusätzlichen Mitspieler als Hilfe zu holen. Außerdem müssten wir dann nicht die ganze Zeit Full-court-Presse spielen, denn diese Taktik hatte einige unserer älteren Spieler arg strapaziert. Mit großen Guards könnten wir effektiver Druck innerhalb der Dreierlinie ausüben.

In der Off-Season mussten wir uns überlegen, welche Spieler wir für den Expansion Draft ungeschützt lassen wollten. Es lief auf eine Entscheidung zwischen B.J. Armstrong, unserem aktuellen Point Guard, und unserem Shooting Guard Ron Harper hinaus, der durch die Rückkehr von Michael aus der Starting Five verdrängt worden war. Ich wollte B.J. nur ungern aufgeben. Er war ein verlässlicher Point Guard mit einem guten Dreierwurf, und spielte eine zuverlässige Verteidigung. Doch mit seinen 1,88 Metern und 175 Pfund war er nicht groß genug, um den Gegenspieler im Eins-gegen-Eins zu wechseln und größere Spieler zu verteidigen oder große Center wie Shaquille O'Neal so in die Falle zu locken, dass sie nicht mehr wissen, wohin mit dem Ball. Obwohl Ron die Erwartungen als Scorer nicht erfüllte, passte er sich gut der Triangle Offense an und war ein hervorragender Teamverteidiger. Er war auch als Guard groß genug – 1,98 Meter bei einem Gewicht von 185 Pfund – und besaß die Kraft und die sportliche Gewandtheit, um fast auf jeder Position zu spielen. Also beschlossen Jerry Krause und ich, an Ron statt an B.J. festzuhalten. Bei unserem Treffen am Ende des Jahres sagte ich Ron, dass ich für 1995/96 große Pläne mit ihm hätte, er aber in eine bessere Form kommen und sich eher als Defensivspieler denn als Korbjäger neu erfinden müsse. Die Umstellung auf eine Strategie mit großgewachsenen Guards war ein bedeutender taktischer Wandel für die Mannschaft. Sollte es funktionieren, würde es unser Spiel flexibler und explosiver machen, und wir wären dann unmöglich im Zaum zu halten.

Der zweite Durchbruch war, dass wir Dennis Rodman als neuen Power Forward zu uns holen konnten. In der Off-Season hatten wir eine Liste mit möglichen Kandidaten für diese Position erstellt, und Rodmans Name stand ganz am Ende. Wir hatten schon früher daran gedacht, Dennis zu verpflichten, aber Krause war immer dagegen gewesen, weil Rodman nicht »unser Typ« sei. Nachdem er 1993 von Detroit im Trade zu den San Antonio Spurs geschickt worden war, fiel es Dennis schwer, sich an die Spielkultur der Spurs zu gewöhnen, auch wenn er als bester Rebounder der Liga brillierte. Er missachtete die Regeln, kam zu spät zum Training, benahm sich auf dem Spielfeld daneben und trug auffällige Kleidung und Schmuck. Das Management von San Antonio war von seinem rüpelhaften Verhalten so genervt, dass es ihn mehrfach mit Geldstrafen von mehreren Tausend Dollar belegte und ihn während des entscheidenden Spiels 5 der Western Conference Finals 1995, das die Spurs schließlich gegen die Houston Rockets verloren, auf die Bank setzte.

Obwohl ich einige von Jerrys Bedenken teilte, machte mir weniger Dennis' exzentrisches Verhalten Sorgen als vielmehr sein selbstsüchtiger Spielstil. Von anderen Trainern, die mit ihm gearbeitet hatten, hörte ich, er sei so sehr auf das Rebounding fixiert, dass er seine Mitspieler in der Verteidigung nur ungern unterstützte. Ich bezweifelte auch, dass er mit Michael und Scottie zusammenspielen könnte, die ihm sein brutales Vorgehen übel nahmen, das er gegen die Bulls zu seiner Zeit bei den Pistons an den Tag gelegt hatte. Aber der Scout Jim Stack war der Meinung, dass uns Rodman durch die Lappen gehen könnte, wenn wir nicht schnell handelten, und so beschloss Jerry, ihn ernsthaft in Betracht zu ziehen.

Zwei Wochen später lud Jerry mich zu sich nach Hause ein, um Rodman und seinen Agenten, Dwight Manley, zu treffen. Als ich dort eintraf, saß Dennis mit Sonnenbrille und einer Schiebermütze auf der Couch. Er hatte während des gesamten Gesprächs kein einziges Wort gesagt, sodass ich ihn bat, unter vier Augen auf der Terrasse mit mir zu sprechen. Doch das Einzige, worüber er reden wollte, war sein Gehalt. Ich sagte ihm, die Bulls würden nach Leistung und nicht nach Versprechen bezahlt, und dass wir ihn angemessen berücksichtigten, wenn er sein Potenzial voll ausschöpfen würde.

Am nächsten Tag traf ich mich erneut mit Dennis, und zwar in unserem »Stammesraum« des Berto Centers. Diesmal war Dennis etwas aufgeschlossener. Ich fragte ihn, was in San Antonio schiefgelaufen sei. Er sagte, alles habe damit angefangen, dass er Madonna, mit der er damals zusammen war, nach einem Spiel in die Umkleidekabine eingeladen hatte. Der daraufhin ausgelöste Medienrummel hatte die Verantwortlichen im Front Office auf die Palme gebracht.

Ich äußerte meine Bedenken über seinen Ruf als Egomane. Er sagte, sein wirkliches Problem in San Antonio sei gewesen, dass er es leid war, Center David Robinson zu unterstützen, der sich von Houstons Hakeem Olajuwon eingeschüchtert fühlte. »Die Hälfte der Spurs-Spieler hatte ihre Eier jedes Mal, wenn sie das Haus verließen, in der Gefriertruhe verstaut«, fügte er sarkastisch hinzu.

Ich lachte. »Meinst du, dass du mit der Triangle Offense zurechtkommst?«, fragte ich.

»Oh ja, das ist kein Problem für mich«, sagte er. »Beim Triangle geht es darum, Michael Jordan zu finden und ihm den Ball zuzuspielen.«

»Das ist ein guter Anfang«, erwiderte ich. Dann wurden wir ernst. »Wenn du glaubst, dass du für diesen Job geeignet bist«, sagte ich, »werde ich diesen Vertrag absegnen. Aber wir dürfen es nicht vermasseln. Wir sind in der Lage, eine erneute Meisterschaft zu gewinnen, und das ist es, was wir wirklich wollen.«

»Okay.«

Danach schaute Dennis sich die nativen Artefakte im Raum an und zeigte mir seine Halskette, die er von einem Ponca aus Oklahoma geschenkt bekommen hatte. Anschließend saßen wir eine ganze Weile schweigend zusammen. Dennis war ein Mann der wenigen Worte, aber als ich bei ihm saß, war ich mir sicher, dass er sich für unser Team einsetzen würde. Wir waren an diesem Nachmittag auf nonverbale Weise verbunden. Es war ein Band, das vom Herzen ausging.

Am Tag darauf trafen Jerry und ich uns erneut mit Dennis, um die Teamregeln hinsichtlich der Anwesenheit, der Pünktlichkeit und andere Punkte durchzugehen. Es war eine kurze Liste. Nachdem ich sie durchgelesen hatte, sagte Dennis: »Ihr werdet keine Probleme mit mir haben, und ihr werdet eine NBA-Meisterschaft gewinnen.«

Später am Tag fragte ich Michael und Scottie, ob sie irgendwelche Vorbehalte hätten, mit Rodman zu spielen, und sie sagten nein. Also besiegelte Jerry das Geschäft und tauschte Will Perdue gegen Rodman an die Spurs. Und ich machte mich auf den Ritt meines Lebens gefasst.

Bevor Dennis zu uns ins Trainingscamp stieß, führte ich ein langes Gespräch mit den Spielern. Ich warnte sie, dass Rodman wohl einige der Regeln ignorieren würde, weil es ihm schwerfiel, sich an bestimmte Vorgaben zu halten. Wahrscheinlich müsste ich manchmal einige Ausnahmen für ihn machen, sagte ich. »Ihr müsst euch in dieser Sache wie vernünftige Erwachsene verhalten«, ergänzte ich noch. Und das taten sie auch.

Die meisten Spieler entwickelten sofort Sympathie für Dennis. Schon bald wurde ihnen klar, dass seine wilde Theatralik jenseits des Rampenlichts – die Nasenringe, die Tattoos, die nächtlichen Partys in Gaybars – nur Teil einer Show waren, die er mithilfe von Madonna inszeniert hatte, um Aufmerksamkeit zu erregen. Im Kern seines Wesens war er ein stiller Junge aus Dallas mit einem großmütigen Herzen, der hart trainierte, hart spielte und alles tun würde, um zu gewinnen.

Als die Hälfte unserer Zeit im Trainingscamp um war, ging mir auf, dass Dennis unserem Team eine neue Qualität verleihen würde, mit der ich nicht gerechnet hatte. Er war nicht nur ein Zauberer an den Brettern, sondern auch ein cleverer, fantastischer Defensivspieler, der jeden verteidigen konnte, sogar Shaq, der 10 Zentimeter größer und fast 100 Pfund schwerer war als er. Mit Dennis in der Aufstellung konnten wir auf schnelle Gegenangriffe umschalten, es aber auch bedächtiger angehen lassen und ein hartnäckiges Halbfeldspiel spielen. Am meisten jedoch gefiel mir, ihm einfach beim Spielen zuzusehen. Er war so unbefangen und steckte voller Freude, wenn er das Spielfeld betrat – wie ein Junge, der das Fliegen für sich entdeckte. In gewisser Hinsicht, so sagte ich den anderen Trainern unseres Teams, erinnerte er mich an mich selbst.

Der Umgang mit Dennis' Schattenseite war dagegen eine Herausforderung. Manchmal war er wie ein Dampfkochkessel, der zu explodieren drohte. Er hatte phasenweise große Angstzustände, manchmal bis zu 48 Stunden oder länger, und der Druck baute sich in ihm auf, bis er ihn ablassen musste. In solchen Zeiten bat mich sein Agent oft, Dennis das Wochenende freizugeben, wenn wir keine Spiele hatten, und sie fuhren dann nach Vegas und feierten dort ein paar Tage lang. Danach war Dennis ein Wrack; doch dann kam er zurück und trainierte, bis er sein Leben wieder im Griff hatte.

In jenem Jahr hörte ich auf, während der Partien am Spielfeldrand herumzulaufen, weil ich merkte, dass Dennis immer dann hyperaktiv wurde, wenn ich mich aufregte. Und wenn ich mich mit einem Schiedsrichter anlegte, bot ihm das die Gelegenheit, es mir gleichzutun. Daher beschloss ich, mich so ruhig und zurückhaltend wie möglich zu geben. Ich wollte Dennis nicht verärgern, denn wenn er erst einmal aufgewühlt war, konnte man nicht wissen, was er tun würde.

Der dritte Durchbruch war Michaels neuer Führungsansatz. Während der ersten Meisterschaftsserie war Michael vor allem mit gutem Beispiel vorangegangen, aber nach der Niederlage gegen Orlando ging ihm auf, dass er etwas ganz anderes tun musste, um diese Mannschaft zu motivieren. Lediglich seine Mitspieler anzustarren und von ihnen zu erwarten, dass sie es ihm gleichtun, reichte nicht mehr aus.

Michael war an einem Wendepunkt angelangt. Während der Serie gegen Orlando hatte ihm die Presse einen Stich versetzt, indem sie behauptete, er habe seine Bestform eingebüßt und sei nicht mehr derselbe. Also kehrte er in jenem Sommer ins Fitnessstudio zurück, fest entschlossen, seinen Körper wieder basketballtauglich zu machen. Er ließ sogar einen Basketballplatz im Filmstudio in L.A. anlegen, wo er *Space Jam* drehte, um zwischen den Aufnahmen zu trainieren und an einem neuen *Fadeaway Jumper* zu arbeiten, der schließlich zu seinem Markenzeichen werden sollte. Als er im Oktober ins Trainingscamp kam, waren seine Augen voller Rache.

Nach einer Woche im Trainingscamp war eine Telefonkonferenz mit den Medien geplant, die sich zeitlich mit unserem morgendlichen Training überschnitt. Als mein Assistent auf den Platz kam und mich daran erinnerte, dass es Zeit war zu telefonieren, wies ich die anderen Coaches an, das Übungsspiel zu verschieben und die Spieler einige Wurfübungen absolvieren zu lassen, bis ich zurückkam. Das Telefonat dauerte nur eine Viertelstunde, aber noch bevor ich aufgelegt hatte, stand unser Zeugwart Johnny Ligmanowski vor meiner Tür und sagte: »Du kommst besser. MJ hat gerade Steve geschlagen; er ist in der Kabine und im Begriff, das Training abzubrechen.« Kerr und Jordan waren wohl in ein kleines Handgemenge geraten, das sich mal mehr, mal weniger aufbauschte, bis Michael Steve letztlich ins Gesicht schlug und ihm ein blaues Auge verpasste.

Als ich in die Umkleidekabine kam, wollte MJ gerade unter die Dusche gehen. Er sagte: »Ich muss jetzt gehen.« Und ich sagte ihm: »Du rufst besser Steve an und klärst das mit ihm bis morgen.«

Das war ein wichtiger Weckruf für Michael. Er hatte sich gerade wegen nichts und wieder nichts mit dem kleinsten Kerl im Team gestritten. Was war passiert? »Diese Sache hat mir den Spiegel vorgehalten und ich sagte: ›Weißt du was? Du bist wirklich ein Idiot in dieser ganzen Angelegenheit gewesen‹, erinnert sich Jordan. »Ich wusste, dass ich vor meinen Teamkollegen mehr Achtung haben musste. Und respektvoller mit dem umgehen, was mit mir geschah, als ich versuchte, wieder in unser Spiel zu kommen. Ich musste mehr an mir selbst arbeiten.«

Ich redete Michael gut zu, enger mit George Mumford zusammenzuarbeiten. George konnte nachvollziehen, was Michael durchmachte, denn er hatte gesehen, wie sein Freund Julius Erving unter ähnlichem Druck stand, nachdem er ein Superstar geworden war. Für Michael war es schwierig, enge Beziehungen zu seinen Teamkollegen aufzubauen, weil er, wie George es ausdrückt, »ein Gefangener in seinem eigenen Zimmer« war.

Er konnte sich mit ihnen nicht in der Öffentlichkeit zeigen und einfach abhängen, wie Scottie es oft tat. Viele der neuen Spieler hatten immer noch Ehrfurcht vor ihm, und auch das schuf eine Distanz, die schwer zu überbrücken war.

Michael war beeindruckt von dem Achtsamkeitstraining, das George mit dem Team praktiziert hatte, da es half, die Spieler näher an das Level dessen heranzuführen, was er unter mentaler Aufmerksamkeit verstand. George zufolge musste Michael den Aspekt »Führung« aus einer anderen Perspektive betrachten. »Es geht allein darum, präsent zu sein und Verantwortung dafür zu übernehmen, wie man mit sich selbst und mit anderen umgeht«, sagt George. »Und das bedeutet, dass man bereit ist, sich anzupassen, damit man die Menschen dort abholen kann, wo sie sind. Statt davon auszugehen, dass sie woanders sind, und sich dann zu ärgern und zu versuchen, ihnen etwas aufzuzwingen, sollte man sie dort abholen, wo sie sind, und sie dorthin bringen, wo man sie haben möchte.«

Während Michaels Abstecher zum Baseball hatten George und ich Veränderungen im Lernumfeld des Teams vorgenommen, damit die Spieler sich in psychischer, emotionaler und spiritueller Hinsicht besser entwickeln konnten. Wenn Michael sich in dieses Team einfügen und es anführen wollte, musste er seine Mitspieler besser kennenlernen und mehr Einfühlungsvermögen für sie aufbringen. Er müsste verstehen, dass jeder Spieler anders war und dem Team etwas Wichtiges zu bieten hatte. Es war seine Aufgabe als Anführer, herauszufinden, wie er das Beste aus jedem Einzelnen von ihnen herausholen konnte. Wie George es ausdrückt, musste Michael »seine Fähigkeit, Dinge auf dem Basketballplatz zu sehen, für sich nutzen, um seine Beziehung zu anderen zu verbessern«.

Michael nahm diese Herausforderung gerne an, denn auch er hatte sich während seiner Abwesenheit verändert. Er war immer noch ein harter, wettkampforientierter Sportler, aber er war in gewisser Hinsicht auch reifer geworden. Er urteilte weniger über andere und war sich seiner eigenen Grenzen bewusster. Beim Baseballspielen in der Minor League, wo er sich stundenlang mit seinen Teamkollegen die Zeit vertrieben hatte, hatte Michael wiederentdeckt, wie schön es ist, eine freundschaftliche Beziehung zu anderen Männern zu haben, und mehr als alles andere wollte er das auch mit den Bulls wieder tun.

Durch die Zusammenarbeit mit Mumford entwickelte Michael einen neuen Führungsstil. Dabei orientierte er sich daran, was bei den einzelnen Spielern am besten funktionierte. Einigen Spielern musste er entweder explizit demonstrieren, wie sie zu spielen hatten, oder bei anderen, wie in Scotties Fall, einfach nur anwesend sein. »Scottie war einer dieser Spieler, für die ich jeden Tag da sein musste«, sagt Michael. »Wenn ich mir einen Tag freinahm, hat er sich auch einen Tag freigenommen. War ich aber jeden Tag da, kam er auch jedes Mal.« Bei anderen Spielern – insbesondere bei Dennis – musste Michael es eher über die emotionale Schiene versuchen. »Dennis durfte man nicht anschreien«, erklärt er. »Du musstest einen Weg finden, dich für ein paar Sekunden in seine Welt hineinzuversetzen, damit er verstehen konnte, was du meintest.« Bei anderen Spielern hingegen reichte es aus, einfach mit ihnen zu sprechen. Ein Beispiel: Scott Burrell, ein Forward der Bulls von 1997 bis 1998. »Ich konnte ihn anschreien, und er hat es kapiert«, sagt Michael, »aber das hat in keiner Weise an seinem Selbstvertrauen gekratzt.«

Jemand, um den er sich überhaupt keine Gedanken machen musste, war Steve Kerr. Das Handgemenge im Trainingscamp hatte letztlich ein starkes Band zwischen den beiden geknüpft. »Von diesem Tag an betrachtete Michael mich mit anderen Augen«, erzählt Steve. »Er hackte nie mehr auf mir herum und beschimpfte mich auch nicht mehr. Darüber hinaus vertraute er mir jetzt auch auf dem Platz.« Michael fügt hinzu: »Ich habe den größten Respekt vor Steve, weil er sich erstens mit einer Situation konfrontiert sah, in der er null Chancen hatte, als Sieger hervorzugehen. Und zweitens ist er wieder aufgestanden. Als ich anfing, ihn zu foulen, hat er sich gewehrt. Das hat mich wütend gemacht. Aber daher rührt unser gegenseitiger Respekt.«

Aus Michaels Sicht war der zweite Anlauf auf die Meisterschaftsserie schwieriger als der erste, und zwar aufgrund des Kaders. Die meisten Spieler des ersten Meisterschaftsteams hatten bereits seit mehreren Jahren zusammen gespielt und gemeinsam viele Schlachten geschlagen. Wie MJ sagt: »Wir wollten den Berg erklimmen und mussten immer wieder Rückschläge einstecken, bis wir ihn als Gruppe überwanden.« Im zweiten Anlauf kannten sich die meisten Spieler noch nicht sehr gut, aber jeder erwartete, dass das Team gleich zu Beginn gewinnen würde. »Ich glaube, für den zweiten Versuch brauchten wir Phil mehr als für den ersten«, sagt

Michael heute. »Beim ersten Anlauf gaben sich die Spieler nicht so eigensinnig. Beim zweiten Versuch hingegen mussten wir viele unterschiedliche Persönlichkeiten zusammenbringen, und jeder hatte ein ausgeprägtes Ego. Phil musste dafür sorgen, dass wir Brüder wurden.«

Alle Teile passten wunderbar zusammen. Wir hatten keinen dominanten Centerspieler wie die Boston Celtics in den Sechzigern und andere erfolgreiche Teams in der Vergangenheit. Aber diese Bulls legten großen Wert darauf, ein geschlossenes und harmonisierendes Team zu sein, sowohl in der Offensive als auch in der Defensive, und sie zeichneten sich durch einen starken Kollektivgeist aus.

Alles, was wir taten, diente einzig dem Zweck, diese Einheit noch zu verstärken. Ich hatte schon immer darauf bestanden, dass wir uns an ein klares Trainingsprogramm mit gut strukturierten Übungseinheiten hielten, das die Spieler im Voraus erhalten hatten. Und jetzt bekamen wir auch andere Aspekte, die das Team betrafen, organisatorisch in den Griff. Disziplin diente mir nicht als Waffe, sondern als Maßnahme, um das Leben der Spieler mit Harmonie zu füllen. Das war etwas, das ich durch jahrelanges Achtsamkeitstraining gelernt hatte.

In dieser Saison sollten sich die Spieler jeden Morgen um zehn Uhr in der Sporthalle einfinden; auf dem Programm standen dann 45 Minuten Krafttraining und Aufwärmübungen. Michael zog es vor, zu Hause mit seinem Privatcoach Tim Grover schon früher am Tag zu trainieren, und in diesem Jahr lud er Scottie und Harper ein, bei dem Programm mitzumachen, das sie »den Frühstücksklub« nannten. Um zehn Uhr tauchten auch sie dann in unserer Halle auf, um sich für das Training aufzuwärmen, das um elf Uhr begann. Wir konzentrierten uns darauf, unser System der Triangle Offense, aber auch unsere Defensive für das jeweils anstehende Spiel zu verfeinern. Dann widmeten wir uns der Offensive, einschließlich eines Übungsspiels über das ganze Feld. Oft ließ ich Pip oder MJ erst mit der zweiten Einheit spielen, um zu sehen, wie sich ihre Präsenz auf dem Platz auf das Training auswirkte. Danach blieben die Jungs noch ein wenig und trainierten ihre Würfe, und unser Trainer Chip Schaefer tankte sie mit seinen frisch gemixten Fruchtsäften wieder mit Energie auf. Wenn wir uns auf den Weg zu einem Auswärtsspiel machten, gingen wir manchmal nach oben in unseren Mannschaftsraum und schauten uns ein kurzes Video an.

Dennis versuchte zunächst, die Regeln zu umgehen, als wäre es für ihn ein Spiel. Eine Regel lautete, dass die Spieler pünktlich zum Training erscheinen mussten, und zwar mit zugebundenen Schnürsenkeln und abgelegtem Schmuck. Dennis erschien oft mit einem offenen Schuh oder einem Stück Schmuck, das er versteckt am Körper trug. Manchmal verpasste ich ihm dafür irgendeine blöde Strafe oder machte mich über sein Auftreten lustig, und ein anderes Mal ignorierten wir ihn einfach. Ich sagte ihm, dass er sich nicht um mich sorgen müsse, wenn er zu spät zum Training käme, sondern um seine Teamkollegen. Als er merkte, dass sich keiner von uns wirklich für sein subtiles rebellisches Verhalten interessierte, löste sich das Problem in Luft auf.

Was mir an diesem Team gefiel, war, dass jeder eine klare Vorstellung von seiner Rolle hatte und seine Sache gut machte. Niemand beschwerte sich darüber, nicht genug Spielzeit oder zu wenig Wurfmöglichkeiten zu bekommen oder in der Öffentlichkeit nicht ausreichend an Bekanntheit zu gewinnen.

Jordan konzentrierte sich darauf, seine Form durchgängig beizubehalten und, wenn nötig, den entscheidenden Wurf zu machen. Anfang Dezember, nachdem er gegen die Los Angeles Clippers auf 37 Punkte gekommen war, verkündete er gegenüber Reportern, dass er sich »nun wieder fast ganz wie ein Spieler« fühle. Er scherzte darüber, dass er immer wieder mit seinem früheren Ich verglichen wurde. »Manche Leute meinen«, sagt er, »dass ich es nicht einmal mit Michael Jordan aufnehmen kann. Aber ich habe die besten Chancen, er zu sein, denn: Ich bin er.«

Scottie fühlte sich befreit, dem Erbe Jordans nicht mehr gerecht werden zu müssen, und zeigte als neuer Chefregisseur eine Leistung, die dem eines MVP würdig war und die hinsichtlich seiner Spielanlage auch viel besser zu ihm passte. Auch Harper fügte sich hervorragend in seine Rolle als Shooting-/Point-Guard und als Bulldogge in der Defensive ein. Und Dennis übertraf alle Erwartungen. Er beherrschte nach kurzer Zeit nicht nur die Triangle Offense, sondern harmonierte auch perfekt mit Michael, Scottie und Harper in der Verteidigung. »Wir hatten im Grunde vier bissige Angreifer in der Startformation«, sagt Kerr, »und sie konnten alle vier oder fünf Positionen verteidigen. Es war unglaublich.«

Dennis spielte unsere Art des Basketballs mit so viel Enthusiasmus, dass er bald zum Liebling der Fans wurde. Dem Publikum gefiel es, ihm dabei zuzusehen, wie er um freie Bälle kämpfte und Rebounds ergatterte, um schnelle Gegenangriffe einzuleiten. Zu Saisonbeginn färbte Dennis sich die Haare bunt und riss sich nach den Spielen das Trikot vom Leib, um es in die Menge zu werfen. Die Fans mochten das. »Plötzlich«, so sagte er, »bin ich das Größte seit Michael Jordan.«

Der fünfte Stammspieler war Luc Longley, ein 2,18 Meter großer und 265 Pfund schwerer Center aus Australien, der zwar nicht so beweglich und explosiv war wie Shaq, aber immerhin groß genug, um die Zone auszufüllen und andere Center aus dem Spiel zu bringen. Sein Backup war Bill Wennington, der einen guten Wurf aus der Nahdistanz hatte und mit dem er seinen Gegenspieler oft vom Korb weglocken konnte. Später in der Saison ergänzten wir das Team um zwei weitere großgewachsene Spieler, den Center James Edwards und den Power Forward John Salley, die beide, wie Dennis, ehemals zu den Bad Boys aus Detroit gehörten.

Zunächst sträubte sich Toni Kukoč dagegen, dass ich ihn zum Sixth Man machte, doch ich konnte ihn überzeugen, dass es die für ihn effektivste Rolle war. Als Spieler in der Startformation hatte er oft Probleme, 40 Minuten durchzuspielen, ohne sich dabei zu verausgaben. Als wichtigster Auswechselspieler konnte er jedoch viele Punkte erzielen, was er in einigen wichtigen Spielen auch tatsächlich tat. Außerdem konnte er seine außergewöhnlichen Passfähigkeiten nutzen, um dem Team neue Impulse zu geben, wenn Scottie nicht auf dem Platz war. Unterdessen spielte Steve Kerr eine Schlüsselrolle als Bedrohung hinter der Dreierlinie; der Point Guard Randy Brown war ein äußerst dynamischer Spezialist in der Defensive, und Jud Buechler war ein talentierter Swingman. Hinzu kam, dass wir zwei Ersatzspieler als Power Forward hatten, nämlich Dickey Simpkins und den Rookie Jason Caffey.

Wir hatten absolut alles, was wir brauchten, um unser Ziel zu erreichen: Talent, Führungsqualitäten, die richtige Einstellung und Einigkeit im Team.

Wenn ich auf die Saison 1995/96 zurückblicke, fällt mir ein anderes Gleichnis ein, das John Paxson über Kaiser Liu Bang entdeckt hatte, den Herrscher, dem es gelang, China erstmals zu einem Reich zu vereinen. In der Version von W. Chan Kim und Renée A. Mauborgne gab Liu Bang zur

Feier seines großen Sieges ein üppiges Bankett und lud seinen Meister Chen Cen ein, der ihn während seines Feldzugs zur Einigung des Landes beraten hatte. Chen Cen brachte drei seiner Schüler als Gäste mit, denen am Höhepunkt der Feierlichkeiten etwas komisch vorkam.

Als der Meister sie ermutigte, weiterzureden, sagten sie, der Kaiser sitze mit den drei einflussreichsten Persönlichkeiten seines Hofes am Haupttisch: Xiao He, der gekonnt die Logistik des Einigungskrieges geleitet hatte; Han Xin, der eine hervorragende Militäroperation leitete und jede Schlacht gewann; und Chang Yang, der ein so begnadeter Diplomat war, dass er Staatsführer dazu bringen konnte, sich zu ergeben, bevor die Kämpfe begannen. Was die Schüler allerdings nur schwer begreifen konnten, war der Mann am Kopf der Tafel, der Kaiser selbst. »Liu Bang kann sich nicht auf eine adlige Herkunft berufen«, sagten sie, »und seine Kenntnisse in Sachen Logistik, Kriegstaktik und Diplomatie reichen nicht an die seiner führenden Persönlichkeiten heran. Wie kann es also sein, dass er dennoch der Kaiser ist?«

Der Meister lächelte und fragte sie: »Was macht die Stärke des Rades eines Streitwagens aus?«

»Ist es nicht die Robustheit der Speichen?«, antworteten sie.

»Warum unterscheiden sich dann zwei Räder mit gleichen Speichen hinsichtlich ihrer Stärke?«, fragte der Meister. »Seht weiter über das hinaus, was ihr auf den ersten Blick seht. Denkt stets daran, dass ein Rad nicht nur aus Speichen besteht, sondern auch aus dem Raum dazwischen. Starke Speichen, die schlecht angeordnet sind, ergeben ein schwaches Rad. Ob sie ihre Stärke voll und ganz entfalten können, hängt von der Harmonie zwischen ihnen ab. Das Wesen des Radmachens besteht in dem Geschick des Handwerkers, den Zwischenraum, der die Speichen im Rad hält und ausbalanciert, richtig zu planen und zu gestalten. Überlegt nun, wer hier im Saal der Handwerker ist.«

Nach langem Schweigen fragte einer der Schüler: »Aber Meister, wie kann ein Handwerker für Harmonie zwischen den Speichen sorgen?«

»Denkt an das Sonnenlicht«, erwiderte der Meister. »Die Sonne nährt und belebt die Bäume und Blumen, und zwar dadurch, indem sie ihr Licht spendet. Und in welche Richtung wachsen die Bäume und Blumen schließlich? So verhält es sich mit einem meisterhaften Handwerker wie Liu Bang.

Nachdem er seine Stabschefs in die einzelnen Positionen gesetzt hat, wo sie ihr Potenzial voll ausschöpfen können, sorgt er für Harmonie zwischen ihnen, indem er ihnen allen Anerkennung für ihre eigenen Errungenschaften zuteilwerden lässt. Und so wie die Bäume und Blumen der Sonne entgegenwachsen, so bringen die Personen Liu Bang ihre treue Hingabe entgegen.«

Liu Bang wäre ein guter Basketballtrainer gewesen. Die Art und Weise, wie er seinen Feldzug organisiert hatte, ähnelte in etwa dem, wie wir bei den Bulls für Eintracht für die nächsten drei Saisons gesorgt hatten.

Der Beginn der Saison 1995/96 erinnerte mich an Josua und den Kampf um Jericho. Die Mauern stürzten immer weiter ein. Jedes Mal, wenn wir in eine andere Stadt fuhren, schien bei der anderen Mannschaft etwas schiefzugehen. Ein Starspieler verletzte sich, ein wichtiger Verteidiger wurde aufgrund der Höchstzahl seiner Fouls vom Platz gestellt, oder der Ball landete genau zur richtigen Zeit für uns im Korb. Aber es war nicht nur Glück. Viele unserer Gegner wussten nicht, wie sie mit unseren drei großen Guards umgehen sollten, und unsere Verteidigung war sehr gut darin, die gegnerischen Angriffe im zweiten und dritten Viertel abzuwehren. Ende Januar hatten die Bulls 39 Siege eingefahren und nur 3 Niederlagen einstecken müssen, und die Spieler sprachen davon, den Rekord der Lakers, den diese 1971/72 mit 69 Siegen aufgestellt hatten, zu brechen.

Mir war etwas bange, dass sie siegestrunken wurden und ihnen die Luft ausgehen könnte, bevor wir die Playoffs erreichten. Ich spielte mit dem Gedanken, das Spieltempo zu drosseln, aber nichts schien dieses Team, das wie eine riesige Dampfwalze alles plattmachte, aufhalten zu können, nicht einmal Verletzungen. Rodman verletzte sich zu Saisonbeginn an der Wade und fiel für zwölf Spiele aus. Zu dieser Zeit hatten wir eine Spielbilanz von 10:2. Im März musste Scottie dann fünf Spiele aussetzen, da er körperlich angeschlagen war, während Dennis in seine alten Gewohnheiten zurückfiel und für sechs Spiele gesperrt wurde, weil er einem Schiedsrichter einen Kopfstoß verpasst und den NBA-Commissioner beleidigt hatte. Trotzdem verloren wir in dieser Zeit nur ein Spiel.

Nachdem wir fast 70 Spiele gewonnen hatten (insgesamt waren es am Ende der regulären Saison 72 Siege gegenüber 10 Niederlagen), geriet der

Medienrummel außer Kontrolle. Der Reporter Chris Wallace von ABC News nannte das Team »die Beatles des Basketballs« und bezeichnete Michael, Scottie, Dennis und mich als die neuen Fab Four. Am Tag des großen Spiels gegen die Bucks wurde unser Mannschaftsbus auf dem Weg nach Milwaukee die ganze Zeit von TV-Helikoptern beschattet, und an den Überführungen auf der Interstate drängten sich Menschenmassen, die Schilder hochhielten, um ihre Unterstützung für uns zu zeigen. Als wir schließlich ankamen, drängten sich die Fans vor die Arena der Bucks in der Hoffnung, einen Blick auf Rodmans Haare werfen zu können.

Natürlich mussten wir für ein dramatisches Spiel sorgen. Als die Partie begann, waren wir so überdreht, dass wir im zweiten Viertel einbrachen und nur 5 von 21 Würfen aus dem Feld trafen (12 Punkte). Dann aber kämpften wir uns in der zweiten Halbzeit langsam wieder heran und gewannen in den letzten Sekunden mit 86:80.

Wenn ich das Gefühl benennen sollte, das uns am Ende überfiel, dann war es Erleichterung. »Es war ein sehr hässliches Spiel, aber manchmal ist das Hässliche auch schön«, sagte Michael. Er war mit seinen Gedanken jedoch bereits in der Zukunft. »Wir sind nicht in die Saison gestartet, um 70 Spiele zu gewinnen«, fügte er hinzu. »Wir haben die Saison begonnen, um die Meisterschaft zu gewinnen, und das ist immer noch unser innerer Antrieb.«

Wir beendeten die Saison mit zwei weiteren Siegen, und Harper dachte sich einen neuen, gershwinesken Mannschaftsslogan aus: »72 and 10 don't mean a thing without the ring.« Um die Spieler zu motivieren, wandelte ich ein Zitat von Walt Whitman um und klebte es vor dem ersten Spiel gegen die Miami Heat in den Playoffs an ihre Spinde: »Von nun an suchen wir nicht das Glück, wir sind selbst das Glück.« Jeder erwartete von uns, dass wir uns tanzend auf den Weg zur Meisterschaft begeben würden, doch solche Spiele sind immer am schwierigsten zu gewinnen. Ich gab den Spielern zu verstehen, dass trotz unserer tollen Saison der Rest des Weges nicht einfach würde. Sie würden ihr eigenes Glück finden müssen.

Und das taten sie. Wir haben Miami mit 3:0 Spielen gesweept und New York in fünf Spielen aus den Playoffs geworfen. Als Nächstes war Orlando dran. Um die Mannschaft auf die Serie gegen die Magic vorzubereiten, fügte ich ein paar Clips aus *Pulp Fiction* in die Spielaufzeichnungen ein. Die Lieblingsszene der Spieler zeigte einen durchtriebenen Gangster, dargestellt von Harvey Keitel, der zwei Auftragskiller (Samuel L. Jackson und John Travolta) erklärt, wie man den Tatort eines besonders grausamen Mordfalls reinigt. Und mitten in seinen Ausführungen sagt er: »Lasst uns noch nicht damit anfangen, uns gegenseitig die Schwänze zu lutschen.«

Seit wir in den Playoffs 1995 von den Magic gedemütigt wurden, wollten wir eine Revanche. Tatsächlich hatten wir unser Team vor allem mit Blick auf Orlando neu aufgebaut. Das erste Spiel war für die Magic enttäuschend. Unsere Verteidigung war einfach zu übermächtig. Dennis sorgte dafür, dass Horace Grant in der ersten Hälfte des Spiels keinen einzigen Punkt erzielte und nur einen Rebound holte. Dann hatte Horace seinen Ellbogen bei einem Zusammenstoß mit Shaq überstreckt und fiel für den Rest der Serie aus. Wir konnten auch zwei andere Spieler kaltstellen, die uns im Vorjahr großen Schaden zugefügt hatten: Dennis Scott (0 Punkte) und Nick Anderson (2 Punkte). Am Ende gewannen wir 121:83.

In Spiel 2 rappelten sich die Magic wieder auf, doch wir hatten ihren Kampfgeist gebrochen, als wir im dritten Viertel einen 18-Punkte-Rückstand aufholten und den Sieg klarmachten. Hinzu kam, dass sie durch die Verletzungen von Nick Anderson (Handgelenk), Brian Shaw (Hals) und Jon Koncak (Knie) geschwächt waren. Die einzigen Magic-Spieler, die uns in irgendeiner Form gefährlich werden konnten, waren Shaquille O'Neal und Penny Hardaway, aber das sollte nicht ausreichen. Die Serie endete entsprechend mit einem 106:101-Sieg in Spiel 4, in dem Michael allein auf sage und schreibe 45 Punkte kam und wir somit Orlando mit 4:0 Spielen aus dem Rennen geworfen hatten.

Die Chancen, dass unser nächster Gegner, die Seattle SuperSonics, die NBA-Finals gewinnen würde, standen neun zu eins. Sie waren jedoch ein junges, talentiertes Team, das in dieser Saison 64 Spiele gewonnen hatte und uns mit ihrer unkonventionellen Pressverteidigung Probleme bereiten konnte. Entscheidend dafür war, ihre Stars, den Point Guard Gary Payton und den Power Forward Shawn Kemp, daran zu hindern, in Fahrt zu kommen und uns davonzulaufen. Ich setzte daher Luc Longley wegen seines großen und kräftigen Körpers auf Kemp an, und Harpers Aufgabe war es, Payton zu verteidigen.

Zunächst sah es so aus, als ob die Serie vorzeitig beendet werden könnte. Wir gewannen die ersten beiden Spiele in Chicago, angetrieben von unserer Defensive und Rodmans 20 Rebounds in Spiel 2, in dem er mit 11 offensiven Rebounds auch einen NBA-Rekord in den Finals aufstellte. Doch an diesem Abend verletzte sich Harper erneut am Knie und musste zwei der nächsten drei Spiele aussetzen. Zum Glück machten die Sonics nach dem 2. Spiel einen taktischen Fehler und flogen am Freitagabend direkt nach dem Spiel zurück nach Seattle, statt wie wir bis Samstagmorgen zu warten, um ohne Eile und gemächlich nach Hause zu fliegen. Die Sonics sahen am Sonntagnachmittag immer noch übernächtigt aus, und wir konnten sie mit 108:86 abfertigen.

Zu diesem Zeitpunkt wurde die Debatte darüber, ob die Bulls das beste Team aller Zeiten waren, recht heftig diskutiert. Ich habe das Geschwätz größtenteils ignoriert, freute mich aber, als der ehemalige Trainer der Portland Trail Blazers, Jack Ramsay, sagte, die Bulls hätten die Art von Verteidigung, die »sich nicht um eine bestimmte Zeit schert«. Meiner Meinung nach ähnelten die Bulls am ehesten den New York Knicks der Saison 1972/73. Wie die Bulls bestand auch das Team der Knicks größtenteils aus Neulingen. Die Jungs waren sehr professionell und spielten gerne zusammen, verbrachten aber außerhalb des Spielfelds nicht viel Zeit miteinander. Zu Beginn des Jahres sagte ich den Bulls, dass es mir egal sei, was sie mit ihrer restlichen Zeit machen, solange sie ihr berufliches Leben auf die Reihe bekamen. Diese Spieler standen sich zwar nicht sehr nahe, waren sich aber auch nicht allzu fremd. Das Wichtigste war, dass sie großen Respekt füreinander zeigten.

Leider spielten die Basketballgötter nicht mit. Ohne den verletzten Harper war es für uns schwieriger, dem Angriff der Sonics standzuhalten, und wir verloren die nächsten beiden Spiele. Da wir in der Serie immer noch mit 3:2 führten, kehrten wir nach Chicago zurück und waren entschlossen, in Spiel 6 alles klarzumachen und die Meisterschaft zu gewinnen. Das Spiel war für den Vatertag angesetzt, was für Michael in emotionaler Hinsicht wegen der Ermordung seines Dads von Bedeutung war, und wie sich zeigte, hatte sein Offensivspiel darunter zu leiden. Aber unsere Verteidigung war nicht zu überwinden. Harper kehrte für das Spiel zurück und schaltete Payton aus, und Michael machte seine Sache besonders gut, indem er verhinderte, dass Hersey Hawkins mehr als 4 Punkte erzielte. Der Spieler aber, der das Match an sich riss, war Dennis, der 19 Rebounds holte und einige wichtige *Putbacks* bei Fehlwürfen erzielte. Gegen Ende des vierten Viertels bediente Dennis Michael bei einem *Backdoor-Cut*, der die Bulls 6:40 Minuten vor Schluss mit 64:47 in Führung brachte. Nach dem Wurf beobachtete Michael, wie Dennis über den Platz hüpfte, und beide brachen in lautes Lachen aus.

Als die Schlusssirene ertönte, nahm Michael Scottie und mich kurz in den Arm, flitzte zum Mittelkreis, um sich den Ball zu schnappen, und zog sich dann in die Umkleidekabine zurück, um den Fernsehkameras zu entkommen. Als ich in die Kabine kam, lag er zusammengerollt auf dem Boden und drückte den Ball an seine Brust; Tränen liefen ihm über das Gesicht.

Michael widmete das Spiel seinem Vater. »Das ist wahrscheinlich die schwerste Zeit für mich, Basketball zu spielen«, sagte er. »Ich hatte viele Dinge auf dem Herzen und im Kopf ... Und vielleicht war ich mit dem Herzen nicht dort, wo ich hätte sein sollen. Aber ich denke, tief in meinem Inneren war ich dort, wo es mir am wichtigsten war, nämlich bei meiner Familie und bei meinem Vater, der das hier nicht miterleben konnte. Ich bin einfach froh, dass das Team mich da durchgezogen hat, denn es war eine schwere Zeit für mich.«

Das war ein ergreifender Moment. Und wenn ich auf diese Saison zurückblicke, dann ist es nicht das Finale, das mir in erster Linie im Gedächtnis geblieben ist. Vielmehr ist es ein Spiel, das wir im Februar gegen die Denver Nuggets verloren und das unsere Siegesserie, die 18 Spiele währte, beendete. Man nennt diese Art von Spiel den »Traum eines jeden Buchmachers«, weil wir am Tag zuvor von L.A. nach Denver geflogen waren und keine Zeit hatten, uns an die Höhenveränderung zu gewöhnen. [Anm. d. Übers.: Denver zeichnet sich aufgrund seiner Lage von 1600 Metern durch ein Gebirgsklima aus, an das man sich erst gewöhnen muss; die Buchmacher sehen daher für auswärtige Teams, die sich nur für kurze Zeit in Denver aufhalten, kaum Chancen, wegen einer fehlenden Akklimatisation hier gegen heimische Mannschaften bestehen zu können.]

Die Nuggets waren ein Team, das weniger als 50 Prozent seiner Spiele gewonnen hatte, aber es hatte im ersten Viertel eine Trefferquote von 68 Prozent und baute eine überraschende 31-Punkte-Führung auf. Viele Klubs hätten zu diesem Zeitpunkt das Handtuch geworfen, aber wir wollten nicht aufgeben. Wir taten alles Mögliche: Wir spielten mit einem großem und mit einem kleinen Lineup, wir bewegten den Ball, warfen Dreier, wir zogen das Tempo an, um es dann wieder zu drosseln, und zur Hälfte des vierten Viertels gingen wir durch einen pirouettenmäßigen Dunk von Scottie Pippen in Führung. Michael führte unser Comeback an und erzielte 22 Punkte im dritten Viertel, aber das war keine One-Man-Show. Nein, es war beeindruckend, wie jeder im Team Durchhaltevermögen zeigte. Und auch wenn wir in den letzten Sekunden das Match mit 105:99 verloren hatten, gingen die Spieler mit dem Gefühl nach Hause, etwas Wichtiges über sich selbst gelernt zu haben, und zwar: Wie schlimm auch immer die Situation ist, sie würden irgendwie die Courage finden, bis zum Ende zu kämpfen.

In dieser Nacht wussten die Bulls, wo ihr Herz war.

KAPITEL 12

WENN SICH DAS BLATT WENDET

Sich zu trauen, bedeutet, für einen Augenblick den Halt zu verlieren. Sich nicht zu trauen, bedeutet, sich selbst zu verlieren.

Søren Kierkegaard

Der Zen-Lehrer Lewis Richmond erzählt, dass er hörte, wie Shunryu Suzuki den Buddhismus in drei Worten zusammenfasste. Suzuki hatte gerade einen Vortrag vor einer Gruppe von Zen-Schülern beendet, als jemand im Publikum sagte: »Sie haben fast eine Stunde lang über den Buddhismus gesprochen, und ich habe nichts von dem verstanden, was Sie gesagt haben. Könnten Sie mir einen Aspekt des Buddhismus sagen, den ich verstehen kann?«

Nachdem das Gelächter verstummt war, antwortete Suzuki ruhig: »Alles verändert sich.«

Diese Worte, sagte Suzuki, enthalten die grundlegende Wahrheit jeglichen Seins: Alles ist ständig im Fluss. Solange man dies nicht akzeptiert, kann man keine wahre Gelassenheit finden. Das bedeutet jedoch, dass man das Leben so hinnehmen muss, wie es ist, und nicht nur das, was man für die »guten Seiten« hält. »Dass die Dinge der Veränderung unterliegen, ist der Grund, warum man in dieser Welt leidet und den Mut verliert«, schreibt

Shunryu Suzuki in *Not Always So: Practicing the True Spirit of Zen.* »Wenn du [aber] deine Auffassung und deine Lebensweise änderst, kannst du dein neues Leben in jedem Augenblick voll und ganz genießen. Die Vergänglichkeit der Dinge ist der Grund, warum du dein Leben genießt.«

Das trifft auf nichts besser zu als auf Basketball. Ein Teil von mir sehnte sich danach, dass die Erfolgssträhne, die wir 1995/96 hatten, niemals enden würde, aber noch bevor die nächste Saison begann, spürte ich, dass eine Veränderung bevorstand. Ich ahnte nicht, dass die nächsten beiden Spielzeiten mir einige harte Lektionen erteilen würden, wie man mit Unbeständigkeit umzugehen habe.

Der Sommer 1996 war eine Zeit großer Umwälzungen in der NBA – es war gewissermaßen das sportliche Äquivalent zur Reise nach Jerusalem. Fast 200 Spieler wechselten im Zuge einer boomenden Free Agency in diesem Jahr die Teams. Glücklicherweise entschied sich Jerry Reinsdorf dafür, den Kader der Bulls nahezu unverändert zu lassen, sodass wir ein weiteres Mal die Meisterschaft anstreben konnten. Die einzigen Spieler, die wir verloren, waren Center James Edwards, der durch Robert Parish ersetzt wurde, und Jack Haley, ein Freund Rodmans von den Spurs, dessen Hauptaufgabe darin bestand, Dennis' Aufpasser zu sein.

Das ganze Team zusammenzuhalten hatte seinen Preis: Die Gehaltsabrechnung der Bulls belief sich in jenem Jahr auf mehr als 58 Millionen Dollar, die höchste, die es je in der NBA gab. Der größte Posten war natürlich das Gehalt von Michael Jordan in Höhe von 30 Millionen Dollar. Michael hatte 1988 einen Achtjahresvertrag über 25 Millionen Dollar mit den Bulls geschlossen, der damals wie ein großer Gehaltsscheck wirkte, aber längst von mehreren Stars der unteren Spielklassen übertroffen worden war. Jordans Agent hatte Reinsdorf einen Zweijahresvertrag über 50 Millionen Dollar vorgeschlagen, aber Jerry entschied sich stattdessen für einen Einjahresvertrag, was er schon bald bereuen sollte. Im nächsten Jahr würde er Jordans Gehalt auf 33 Millionen Dollar erhöhen müssen. Reinsdorf hat auch mit mir und Dennis Rodman Einjahresverträge ausgehandelt.

Eine der größten Veränderungen, die mir auffiel, war, dass Dennis' Interesse für Basketball nicht mehr das war, was es einst gewesen war. In seinem ersten Jahr bei uns wollte er sich selbst und anderen beweisen, dass er immer noch großartigen Basketball spielen konnte, ohne die Kontrolle über sich zu verlieren. Doch jetzt schien ihn das Spiel zu langweilen und er fühlte sich zu anderen Vergnügungen hingezogen. Meiner laienhaften Meinung nach litt Dennis an einer Aufmerksamkeitsdefizit-/Hyperaktivitätsstörung (ADHS), die seine Konzentrationsfähigkeit beeinträchtigte und dazu führte, dass er frustriert und unberechenbar war. Deshalb war er auch so begeistert von Las Vegas – für ihn ein Ort der Glückseligkeit, wo er Ablenkung fand.

Nun, da Dennis ein landesweiter Star geworden war, boten ihm die Medien sämtliche Möglichkeiten, die seinen Fokus auf den Basketball noch weiter abzulenken drohten. Neben Werbeverträgen und Klubauftritten spielte er an der Seite von Jean-Claude Van Damme in dem Film *Double Team* und moderierte eine Reality-Show auf MTV mit dem Titel *The Rodman World Tour.* Die größte Aufmerksamkeit erregte er jedoch mit einer Lesereise für seinen Bestseller *Der Abräumer: Bad as I Wanna Be,* bei der er in einem Hochzeitskleid erschien und ankündigte, sich selbst zu heiraten.

Eine weitere Veränderung, die letztlich große Auswirkungen zeigen sollte, war das fortschreitende Alter unserer Mannschaft. Rodman war 35, Michael würde im Februar 1997 34 werden, und Scottie und Harper waren Anfang 30. Im Großen und Ganzen war das Team in hervorragender Verfassung, und seine Mitglieder spielten so, als wären sie noch wesentlich jünger, aber dann waren es die Verletzungen einzelner Spieler, die uns auszubremsen begannen. Luc und Harp erholten sich von Operationen, denen sie sich in der Off-Season unterzogen hatten. Und Scottie, der 1996 bei den Olympischen Sommerspielen in Atlanta für das Dream Team III gespielt hatte, litt an einem wunden Knöchel. Mir fielen keine Top-Guards ein, die sich nach ihrem 34. Lebensjahr in der NBA gut geschlagen hätten. Wann würde die Uhr für Michael Jordan ablaufen?

Dennoch war ich dankbar, dass wir nicht wie so viele andere Teams durch die Free Agency dezimiert worden waren. Wir konnten auf dem aufbauen, was wir bereits erreicht hatten, und unsere Beziehungen zueinander vertiefen. Ich sagte dem Team, dass dies vielleicht unser letzter gemeinsamer Anlauf für eine Meisterschaft sein könnte, also sollten wir ihn zu etwas Besonderem machen. Michael sah das ähnlich. Als Reporter ihn fragten, welche Auswirkungen die vielen Einjahresverträge seiner Ansicht nach haben könnten, klang er wie ein Zen-Mönch: »Ich denke, wir zeigen, dass wir für den jeweiligen Moment spielen ... Wir gehen auf den Platz und spielen jedes einzelne Spiel so, als wäre es unser letztes.«

In den ersten Wochen sah es jedenfalls so aus. Wir hatten unseren besten Start aller Zeiten: Zwölf Siege und keine einzige Niederlage, einschließlich eines 32-Punkte-Erfolges gegen die Miami Heat. Aber Dennis wirkte leidenschaftslos, in manchen Partien sogar gelangweilt. Und schon fiel er wieder aus der Rolle, legte sich mit den Schiedsrichtern an und hetzte gegenüber den Medien gegen sie. Im Dezember bekam er eine zweitägige Sperre von uns wegen seiner beleidigenden Äußerungen über Commissioner David Stern und andere Offizielle der Liga auferlegt. Dennis' Unberechenbarkeit und seine enttäuschenden Leistungen waren besonders besorgniserregend, weil uns bereits Center Luc Longley fehlte, der sich beim Bodysurfing in Kalifornien an der Schulter verletzt hatte. Wir waren Samstag in L.A. angekommen, um am Sonntagabend darauf im Forum zu spielen. Am Sonntagnachmittag erhielt ich einen Anruf von Luc: »Coach, ich habe es verbockt. Eine böse Welle hat mich beim Bodysurfen erwischt und ich habe mir die linke Schulter ausgekugelt. Tut mir leid, Mann.« Ich sah es ihm nach und sagte ihm, er solle sich in entsprechende ärztliche Behandlung begeben. Wir würden für ihn einspringen, während er sich erholte.

Doch es wurde alles noch schlimmer, als es ohnehin schon war. Während eines Spiels in Minneapolis im Januar kämpfte Dennis mit Kevin Garnett von den Minnesota Timberwolves um einen Rebound, als er mit einem Fotografen am Spielfeldrand zusammenstieß und ihm schließlich in die Leiste trat. Die NBA sperrte ihn für elf Spiele, was ihn mehr als 1 Million US-Dollar an Einkommensbuße und Geldstrafen kostete. Als er zurückkehrte, hatten Michael und Scottie die Geduld mit ihm verloren. »Alles, was ich weiß, ist, dass Dennis sich um die meisten Dinge einen Dreck schert«, sagte Scottie. »Ich bin mir nicht sicher, ob er aus seinen Sperren irgendwelche Lehren zu ziehen vermag. Ich gehe nicht davon aus, dass er sich jemals ändern wird, denn dann wäre er nicht ›The Worm‹, die Persönlichkeit, die er für sich selbst erfunden hat.«

Die Spielbilanz der Bulls war 9:2, als Rodman ausfiel, und die Spieler gewöhnten sich an den Gedanken, ohne ihn um die Meisterschaft zu kämpfen. »Wir können mit Dennis besser sein, das ist uns klar«, sagte Michael. »Aber wir können auch ohne Dennis weitermachen, das wissen wir auch.

Unser Siegeswille ist ohne Dennis genauso groß.« Auf die Frage, welchen Rat er Rodman bei seiner Rückkehr geben würde, sagte Michael: »Ich würde ihm raten, stets Hosen zu tragen.«

Die meisten Spieler mochten Dennis, weil er unser Hofnarr war. In der Kultur der Natives wäre er als *Heyoka* bekannt, was »rückwärtsgehender Mann« bedeutet. Heyokas – auch Trickster genannt – gingen nicht nur rückwärts, sondern ritten auch rückwärts, trugen Frauenkleider und brachten die Leute zum Lachen. Dennis hatte eine Art an sich, die alle erheiterte, wenn die Situation angespannt war. Wie also konnte man sich selbst madig machen, wenn es diesen verrückten Kerl im Team gab, der sich die Haare mit einem großen gelben fröhlichen Gesicht gefärbt hatte?

Aber Dennis hatte auch eine dunkle Seite. Einmal erschien er nicht zum Training, also ging ich zu ihm nach Hause, um nach ihm zu sehen. Als ich dort ankam, lag er auf seinem Bett – dieses bestand nur aus einer Matratze auf dem Boden – und schaute sich wie benebelt Videos an. Den Abend zuvor war er auf einer Sauftour gewesen, und er gab nur zusammenhangloses Zeug von sich. Ich beschloss daher, wesentlich engeren Kontakt zu ihm zu halten, als ich es in der Vergangenheit getan hatte, vor allem seit wir Jack Haley, der ihn zwischen den Spielen im Auge behalten hatte, entlassen hatten. Ich schlug Dennis vor, Rat bei dem Psychologen des Teams zu suchen, und er willigte ein, es zu versuchen. Er weigerte sich jedoch, ihn in seinem Büro aufzusuchen, und so fand die erste Sitzung in einem Einkaufszentrum statt.

Andere Trainer waren mit Dennis wie mit einem Kind umgegangen und hatten versucht, ihn mit strenger Disziplin zu zwingen, sich ihrem Willen zu beugen. Diese Taktik hatte kläglich versagt. Ich wollte ihn wie einen Erwachsenen behandeln und ihn für seine Handlungen zur Rechenschaft ziehen, so wie ich es mit allen anderen im Team zu tun pflegte. Er schien dies zu schätzen. Einmal sagte er Reportern, er mochte an mir, dass ich ihn »wie einen Mann« behandelte.

Kurz nachdem Dennis von seiner dritten Sperre in dieser Saison zurückgekehrt war, fragten mich Steve Kerr und Jud Buechler, ob die Spieler Dennis mit einer etwas ausgefallenen Spritztour wieder in der Gruppe willkommen heißen dürften. Ihre Idee war es, am Tag nach unserem Spiel in Philadelphia am 12. März einen Bus zu mieten und am nächsten Tag vor unserem Spiel gegen die New Jersey Nets zu einem lockeren Training zurückzukehren. Ich hatte nichts dagegen, weil ich dachte, es würde helfen, Rodman schneller wieder ins Team zu integrieren – ganz abgesehen davon, dass die Nets die schlechteste Bilanz der Liga hatten.

So machten sich am nächsten Tag Dennis und seine Truppe glücklicher Mitstreiter in einem Mietbus, der mit Werbefotos für Howard Sterns Film *Private Parts* vollgeklebt war, auf den Weg. Am nächsten Morgen frühstückte ich mit dem Trainerstab im »Four Seasons« in Philadelphia, als der Bus direkt vor uns hielt und die Spieler ausstiegen, lachten, herumalberten und ihren Spaß hatten. Ich dachte: Das wird das schlimmste Training, das wir je hatten. Und ich sollte recht behalten. Die Spieler waren so kaputt, dass sie kaum noch stehen konnten, also brach ich das Training nach 40 Minuten ab und sagte ihnen, sie sollten sich für das Spiel ausruhen, das wir dann mit 99:98 verloren haben. Doch am Ende hat es sich gelohnt. Dennis das Gefühl zu geben, wieder Teil des Teams zu sein, war wichtiger als ein weiterer Sieg für die Statistik.

Nachdem Dennis und Luc in die Startaufstellung zurückgekehrt waren, schlugen die Bulls zurück. Scottie war in Bestform und dirigierte unser Spiel so gut, dass Michael ihn später als »meinen MVP« bezeichnete. Michael war entspannter und legte einen weniger kräfteraubenden Spielstil an den Tag, mit mehr Sprungwürfen aus der Mitteldistanz und weniger theatralischen Eins-gegen-Eins-Duellen in der Luft. Vor allem aber gaben sich die Spieler wie echte Champions. Welches Unheil auch immer über sie hereinbrach, sie waren zuversichtlich, dass sie einen Weg fänden, es gemeinsam zu bewältigen. Es gibt ein Zen-Sprichwort, das ich oft zitiere: »Vor der Erleuchtung hacke Holz und trage Wasser. Nach der Erleuchtung hacke Holz und trage Wasser.« Die Aussage dahinter: Konzentriere dich auf die anstehende Aufgabe, statt in der Vergangenheit zu verweilen oder sich um die Zukunft zu sorgen. Dieses Team war auf einem guten Weg dorthin.

Leider währte Rodmans Rückkehr ins Team nicht allzu lange. Ende März verstauchte er sich das linke Knie und musste bis zum Ende der regulären Saison pausieren. Die Mannschaft war zu dieser Zeit auf dem Weg zu einer langen Reise an die Ostküste, und ich machte mir Sorgen, dass Dennis, wenn er in Chicago mit seiner Reha auf sich allein gestellt wäre, wieder rückfällig werden könnte. Also schmiedeten wir einen Plan, wonach er im Haus seines Agenten in Südkalifornien wohnen und die Reha dort beenden sollte.

Das schien eine vernünftige Idee zu sein. Wally Blase, ein junger Assistenztrainer, sollte Dennis zum Haus seines Agenten in Orange County begleiten und ein Auge darauf haben, dass er jeden Tag seine Übungen machte. Bevor sie abflogen, ließ ich beide in mein Büro kommen und wies sie an, direkt nach Kalifornien zu fliegen, ohne irgendwelche Abstecher. Dann gab ich, um den Sack endgültig zuzumachen, Wally eine Adlerfeder und sagte zu Dennis scherzhaft: »Pass auf Wally auf und sorge dafür, dass er ein Kondom benutzt.«

»In Ordnung, Bro«, antwortete Dennis.

Das war vor 9/11, und unser Sicherheitsteam fand einen Weg, Dennis und Wally ins Flugzeug zu schleusen, ohne das Gate zu passieren. Als sie sich anschnallten und der Pilot ankündigte, dass sie in zwei Stunden und zwanzig Minuten in Dallas-Fort Worth landeten, ahnte Wally zum ersten Mal, dass dies kein normaler Flug werden würde.

Dallas-Fort Worth! Du lieber Himmel!, dachte Wally. Sie hatten Chicago noch nicht einmal verlassen, und schon hatten sie die erste Regel gebrochen. Wally fragte Dennis, was denn los sei. »Mach dir keine Sorgen, Bro«, sagte er. »Ich habe bereits mit meinem Agenten gesprochen. Wir müssen meine Mutter in Dallas besuchen und uns das Haus ansehen, das ich ihr gerade gekauft habe.«

Rodmans Plan klang glaubwürdig. Doch als sie am Gepäckterminal ankamen, wurden sie von zwei weißen Stretch-Limos mit spärlich bekleideten Frauen empfangen. Nachdem sie Dennis' Mom besucht hatten, zogen sie mit den Damen die ganze Nacht durch die Clubs von Dallas und kehrten danach in ihre Hotelsuite zurück. Wally schlief auf der Couch ein.

Dennis weckte Wally am nächsten Morgen um acht Uhr dreißig. »Steh auf, Bro«, sagte er. »Schlafen kannst du, wenn du tot bist.« Sie gingen ins Fitnessstudio, wo Dennis wie verrückt seine Workouts absolvierte. Beim Frühstück fragte Wally ihn, wann ihr Flug nach Kalifornien gehe. »Heute nicht, Bro«, antwortete Dennis. »Warst du schon mal bei einem NASCAR-Rennen?« An diesem Tag fand die große Eröffnung des Texas Motor Speedway statt, und ein Topmodel, auf das Dennis scharf war, sollte dabei sein. Also mieteten sie einen Hubschrauber und flogen zur Rennstrecke, um den Verkehr zu umgehen. Als sie landeten, sagte Dennis: »Lass uns Richard ›The King‹ Petty treffen«, und er schleppte Wally in die VIP-Suite im Infield.

Am dritten Tag rastete Wally aus. Er sagte Dennis, dass er seinen Job verlieren würde, wenn sie nicht bald nach Kalifornien kämen. Aber Dennis wollte Dallas noch nicht verlassen. »Komm schon, Bro«, sagte er. »Gestern war nur ein Vor-Rennen. Heute findet das richtige Rennen statt.« Also machten sie sich wieder auf den Weg zum Speedway. Entnervt rief Wally seinen Boss, Cheftrainer Chip Schaefer, an und erzählte ihm, dass sie immer noch in Dallas waren. »Mach dir keine Sorgen«, beruhigte ihn Chip. »Wenigstens ist er nicht in Schwierigkeiten geraten.«

Am Tag darauf kamen sie endlich in Südkalifornien an, und Wally dachte, jetzt ließe sich alles gemächlicher angehen. Doch kaum waren sie gelandet, wollte Dennis sich seinen neuen Lamborghini ansehen. Als sie in der Werkstatt waren, gab Dennis Wally die Schlüssel zu seinem anderen Auto, einem gelben Porsche. »Bist du schon einmal einen Porsche gefahren?«, fragte er. Wally schüttelte den Kopf. »Macht nichts«, sagte Dennis, und die beiden fuhren durch die Straßen von Orange County, als würden sie beim Daytona 500 antreten.

Es reihte sich ein tolles Abenteuer an das andere. Einmal gingen sie in *The Tonight Show* und ließen sich mit Rodney Dangerfield und der Band No Doubt fotografieren. An einem anderen Tag trafen sie sich mit dem Filmproduzenten Jerry Bruckheimer, um eine eventuelle Rolle für Dennis in *Armageddon* zu besprechen. Sie gingen auch zu einem Spiel der Anaheim Ducks und ließen sich mit einigen von Wallys Eishockeyidolen fotografieren. »Es war wie in den Filmen *Männertrip* und *Almost Famous – Fast berühmt* in einem«, sagt Wally.

Am Ende waren Wally und Dennis so dicke Freunde, dass wir Wally als Dennis' Buddy oft mit zu Auswärtsspielen nahmen. Im Jahr darauf, während einer Pause in den Championship Finals in Utah, sagte Dennis, er habe die Schnauze voll vom öden Salt Lake City, und mietete für sich und Wally einen Jet, um nach Vegas zu fliegen. Was Dennis ihm nicht erzählte, war, dass er diesen Trip als Geburtstagsparty für Wally geplant und viele seiner Freunde eingeladen hatte, darunter die Schauspielerin Carmen Electra, den Singer-Songwriter Eddie Vedder und die Eishockeylegende Chris Chelios. »Es war der Abend meines Lebens«, sagte Wally.

Wally, der später hauptverantwortlicher Athletiktrainer bei den Atlanta Hawks wurde, verstand Dennis sofort. Ja, er sei verkorkst und unsicher, sagt Wally, aber er sei auch »einer der nettesten Menschen, die man je kennenlernt«. Das Größte, was Dennis je geleistet hat, war nach Wallys Ansicht, dass er das »perfekte Szenario für einen Profisportler« kreiert hat. »Er ist der einzige Profi von allen Sportlern, von dem die Leute *erwartet* haben, dass er mit Stripperinnen feiern geht«, sagt er. »Joe Namath hat es getan und wurde in New York dafür gescholten; Michael Jordan wurde beim Glücksspiel auf einem Golfplatz erwischt, und alle sind sofort schnell über ihn hergezogen. Bei Dennis aber war Abgeschmacktheit Teil seines Geschäfts, und er legte sich dieses Image zu, das die Leute dazu brachte, zu sagen: ›Oh ja, das ist völlig normal.‹ Das ist genial, wenn man darüber nachdenkt.«

Das mag stimmen, aber ich denke, das Geheimnis von Dennis' Ausstrahlung war seine spielerische Art, mit der er sich gegen das Establishment auflehnte. Das machte ihn zu einem Vorbild für Menschen, die sich, ob jung oder alt, an den Rand der Gesellschaft gedrängt fühlten. Ich bekam viele Briefe von Sonderschullehrern, die mir sagten, dass ihre Schüler, die an ADHS litten, Dennis liebten, weil er trotz seines Befindens, das an ihm zehrte, erfolgreich im Leben war. Für sie war er ein echter Champion.

Was für ein seltsames Jahr! Obwohl einige unserer Stars teilweise ausfielen, gelang es uns, die Saison mit einer Bilanz von 69:13 zu beenden und mit den Lakers von 1971/72 gleichzuziehen, die die zweitbeste Bilanz aller NBA-Teams aufwiesen. Dennis und Toni erholten sich immer noch von ihren Verletzungen, und dem Team fehlte der Zusammenhalt, den wir in der Vorsaison hatten. Ein positiver Nachtrag: In den letzten Wochen der Saison holten wir den 2,10 Meter großen Brian Williams, auch bekannt als Bison Dele, ein Forward und Center, zu den Bulls, um uns in der Zone mit seinem kraftvollen Körper zu verstärken. Williams spielte in den Playoffs eine wichtige Rolle als Backup für Luc und Dennis.

Die ersten beiden Runden waren eintönig. Wir sweepten Washington mit 3:0 aus dem Rennen und setzten uns in fünf Spielen gegen Atlanta durch, nachdem wir in Spiel 2 auf eigenem Platz verloren hatten – das erste Mal seit zwei Jahren, dass uns ein Team in den Playoffs zu Hause geschlagen hatte.

In der nächsten Runde, den Eastern Conference Finals gegen die Miami Heat, trafen zwei völlig unterschiedliche Basketballkulturen aufeinander. Die Mannschaft war in der Saison 1995/96 von Pat Riley übernommen worden und hatte mit Alonzo Mourning als Center und Tim Hardaway als Point Guard das Zeug dazu, ein typisches Riley-Team zu werden. Über meine Rivalität mit Pat ist im Laufe der Jahre viel geschrieben worden, vor allem in der New Yorker Boulevardpresse. Aber der wesentliche Unterschied zwischen uns ist die philosophische, nicht die persönliche Ebene. Riley war mit seiner knallharten Spielweise der alten Schule sehr erfolgreich. Wie die Knicks, Rileys ehemaliger Klub, spielten auch die Miami Heat mit hartem Körpereinsatz, waren aggressiv und darauf aus, bei jeder Partie zu foulen, solange sie damit durchkamen. Wir setzten dagegen auf eine freiere und offenere Spielweise – zwar mit einer intensiven Verteidigung, spezialisierten uns aber darauf, dem Gegner den Ball abzunehmen, die Passwege abzuschneiden und die Ballhandler unter Druck zu setzen, damit sie Fehler machten.

Zunächst sah es so aus, als würde es ein Zuckerschlecken werden. Wir besiegten Miami im 1. Spiel mit 84:77, angeführt von Jordan, der eine atemberaubende Performance zeigte und 37 Punkte erzielte und 9 Rebounds holte. Ein wesentliches Element in diesem Spiel war die Umstellung der Defensive in der Halbzeitpause, als wir Harper auf Hardaway und Michael auf den Dreier-Spezialisten Voshon Lenard ansetzten. Danach erkämpften wir uns einen 75:68-Sieg in Spiel 2, das Playoff-Match mit den wenigsten Punkten in der Geschichte der NBA. Im 3. Spiel fanden wir einen Weg, Miamis brutaler Verteidigung entgegenzuwirken, indem wir die Triangle Offense mehr in die Breite zogen und es den Heat dadurch schwer machten, die Zone dichtzumachen. So gewannen wir locker mit 98:74.

An einem freien Tag spielte Michael Golf über 46 Löcher, und in Spiel 4 hatte er einen seiner schlechtesten Starts überhaupt: Er traf nur 2 seiner 21 Würfe aus dem Feld, während Miami eine 21-Punkte-Führung herausspielte. Michael hätte uns im vierten Viertel fast noch den Sieg beschert, als er 20 unserer 23 Punkte erzielte, aber uns lief die Zeit davon und wir verloren mit 87:80.

Der entscheidende Moment spielte sich gegen Ende des dritten Viertels ab, als Mourning im Sprung Scottie zu Boden schlug und ihm eine Beule an der Stirn verpasste, die so groß war wie ein Golfball. Michael war außer sich und erklärte, dass Spiel 5 für ihn ein persönlicher und erbitterter Kampf werden würde. »Wenn mein Teamkollege eine Beule am Kopf hat«, sagte er, »dann habe ich dort auch eine.«

Michael fackelte nicht lange und ließ in Spiel 5 Miami sofort seine Rache spüren, indem er im ersten Viertel auf 15 Punkte kam. Als sich Scottie jedoch im ersten Viertel nach einem weiteren Zusammenstoß mit Mourning den Fuß verstauchte und aus dem Spiel genommen werden musste, sprang das restliche Team ein. Toni, der sich zu Beginn der Serie schwergetan hatte, ersetzte Scottie und erzielte im ersten Viertel 6 Punkte und baute somit die Führung der Bulls aus. Besondere Freude bereiteten mir die Reservespieler, die Miamis Bank mit 33:12 weit hinter sich ließen, angeführt von Brian Williams, der 10 Punkte erzielte, und Jud Buechler, der sich in der Verteidigung als wichtiger Ausbremser bewährte. Der Endstand: Bulls 100, Heat 87 Punkte.

Riley zeigte sich angesichts der Niederlage demütig. »Dynastien werden besser, wenn sie älter werden«, sagte er und fügte hinzu, dass er die Bulls für »das beste Team in der Geschichte des Basketballs seit den Celtics hielt, als sie 11 Meisterschaften in 13 Jahren gewannen«. Das war das vierte Mal, dass eine seiner Mannschaften von den von Jordan angeführten Bulls aus den Playoffs geworfen wurde. »Wir haben alle das Pech, zur gleichen Zeit wie Michael Jordan geboren zu sein«, sagte er.

Die Utah Jazz waren nicht davon überzeugt. Es war das erste Mal, dass das Team in die Finals einzog, aber die Jazz hatten einige heiße Eisen im Feuer: Power Forward Karl Malone, der sich in dieser Saison gegen Jordan bei der Wahl zum MVP durchgesetzt hatte, und Point Guard John Stockton, einer der schlausten Ballhandler überhaupt. Außerdem hatten die Jazz mit Jeff Hornacek einen gewieften Distanzschützen, der in diesem Jahr auf durchschnittlich 14,5 Punkte pro Spiel kam. Unsere größte Sorge galt den *Screen-Rolls* von Stockton und Malone, ihrem Markenzeichen, mit dem unser Team in der Vergangenheit oft zu kämpfen gehabt hatte. Aber ich wollte auch Malones Spiel in der Zone in Grenzen halten. Karl trug den Spitznamen »The Mailman«, weil er angeblich Tag für Tag seine Leistung erbrachte – wie ein Postbote, der zuverlässig die Post austrägt. Er war groß, spielte aggressiv und war selbst für Rodman unter den Brettern schwer in Griff zu bekommen. Also setzte ich zu Beginn der Serie Luc Longley auf ihn an, in der Hoffnung, dass er ihn mit seiner Größe ausbremsen könnte.

In Spiel 1 war es jedoch nicht Malones Zug zum Korb, der die Partie entschied, sondern die Tatsache, dass er zu unruhig war. Beim Spielstand von 82:82 und 9,2 Sekunden vor Schluss wurde Malone gefoult, als er unter dem Korb um einen freien Ball kämpfte. Als er an die Freiwurflinie ging, flüsterte ihm Scottie ins Ohr: »Der Postbote liefert sonntags nicht.« Karl verpatzte den ersten Wurf. Sichtlich verunsichert, prallte sein zweiter Versuch vom Ring ab, genau in Jordans Hände. Ich nahm an, die Jazz würden Michael im letzten Spielzug doppeln, aber stattdessen ließen sie den Forward Byron Russell im Eins-gegen-Eins gegen ihn antreten, was keine gute Idee war. Jordan lies Russell mit einer Täuschung aussteigen und versenkte den Ball mit einem Sprungwurf zum Endstand von 84:82 für die Bulls.

Im 2. Spiel besiegten wir die Jazz mühelos, aber in Spiel 3 spielte sich Utah auf eigenem Platz in einen wahren Rausch, angeführt von Malones 37 Punkten und 10 Rebounds. Sein Geheimnis? Er verriet später, dass er die landschaftlich schöne Strecke zum Stadion durch die Berge auf seiner Harley genommen hatte. Im nächsten Spiel gab ich Rodman seine erste Chance in der Serie, die Korbmaschine Malone zu stoppen. Wie nicht anders zu erwarten war, machte sich Dennis vor dem Spiel über Malone lustig, indem er sagte, er wolle »ein Motorrad mieten und durch die Berge fahren und versuchen, Gott oder sonst wen zu finden«. Aber es brachte nicht viel. Malone erzielte 23 Punkte, holte 10 Rebounds und verwandelte 18 Sekunden vor Schluss zwei wichtige Freiwürfe. Daraufhin sagte Pippen: »Ich glaube, der Postbote liefert hier tatsächlich sonntags.« Später erfuhren wir, dass unser Zeugwart den Spielern während des Spiels irrtümlich Gaterlode, ein kohlenhydratreiches Getränk, statt Gatorade zu trinken gegeben hatte, was erklärte, warum die Mannschaft in den letzten Minuten so lahm war. Jeder der Spieler hatte wohl in etwa das Äquivalent von zwanzig Ofenkartoffeln zu sich genommen.

Das nächste Spiel war eines der besten Beispiele für einen Durchhaltewillen, den ich je gesehen habe. Am Morgen von Spiel 5, als es noch 2:2 stand, wachte Michael mit einem Magenvirus auf, der sich später als Lebensmittelvergiftung herausstellte. Es war für ihn so kräftezehrend, dass er das Shootaround an diesem Morgen ausfallen ließ und den größten Teil des Tages im Bett verbrachte. Wir hatten Michael schon mit allen möglichen Krankheiten erlebt, aber diese bereitete uns die größten Sorgen. »Ich habe schon viele Saisons mit Michael gespielt, aber ich habe ihn noch nie so krank gesehen«, sagte Scottie. »Es war so schlimm, dass ich dachte, er werde sein Trikot nicht anziehen können.«

Michael war stark dehydriert und sah aus, als könnte er jeden Moment das Bewusstsein verlieren. Aber er ließ sich nicht unterkriegen und erzielte 38 Punkte mit 13 von 27 Würfen, darunter den entscheidenden Dreier 35 Sekunden vor Spielende. Das war eine beachtliche Leistung, aber was die meisten Leute dabei nicht verstehen, ist, dass es ohne die beachtliche Leistung, die das Team gezeigt hat, nicht möglich gewesen wäre. Scottie hatte die Defense hervorragend organisiert und dafür gesorgt, dass Michael sich keine Gedanken über die Verteidigung machen musste und all seine verfügbare Kraft in seine Würfe stecken konnte. Doch Scottie erwähnte das nach dem Spiel nicht einmal. »Der Einsatz, den er gezeigt hat, war einfach unglaublich«, sagte er über Michaels Leistung. »Wie er uns angeführt hat! Er sorgte dafür, dass alle die Ruhe bewahrten, und er machte einen tollen Wurf nach dem anderen ... Er ist in meinen Augen der MVP.«

Das nächste Spiel, wieder in Chicago, war ein weiterer Kampf. Wir gerieten früh in Rückstand und lagen die meiste Zeit des Spiels zurück, aber das Team wollte nicht aufgeben. Scottie und Michael hatten beide ausgezeichnete Spiele abgeliefert, aber dieses Mal waren es die Reservisten, die einige der außergewöhnlichsten Spielzüge zeigten: Jud Buechler, der gegen Ende des dritten Viertels einen entscheidenden Dreier versenkte; Toni, der sich gegen Hornacek mit einem herrlichen *Spinning Layup* durchsetzte, während er mit einem schmerzenden Fuß herumhumpelte; und schließlich Brian Williams, der sich Malone entgegenstellte und ihn aus dem Weg räumte. Der schönste Moment war jedoch der Wurf von Steve Kerr, der sich die ganze Serie über schwergetan hatte, zum Ende des Spiels.

Zu Beginn des vierten Viertels lagen die Jazz mit 9 Punkten in Führung, doch 11 Sekunden vor Schluss stand es 86:86, und Michael war in Ballbesitz. Die Jazz waren entschlossen, nicht den gleichen Fehler wie in Spiel 1 zu machen. Als Michael auf der linken Seite gegen Byron Russell dribbelte, wechselte Stockton zu ihm hinüber, um MJ zu doppeln, sodass

Kerr am oberen Ende der Zone frei stand. Zuerst versuchte Michael, einen Weg durch die Mitte der beiden Verteidiger zu finden, aber sobald er hochsprang, wurde ihm klar, dass das nicht funktionieren würde. »Es war unglaublich, wie er in der Luft hängen blieb«, sagte Hornacek später. »Stockton und Byron Russell waren bei ihm und ich war bei Kukoč, und Kukoč machte eine schnelle Bewegung zum Korb, also musste ich hinterher. Ich konnte nicht zulassen, dass er nach einem Pass von Jordan einen Korbleger macht. Und Michael schien eine ganze Ewigkeit auf Toni zu starren, in der Absicht, ihn anzuspielen; er hing einfach nur da, und dann wechselte er die Richtung und warf den Ball zu Steve.«

Kerr stellte sich kurz hinter der Freiwurflinie auf und machte einen perfekten Sprungwurf, und Kukoč sorgte mit einem letzten Dunk dafür, dass wir das Spiel und damit die Meisterschaft gewannen.

Der Weg dorthin war zermürbend gewesen, voller Verletzungen und Sperren sowie anderer Herausforderungen. Doch der harmonische Zusammenhalt des Teams – und seine Widerstandsfähigkeit – in den letzten Minuten waren der Mühe wert. Nach dem Spiel sagte Michael, der 39 Punkte erzielt hatte und zum Finals-MVP ernannt wurde, er wolle die Auszeichnung mit Scottie teilen. »Ich nehme die Trophäe«, sagte er, »aber ich werde Scottie das Auto überlassen. Er hat es genauso sehr verdient wie ich.«

Michael nutzte die Pressekonferenz nach dem Spiel, um Druck auf Jerry Reinsdorf – der sich gegenüber den Medien ganz unverbindlich verhielt – auszuüben, damit er alle für einen weiteren Anlauf auf die Meisterschaft in der nächsten Saison zurückholte. Mein Einjahresvertrag lief aus, und mehrere Teams hatten bereits Interesse an mir bekundet. Außerdem ging Scottie ins letzte Jahr seines Vertrages, und es kursierten Gerüchte, dass er per Trade getauscht werden könnte. Um dem Ganzen noch eins draufzusetzen, sagte Michael, dessen Vertrag ebenfalls auslief, dass er nicht zurückkehren würde, wenn Pippen und ich nicht an Bord wären.

Drei Tage später strömten Zehntausende von Fans in den Grant Park, um unseren Sieg zu feiern. Der Höhepunkt war Kerrs nicht ernstgemeinte Schilderung, wie sein berühmter Wurf »eigentlich« zustande gekommen war. »Als wir 25 Sekunden vor Schluss eine Auszeit nahmen«, erinnerte er sich, »bildeten wir einen Huddle, und Phil sagte: ›Michael, ich möchte, dass du den letzten Wurf machst‹, und Michael sagte: ›Weißt du, Phil, ich fühle mich in solchen Situationen nicht gut. Vielleicht sollten wir etwas anderes versuchen.‹ Dann sagte Scottie: ›Hey, Phil, Michael hat in seinem Werbespot gesagt, dass er 26-mal darum gebeten wurde, dies zu tun, und dass er versagt hat. Warum setzen wir daher nicht auf Steve?‹ Also dachte ich mir: ›Ich muss Michael wohl wieder aus der Patsche helfen. Ich habe ihn das ganze Jahr über mit durchgezogen, warum also nicht noch ein weiteres Mal?‹ Wie auch immer, der Wurf landete im Korb, und das ist meine Geschichte, und ich bleibe dabei.«

Michael und Scottie kippten vor Lachen aus den Latschen, und das Publikum liebte es. Als ich mich jedoch unter den Zuschauern umsah, bemerkte ich, dass eine Person direkt hinter Kerr saß und nicht einmal ein Lächeln zustande brachte. Diese Person war Jerry Krause.

KAPITEL 13

THE LAST DANCE

Werden Strukturen aufgebrochen, entstehen neue Welten.

TULI KUPFERBERG

Als ich für die New York Knicks spielte, lehrte mich Dave DeBusschere eine wichtige Lektion. In der Saison 1971/72 holten die Knicks Jerry Lucas als Backup für Willis Reed, der mit Verletzungen zu kämpfen hatte. Jerry, 2,03 Meter groß, war ein vielseitiger Forward/Center, ein hervorragender Rebounder und ein geschickter Passgeber mit einem guten Wurf außerhalb der Zone. Dave hatte keine hohe Meinung von Jerry, bevor er nach New York kam. Er hielt ihn für einen schrulligen selbstsüchtigen Menschen, dem mehr daran gelegen war, die Zahl seiner Punkte und Rebounds in den Spielen zu steigern, als zu gewinnen. Als Lucas jedoch zu den Knicks kam, fand Dave einen Weg, mit ihm zu arbeiten. Auf meine Frage, wie er seine Meinung so schnell ändern konnte, antwortete er: »Ich werde nicht zulassen, dass meine persönlichen Gefühle dem Erreichen unseres Teamziels im Wege stehen.«

In den letzten zwei Jahren meiner Amtszeit bei den Bulls habe ich genauso über Jerry Krause gedacht. Obwohl Jerry und ich unsere Differenzen hatten, respektierte ich seinen Basketballsachverstand und genoss die Zusammenarbeit mit ihm, als wir die Meisterschaftsteams der Bulls formten.

Allerdings befand sich unsere Beziehung seit unserer Meinungsverschiedenheit über Johnny Bach drei Jahre zuvor langsam auf dem absteigenden Ast. Darüber hinaus hatten sich die Verhandlungen mit ihm über meinen Vertrag während der Saison 1996/97 zu einer Pattsituation entwickelt. Wie bei den meisten Beziehungen trugen wir beide dazu bei, dass es mit uns nicht mehr klappte. Ich wollte um jeden Preis die Privatsphäre und die Unabhängigkeit des Teams schützen, während Jerry verzweifelt versuchte, die Kontrolle über den Klub zurückzugewinnen. Derartige Konflikte sind in der Sportwelt nichts Ungewöhnliches, aber leider wurden unsere Differenzen auf einer großen öffentlichen Bühne ausgetragen.

Rückblickend denke ich, dass ich durch meine Auseinandersetzungen mit Jerry Dinge über mich selbst gelernt habe, die ich auf keine andere Weise hätte lernen können. Der Dalai Lama nennt es »das Geschenk des Feindes«. Aus buddhistischer Sicht kann der Kampf mit Gegnern dabei helfen, mehr Mitgefühl und Toleranz für andere zu entwickeln. »Um ernsthaft zu üben und Geduld zu entwickeln«, sagt er, »braucht man jemanden, der einem absichtlich wehtut. Diese Menschen geben uns also echte Gelegenheiten, uns darin zu üben. Sie testen unsere innere Stärke auf eine Weise aus, wie es selbst unser Guru nicht vermag.«

Ich würde Jerry nicht unbedingt als meinen »Feind« bezeichnen. Aber unsere Konfliktsituation hat meine innere Stärke auf den Prüfstand gestellt. Auch wenn Jerry und ich uns in den meisten Fragen hinsichtlich des Basketballsports einig waren, waren wir gegensätzlicher Meinung darüber, wie man Menschen führt. Ich versuchte, so offen und transparent wie möglich zu sein, während Jerry dazu neigte, sich zu verschließen und sich in Verschwiegenheit zu üben. Bis zu einem gewissen Grad war er ein Opfer des Systems; es ist schwierig, in der NBA gute Geschäfte zu machen, wenn man keine Vorsicht walten lässt, wem man welche Informationen zukommen lässt. Aber Jerry war kein sehr geschickter Kommunikator, und wenn er mit den Spielern sprach, wirkte er oft unglaubwürdig oder, schlimmer noch, scheinheilig. Ich hatte Mitleid mit ihm, weil ich wusste, dass er im Grunde seines Herzens nicht der kaltherzige Machiavellist war, als den ihn die Medien darstellten. Er wollte der Welt einfach nur zeigen, dass er ein Meisterschaftsteam aufbauen konnte, ohne sich auf Michael Jordan zu verlassen, und er war versessen darauf, dies zu erreichen.

Zur Mitte der Saison 1996/97 schlug Bulls-Besitzer Jerry Reinsdorf vor, dass Krause und mein Agent Todd Musburger die grundlegenden Bedingungen für einen neuen Vertrag für mich aushandeln sollten. Wir forderten eine Gehaltserhöhung, die mein Gehalt mit dem anderer Spitzentrainer wie Pat Riley und Chuck Daly vergleichbar machen würde, die zu dieser Zeit tätig waren. Aber trotz meiner Erfolge fiel es Krause schwer, mich auf diesem Level zu sehen, und die Verhandlungen scheiterten. Jerry Reinsdorf sah ein, dass es nicht fair war, mich durch die Playoffs – die Zeit, in der die meisten Trainerstellen besetzt werden – kämpfen zu lassen, ohne zu wissen, ob ich in der folgenden Saison einen Job hätte. Also war er einverstanden, dass andere Franchises mit mir Kontakt aufnehmen, und schon bald zeigten mehrere andere Teams Interesse an mir, einschließlich Orlando.

Aber ich wollte die Bulls noch nicht aufgeben. Kurz nach den Playoffs flog Reinsdorf nach Montana, und wir arbeiteten einen Einjahresvertrag aus, mit den wir beide leben konnten. Er wollte alle Spieler zurückholen und versuchen, einen weiteren Meisterschaftsring zu gewinnen. Später im Sommer handelte er auch Einjahresverträge mit Jordan (über 33 Millionen Dollar) und Rodman (4,5 Millionen Dollar plus Prämien von bis zu 10 Millionen Dollar) aus, wodurch die Gehaltskosten der Spieler (ohne Scottie) für die Saison 1997/98 auf 59 Millionen Dollar stiegen. Die einzige Frage, die jetzt noch offenblieb, war, was mit Pippen geschehen sollte.

Scottie hatte keinen guten Sommer. In den Playoffs hatte er sich am Fuß verletzt und musste operiert werden, was ihn für zwei bis drei Monate außer Gefecht setzen würde. Zudem befand er sich laut seines Siebenjahresvertrags im letzten Jahr bei den Bulls und ärgerte sich zunehmend über das niedrige Gehalt, das er im Vergleich zu anderen Spielern in der Liga erhielt. 1991 hatte Scottie eine fünfjährige Vertragsverlängerung für 18 Millionen Dollar unterzeichnet, was damals ein guter Deal zu sein schien. Seitdem waren die Gehälter in der NBA jedoch in die Höhe geschossen, und inzwischen gab es mehr als hundert Spieler, die mehr verdienten als Scottie, darunter fünf Kollegen seines eigenen Teams. Obwohl viele ihn neben Jordan für den besten Spieler der NBA hielten, musste er noch ein Jahr warten, bis sein Vertrag auslief, um Kapital aus seiner Leistung zu schlagen. In der Zwischenzeit bestand immer noch die Möglichkeit, dass er per Trade abgegeben werden könnte.

Zu allem Überfluss hatte Krause gedroht, gerichtlich gegen Scottie vorzugehen, falls er an seinem jährlichen Benefizspiel, das stets im Sommer stattfand, teilnehmen und somit riskieren würde, seinen Fuß noch mehr zu verletzen. Das brachte Scottie zur Weißglut, und er meinte, er fühle sich von Krause behandelt, als sei er sein persönliches Eigentum. Krause bat mich, mit Scottie darüber zu sprechen, aber ich zögerte, weil ich die Situation nicht noch verschlimmern wollte. Scottie nahm also weiterhin an seinem Benefizspiel teil und verschob, um es Krause heimzuzahlen, seine Operation bis zum Beginn des Trainingslagers.

Ich war nicht glücklich darüber, in welche Richtung sich die Ereignisse entwickelten, und Michael war es auch nicht. Wir hatten uns beide im Sommer für Scottie eingesetzt, aber indem er seine Operation weiter nach hinten verschob, gefährdete er die ganze Saison für uns. Scottie hatte so viel dafür getan, dass das Team zusammenwuchs, dass es nur schwer vorstellbar war, ohne ihn in der ersten Hälfte der regulären Saison weit zu kommen, während er sich erholte.

An unserem jährlichen Presse- und Medientag vor Saisonbeginn beschloss Krause, mit den Reportern zu sprechen, und leistete sich den Fauxpas seines Lebens. Ich nahm an, der Grund, warum Jerry das tat, war, den Reportern klarzumachen, dass mein Weggang eine einvernehmliche Entscheidung zwischen ihm und mir war. Dabei sagte er jedoch, dass »nicht Spieler und Trainer Meisterschaften gewinnen, sondern Organisationen«. Am nächsten Tag versuchte er, den Fehler auszubügeln und erklärte, er habe sagen wollen, dass »Spieler und Trainer *allein* keine Meisterschaften gewinnen«, aber der Schaden war bereits angerichtet. Vor allem Michael war empört über Jerrys herablassende Bemerkung und machte sie während der gesamten Saison zu einer Parole für das Team.

Im Laufe des Tages bat mich Krause in sein Büro und sagte zu mir: »Es ist mir egal, ob du 82 Spiele gewinnst. Dies ist dein letztes Jahr.« Das war's. Als Reinsdorf mich zuvor in Montana besuchen kam, hatten wir darüber gesprochen, dass dies meine letzte Saison wäre, aber erst als Krause eben diese Worte sagte, glaubte ich es wirklich. Zuerst war es für mich verstörend, aber nachdem ich darüber nachgedacht hatte, fühlte es sich unglaublich befreiend an. Wenigstens hatte ich jetzt etwas Klarheit.

Ich habe die Saison »The Last Dance«, der letzte Tanz, genannt, weil sie mir tatsächlich so vorkam. Was auch immer passierte, die meisten der Spieler, deren Verträge ausliefen – darunter Michael, Scottie, Dennis, Luc, Steve und Jud –, würden im nächsten Jahr nicht mehr das Trikot der Bulls tragen. Die Endgültigkeit all dessen verlieh der Saison einen gewissen Nachhall, der das Team eng zusammenschweißte. Es fühlte sich an, als befänden wir uns auf einer heiligen Mission, angetrieben von einer Kraft, die über Ruhm, Ehre und all die andere Siegesbeute hinausging. Wir taten dies aus reiner Freude daran, ein weiteres Mal zusammen zu spielen. Es fühlte sich magisch an.

Das heißt nicht, dass es einfach war. Das Team war ein weiteres Jahr älter geworden. Rodman war 37, Pippen 33, und Michael und Harper würden im Laufe des Jahres 35 beziehungsweise 34 werden. Wir mussten während der regulären Saison mit unserer Energie sparsam umgehen, damit wir in den Playoffs gut in Form waren. Aber das würde ohne Scottie, wenn er nicht auf dem Feld stand, schwierig werden. Wir mussten uns überlegen, wie wir die Zeit bis zu seiner Rückkehr überbrücken konnten.

Ohne Pippen hatte die Mannschaft Schwierigkeiten, ihren Rhythmus zu finden, und hatte einen holprigen Start. Unser großes Problem war es, enge Spiele für uns zu entscheiden, was früher unsere Spezialität war. Der Tiefpunkt kam Ende November in Seattle, als wir mit 91:90 gegen die SuperSonics verloren und mit einer Bilanz von 8:6 Spielen auf den achten Platz in der Eastern Conference zurückfielen. Unsere Gegner begannen, Blut zu wittern.

Während unserer Reise nach Seattle kochte Scotties Wut über. Er erzählte Reportern, dass er die Nase so voll vom Management habe und nicht mehr für die Bulls spielen wolle. Nach dem Spiel betrank er sich im Bus zum Flughafen und ließ eine Hasstirade gegen Krause los, der ganz vorne saß.

Als wir nach Chicago zurückkehrten, sorgte ich dafür, dass Scottie unseren Teampsychologen aufsuchte, der ihm helfen sollte, mit seiner Wut umzugehen. Ich machte mir aber immer noch Sorgen um seine seelische Verfassung. An Thanksgiving rief er mich spätabends an, um seine Situation zu besprechen. Er meine es todernst, per Trade zu wechseln, sagte er mir, und ich erwiderte, dass er versuchen solle, das Problem mal aus einer anderen Perspektive zu betrachten. Ich befürchtete, dass er in der Liga als Unruhestifter verschrien werden und seine Chancen auf einen Vertrag mit einem der Topteams in der nächsten Saison gefährden könnte, wenn er jetzt zu sehr auf seine Forderung pochte. Soweit ich das beurteilen konnte, war es für Scottie hinsichtlich seiner Karriere am besten, die Saison mit den Bulls zu beenden. Er solle sich von seinem Ärger mit dem Management nicht den Wunsch verderben lassen, zurückzukommen und das Team zu einer sechsten Meisterschaft zu führen, riet ich ihm. Er erwiderte, er wolle der Chefetage keine Möglichkeit bieten, ihm das Herz zu brechen.

Mir war klar, dass dies einige Zeit in Anspruch nehmen würde. Letztlich kam ich zu dem Entschluss, dass die beste Strategie darin bestand, die Spieler dazu zu bringen, Scottie zu überzeugen, so wie sie es nach seinem Ausraster vier Jahre zuvor getan hatten, als er sich weigerte, nach dem Time-out ins Spiel zurückzukehren, und sich demonstrativ ans andere Ende der Bank setzte. Ich bat Harper, Scotties besten Freund im Team, ihm nahezulegen, wie sehr seine Teamkameraden seine Hilfe benötigten. Ich verwarf auch den Gedanken, Scottie nicht mit dem Team reisen zu lassen, um eine weitere peinliche Konfrontation zwischen ihm und Krause zu vermeiden, wenn wir unterwegs zu einem Auswärtsspiel waren. Hinzu kam, dass Scotties Reha langsamer verlief als erwartet, weil seine Muskeln so stark verkümmert waren. Seine Sprunghöhe hatte sich Mitte Dezember von 76 auf 33 Zentimeter verringert, was bedeutete, dass es einen weiteren Monat dauern würde, bis er wieder in Form war. Und das war okay. Je mehr Zeit Scottie mit seinen Mitspielern beim Training verbrachte, so dachte ich, desto eher würde er die Freude am Spiel wiederfinden. Ende Dezember bemerkte ich, dass er sich mit dem Gedanken, zu den Bulls zurückzukehren, anfreunden konnte.

In der Zwischenzeit versuchte das Team, sich wieder aufzurappeln. Mitte Dezember hatten wir eine Spielbilanz von 15:9, nachdem wir die Lakers zu Hause mit 104:83 geschlagen hatten, aber die Mannschaft war immer noch nicht zusammengewachsen und verließ sich zu sehr auf Michael. Während wir uns eine Aufzeichnung anschauten, in der es eine Szene gab, in der Luc einen Spielzug vermasselte, sagte ich im Scherz: »Jeder macht mal Fehler. Und ich habe einen gemacht, als ich dieses Jahr zu diesem Team zurückkam.« Daraufhin sagte Michael in düsterem Ton: »Ich auch.«

Kurz darauf sagte Luc, der von unseren Bemerkungen augenscheinlich eingeschnappt war: »Kritik kann man immer leicht üben.« Als Tex ihm vorwarf, eine schlechte Einstellung zu haben, sagte Luc: »Ich habe nicht vom Trainerstab gesprochen. Michael ist derjenige, der hier Kritik übt.« Woraufhin Jordan antwortete: »Das Einzige, was mich aufregt, ist, wenn wir verlieren. Ich denke, du solltest es beim nächsten Mal besser machen. Verbessere dich.«

Im Raum wurde es still. »Schluss jetzt«, sagte Michael noch. »Wir werden nicht mehr verlieren.«

Damit lag er gar nicht so falsch. Gleich danach rappelten wir uns wieder auf und legten einen 9:2-Lauf hin. Ein Schachzug, der einen großen Unterschied machte, war, Toni Kukoč in die Startformation zu stellen, wenn wir gegen Mannschaften mit großen Forwards spielten. So konnte er als dritter Guard agieren, ähnlich wie Pippen, und seine kreativen Fähigkeiten beim Ballhandling nutzen. Toni war ein Nonkonformist, ständig auf der Suche nach einem Spielzug, den sich kein anderer vorstellen konnte. Manchmal funktionierte das hervorragend. Allerdings war Toni mental nicht stark und körperlich nicht geschickt genug, um den harten NBA-Spielplan mit 82 Partien als erste Scoringoption oder Ballhandler zu bewältigen. Und ohne Toni als Anker war unsere Bank wesentlich schwächer.

Die große Überraschung war Rodman. Er hatte in der Saison 1996/97 seine Probleme, und ich befürchtete, dass er nun wieder das Interesse am Basketball verlieren könnte. Aber während Scotties Reha baten wir ihn, dem Team einen Energieschub zu geben, und plötzlich begann er, auf beiden Seiten des Spielfelds Basketball auf dem Niveau eines MVP zu spielen.

Michael erzählt gerne die Geschichte, wie er und Dennis in dieser Zeit zusammenfanden. Ausschlaggebend dafür war ihre gemeinsame Vorliebe für Zigarren. »Als Scottie sich verletzte, blieben nur noch Dennis und ich als Anführer des Teams übrig«, erinnert sich Michael. »Also ging ich zu Dennis und sagte: ›Schau, ich kenne deine Mätzchen. Ich weiß, dass du gerne technische Fouls kassierst. Ich kenne das Image, das du zu vermitteln versuchst. Aber ich brauche dich, Mann, um im Spiel zu bleiben. Ich will nicht, dass du vom Feld fliegst. Scottie ist nicht hier. Das bedeutet, dass du mit mehr Verantwortung führen musst, statt hinter Scottie und mir zu stehen.‹« Die meiste Zeit erfüllte Dennis die Erwartungen. Dann wurde er während eines Spiels wütend und vom Platz gestellt. »Da war ich stinksauer«, sagte Jordan. »Ich war sauer, weil wir dieses Gespräch hatten und er mich hängen lassen hat. In dieser Nacht klopfte er an meine Zimmertür und bat mich um eine Zigarre. Die ganze Zeit, die wir miteinander verbracht haben, hatte er das noch nie getan. Aber er wusste, dass er mich im Stich gelassen hatte. Und das war seine Art zu sagen: ›Es tut mir leid.‹«

Scottie kehrte am 10. Januar gegen die Golden State Warriors in die Mannschaft zurück, wodurch sich das Team über Nacht verwandelt hat. Es war, als kehrte ein großer Dirigent nach seiner Freistellung zurück. Plötzlich wusste jeder, welche Noten er zu spielen hatte und wie man miteinander harmonierte. Von da an legten wir einen 38:9-Lauf hin und zogen mit den Utah Jazz gleich, sodass beide Klubs mit 62:20 die beste Bilanz der Liga aufwiesen.

Als die reguläre Saison sich dem Ende näherte, hielt ich es für wichtig, dass wir als Team einen angemessenen Abschluss fanden. Es war das Ende einer Ära, und ich wollte, dass wir uns etwas Zeit nahmen, um unsere Erfolge und unseren starken Zusammenhalt zu würdigen. Meine Frau June schlug vor, ein Ritual durchzuführen, das sie bei Kindern zelebriert hatte, deren Eltern in dem Hospizprogramm, für das sie arbeitete, gestorben waren. Ich rief daher vor Beginn der Playoffs eine besondere Mannschaftsbesprechung ein und bat jeden, ein paar Zeilen darüber zu schreiben, was die Saison und unser Team für sie bedeuteten.

Wir trafen uns im Stammesraum. Es war nur der innere Kern des Teams: die Spieler, die Coachs und der Trainerstab. Nur etwa die Hälfte der Teilnehmer hatte im Vorfeld etwas geschrieben, aber alle kamen zu Wort. Steve Kerr erzählte, wie aufregend es war, während seiner Zeit bei den Bulls Vater zu werden und seinen vierjährigen basketballbegeisterten Sohn mit in die Umkleide zu bringen, um Michael, Scottie und Dennis kennenzulernen. Cheftrainer Chip Schaefer zitierte die berühmte Passage aus dem 13. Kapitel des 1. Korintherbriefs des Paulus von Tarus:

> Wenn ich mit Menschen- und mit Engelzungen redete, und hätte der Liebe nicht, so wäre ich ein tönend Erz oder eine klingende Schelle. Und wenn ich weissagen könnte und wüsste alle Geheimnisse und

alle Erkenntnis und hätte allen Glauben, also dass ich Berge versetzte, und hätte der Liebe nicht, so wäre ich nichts.

Michael hat zu diesem Anlass ein kurzes Gedicht geschrieben. Es war sehr bewegend. Er lobte das Engagement von allen und sagte, er hoffe, dass der Zusammenhalt, den wir geschaffen hatten, niemals reißen würde. Dann fügte er hinzu: »Keiner weiß, was die Zukunft bringt, aber lasst sie uns gut zu Ende bringen.«

Es war rührend zu hören, wie sich eine Gruppe hartgesottener NBA-Spieler auf diese liebevolle Weise offenbarte. Nachdem jeder gesprochen hatte, bat ich alle, ihre Botschaft in eine Kaffeedose zu stecken. Dann machten wir die Lichter aus und ich zündete ihre Worte, die sie zu Papier gebracht hatten, an.

Diesen Moment werde ich nie vergessen. Die stille Aura im Raum. Das Feuer, das in der Dunkelheit brannte. Die starke Vertrautheit, die wir spürten, als wir schweigend zusammensaßen und die Flammen erlöschen sahen. Ich glaube nicht, dass das Band zwischen uns jemals so stark gewesen war.

In der letzten Woche der regulären Saison verloren wir zwei Spiele, unter anderem ein Heimspiel gegen die Indiana Pacers. Das warf bei mir zu Beginn der Playoffs einige Fragen auf, obwohl wir den Heimvorteil in der Eastern Conference in der Tasche hatten. Meine größte Sorge war die Erschöpfung einiger Spieler. Michael und Scottie waren viele Minuten auf dem Feld, und ich war mir nicht sicher, ob unsere Bank stark genug war, um ihnen die nötige Verschnaufpause gegen Ende eines Spiels zu verschaffen. Unsere Strategie war es, von Beginn an hart zu verteidigen, Kraft zu sparen und Michael in den Schlussminuten die Verantwortung zu überlassen. Ein Lichtblick war die Rückkehr von Kukoč, der im Vorjahr mit einer schlimmen Plantarfasziitis zu kämpfen gehabt hatte, jetzt aber so gut spielte, dass Sam Smith vorschlug, Toni anstelle von Rodman in die »Big Three« der Bulls aufzunehmen. Was Dennis anbelangte, so machte ich mir Sorgen wegen seiner Unbeständigkeit und darum, wo sein Fokus lag, vor allem jetzt, da wir keinen Brian Williams mehr als Backup für ihn hatten. Um unsere Verteidigung unter dem Korb zu stärken, gaben wir den Forward Jason Caffey im Trade ab und holten Dickey Simpkins zurück, einen größeren, aggressiveren Spieler – und einen ehemaligen »Bull« –, von dem wir uns erhofften, dass er Dennis und Luc helfen würde, die Zone dichtzumachen.

Wir sweepten die New Jersey Nets in der ersten Runde trotz eines schleppenden Starts in den ersten beiden Spielen, den der Kolumnist der *Chicago Tribune*, Bernie Lincicome, als ein »Dribbling toter Männer« bezeichnete. In der nächsten Serie, den Conference Semifinals, sorgten die Charlotte Hornets in Spiel 2 für eine Überraschung und besiegten uns dank einer starken Leistung im vierten Viertel, angeführt von unserem ehemaligen Teamkollegen B.J. Armstrong. Dass wir ausgerechnet von B.J. ausgestochen wurden, motivierte das Team – insbesondere Michael –, auf dem Feld einen Gang höher zu schalten und den Hornets nach fünf Spielen den Garaus zu machen.

Unser nächster Gegner, die Indiana Pacers, war nicht so leicht zu bezwingen. Sie waren ein mächtiger Rivale, der von der Celtics-Legende Larry Bird trainiert wurde und mit Reggie Miller einen der besten Scorer der Liga sowie einen starken Frontcourt hatte, der von Center Rik Smits angeführt wurde. Während sie einmal bei ihrem »Frühstücksklub« zusammensaßen, tüftelten Michael, Scottie und Harp eine originelle Verteidigungsstrategie aus, um das Guard-Duo der Pacers auszuschalten. Pippen sollte den Point Guard Mark Jackson verteidigen, weil er in der Vergangenheit so gut gegen ihn gespielt hatte, und Harpers Aufgabe war es, sich um Miller zu kümmern, da er wusste, wie man durch gestellte Blocks hindurchkam. Michael wiederum sollte den Small Forward bewachen (entweder Jalen Rose oder Chris Mullin), sodass er nicht viel Kraft darauf verwenden müsste, Reggie in der Verteidigung hinterherzujagen.

Ich gab dem Plan grünes Licht, und er funktionierte gut: In den ersten beiden Spielen führte er bei den Pacers zu 46 Ballverlusten, und wir gingen in der Serie mit zwei Spielen in Führung. Nach dem 2. Spiel beschwerte sich Larry jedoch gegenüber den Medien über Pippens harten Körpereinsatz. Als wir das nächste Mal aufeinandertrafen, geriet Scottie schon früh im Spiel wegen seiner Foulbelastung in Schwierigkeiten. Dann machte Larry unser Defensivkonzept zunichte, indem er den schnelleren Travis Best für Jackson einwechselte. Daraufhin mussten wir unseren Plan ändern und Harp (oder Kerr) auf Best und Michael auf Miller ansetzen. Im vierten Viertel gelang es Reggie, sich durch genug Blocks seinen Weg zu bahnen, um sich Freiräume zu verschaffen und auf dem Weg zum 107:105-Sieg 13 Punkte zu erzielen.

Die letzten Sekunden in Spiel 4 erinnerten mich an das Finale der Olympischen Spiele von 1972, soll heißen: Sie waren völlig chaotisch. Wir führten 4,7 Sekunden vor Schluss mit 94:93, als Scottie gefoult wurde und zwei Freiwürfe vergeigte. Dann gerieten Harper und Miller in einen Streit, und Ron riss Reggie von den Füßen, sodass er auf unserer Bank landete, und schlug auf ihn ein. Beide Spieler wurden später zu einer Geldstrafe verurteilt, und Rose, der aufsprang, um sich in die Rauferei einzumischen, wurde für ein Spiel gesperrt. (Ich bekam ebenfalls meine Strafe, weil ich die Schiedsrichter mit den Offiziellen der Olympischen Spiele von 1972 verglich, die den Sieg des US-Teams durch eine Fehlentscheidung zunichtemachten.) Als sich alles wieder beruhigt hatte, schubste Reggie Michael mit beiden Händen aus dem Weg, schnappte sich einen Pass und versenkte 0,7 Sekunden vor Schluss einen Dreier zum Sieg.

In Spiel 5 griffen wir auf unsere tödlichste Waffe zurück – unsere Verteidigung – und spielten die Pacers mit 106:87 in Chicago an die Wand, sodass wir in der Serie mit 3:2 in Führung gingen. »Wir waren heute Abend haushoch überlegen, womit keiner gerechnet hatte«, sagte Michael. »Wenn alle konzentriert sind und wir unser Spiel machen, können wir wirklich guten Basketball spielen.« So weit, so gut. Doch zwei Tage später glichen die Pacers in Indianapolis erneut die Serie aus, und es war abermals ein Spiel, das durch eine zweifelhafte Schiedsrichterleistung beeinträchtigt wurde. Bei verbleibender Spielzeit von 1,27 Minuten zeigte der Unparteiische Hue Hollins, Scotties alter Erzfeind, gegen Pippen eine nicht regelkonforme Verteidigung an, ein technisches Foul, das es Miller ermöglichte, das Spiel 87:87 auszugleichen. Dann, als die Pacers in den letzten Sekunden mit 2 Punkten Vorsprung führten, zog Michael zum Korb und stürzte. Für uns sah es aus wie ein Foul, aber die Schiedsrichter sahen es anders. Das Spiel war vorbei.

Könnte dies das Ende der Bulls-Dynastie sein? Ich war schon immer auf der Hut, was das 7. Spiel einer Serie angeht. Es kann alles passieren, und das tut es meistens auch. Sollten wir es nicht gewinnen, könnte das vielleicht Michaels letztes Spiel gewesen sein. Vor dem Match hatte ich mit den Spielern über eine eventuelle Niederlage gesprochen. »Wir könnten dieses

Spiel verlieren«, hatte ich gesagt, »aber wichtig ist, dass wir mit dem richtigen Einsatz spielen und uns nicht von der Angst überwältigen lassen, hier als die Besiegten vom Platz zu gehen.« Michael hatte das verstanden. Verlieren kam für ihn nicht infrage. Während eines Huddles sagte er mit einem kalten, fest entschlossenen Blick: »Wir werden dieses Spiel nicht verlieren.«

Es war nicht einfach. Michael tat sich schwer und traf nur 9 von 25 Würfen aus dem Feld. Aber wenn es mit seinem Sprungwurf nicht klappte, machte er Punkte, indem er durch die Zone zum Korb zog und Fouls provozierte. Letztlich erzielte er 28 hart erkämpfte Punkte, davon 10 von der Freiwurflinie; außerdem holte er 9 Rebounds und verteilte 8 Assists.

Michaels dynamisches Agieren übertrug sich auf die anderen Spieler – vor allem auf die Bank. Toni erzielte 21 Punkte, Kerr 11 und Jud Buechler holte 5 Rebounds in elf Minuten. In der Tat war unser Kampf an den Brettern der Schlüssel zum Spiel. Wir verwandelten an diesem Abend nur 38,2 Prozent der Würfe aus dem Feld, hatten aber gegenüber den Pacers 16 Rebounds mehr (50:34), was uns oftmals eine zweite Gelegenheit gab, zu punkten. Und Rodman, der einen schlechten Abend hatte, steuerte nur 6 Punkte bei.

In der Mitte des vierten Viertels ließ das Team 10 Punkte in Folge liegen und geriet mit 77:74 in Rückstand, und ich dachte schon, das Spiel wäre vorbei. Dann aber wurden alle im Team kreativ, kämpften um den Ball und suchten nach einem Weg, das Spiel zu entscheiden. Michael spielte einen schnellen Pass zu Longley, und Scottie, der in der Offensive kein gutes Spiel machte, fing einen Fehlwurf von Luc ab und versenkte weniger als fünf Minuten vor Schluss einen Sprungwurf, der uns endgültig mit 81:79 in Führung brachte. Am Ende gewannen wir mit 88:83.

»Man muss beherzt spielen, und ich denke, das hat man heute zur Genüge auf dem Platz gesehen«, sagte ein erschöpfter Michael danach. »Es war eine großartige Leistung. Wenn es darum geht, Mittel und Wege zu finden, um ein Spiel zu gewinnen, dann ist das wahrlich ein Meisterschaftsteam.«

Auch die nächste Serie – die NBA-Finals gegen die Utah Jazz – würde kein Kinderspiel werden. Zunächst einmal hatten wir keinen Heimvorteil, weil die Jazz uns in der regulären Saison gesweept hatten. Das bedeutete, dass wir zwei Auswärtsspiele gegen sie gewinnen mussten, es sei denn, wir gewönnen zu Hause dreimal in Folge, was uns in den Playoffs bisher noch nie gelungen war. Der Schlüssel zum Sieg über die Jazz bestand darin, ihr großartiges Screen-and-roll-Spiel – ein Spielzug, den sie hervorragend beherrschten – zu sabotieren, indem wir die Point Guards John Stockton und Howard Eisley unter Druck setzten. Karl Malone war eine Maschine im Angriff, konnte aber nicht so gut eigene Würfe kreieren, wie Michael es tat. Malone verließ sich darauf, dass die Point Guards die Dinge für ihn in Gang setzten. Wenn wir die Point Guards ausschalten könnten, würden wir auch Malone außer Gefecht setzen.

In Spiel 1 nahm ich Harper gegen Ende der Partie heraus, weil er in der Offensive zu zaghaft wirkte. Und Kerr konnte Stockton in den letzten Minuten nicht in Schach halten, sodass wir die Partie in der Verlängerung mit 88:85 verloren. Im 2. Spiel setzten wir uns mit 93:88 gegen die Jazz durch und kehrten dann nach Chicago zurück, um Geschichte zu schreiben. In Spiel 3 ließen wir John Stockton, wenn er den Ball über die Mittellinie bringen wollte, mit Pippen zusätzlich durch einen zweiten Mann bedrängen, und Scotties Größe und die Spannweite seiner Arme machten es John schwer, einen Angriff einzuleiten. Wir gewannen das Match mit 96:54, und die Jazz stellten den unrühmlichen Rekord auf, die wenigsten Punkte in einem Playoff-Spiel erzielt zu haben. Jerry Sloan, der erfahrene Trainer der Utah Jazz, sagte: »Ich weiß nicht, ob ich jemals eine Mannschaft gesehen habe, die in der Defensive besser gespielt hat, seit ich in diesem Geschäft bin.«

Wir gingen in den nächsten beiden Spielen zu Hause als Sieger vom Platz und lagen somit in der Serie mit 3:1 in Führung. Scottie war in Spiel 4 so überragend, dass Sam Smith sich dafür aussprach, ihn noch vor Jordan zum MVP der Finals zu ernennen. Zunächst jedoch mussten wir gewinnen, und das war schwieriger, als wir es uns vorgestellt hatten. In Chicago herrschte ein so großer Hype um Spiel 5 – das Michaels großes Finale sein könnte –, dass es den Spielern schwerfiel, sich auf das Spiel zu konzentrieren, und wir verloren 83:81.

Alles kam nun auf Spiel 6 in Utah an. Eigentlich ging es in diesem Match um 18,8 Sekunden – einer der dramatischsten Momente in der Geschichte des Basketballs. Ich wollte kein weiteres Spiel 7, vor allem nicht im Delta Center, wo die lautstarken Utah-Fans bei wichtigen Spielen einen großen Einfluss auf die Schiedsrichter hatten. Doch es sah nicht gut aus für uns, als wir zu Spiel 6 an der Halle ankamen. Scottie litt unter heftigen Rückenkrämpfen und würde den Großteil des Spiels ausfallen. Harper hatte eine Magen-Darm-Grippe, und Longley spielte nur wenige Minuten, da er schon früh zu viele Fouls begangen hatte. Dennis holte in der Serie durchschnittlich 6,75 Rebounds und lag damit weit unter seinem Durchschnitt von 15,0 Rebounds in der regulären Saison. Kukoč und Kerr zeigten gute Leistungen, aber ich glaubte nicht, dass sie den Verlust von Pippen kompensieren konnten. Vor dem Spiel fragte ich Michael, ob er die vollen 48 Minuten spielen könne. »Wenn du es für nötig hältst, kann ich es«, sagte er.

Scottie musste nach den ersten sieben Minuten mit Schmerzen vom Platz und fiel für den Rest der ersten Halbzeit aus. Irgendwie rissen wir uns zusammen und waren zur Halbzeit nur mit 5 Punkten im Rückstand. Nach der Pause kehrte Scottie zurück und spielte 19 Minuten lang, hauptsächlich als Lockvogel in der Offensive. Zu Beginn des vierten Viertels lag Utah mit 66:61 in Führung, verlor dann aber langsam den Boden unter den Füßen, sodass die Bulls fünf Minuten vor Schluss den Ausgleich erzielten und es 77:77 stand.

Wir hatten jedoch ein Problem: Michaels Beine wurden müde, und er bekam keinen Schwung in seinen Sprungwurf. Ich stachelte ihn an, stattdessen zum Korb zu ziehen, denn die Jazz hatten keinen Center auf dem Feld, der die Zone versperren konnte. Falls er dennoch gezwungen war, einen Sprungwurf zu machen, erinnerte ich ihn daran, beim Werfen abschließend das Handgelenk nach vorne zu klappen (das sogenannte *Follow through*), was er vorher nicht getan hatte. Bei noch 41,9 Sekunden verbleibender Spielzeit verwandelte John Stockton einen Sprungwurf aus gut 7,30 Meter Entfernung und brachte die Jazz mit 86:83 in Führung. Ich nahm eine Auszeit und sagte den Spielern, sie sollten eine Variante eines meiner bevorzugten Spielzüge anwenden, nämlich auf einer Seite des Spielfelds Raum für Michael schaffen, damit er seinen eigenen Wurf kreieren konnte. Scottie warf den Ball zu Michael an der Mittellinie ein, und MJ zog auf der rechten Seite an Byron Russell vorbei und versenkte in einem hohen Bogen einen Korbleger, sodass es nur noch 86:85 für Utah stand. Wie zu erwarten war, nahmen die Jazz keine Auszeit und machten einen ihrer Standardspielzüge. Michael ahnte, wohin der Pass gehen würde, und stahl sich um Karl herum, um ihm den Ball abzunehmen.

Von nun an wurde das Tempo aus dem Spiel genommen. Michael, der oft ein Gespür, das nicht von dieser Welt zu sein schien, für das Geschehen auf dem Parkett hatte, brachte den Ball über das Feld und schätzte die Situation ein. Kerr und Kukoč waren auf dem Spielfeld, sodass Utah nicht riskieren konnte, ihn mit zwei Spielern zu verteidigen. So war es allein Russells Aufgabe, Michael zu bewachen, während er in aller Ruhe auf Zeit spielte wie eine Raubkatze, die ihre Beute beobachtet. Dann versuchte Russell, ihm den Ball abzunehmen, und Michael bewegte sich nach rechts, als zöge er zum Korb, gab Byron einen kleinen Schubs, brach sein Dribbling ab und sorgte dafür, dass Byron zu Boden ging. Langsam, ganz langsam, setzte Michael zum Sprungwurf an und verwandelte einen wunderschönen Wurf, der das Spiel entschied.

Hinterher erzählte Michael, was ihm in diesen letzten Sekunden durch den Kopf ging. Es klang wie ein Gedicht über Achtsamkeit. »Als mir dieser Steal gelang, wurde der Moment zum Augenblick«, sagte er. »Karl hat mich nicht kommen sehen, und ich konnte ihm den Ball aus der Hand schlagen. Als Russell dann näherkam, habe ich den Augenblick genutzt. Ich habe nie an mir gezweifelt. Es war ein Spiel, in dem es um 2 oder 3 Punkte ging, wir waren immer nah dran. Als ich den Ball bekam, schaute ich auf und sah, dass noch 18,8 Sekunden zu spielen waren. Ich ließ die Zeit verrinnen, bis ich das Feld so sah, wie ich es haben wollte. John Stockton war bei Steve Kerr, sodass er nichts riskieren durfte und sich nicht von ihm lösen konnte. Und sobald Russell auf mich zukam, hatte ich freie Bahn und traf. Ich wusste, die 5,2 Sekunden würden wir halten.«

Ich konnte nicht glauben, was gerade passiert war. Ich dachte, ich hätte Michaels größten Moment während seines Spiels im Jahr zuvor miterlebt, als er Grippe hatte. Aber das spielte sich auf einer ganz anderen Ebene ab. Es war, als wäre alles nach einem Drehbuch geschehen. Obwohl Michael Jahre später zum Basketball zurückkehrte und für die Washington Wizards spielte, war dies der Wurf, den jeder als seine letzte Verbeugung ansieht. Ein perfektes Ende, wenn es jemals eins gab.

Nachdem alle Feierlichkeiten vorbei waren, lud Michael die Teammitglieder und ihre Gäste zu einer Party in einem seiner Restaurants in Chicago ein. Nach dem Essen zogen sich die Spieler in den Zigarrenraum zurück, um dort zu rauchen und in Erinnerungen an unsere Zeit bei den Bulls zu schwelgen. Die Geschichten reichten vom Banalen bis zum Vulgären. Dann brachte jeder von uns einen Toast auf ein anderes Teammitglied aus. Ich pries Ron Harper dafür, dass er sich bereitwillig vom Offensivstar zum Defensivspezialisten verwandeln ließ und es so möglich gemacht hatte, dass wir zum zweiten Mal versuchen konnten, drei Meisterschaften in Folge zu gewinnen. Scottie brachte den letzten Toast aus, und zwar auf Michael, seinen Kollegen und Mitspieler. »Ohne dich wäre das alles nicht möglich gewesen«, sagte er.

Nach dem Finale war viel darüber spekuliert worden, was nun aus den Bulls werden würde. Würde Reinsdorf versuchen, das Team noch einmal für einen weiteren Anlauf auf eine Meisterschaft zusammenzubringen? Das könnte nur geschehen, wenn Michael einen Deal aushandelte, der einem Wunder gleichkam, vergleichbar seinem letzten Wurf. Ich war in Gedanken bereits weg. Und ich sagte Michael, dass er seine Entscheidung nicht von mir abhängig machen sollte.

Bei unserer Meisterschaftsfeier hatte ich noch ein weiteres Treffen mit Reinsdorf. Er bot mir an, bei den Bulls zu bleiben, allerdings konnte er nicht garantieren, dass er Michael und Scottie zurückholen würde. Er und Krause hatten beschlossen, das Team neu aufzubauen, und das war etwas, das mich nicht interessierte. Außerdem brauchte ich dringend eine Pause. June und ich hatten vor, nach Woodstock, New York, zu ziehen, wo wir gelebt hatten, bevor ich zu den Bulls kam. Also lehnte ich sein Angebot dankend ab. Michael wartete auf das Ende des Lockouts im Januar 1999, bevor er offiziell seinen Weggang bekannt gab.

Als ich an meinem letzten Tag das Berto Center verließ, warteten draußen einige Reporter. Ich plauderte kurz mit ihnen, dann stieg ich auf mein Motorrad und fuhr davon. Es war ein bittersüßer Moment. Ich spürte eine große Erleichterung, als ich das ganze Drama des vergangenen Jahres hinter mir ließ. Aber mir war auch klar, dass es mir nicht leicht fallen würde, meine tiefe Verbundenheit mit diesem Team, das mir so viel gegeben hatte, aufzugeben.

Die buddhistische Lehrerin Pema Chödrön sagt, das Loslassen sei eine Gelegenheit für wahres Erwachen. Einer ihrer Lieblingssprüche lautet: »Nur in dem Maße, in dem wir uns immer wieder selbst damit konfrontieren, von etwas abzulassen, kann das Unzerstörbare in uns gefunden werden.«

Das war es, wonach ich gesucht habe. Und ich wusste, dass es nicht einfach werden würde. Als sich jedoch eine neue Zukunft vor mir entfaltete, fand ich Trost in dem Wissen, dass das Loslassen ein notwendiger, wenn auch manchmal herzzerreißender Weg ist, eine Pforte zu einer wahren Wandlung.

»Wenn etwas in die Binsen geht, ist das eine Art Prüfung und auch eine Art Heilung«, schreibt Chödrön. »Wir meinen, es gehe darum, den Test zu bestehen oder das Problem zu überwinden, aber die Wahrheit ist, dass die Dinge nicht wirklich gelöst werden. Sie kommen wieder zusammen und gehen wieder in die Binsen. Genau so ist es. Heilung kommt dadurch, dass man all diesen Dingen Raum gibt: Raum für Trauer, für Erleichterung, für Leid und für Freude.«

All diese Gefühle durchlebte ich während meines letzten Jahres in Chicago. Und schon bald würde ich mich auf einen weiteren wilden Ritt begeben, der mich noch mehr auf die Probe stellen sollte.

KAPITEL 14

EIN ATEM, EIN GEIST

Gefühle kommen und gehen wie Wolken an einem windigen Himmel. Mein Anker ist das bewusste Atmen.

THICH NHAT HANH

Ich befand mich im Nirgendwo – in einem kleinen Dorf am Lake Iliamna in Alaska –, als ich die Nachricht hörte. Meine Söhne, Ben und Charlie, waren bei mir. Wir waren gerade beim Fliegenfischen irgendwo in einer abgelegenen Wildnis und nicht gerade mit Anglerglück gesegnet. Daher brachen wir das Ganze an diesem Nachmittag frühzeitig ab und fuhren mit dem Boot den Iliamna-River hinauf, um uns die Wasserfälle anzuschauen. Als wir zurück im Dorf waren, umringte uns eine Schar von Kindern.

»Sind Sie Phil Jackson?«, fragte einer der Jungen.

»Ja«, antwortete ich. »Warum?«

»Ich habe gehört, Sie haben den Job bei den Lakers bekommen.«

»Was? Woher weißt du das?«

»Wir haben eine Satellitenschüssel. Es ist auf ESPN.«

So begann mein Abenteuer. Um ehrlich zu sein, kam es nicht völlig überraschend. Bevor ich mich auf den Weg nach Alaska machte, hatte ich den Deal mit Todd, meinem Agenten, besprochen. Ich hatte ihm grünes Licht gegeben, mit den Lakers zu verhandeln, da ich telefonisch nicht erreichbar wäre. Gleichwohl war es ein kleiner Schock, die Nachricht von einem Inuit-Jungen an einem Ort zu erhalten, der so weit abseits des schillernden, verwegenen Kulturbetriebs von Los Angeles entfernt war, wie ich es mir nur vorstellen konnte.

Dies war kein einfacher Schritt für mich. Nach der Saison 1997/98 waren June und ich nach Woodstock, New York, umgezogen, wo wir bereits vorher gelebt hatten. Wir hofften dadurch, unserer Ehe, die unter dem letzten stressigen Jahr mit den Bulls gelitten hatte, wieder neues Leben einhauchen zu können. Darüber hinaus war June ihrer Rolle als Ehefrau eines NBA-Coachs überdrüssig geworden. Jetzt, da unsere Kinder aus dem Haus waren, freute sie sich auf ein neues, erfüllteres Leben. Gleiches galt für mich – zumindest dachte ich das. Ich versuchte mich an anderen Dingen, die mich interessierten, hielt Vorträge zum Thema Menschenführung und arbeitete am Präsidentschaftswahlkampf meines Freundes Bill Bradley mit. Aber letztlich fand ich nichts, das mich so sehr beflügelte, wie junge Männer auf dem Basketballfeld zum Sieg zu führen.

Gegen Ende der Saison 1998/99 erhielt ich Anrufe von Teams, die an einem Gespräch mit mir interessiert waren, und ich hatte Treffen mit den New Jersey Nets und den New York Knicks. Keines dieser Gespräche führte zu etwas, aber sie brachten mich auf den Geschmack, wieder ins Spiel zu kommen. Unnötig zu sagen, dass dies nicht die Reaktion war, die June erwartet hatte. Sie dachte, ich sei bereit, den Basketball hinter mir zu lassen und in einem Feld tätig zu werden, in dem ich einen weniger eng getakteten Reiseplan hätte. Doch das sollte nicht sein, und im Laufe des Sommers beschlossen wir, uns zu trennen.

Kurz darauf, als ich zurück nach Montana – mein eigentliches Refugium – zog, riefen die Lakers an. Die Mannschaft steckte voller Talente, darunter die aufstrebenden Stars Shaquille O'Neal und Kobe Bryant sowie zwei der besten Distanzschützen der Liga, Glen Rice und Robert Horry. Allerdings hatten die Lakers in den Playoffs Probleme, weil die Chemie im Team nicht stimmte und die Spieler mental nicht stark genug waren, wichtige Spiele zu gewinnen.

Während ich darüber nachdachte, ob ich den Job annehmen sollte oder nicht, erinnerte ich mich daran, wie ich während meiner Reise quer durchs Land in meinem Hotelzimmer gesessen und im Fernsehen verfolgt hatte, wie die Lakers in den Halbfinals der Western Conference von den San Antonio Spurs gesweept wurden. Es hatte wehgetan, das mit anzusehen. Die großen Spieler der Spurs, Tim Duncan und David Robinson, hatten Shaq zu Fadeaway Jumpers gezwungen, bei denen er aus dem Gleichgewicht geriet, sodass er nicht seinen *Power Move* durch die Mitte der Zone machen konnte, und sie dann Shaq *downcourt* schlagen konnten, um die Verteidigung der Lakers zu durchbrechen. Als ich mir diese Spiele angesehen hatte, hatte ich mir vorgestellt, wie man der Strategie der Spurs entgegenwirken und die Lakers in das Team verwandeln könnte, das sie eigentlich sein sollten.

Genau diese Message wollte ich Ende Juni auf meiner ersten Pressekonferenz als neu ernannter Head Coach des Teams vermitteln. Das Event fand im »Beverly Hills Hilton« statt, und während ich dabei war, meine Ausführungen vorzubereiten, kam Kobe mit einem Exemplar meines Buches *Sacred Hoops* in mein Zimmer. Er bat mich, das Buch zu signieren, und sagte, er sei sehr aufgeregt, mit mir zu arbeiten, weil er ein großer Bulls-Fan sei. Das war ein gutes Zeichen.

»Das ist ein talentiertes, junges Team, das kurz davor ist, ganz oben zu stehen«, sagte ich an diesem Tag zu den Reportern. »Es war schon kurz davor und hat es nicht geschafft, den Gipfel zu erklimmen. Es ist eine ähnliche Situation wie vor zehn Jahren in Chicago, und wir hoffen, dass wir den gleichen Erfolg haben werden.«

Der entscheidende Punkt sei, die Lakers dazu zu bringen, einander genug zu vertrauen, um effektiv zusammenzuarbeiten und sich von einem »Ich-Team« in ein »Wir-Team« zu verwandeln, so wie es die Bulls in den frühen 1990er-Jahren getan haben. »Wenn man nach einem bestimmten Offensivsystem spielt, kann man sich nicht einfach den Ball schnappen und versuchen, zu punkten«, erklärte ich. »Du musst dafür sorgen, dass der Ball in Bewegung bleibt, denn du musst ihn mit allen teilen. Und wenn du das tust, sind alle im Spiel involviert, und das macht einen großen Unterschied.«

Nach der Pressekonferenz fuhr Jerry West mit mir nach Westchester, um Jerry Buss in seinem neuen, im spanischen Stil erbauten Palazzo an der Steilküste mit Blick aufs Meer zu besuchen. Buss, der einen Doktortitel in physikalischer Chemie hatte, aber in den 1970er-Jahren sein Vermögen mit

Immobilien gemacht hatte, hatte das Glück gehabt, die Lakers (sowie »The Forum« und die Eishockeyfranchise Los Angeles Kings) 1979 zu kaufen – in dem Jahr, als Magic Johnson kam und das Team im darauffolgenden Jahrzehnt zu fünf Meisterschaften führte. Seitdem hatte das Team nicht mehr gehalten, was es versprochen hatte.

Jerry Buss war ein smarter, aber sehr unauffälliger Mann, trug Jeans, ein schlichtes Hemd und – sein Markenzeichen – Turnschuhe. Er sagte, er sei stolz auf den großen Erfolg, den die Lakers in der Vergangenheit hatten, aber er wolle noch eine Meisterschaft gewinnen.

»Ich glaube, Sie können drei, vielleicht vier Championships gewinnen«, sagte ich.

»Wirklich?«, erwiderte er verblüfft.

Er war von meiner Chuzpe beeindruckt. Später sagte er, er habe noch nie gehört, dass sich ein Coach zu Beginn der Saison eine so hohe Messlatte gesetzt habe. Aber die Wahrheit ist, dass ich nicht geblufft habe.

Es war ein merkwürdiger Sommer. Nur kurze Zeit später, nachdem ich nach meinen Treffen mit den Verantwortlichen der Lakers nach Montana zurückgekehrt war, kam meine Tochter Chelsea mit ihrem Freund zu Besuch und brach sich bei einem Motorradunfall, den sie während einer Offroad-Tour erlitt, den Knöchel, sodass sie acht Wochen lang einen Gips tragen musste. Da sie in ihrer Mobilität beeinträchtigt war, beschloss sie, sich von ihrem Job in New York beurlauben zu lassen und sich in Montana zu erholen, wo mein Sohn Ben und ich uns um sie kümmern konnten. June kam ebenfalls für einige Wochen zu uns, um uns zur Hand zu gehen.

Eines Tages kam Shaq unangekündigt bei uns vorbei. Er hatte sich auf den Weg nach Montana gemacht, um bei einem Rap-Konzert im nahe gelegenen Kalispell aufzutreten. Ich war nicht daheim, als er zu uns kam, also bat June ihn herein. Als ich nach Hause kam, sprang Shaq unten am See auf einem Trampolin herum und sorgte in der Nachbarschaft für Aufsehen. Plötzlich drängten sich Dutzende von Booten voll mit Schaulustigen in der Bucht in der Nähe unseres Hauses, um diesen Riesen zu begaffen, der dort durch die Luft hüpfte. Shaq enttäuschte uns nicht. Nach seiner Nummer auf dem Trampolin machte er skurrile Rückwärtssalti vom Bootssteg und startete dann zu einer wilden Jet-Ski-Tour durch die Bucht.

Da er ohnehin nass war, bat ich Shaq, mir beim Wegräumen eines großen Baums zu helfen, der während eines Sturms in unserem Garten umgestürzt war. Es war beeindruckend, ihm bei der Arbeit zuzusehen. »Wir werden eine Menge Spaß haben, Coach«, sagte er, als wir fertig waren. Und das war genau das, was Shaq wollte: Spaß.

Als es an der Zeit war, die Koffer zu packen und nach L.A. zu fahren, sah ich meinem neuen Leben ängstlich entgegen. Ich machte mir Sorgen, was mit meinen Kindern passieren würde, da ich nun ein alleinerziehender Vater war und in eine neue, unbekannte Stadt zog. Um mir diese Umstellung etwas leichter zu machen, stellten meine Töchter Chelsea und Brooke ein Mixtape mit Liedern über Neuanfänge für mich zusammen. Es war mehr als 25 Jahre her, dass ich über die Landstraßen Kaliforniens gefahren war. Als ich die Sierra Nevada überquerte, ertönte Willie Nelsons schwermütige Version von »Amazing Grace«, und ich war so überwältigt von meinen Gefühlen, dass ich am Straßenrand anhielt, den Wagen ausmachte und weinte. Beim Anblick der sonnenbeschienenen Gipfel Kaliforniens hatte ich das Gefühl, als ließe ich ein dunkles Kapitel meines Lebens hinter mir und bewegte mich auf einen hellen und neuen Lebensabschnitt zu. Und meine Kinder verstanden mich. Das war ihre Art zu sagen: »Schau nach vorn, Dad. Lebe das Leben. Verschließe dich nicht.«

Meine ersten Tage in L.A. waren wunderbar. Ein Freund hatte für mich ein wunderschönes, luftiges Haus am Strand von Playa del Rey gefunden, nicht weit vom Flughafen und dem künftigen Trainingszentrum der Lakers entfernt. Mein neues Zuhause bot reichlich Platz für Gäste. Zu meiner Freude zog Brooke, die gerade ihren Abschluss an der University of Colorado gemacht hatte, ein paar Wochen später ein, um mir zu helfen, mich hier einzugewöhnen, und blieb dann, um ihren Abschluss in Psychologie zu absolvieren. Und in meiner ersten Woche in der Stadt lud mich Bruce Hornsby, ein befreundeter Songwriter, der mich mit den Grateful Dead bekannt gemacht hatte, zu einem Konzert im Greek Theatre im Griffith Park ein, wo er mit Linda Ronstadt, Jackson Browne und anderen Ikonen der Musikwelt auftrat. Es war ein warmer Septemberabend, und die Leute im Publikum waren freundlich und entspannt. Es war sehr kalifornisch. Ich fühlte mich sofort wie zu Hause.

Eine meiner ersten Aufgaben bestand darin, an der jährlichen Geschäftssitzung der NBA in Vancouver teilzunehmen. Dort lernte ich schließlich die Tochter von Jerry Buss kennen, Jeanie, die stellvertretende Geschäftsführerin des Teams, die ein Abendessen für die Führungskräfte der Lakers gab. Sie war intelligent und attraktiv, hatte schöne Augen und einen neckischen Humor. Am nächsten Tag traf ich sie zufällig am Flughafen. Sie war auf dem Heimweg, um ihren Geburtstag mit Freunden zu feiern, aber ihr Flug hatte Verspätung, und so kamen wir in der Lounge ins Plaudern. Sie erzählte einige amüsante Geschichten über Dennis Rodmans katastrophale Zeit bei den Lakers im Jahr 1999, die sich wie eine schlechte Reality-Show im Theater des Absurden anhörten.

Ich war gefühlsmäßig immer noch ziemlich am Boden und war mir nicht sicher, ob ich für eine neue Beziehung bereit war. Aber dann passierte es. Am nächsten Tag kam ich ins Büro und fand ein Stück von Jeanies Geburtstagstorte auf meinem Schreibtisch. Als ich in ihr Büro ging, um mich zu bedanken, errötete sie, und ich spürte, dass dieses Geschenk mehr als eine kollegiale Geste gewesen war. Also lud ich sie abends zum Essen ein. Die Dinge entwickelten sich definitiv zum Besseren.

Als wir uns an der University of Santa Barbara zum Trainingslager versammelten, sah ich die Lakers als ein Team der Stufe 3, das sich fest dem Motto »Ich bin großartig, ihr seid es nicht« verschrieben hatte. Eine der größten Stärken des Teams war die Dominanz von Shaq als Centerspieler. Die Triangle Offense ist für starke Center konzipiert, die die Zone beherrschen, sich effektiv in Post-up-Position begeben und die Offensive mit scharfem Passspiel ankurbeln können. All das konnte Shaq genauso gut oder sogar noch besser als die Center, die wir in Chicago hatten, zudem war er ein explosiver Scorer, der zwei oder drei Gegenspieler auf sich zog, was einem alle Möglichkeiten eröffnete. Mark Heisler, ein Kolumnist der *Los Angeles Times*, schrieb, dass Shaq einen Fortschritt der Evolution darstellte: Er war »mit seinen 2,16 Meter und 300 Pfund der erste Mann in der NBA, der nicht fett war«. Shaq hatte sich im Laufe des Sommers auf 350 Pfund aufgebläht, aber wenn er in Form war, war er stärker, schneller und beweglicher als jeder andere Center in der Liga. Darüber hinaus besaß er das außerordentliche Talent, mit schnellen Gegenangriffen über den Platz zu rennen. Allerdings war er beim Rebounding und in der Verteidigung nicht so stark, wie ich es erwartet hatte, und mir fiel auf, dass er nur ungern seine Position verließ, um Screens zu verteidigen, was ihn für Teams, die gute Screen-Rolls spielen konnten, wie die Jazz, die Spurs und die Trail Blazers, angreifbar machte.

Kobe war einer der kreativsten Shooting Guards, die ich je gesehen hatte, und konnte in vielerlei Hinsicht mit seinem Idol Michael Jordan mithalten. Ich bewunderte Kobes unbändigen Siegeswillen, aber er musste noch viel über Teamwork lernen und wie man uneigennützig spielt. Obwohl er ein hervorragender Passgeber war, versuchte er instinktiv zunächst, per Dribbling in die Zone einzudringen, den Weg zum Korb zu finden und jeden per Dunk zu bezwingen, der ihm im Weg stand. Wie viele jüngere Spieler versuchte er, das Spiel zu erzwingen, anstatt es auf sich zukommen zu lassen. Ich zog in Betracht, ihn als Point Guard spielen zu lassen, bezweifelte allerdings, dass er sein Ego lange genug zügeln könnte, um das Triangle zu beherrschen.

Glen Rice war ein weiterer begabter Small Forward. Der ehemalige All-Star, der zuvor für die Charlotte Hornets gespielt hatte, hatte einen so präzisen Sprungwurf, dass er Scottie Pippen damit in den Wahnsinn trieb. In früheren Zeiten seiner Karriere war Glen auch ein schneller, aggressiver Verteidiger gewesen, aber seit seinem Wechsel zu den Lakers kam er dabei aus der Übung. Zur Mannschaft gehörte auch Horry, ein gertenschlanker, 2,08 Meter großer Power Forward, der später wegen seines Talents, mit seinen Würfen Spiele in letzter Minute zu gewinnen, »Big Shot Rob« genannt wurde. Rob hatte mit Houston zwei Meisterschaftsringe gewonnen, bevor er zuerst an Phoenix und dann an L.A. per Trade abgegeben wurde. Seine Trefferquote hatte sich jedoch verringert, und ich war besorgt, dass es ihm vielleicht an Kraft und Größe mangelte, um gegen die größeren Power Forwards in der Liga anzutreten.

Das Team hatte auch einige vielversprechende Ersatzspieler, darunter Rick Fox und Derek Fisher, die beide später zu wichtigen Führungspersönlichkeiten werden sollten. Rick war ein ehemaliger Star der University of North Carolina, der die nötige Größe und Beweglichkeit besaß, um auf beiden Forward-Positionen zu spielen. Er war im Draft von den Boston Celtics gewählt worden, war dort aber in der Ära nach Larry Bird mehrere

Jahre lang eher Ergänzungs- denn Stammspieler gewesen. Rick war dafür bekannt, unsinnige Fehler zu machen, die die Spieler als »Ricky Ball« bezeichneten. Er war aber auch ein guter Clutch Shooter, ein starker Verteidiger und ein selbstloser Teamplayer. Fisher, ein 1,86 Meter großer und 200 Pfund schwerer Point Guard von der University of Arkansas in Little Rock, war clever, aggressiv und vielseitig; er war ein guter Distanzschütze und besaß angeborene Führungsqualitäten.

Unsere größten Schwächen lagen auf der Position des Point Guard und des Power Forward. Wir bemühten uns intensiv um einen Deal mit Houston, um Scottie Pippen zu bekommen, verloren jedoch das Rennen gegen die Portland Trail Blazers, unseren stärksten Rivalen in der Western Conference in diesem Jahr. Zum Glück konnten wir Ron Harper, dessen Vertrag bei den Bulls ausgelaufen war, und A.C. Green verpflichten, einen routinierten Power Forward, der nicht nur ein starker Verteidiger, sondern auch mit der Triangle Offense vertraut war, da er unter dem ehemaligen Bulls-Trainer Jim Cleamons bei den Dallas Mavericks gespielt hatte. Wir holten auch den Ersatzcenter John Salley, der mit den Bulls und den Pistons Meisterschaften gewonnen hatte.

Wir stellten so viele erfahrene Spieler ein, weil wir die traurige Geschichte der Lakers beenden und in eine positive umkehren wollten, denn die Truppe hatte wegen ihrer unreifen Spieler und mangelnden Disziplin unter Druck versagt. 1998 vergeigten die Lakers 15 ihrer ersten 18 Würfe auf dem Weg zu ihrer peinlichsten Niederlage in der Teamgeschichte, einer 112:77-Klatsche gegen die Jazz in Spiel 1 der Western Conference Finals. Horry meinte, das Spiel erinnere ihn an den *Zauberer von Oz*, weil das Team »ohne Herz, ohne Hirn, ohne Mut« gespielt habe. Trainer Del Harris fügte hinzu: »Und ohne Zauberer.«

Ich stellte einen Trainerstab zusammen, der hauptsächlich aus routinierten Coachs bestand, mit denen ich in Chicago zusammengearbeitet hatte, darunter Cleamons, Frank Hamblen und Tex Winter (sehr zum Missfallen von Jerry Krause). Außerdem übernahm ich Lakers-Assistenztrainer Bill Bertka.

Unser Plan sah vor, ganz von vorne zu beginnen und den Spielern die Grundzüge des Triangles beizubringen, angefangen mit grundlegenden Pass- und Wurfübungen. Die Mannschaft nahm alles auf, was wir ihr vorsetzten. Als ich die Spieler am ersten Tag des Trainingslagers aufforderte, einen Kreis in der Mitte des Feldes zu bilden, erinnerte das Chip Schaefer, den Verantwortlichen für sportliche Leistung bei den Lakers, den ich von den Bulls geholt hatte, an den alten E.F.-Hutton-Werbespot im Fernsehen. »Alle klebten an jedem einzelnen Wort, sogar die Alten«, erinnert sich Chip. »Jeder sagte nur: ›Pssst. Ich will alles hören, was dieser Typ zu sagen hat.‹« Später, während des Trainings, bemerkte Chip, dass Rick Fox von einem Ohr zum anderen grinste. »Er sagte: ›Ich komme mir vor, als wäre ich wieder in der Junior High‹«, sagte Chip. »Aber es klang nicht genervt wie: ›Oh mein Gott, ich bin wieder in der Junior High School.‹ Er strahlte über das ganze Gesicht, denn es gibt irgendetwas, das Basketballspieler an den Grundlagen des Sports lieben.«

Fish sah das Ganze etwas differenzierter. »Wir hatten einige Jahre mit frustrierenden Playoffs hinter uns«, sagt er. »Obwohl wir viel Talent hatten, wussten wir immer noch nicht, wie wir unser Potenzial ausschöpfen konnten. Als Phil und der Trainerstab verpflichtet wurden, erregte das unser aller Aufmerksamkeit und wir konzentrierten uns in einer Weise, wie ich es in den ersten drei Jahren, in denen wir zusammenspielten, noch nicht erlebt hatte. Was auch immer Phil sagte, was auch immer er von uns wollte und wie auch immer wir es anstellen sollten, jeder von uns schien sich vorzukommen wie ein Kind im Kindergarten, das sich leicht beeindrucken ließ. Und das hat uns zu einer Maschine gemacht, zu einer effizienten Truppe, die mit einigen der besten Teams der Geschichte verglichen werden kann.«

Meine Erfahrung an diesem ersten Tag war etwas anders. Obwohl ich mich über den Lerneifer eines jeden freute, ärgerte ich mich darüber, wie kurz die Aufmerksamkeitsspanne der Spieler war. Vor dem Trainingslager hatte ich ihnen einen dreiseitigen Brief über die Triangle Offense, die Achtsamkeitsmeditation und andere Themen geschickt, die ich während des Camps besprechen wollte. Doch als ich mit meiner ersten Ansprache begann, fiel es ihnen schwer, sich auf meine Worte zu konzentrieren. Sie starrten an die Decke, zappelten herum und scharrten mit den Füßen. Das war etwas, das ich bei den Bulls noch nie erlebt hatte.

Um das Problem zu beheben, entwickelten der Psychologe George Mumford und ich ein Programm für tägliche Meditationsübungen für die Spieler, wobei wir die Dauer der einzelnen Sitzungen langsam von drei auf zehn Minuten erhöhten. Außerdem führte ich die Spieler in Yoga, Tai-Chi und andere fernöstliche Praktiken ein, um ihnen zu helfen, Körper, Geist und Seele in Einklang zu bringen. In Chicago hatten wir Meditation in erster Linie genutzt, um auf dem Spielfeld achtsamer zu sein. Bei den Lakers war es jedoch unser Ziel, die Spieler zusammenzuschweißen, damit sie nachvollziehen konnten, was wir »ein Atem, ein Geist« nannten.

Eines der Grundprinzipien des buddhistischen Denkens ist, dass unsere herkömmliche Vorstellung vom Selbst als einer separaten Einheit ein Trugbild ist. Oberflächlich gesehen mag das, was wir als das Selbst betrachten, als etwas Eigenständiges und von allem anderen Getrenntes erscheinen. Schließlich sehen wir alle anders aus und haben unterschiedliche Persönlichkeiten. Aber auf einer tieferen Ebene sind wir alle Teil eines zusammenhängenden Ganzen.

Martin Luther King Jr. hat dieses Phänomen treffend beschrieben: »Tatsächlich ist alles im Leben miteinander verbunden«, sagte er. »Alle Menschen sind in einem unentrinnbaren Netz der Gegenseitigkeit gefangen, eingebunden in ein Gewand des Schicksals. Wovon ein Einzelner direkt betroffen ist, wirkt sich indirekt auf alle aus. Ich kann niemals das sein, was ich sein sollte, bis du das bist, was du sein solltest, und du kannst nie das sein, was du sein solltest, bis ich das bin, was ich sein sollte. Das ist das in Wechselbeziehung stehende Gefüge der Wirklichkeit.«

Der japanische buddhistische Lehrer Nichiren aus dem 13. Jahrhundert sah das etwas pragmatischer. In einem Brief an seine Schüler, die von den feudalen Behörden verfolgt wurden, schrieb er, dass sie gemeinsam singen sollten »mit dem Geist von vielen im Körper, aber einem im Geiste, indem sie alle Unterschiede zwischen sich selbst überwinden und so untrennbar werden wie Fische und das Wasser, in dem sie schwimmen«. Die Einheit, die Nichiren verordnete, war nicht mechanischer Natur, die von außen auferlegt wurde, sondern eine Verbindung, die die einzigartigen Eigenschaften jedes Einzelnen respektierte. »Wenn der Geist vieler im Körper, aber einer im Geiste bei den Menschen vorherrscht«, fügte er hinzu, »werden sie alle ihre Ziele erreichen, wohingegen sie, wenn sie eine Einheit im Körper, aber anders im Geiste sind, nichts Bemerkenswertes zustande bringen.«

Das war die Art von Einheit, die ich bei den Lakers ausbauen wollte. Ich wollte aus den Spielern keine Adepten machen, aber ich dachte, dass die

Meditationspraxis ihnen helfen würde, aus ihrer ich-orientierten Perspektive auszubrechen und sie ihre Beziehung zu anderen und der Welt um sie herum mit etwas anderen Augen zu sehen.

Als ich anfing, die Bulls zu coachen, hatten sie bereits begonnen, sich in ein Team zu verwandeln, das von *einem* Geist beherrscht wurde. Das Idealbild, das die Lakota von einem Krieger hatten, sagte ihnen zu, weil sie so viele Kämpfe mit ihrem größten Rivalen, den Detroit Pistons, hinter sich hatten. Doch dieser Ansatz kam bei den Lakers nicht so gut an. Sie hatten viele Feinde, nicht nur einen, und der beunruhigendste von allen war meiner Meinung nach die Kultur, die sie nährte.

Wenn die meisten späteren NBA-Spieler Schüler der Mittelstufe sind, werden sie mit einer Welt konfrontiert, die das egoistische Verhalten fördert. Je älter und je erfolgreicher sie werden, desto mehr werden sie von etlichen Agenten, Promotern, Groupies und anderen Speichelleckern umgeben, die ihnen immer wieder sagen: »Eh Mann, du bist es!« Es dauert nicht lange, bis sie anfangen, das wirklich zu glauben. Hinzu kommt, dass L.A. ein Ort ist, in der die Vorstellung vom glorifizierten Selbst zelebriert wird. Wo auch immer die Lakers auftauchten – nicht nur die Superstars, sondern auch die anderen Spieler –, wurden sie als Helden begrüßt und bekamen grenzenlose, oft lukrative Gelegenheiten, sich in ihrer Herrlichkeit zu aalen.

Ich wollte ihnen eine sichere Zuflucht vor all dem Wahnsinn bieten, die ihnen als Stütze dienen sollte, und ich betrachtete es als meine Aufgabe, sie mit ihrer tiefen, aber noch nicht ausgereiften Sehnsucht nach echter Verbundenheit vertraut zu machen. Das war der wesentliche erste Schritt, von dem der zukünftige Erfolg des Teams abhängen würde.

KAPITEL 15

DER ACHTFACHE ANGRIFF

Größe ist etwas Geistiges.

Matthew Arnold

Rick Fox beschreibt meine Trainingsmethode als ein Theaterstück in drei Akten. Seiner Meinung nach lehnte ich mich während der ersten 20 oder 30 Spiele einer Saison zurück und ließ die Figuren sich selbst entfalten. »Die meisten Trainer gehen mit einer bestimmten Vorstellung ihres Vorhabens in die Saison und zwingen diese den Spielern auf«, erklärt er. »Bei Phil hatte ich jedoch stets den Eindruck, als wäre er völlig unvoreingenommen und allem gegenüber aufgeschlossen, wenn er mit uns sprach. ›Mal sehen, was jeder Einzelne zu sagen hat. Schauen wir mal, wie die Truppe reagiert, wenn sie Kritik einstecken muss, und ob sie in der Lage ist, Probleme zu lösen.‹ In solchen Momenten schien er sich nie allzu viele Sorgen über das Team zu machen. Er geriet nie in Panik, stellte keine endlosen Analysen an, denn das wäre verfrüht gewesen.«

Der 2. Akt wurde während der 20 oder 30 Spiele zur Mitte der Saison aufgeführt, vor und nach dem All-Star-Game. »In dieser Zeit hat er sich um das Team gekümmert, wenn die Jungs anfingen, sich zu langweilen«, ergänzt Rick. »Phil hat dann mit jedem von uns mehr Zeit verbracht. Er hat uns Bücher geschenkt. Ich hatte immer das Gefühl, dass er mich in dieser Zeit am härtesten gefordert hat.«

Dann, während der letzten 20 oder 30 Spiele vor den Playoffs, begann der 3. Akt, und laut Fox änderte sich mein ganzes Verhalten – wie ich die Spieler anschaute, wie ich sprach und mich bewegte –, als wollte ich sagen: »So, jetzt ist meine Zeit gekommen.« Im Vorfeld der Playoffs gestattete ich den Medien nur eingeschränkten Zugang zu den Spielern und trat entschlossener auf, um für das Team zu werben. »Phil gab uns neues Selbstvertrauen und eine Identität, die wir vorher nicht hatten«, sagt Rick. »Aber er hat auch den Druck von uns genommen und ihn sich selbst aufgebürdet. Er hat ganze Städte gegen sich aufgebracht. Und alle waren wütend auf ihn und dachten nicht an uns. Es war wie: ›Seht euch dieses Chaos an, das ich hier angerichtet habe‹, und wir konnten das machen, was wir gerade taten, ohne dass das Rampenlicht auf uns gerichtet war.« Wie die Spieler zu sagen pflegten: »Hört sich gut an.« Natürlich ging es nicht immer so glatt zu.

Vor dem ersten Saisonstart mit den Lakers traf ich mich mit Shaq, Harper und Kobe und sagte ihnen, dass dies Shaqs Team sei und die Offensive über ihn laufe. Allerdings gab ich ihnen auch zu verstehen, dass Kobe der Spielmacher sei, ähnlich wie es damals zwischen Kareem Abdul-Jabbar und Magic Johnson gelaufen war. Ich hatte das Gefühl, dass Kobe noch nicht bereit war, Co-Captain zu sein, also gab ich Ron diese Rolle und bat ihn, als Kobes Mentor zu fungieren, während er lernte, eine Führungsrolle zu übernehmen. Ich wollte alles von Anfang an klarstellen, damit es keine Unklarheiten über die Rollen gab – vor allem bei Kobe nicht.

Wir bekamen jedoch keine echte Möglichkeit, dieses System auszuprobieren, da Kobe sich im ersten Vorsaisonspiel die rechte Hand brach und bis Dezember ausfiel. Wir holten Brian Shaw, einen großen, vielseitig einsetzbaren Guard, um Kobe während seiner Auszeit zu vertreten, und das Team begann sich zu formieren und verzeichnete im ersten Monat 12 Siege und nur 4 Niederlagen. Unsere erste Schlappe kassierten wir gegen die Trail Blazers, die es gut verstanden, unsere Guards in die Falle zu locken – ein sogenanntes Trapping –, unsere Offensive zu sabotieren und Shaq zu foulen, sobald er dem Ball bekam. Danach fragte ich Scottie, der jetzt bei den Trail Blazers spielte, was er von unserem Team hielt, und er scherzte: »Ich finde, euer Dreieck sieht eher wie ein Quadrat aus.«

Dann, etwas später im selben Monat, während eines Spiels gegen die Nets, gab ich die Order für einen Spielzug, den wir als »Home Run« bezeichneten, aber Horry verpasste seinen Part und das Play war dahin. Als ich Robert fragte, was passiert war, sagte er: »Ich habe deine Ansage nicht gehört.« Daraufhin verwies ich auf die Bibel, da ich wusste, dass Horry aus einer religiösen Familie stammte. »Die Schafe kennen die Stimme ihres Herrn«, sagte ich. »Es geht nur darum, die Stimme des Herrn zu erkennen und seinem Ruf zu folgen.« Salley fragte mich, was ich mit diesem politisch unkorrekten Statement meinte, und ich erklärte ihm, dass es sich auf ein Gleichnis über die Schafe bezog, die die Stimme ihres Herrn kennen, und das Jesus als Metapher verwendete, um zu verdeutlichen, wie seine Jünger den Willen Gottes verstehen. Danach nahmen mich die Spieler wochenlang auf den Arm, wenn ich sie zu Beginn des Trainings in den Kreis rief, und sagten: »Ja, Herr.«

Kobe kehrte am 1. Dezember zurück, und die Mannschaft setzte ihre Serie bis in den Januar hinein fort. Aber das Angriffsspiel lief nicht mehr so reibungslos wie zuvor. Kobe fiel es schwer, im Triangle zu bleiben, und er spielte oft eigensinnig, was seine Mannschaftskameraden verärgerte. Viele von ihnen sagten mir, dass sie nicht gerne mit Kobe spielten, weil er sich nicht an das System hielt. Das Gleiche hatte ich schon mit Michael durchgemacht, aber Kobe, der gerade 21 geworden war, hatte nicht die Reife von Jordan und war auch nicht so aufgeschlossen wie er.

Wenn Kinder dazu bestimmt sind, die unerfüllten Träume ihrer Eltern zu verwirklichen, dann war Kobe ein Paradebeispiel dafür. Sein Vater, Joe »Jellybean« Bryant, war ein 2,06 Meter großer Forward bei den legendären Philadelphia 76ers der 1970er-Jahre. Bryant senior behauptete einmal, er spielte die gleiche Art von Basketball wie Magic Johnson, aber die NBA war nicht bereit für seine Art des Spiels, die eher auf einen Streetballcourt passte. So beendete er nach Gastspielen bei zwei anderen Teams seine Karriere in Italien, wo Kobe aufgewachsen ist.

Als jüngstes von drei Kindern (und als einziger Junge) war Kobe der Musterknabe der Familie, der nichts falsch machen konnte. Er war ein kluger, talentierter und ehrgeiziger Bursche, der eine natürliche Begabung für Basketball besaß. Er übte stundenlang und ahmte die Spielzüge von Jordan und anderen nach, die er anhand von Videotapes einstudierte, die ihm seine Verwandten aus den USA schickten. Als er 13 Jahre alt war, zog die Familie zurück nach Philadelphia, und er entwickelte sich bald zu einem Star an der Lower Merion High School. John Lucas, der damalige Cheftrainer der 76ers, lud Kobe im Sommer zu einem Übungsspiel mit dem Team ein und war nicht nur von dem Können des jungen Spielers überrascht, sondern auch davon, wie beherzt er ins Spiel ging. Kurz darauf beschloss Kobe, das College zu überspringen und sofort bei den Profis anzufangen, obwohl seine Ergebnisse beim SAT [Anm. d. Übers.: *Scholastic Assessment Test*, ein standardisierter Test, der zur Einschätzung der Studierfähigkeit von Bachelorbewerbern an US-amerikanischen Colleges und Universitäten dient] gut genug waren, um sich eine Schule seiner Wahl aussuchen zu können. Jerry West sagte, dass Kobe im Alter von 17 Jahren das beste Predraft-Workout absolvierte, das er je gesehen hatte. Jerry einigte sich auf einen Trade mit den Charlotte Hornets, die Kobe an 13. Stelle im NBA-Draft 1996 zogen und ihn am 1. Juli 1996 im Tausch für Vlade Divac an die L.A. Lakers weitergaben – übrigens im selben Jahr, in dem Jerry Shaq mit einem 120 Millionen Dollar schweren Free-Agent-Deal und einem Siebenjahresvertrag von Orlando weglockte.

Kobe hatte große Träume. Kurz nachdem ich bei den Lakers angefangen hatte, ließ mich Jerry in sein Büro kommen, um mir zu sagen, Kobe habe ihn gefragt, wie er – Jerry – es als Spieler geschafft hatte, im Durchschnitt über 30 Punkte pro Spiel zu erzielen, während sein damaliger Teamkollege Elgin Baylor es ebenfalls auf 30 oder mehr Punkte pro Spiel gebracht hatte. Kobe war wild entschlossen, Jordan als besten Spieler im Basketball zu übertreffen. Er war so sehr von Michael besessen, dass es regelrecht auffiel. Er hatte nicht nur die meisten von Jordans Spielzügen erlernt, sondern auch viele seiner Eigenarten übernommen. Als wir in dieser Saison in Chicago spielten, arrangierte ich ein Treffen zwischen den beiden Stars, weil ich dachte, dass Michael Kobe helfen könnte, seine Einstellung gegenüber Teamwork und selbstlosem Spiel zu ändern. Nachdem sie sich die Hand gegeben hatten, waren Kobes erste Worte: »Du weißt, dass ich dich im Eins-gegen-Eins schlagen kann.«

Ich bewunderte Kobes Ehrgeiz. Aber ich hatte auch das Gefühl, dass er aus seinem Schutzpanzer ausbrechen musste, wenn er die zehn Ringe gewinnen wollte, von denen er seinen Teamkollegen erzählte, dass er sie haben wollte. Es liegt auf der Hand, dass Basketball kein Einzelsport ist. Wer Großes erreichen will, muss sich auf die wohlwollende Unterstützung der anderen verlassen können. Aber Kobe hatte noch nicht den Versuch unternommen, auf seine Mannschaftskameraden zuzugehen und sie kennenzulernen. Anstatt nach den Spielen gemeinsam die Zeit mit ihnen zu verbringen, ging er meist in sein Hotelzimmer, um Spielaufzeichnungen zu studieren oder mit seinen Freunden von der Highschool zu telefonieren.

Kobe war ein verbissener, hartnäckiger Lerner. Er war so überzeugt von seinen Fähigkeiten, dass man ihn nicht einfach auf seine Fehler hinweisen und erwarten konnte, er werde dadurch sein Verhalten ändern. Nein, er musste erst scheitern, bevor er seinen Trotzkopf aufgab und sich einsichtig zeigte. Das war für ihn und alle anderen Beteiligten oft ein quälender Prozess. Doch dann hatte er plötzlich einen Aha-Moment und fand Mittel und Wege, sich zu ändern.

Einer dieser Momente ereignete sich Anfang Februar. Damals schien das Team aus unerfindlichen Gründen verstimmt zu sein. Nach einer nicht gerade überragenden Leistung schloss ich die Tür der Umkleidekabine, sodass sich nur die Spieler und ich dort befanden, und fragte, was vorgefallen sei, dass sie plötzlich nicht mehr zusammenspielten. Es war eine rhetorische Frage, aber ich ließ sie wissen, dass wir das Thema am nächsten Tag nach dem Training wieder aufgreifen würden. Wir versammelten uns in einem kleinen Videoraum im Southwest Los Angeles Community College – unserer provisorischen Trainingsstätte. Es gab vier Reihen mit jeweils fünf Stühlen, und in der ersten Reihe saßen Shaq, Fox, Fish, Harp und Shaw. Kobe saß in der letzten Reihe und hatte die Kapuze seines Hoody über den Kopf gezogen. Ich ging noch einmal die Anforderungen durch, die die Dreiecksoffensive an jedes Teammitglied stellte, und kam dann zu dem Schluss: »Man kann kein eigennütziger Spieler oder Egomane auf dem Platz sein, denn dann funktioniert diese Offensivtaktik nicht zum Wohle des Teams. Punkt.« Als ich dann die Spieler zu Wort kommen lassen wollte, herrschte völlige Stille, und ich wollte die Sitzung gerade vertagen, als Shaq das Wort ergriff. Er kam direkt auf den Punkt und sagte: »Ich glaube, Kobe spielt zu eigensinnig, als dass wir gewinnen könnten.« Danach waren alle voll aufgedreht. Einige der Spieler nickten mit dem Kopf, um Shaq zuzustimmen, darunter auch Rick Fox, der sagte: »Wie oft haben wir das schon durchgekaut?« Niemand im Raum ergriff Partei für Kobe. Ich fragte ihn, ob er etwas zu sagen habe. Schließlich wandte sich Kobe an die Gruppe und sagte mit ruhiger, gelassener Stimme, dass ihm all seine Kollegen wichtig seien und er einfach nur Teil eines Gewinnerteams sein wolle.

Ich war nicht zufrieden mit dem Meeting. Denn ich befürchtete, dass es die Harmonie im Team beeinträchtigen würde, wenn alle offen etwas zu monieren hätten und sich keine Lösungen finden ließen. In den Tagen darauf verloren wir vier von fünf Spielen, darunter ein 105:81-Fiasko gegen die Spurs im Alamodome. In dieser Woche träumte ich, Kobe den Hintern zu versohlen und Shaq eine Ohrfeige zu geben. »Shaq braucht es und Kobe will es so – das Geheimnis der Lakers«, schrieb ich in mein Tagebuch.

Die Spieler begannen, sich gegenseitig die Schuld für das Versagen zu geben, und mir wurde klar, dass ich sofort für Ruhe im Team sorgen musste. Als Erstes traf ich mich mit Shaq zum Frühstück, um mit ihm zu besprechen, was es bedeutet, eine Führungskraft zu sein. Ich erzählte zunächst die Geschichte, wie Michael die Bulls vor dem 5. Spiel gegen Cleveland in den Playoffs 1989, das sie unbedingt gewinnen mussten, motivierte, indem er an seine eigene Zuversicht und an die des Teams appellierte. Die Cavaliers hatten uns soeben zu Hause geschlagen und die Serie ausgeglichen, und Michael hatte einen schlechten Abend gehabt. Doch das hatte ihn nicht aus der Ruhe gebracht. Sein unnachgiebiges Vertrauen in sich selbst und seine Mitspieler hatte das Team angetrieben, und wir hatten das letzte Spiel – nicht allzu überraschend – durch einen magischen Wurf von Jordan in letzter Sekunde gewonnen.

Ich sagte Shaq, dass er seinen eigenen Weg finden müsse, um die Lakers zu motivieren. Er musste seine Zuversicht und seine Freude am Spiel so rüberbringen, dass seine Mannschaftskameraden – insbesondere Kobe – das Gefühl hatten, dass nichts unmöglich wäre, wenn sie sich mit ihm zusammentäten. Die wichtigste Aufgabe eines Teamleaders, erklärte ich, sei es, seine Mitspieler aufzubauen und nicht, sie runterzuziehen. Shaq hatte solch einen Sermon wahrscheinlich schon vorher gehört, aber dieses Mal hatte es wohl Klick bei ihm gemacht.

Bei Kobe ging ich anders vor. Ich versuchte, so direkt wie möglich zu sein und ihm vor den anderen Spielern klarzumachen, wie sehr seine Fehler, die seiner eigensinnigen Spielweise geschuldet waren, der Mannschaft schadeten. Während wir uns ein Video ansahen, sagte ich: »Jetzt weiß ich, warum die Jungs nicht gerne mit dir spielen. Ihr müsst zusammenspielen.« Ich gab ihm auch zu verstehen, dass ich, wenn er den Ball nicht abspielte, gerne einen Trade für ihn aushandeln würde. Es machte mir nichts aus, in dieser Situation der »böse Onkel« zu sein (siehe auch Kapitel 2: *Manchmal muss man den Stock herausholen*). Ich wusste, dass Harper meiner Drohung später etwas den Wind aus den Segeln nehmen würde, indem er Kobe in weit weniger scharfen Worten erklärte, wie er selbstloser zu spielen habe, ohne dabei sein kreatives Spiel aufzugeben.

Ich sprach mit Kobe auch darüber, was man braucht, um eine Führungspersönlichkeit zu sein. Irgendwann sagte ich zu ihm: »Ich vermute, du möchtest eines Tages Kapitän dieses Teams sein, wenn du älter bist – so um die 25.« Er erwiderte, er wolle morgen schon der Kapitän sein. Daraufhin sagte ich: »Du kannst nicht der Kapitän sein, wenn dir niemand folgt.«

Irgendwann war bei ihm der Groschen gefallen. Kobe suchte nun nach Möglichkeiten, sich in das System einzufügen und mit seinen Teamkameraden zusammenzuspielen. Er bemühte sich auch, mehr mit seinen Mitspielern zu unternehmen, vor allem, wenn wir zu Auswärtsspielen unterwegs waren. Und nach der Spielpause durch das All-Star-Weekend lief alles wie am Schnürchen. Wir legten eine 27:1-Siegesserie hin und beendeten die Saison mit der besten Bilanz der Liga (67:15).

Die Spieler schienen erleichtert zu sein, dass wir ein Problem aus der Welt geschafft hatten, das die Mannschaft in den vergangenen drei Jahren belastet hatte. Rick Fox drückte es bildlich aus, indem er meinte, Kobes Ich-zuerst-Einstellung »war eine Landmine, die zu explodieren drohte. Uns allen war klar, dass irgendjemand drauftreten musste, aber niemand wollte es. Also hat Phil es getan, und jetzt konnten wir uns alle viel freier bewegen.«

Als wir uns auf die Playoffs vorbereiteten, dachte ich, dass es den Spielern nicht schaden könnte, einen Auffrischungskurs über die selbstlose Art und Weise des Basketballspielens zu erhalten, nur diesmal aus einer anderen Perspektive – der des Buddha. Also widmete ich eine unserer Trainingseinheiten der buddhistischen Denkweise und wie sie auf den Basketball anzuwenden sei. Wahrscheinlich vergraulte ich gleich zu Beginn einige Spieler damit, aber zumindest lenkte es sie von dem Druck der bevorstehenden Postseason ab.

Buddha lehrte, um es kurz zusammenzufassen, Folgendes: Das Leben ist Leiden, und die Hauptursache für unser Leiden ist unser Wunsch, dass die Dinge anders sein sollten, als sie tatsächlich sind. In einem Moment mögen die Dinge so laufen, wie wir wollen, und im nächsten Augenblick ist das nicht mehr der Fall. Wenn wir versuchen, unsere Freude zu verlängern oder Schmerz von uns zu weisen, leiden wir. Das Gute aber ist, dass der Buddha auch einen praktischen Weg erdacht hat, um sich der Gier und der Unglückseligkeit zu entledigen, und zwar indem man den Weg beschreitet, den er den edlen achtfachen Pfad nannte. Die einzelnen Schritte waren die rechte Anschauung, das rechte Denken, die rechte Rede, das rechte Handeln, der rechte Lebensunterhalt, das rechte Streben, die rechte Achtsamkeit und die rechte Konzentration.

Ich dachte, die Lehren könnten hilfreich sein, um zu erklären, was wir als Basketballteam tun.

1. RECHTE ANSCHAUUNG: Es gilt, das Basketballspiel als Ganzes zu betrachten und als Team zusammenzuarbeiten, wie fünf Finger an einer Hand.
2. RECHTES DENKEN: Das bedeutet, sich selbst als Teil eines Systems zu sehen und nicht als eine Ein-Mann-Combo. Es meint aber auch, in jedes Spiel mit dem Vorsatz zu gehen, bei dem Spielgeschehen innerhalb der Mannschaft maßgeblich mitzuwirken, weil man mit jedem im Team verbunden ist.
3. RECHTE REDE: Hier gilt zweierlei. Zum einen muss man sich während des Spiels selbst gut zureden und sich nicht in sinnlosen Sprüchen verlieren (»Ich hasse diesen Schiedsrichter«, »Ich werde es diesem Bastard heimzahlen«). Zweitens muss man, wenn man mit anderen spricht, insbesondere mit den Mitspielern, die eigenen Worte unter Kontrolle halten und sich darauf konzentrieren, den Kollegen positives Feedback zu geben.
4. RECHTES HANDELN: Richtige Spielzüge machen, die dem Geschehen auf dem Spielfeld angemessen sind, statt immer wieder mit dem eige-

nen Können anzugeben oder so zu spielen, dass dadurch die Teamharmonie gestört wird.

5. RECHTER LEBENSUNTERHALT: Respekt der eigenen Arbeit entgegenbringen und sie nutzen, um schlichtend auf das Team einzuwirken, statt das eigene Ego zu polieren. Sei bescheiden. Du bekommst eine irrwitzige Summe Geld für etwas, das wirklich einfach ist. Und Spaß macht.
6. RECHTES STREBEN: Das bedeutet, selbstlos zu sein und das richtige Pensum an Energie aufzubringen, um die Arbeit zu erledigen. Tex Winter sagt, dass es keinen Ersatz für Elan gibt, und ich füge hinzu: Wenn du dich nicht anstrengst, landest du auf der Bank.
7. RECHTE ACHTSAMKEIT: Soll heißen, dass wir in jedes Spiel mit einer klaren Vorstellung von unserer Angriffstaktik gehen, einschließlich dessen, was von unseren Gegnern zu erwarten ist. Dazu gehört auch, Genauigkeit im Spiel walten zu lassen, die richtigen Spielzüge zur richtigen Zeit zu machen und während der gesamten Partie stets achtsam zu bleiben, egal ob man auf dem Feld ist oder auf der Bank sitzt.
8. RECHTE KONZENTRATION: Sich auf das konzentrieren, was man gerade tut, und nicht an Fehler denken, die in der Vergangenheit passiert sind, oder an Fehltritte, die in der Zukunft geschehen könnten.

Was mir bei diesem Team Sorgen bereitete, waren die Geister vergangener Playoffs. Die Spieler neigten dazu, die Geduld zu verlieren und Panik zu bekommen, wenn der Druck größer wurde und sie sich nicht mehr allein auf ihr Talent verlassen konnten. Ein mir bekannter buddhistischer Lehrer drückte es folgendermaßen aus: Sie setzten einen Kopf auf den anderen, wenn ihnen das Spiel aus den Händen glitt. Mit anderen Worten: Sie legten ihre Angst oder ihren Ärger nicht ab, sodass sie sich nicht auf die anstehende Aufgabe konzentrieren konnten.

Eine meiner Funktionen bestand darin, den Lakers als Vorbild für Gelassenheit und Geduld zu dienen, viel mehr noch als bei den Bulls. Ich musste ihnen darlegen, dass der Schlüssel zu innerem Frieden darin liegt, an die Verbundenheit aller Dinge zu glauben – dass alles miteinander verflochten ist. Ein Atem, ein Geist. Das ist es, was einem Kraft und Energie inmitten des Chaos verleiht.

Die erste Runde der Playoffs gegen die Sacramento Kings war eine aufschlussreiche Erfahrung. Die Kings waren ein schnelles, dynamisches junges Team mit einem geschickten Angriff über ihr Passspiel, das schwer zu stoppen war, wenn alle Spieler in Bewegung waren. Am meisten beunruhigte mich bei den Kings Chris Webber, der zu stark und zu schnell für unsere beiden Power Forwards A.C. Green und Robert Horry war. Und das bedeutete, dass er sich lösen und Vlade Divac gegen Shaq aushelfen konnte. Ich war auch von der Bank der Kings beeindruckt, angeführt von Predrag Stojaković, einem eiskalten Distanzschützen. »Am besten«, so dachte ich, »drosseln wir das Tempo und unterbinden somit die schnelle Lauferei der Kings im Angriff.« Das funktionierte in den ersten beiden Spielen, die wir mühelos gewannen, aber als es in der Serie, die insgesamt fünf Spiele umfasste, in das laute Bandbox-Stadion nach Sacramento ging, profitierten die Kings von einigen gutmeinenden Schiedsrichterentscheidungen und von Shaqs schwacher Verteidigung, um die Serie mit 2:2 auszugleichen. Nach dem 3. Spiel fragte mich ein Reporter aus Sacramento, ob dies die wildesten Fans seien, die ich je gesehen habe, und ich antwortete ihm: »Nein. Ich war Basketballtrainer in Puerto Rico, wo einem bei einem Auswärtssieg die Reifen aufgeschlitzt wurden und man womöglich mit Steinen, die dir die Scheiben deines Autos einschlugen, aus der Stadt gejagt wurde.« Aber hier, in Sacramento, sagte ich, »reden wir von einer halbwegs gesitteten Kultur. Diese Leute sind vielleicht auf die eine oder andere Weise einfach nur Hinterwäldler.« Ich meinte das ironisch, aber diese Worte führten in der Hauptstadt des Bundesstaates zu einem Ressentiment, die uns jahrelang verfolgen sollte.

Das letzte Spiel im Staples Center, das wir unbedingt für uns entscheiden mussten, war für die jungen Lakers eine Feuerprobe. »Wenn ihr dieses Spiel nicht gewinnt«, sagte ich zu der Mannschaft, »dann habt ihr es nicht verdient, in die nächste Runde zu kommen. Ihr müsst spielen, um zu gewinnen, und nicht, um einer Niederlage zu entgehen.« Und sie waren der Situation gewachsen. Die Schiedsrichter verwarnten Webber schließlich, weil er gegen Shaq eine Art Zonenverteidigung [Anm. d. Übers.: die in der NBA bis 2001/02 verboten war] spielte, wodurch sich der Center befreien und das Spiel an sich reißen konnte. Er traf 7 seiner ersten 8 Würfe aus dem Feld, holte 32 Punkte und 18 Rebounds, und wir gewannen 113:86. »Wir wussten, dass wir heute Abend Geschichte schreiben würden, wenn wir nicht unser bestes Spiel ablieferten«, sagte Shaq. »Und diese Art von Geschichte wollten wir nicht schreiben.«

In der nächsten Serie, den Conference Semifinals, bauten wir relativ leicht eine 3:0-Führung gegen die Phoenix Suns auf, aber in Spiel 4 knickten wir ein, sodass die Suns in der ersten Halbzeit 71 peinliche Punkte gegen uns erzielten.

In der Halbzeitpause sprach ich zunächst nicht mit den Spielern, sondern ließ sie, bis etwa zwei Minuten vor Spielbeginn, schmollen und sich zanken. Dann stürmte ich in die Kabine und schleuderte eine Flasche Gaterlode gegen die Wand, um ihre Aufmerksamkeit zu erregen. Ich lasse nur selten Schimpftiraden vom Stapel, aber sie sollten zu hören bekommen, was ich von ihrer Unbeständigkeit und mangelnden Disziplin hielt, und das zu einem Zeitpunkt, in dem sie es sich nicht erlauben konnten, nachlässig zu werden. Nach dem Spiel, das wir mit 117:98 verloren hatten, gab ich mich in meiner Ansprache etwas bedächtiger. »Ihr seid ein wenig müde voneinander und wollt nicht als geschlossene Einheit zusammenspielen«, sagte ich. »All das ist zu diesem Zeitpunkt einer langen Saison verständlich. Um jedoch eine Meisterschaft zu gewinnen, muss man einen Weg finden, um genauso viel Kraft und Energie aufbringen zu können wie der eigene Mitspieler und der Gegner. Man muss einfach herausfinden, was man braucht, um Abend für Abend zu gewinnen. Wir müssen aus diesem Spiel lernen, und so etwas darf sich nicht wiederholen.« Zwei Tage später konnten die Suns nichts mehr ausrichten, und wir gewannen mit 87:65.

Ich wusste von Anfang an, dass unser Gegner in den Western Conference Finals – die Portland Trail Blazers – das Team sein würden, das es in den Playoffs zu schlagen galt. Sie hatten den teuersten Kader der Liga (73,9 Millionen Dollar), darunter Center Arvydas Sabonis (der mit 2,21 Metern und 292 Pfund größer und schwerer war als Shaq), den hitzigen Power Forward Rasheed Wallace, den linkshändigen Point Guard Damon Stoudamire, den vielseitigen Point Shooter Steve Smith – und Scottie Pippen, der alles konnte. Außerdem verfügten sie über eine Bank mit tatkräftigen Spielern, einschließlich der Guards Bonzi Wells und Greg Anthony sowie des 2,08 Meter großen Swingman Detlef Schrempf. Um etwas über sie zu sticheln, bezeichnete ich die Blazers als »das beste Team, das man für Geld kaufen kann«.

Am meisten Kopfzerbrechen bereitete mir natürlich Scottie. Er beherrschte die Triangle Offense so gut, als hätte er eine Doktorarbeit darüber geschrieben, und kannte jede Möglichkeit, sie effektiv zu stören. Um Scottie davon abzuhalten, unsere Guards zu bedrängen, haben wir den 2,06 Meter großen Horry in den Backcourt gestellt und Harper als Small Forward vorne im Feld agieren lassen. Außerdem ließen wir Kobe als traditionellen Point Guard spielen, um das unstimmige, aber für uns vorteilhafte Größenverhältnis zwischen unseren großen Guards und Portlands nur 1,78 Meter großem Damon Stoudamire auszunutzen. Beide Strategien funktionierten besser als erwartet. Unser größter Vorteil lag jedoch auf der Centerposition. Trotz seiner Größe war Sabonis nicht beweglich genug, um Shaq in Schach zu halten, sodass die Blazers ihn oft zu dritt bedrängten und spät im Spiel zu der *Hack-a-Shaq*-Taktik griffen. »Die Blazers mögen zwar größer und kräftiger sein als wir«, sagte Kobe, aber »Shaq wird es allein mit vier von ihnen aufnehmen können«.

Das erste Spiel gewannen wir mit Leichtigkeit. Die Backups spielten ein starkes zweites Viertel, und bei unserem 109:94-Sieg erzielte Shaq allein 41 Punkte. In Spiel 2 jedoch zog Scottie dribbelnd an Glen Rice vorbei und durchdrang unsere Verteidigung in der Zone. In der ersten Halbzeit erzielte er 17 Punkte und brachte die Blazers zweistellig in Führung, bevor er zu Boden fiel und sich zwei Finger auskugelte. Wie durch ein Wunder lagen wir zur Halbzeit nur mit 3 Punkten zurück, doch dann brach unsere Offensive im dritten Viertel völlig ein und erzielte nur 8 Punkte, ein absoluter Tiefpunkt in den Playoffs. Diese Partie war für mich ein Warnsignal. Die Spieler sollten selbst herausfinden, wie sie ihre Entschlossenheit finden und ihr Versagen auf dem Platz in etwas Positives umkehren konnten, aber es passierte leider nichts. Was ich jedoch wusste, war, dass wir Scotties völlig freies Angriffsspiel stoppen mussten. Nach dem Spiel sagte ich Kobe, dass er Pippen zu verteidigen habe.

Wir gewannen die nächsten beiden Spiele in Portland und gingen in der Serie mit 3:1 in Führung. Im 1. Spiel gerieten wir zunächst in Rückstand, konnten die Partie aber drehen und trugen den Sieg davon, für den Harper 29,9 Sekunden vor Schluss mit einem Sprungwurf die Führung erzielte.

Der Höhepunkt des zweiten Sieges war Shaqs perfekte Leistung an der Freiwurflinie mit 9 Punkten bei 9 Würfen, die beste, die er je in den Playoffs gezeigt hat. Aber danach, als alle schon von den Ringen träumten, schlugen uns die Blazers in zwei aufeinanderfolgenden Spielen und glichen die Serie aus (3:3).

Nichts funktionierte. In Spiel 6 lagen wir zur Halbzeit mit 15 Punkten zurück, und Fox geriet in Rage. »Es geht schon wieder los«, sagte er und bezog sich dabei auf die Geschichte der Lakers, dass ihnen in den Playoffs die Luft ausging. »Jeder schaut verwirrt drein. Was machen wir also? Lassen wir uns von den Schiedsrichtern vorschreiben, wie das Spiel zu laufen hat? Bleiben wir untätig und lassen uns wieder abschießen? Oder stellen wir uns auf unsere eigenen Füße? Werden wir uns gegenseitig helfen?«

Tex sagte zu mir: »Du solltest ihm sagen, dass er die Klappe halten soll.«

»Nein«, antwortete ich. »Jemand muss diese Dinge zur Sprache bringen«, womit ich einen Spieler aus der Mannschaft und nicht den Trainer meinte.

Habe ich schon erwähnt, wie sehr ich das 7. Spiel einer Serie hasse? Nun, dieses Spiel war besonders schwierig. Die Blazers hatten einen Lauf, und wir hatten Mühe, sie zu stoppen. Dann, im dritten Viertel, legten sie los und erzielten 18 Punkte, als sie siebenmal in Ballbesitz waren, und plötzlich lagen wir mit 16 Punkten zurück und gerieten ins Straucheln. Um ehrlich zu sein, dachte ich, dass wir jetzt geliefert waren. Also nahm ich eine Auszeit und versuchte, unserer verwirrten und verpeilten Truppe etwas Leben einzuhauchen.

Dann geschah etwas Wunderbares: Die Mannschaft fand zu sich selbst. Die Blazers machten uns zunächst mit hoch stehenden Screen-Rolls (Blocks mit Abrollen) das Leben schwer, weil Shaq nicht aus seiner Komfortzone herauskommen und nicht geschlagen werden wollte, wenn er Spielern wie Stoudamire oder Smith hinterherlief. In solchen Momenten lief Shaq Gefahr, sich in eine Abwärtsspirale zu begeben, in der er sich in der Vergangenheit bei wichtigen Spielen gewissermaßen ins eigene Knie geschossen hatte – das perfekte Beispiel dafür, wie man einen Kopf auf den anderen setzt. Also gab ich ihm unmissverständlich zu verstehen, dass dies sein Moment war. Er müsse sich aus der Zone herausbewegen und die Screen-Rolls der Blazers aufhalten, egal wie. Er nickte zustimmend.

Zudem mussten wir aufhören, Shaq den Ball zuzuspielen, der mörderisch bedrängt wurde und in den ersten drei Vierteln nur zwei Feldkörbe erzielt hatte. Bei uns standen viele Spieler frei, und die Blazers waren so dreist, uns die Würfe nehmen zu lassen, die sie zuließen.

»Vergesst Shaq«, sagte ich. »Es sind vier Mann um ihn herum. Werft den Ball, werft einfach.«

Der Angriff kam aus allen Richtungen. Brian Shaw, der für Harper ins Spiel kam, legte sich ins Zeug, warf einige wichtige Dreier, brachte Shaq in Position, sodass er viele Punkte erzielen konnte, und kämpfte mit Brian Grant um einen wichtigen Rebound. Kobe legte bei einigen Spielzügen, die wir für ihn angesagt haben, richtig los. Und unsere Verteidigung, angeführt von Shaq, der neuen Mut fasste, schaltete die besten Schützen der Blazers aus. In einer Spielphase erzielten die Lakers 25:4 Punkte gegen die Blazers.

Dann, weniger als eine Minute vor Schluss, als die Lakers mit 4 Punkten Vorsprung führten, zog Kobe zum Korb und überraschte alle, indem er einen Traumpass, bei dem sich der Ball 60 Zentimeter über dem Ring befand, auf Shaq warf, der ihn annahm und in den Korb stopfte. Es war ein toller Moment, diese beiden Männer zusammenspielen zu sehen, um mit einem perfekt abgestimmten Spielzug das Match zu entscheiden. Dieser Pass zeigte, wie weit Kobe und Shaq seit dem verstörenden Teammeeting im Winter, bei dem ihre Egos aufeinandergeprallt waren, vorangekommen waren. Danach hatten sie einen für beide Seiten angemessenen Weg des Zusammenspielens gefunden, der in diesem abschließenden wunderbaren Korberfolg gipfelte. Dieser Moment war ein entscheidender Wendepunkt für unser neues Team.

Die Finals um die Meisterschaft gegen die Indiana Pacers sollten im Team nicht so eine wunderbare Wandlung bewirken wie unser Kampf gegen die Trail Blazers. Die Mannschaft aus Indiana war auf ihre Art gefährlich, denn sie hatte die besten Werfer und konnte uns in vielerlei Hinsicht das Leben schwer machen.

Ihre größte Gefahr ging natürlich von Shooting Guard Reggie Miller aus, der dafür bekannt war, sich wahnsinnig geschickt durch die Blocks zu schlängeln und spielentscheidende Würfe zu treffen. Und sie hatten den Small Forward Jalen Rose, einen Künstler im Eins-gegen-Eins, den Center

Rik Smits, einen beeindruckenden *Jump Shooter*, den Point Guard Mark Jackson, einen starken Post-up-Spieler, die vielseitigen Power Forwards Dale Davis und Austin Croshere sowie eine starke Bank mit dem Dreier-Spezialisten Sam Perkins und dem superschnellen Guard Travis Best. Außerdem verfügte Indiana mit Dick Harter, dem Experten für die Defensive, Rick Carlisle, der die Offensive koordinierte, und Larry Bird, dem Head Coach, über einen der besten Trainerstäbe im Basketball.

Wir legten einen guten Start hin. In Spiel 1 in L.A. überrumpelte Shaq die Pacers und kam auf 43 Punkte und 19 Rebounds, während Miller nur einen von 16 Würfen verwandelte und ihm ansonsten so gut wie gar nichts gelang. Das Spiel war früh entschieden. Zwei Tage später wiederholte sich das Ganze, wobei wir die Pacers nicht nur durch einen erneut meisterhaft spielenden Shaq, sondern auch durch die jeweils 21 Punkte, die sowohl Rice als auch Harper erzielten, besiegten. Die Kehrseite der Medaille: Kobe verstauchte sich im ersten Viertel den Knöchel, und es sah so aus, als ob er auch das nächste Spiel aussetzen müsste.

Indiana schlug zurück und gewann Spiel 3 in Indianapolis. Aber das war nicht das, was in die Schlagzeilen kam. Rice' Frau Christina beschwerte sich nach dem Spiel bei Reportern, dass ich Glen zu wenig Spielzeit gegeben hätte, was ein gefundenes Fressen für die Medien war. Sie sagte zu Bill Plaschke, der für die *Los Angeles Times* schrieb: »Wenn ich an der Stelle meines Mannes gewesen wäre, hätte ich schon längst einen auf Latrell Sprewell II. gemacht« (in Anspielung auf den damaligen Star der Golden State Warriors Latrell Sprewell, der seinen Trainer P.J. Carlesimo angegriffen und gewürgt hatte). Das war eine ungeheuerliche Spitze gegen mich, aber Glen und ich hatten bereits darüber gesprochen, seine Spielzeit in bestimmten Situationen einzuschränken, und er war damit einverstanden gewesen. Er ging souverän mit den Medien um, indem er seine Frau zwar unterstützte, aber ihre Anschuldigungen gegen mich nicht öffentlich verteidigte.

Darüber hinaus gab es ein dringenderes Problem, worüber ich mir Sorgen machen musste: Kobes Knöchel. Vor Beginn des 3. Spiels flehte Kobe mich an, ihn spielen zu lassen, obwohl sein Knöchel ihm tierisch wehtat. Nachdem ich allerdings gesehen hatte, wie er sich auf dem Gang vor unserer Kabine mühsam auf die Zehenspitzen stellte, hielt ich seinen Einsatz für zu riskant und ließ ihn das Spiel aussetzen.

Drei Tage später, in Spiel 4, hatte Kobe immer noch große Schmerzen, aber er bestand darauf, dass er mit ihnen spielen konnte, und es wurde sein großer Abend. Die meiste Zeit war es ein enges Spiel, und es ging in die Verlängerung, in deren erster Minute Shaq seine Höchstzahl an Fouls ausgenutzt hatte und vom Feld musste, daher übernahm Kobe das Kommando und erzielte 8 unserer 16 Punkte zum 120:118-Sieg. Danach stürmte Shaq auf den Platz und umarmte den Mann, den er jetzt seinen »großen kleinen Bruder« nannte.

Ich war beeindruckt von Kobe. Es war das erste Mal, dass ich sah, wie unempfindlich er gegen qualvolle Schmerzen war. Er hatte sich durch nichts aufhalten lassen. An diesem Abend erinnerte er mich an Michael Jordan.

Das nächste Spiel verloren wir dann unserer Form entsprechend haushoch, mit 33 Punkten Differenz, der höchsten Niederlage der Saison. Das Spiel war ein derartiges Fiasko, dass ich daran zweifelte, ob diese Mannschaft das Zeug dazu hatte, eine Meisterschaft zu gewinnen. Aber Fox gab sich hinsichtlich des Spiels optimistischer und sagte: »Es macht viel mehr Spaß, sich wieder aufzurappeln, wenn man so eine Klatsche einstecken musste wie wir heute.«

Nachdem wir uns die Aufzeichnung des Spiels angeschaut hatten, beschlossen wir, einige Änderungen in unserer Verteidigung vorzunehmen, und setzten Harper auf Miller, Kobe auf Jackson und Rice auf Rose an. Außerdem setzten wir A.C. Green vor Smits, weil Rik Probleme hatte, Pässe zu fangen, die über den Kopf eines Verteidigers geworfen wurden. Wie erwartet, machte Smits ein schlechtes Spiel und versenkte nur einen von acht Würfen aus dem Feld. Aber der Rest der Mannschaft warf auf unseren Korb im Staples Center, als hätten sie immer noch ein Heimspiel. Erst im vierten Viertel – als die Pacers mit 84:79 in Führung lagen – wendete sich das Blatt.

Einer unserer besten Spielzüge war die sogenannte »fist chest«, wobei zwei Spieler einen Screen-Roll auf dem Flügel setzten, während ein anderer die Ecke auffüllte. Das Gute an diesem Spielzug war, dass er drei Pacers aus der Zone lockte, um den Screen-Roll und den Werfer in der Ecke zu decken. Dadurch waren sie gezwungen, entweder Shaq im Eins-gegen-Eins zu decken (ein großer Fehler) oder dem weit frei stehenden Spieler in der Ecke zu erlauben, einen Dreier zu werfen (noch schlimmer).

Wir wendeten diesen Spielzug im vierten Viertel sechsmal an, und das half uns, das Feld für uns zu öffnen und Räume zu schaffen. Wir waren auch mit anderen Spielzügen erfolgreich, darunter einer, den wir die »Shaw-Shaq-Redemption« nannten, bei dem Brian Shaw Shaq den Ball in einem hohen Bogen in Richtung Brett zuwarf und Shaq den Ball direkt per Dunk im Korb versenkte. Kobe kam ebenfalls aus sich heraus, machte Punkte, holte sich Rebounds und spielte vor allem den Ball zu Shaq, als wir zu Beginn des Viertels einen 15:4-Lauf hinlegten und in Führung gingen.

Wir lagen 3:02 Minuten vor Schluss mit 110:103 vorne, als Larry Bird schließlich auf die Hack-a-Shaq-Strategie zurückgriff. In den nächsten 21 Sekunden wurde Shaq zweimal gefoult, und er verwandelte nur einen seiner vier Freiwürfe. Also nahm ich ihn bis zu Beginn der letzten zwei Minuten aus dem Spiel, wenn die Pacers mit einem technischen Foul bestraft werden würden, sollten sie ihn absichtlich foulen. In der Zwischenzeit holte Indiana jedoch weiter auf und verkürzte auf 110:109 bei noch 1:32 verbleibenden Minuten.

Enger konnte das Spiel nicht sein. Dreizehn Sekunden vor Schluss traf Kobe zwei Freiwürfe und besiegelte damit den 116:111-Sieg. Als er vom Platz ging, zeigte er auf seinen Ringfinger und ließ dann seinen Zeigefinger in der Luft kreisen, als wollte er sagen, dass dies nur die erste von vielen Meisterschaften war.

Nach dem Spiel zog mich Jerry Buss darüber auf, dass ich mit dem Gewinn der Meisterschaft nicht warten konnte. »Warum musstest du im ersten Jahr gewinnen und es dazu noch so einfach aussehen lassen?«, fragte er im Scherz. »Das lässt den Rest von uns blöd dastehen, weil wir es nicht früher geschafft haben.«

Um ehrlich zu sein, hätte ich nie erwartet, dass wir unseren ersten Ring so schnell gewinnen würden. Ich dachte, die Spieler brauchten mindestens zwei Jahre, um die Triangle Offense zu erlernen und eine geschlossene Einheit zu werden. Aber dieses Team befand sich auf der Überholspur zum Ruhm. Es war schön zu sehen, dass die Grundprinzipien, die wir mit den Bulls entwickelt hatten, so effektiv sein konnten, um ein Team, das ganz anders geeicht war, zu Champions zu machen. Shaqs Dominanz war natürlich ein Schlüsselfaktor für unseren Sieg, ebenso wie Kobes unermüdliches kreatives Spiel. Aber was mir noch mehr gefallen hatte, war die Synergie, die die beiden im letzten Saisonabschnitt an den Tag legten, nachdem sie erkannt hatten, dass sie einander brauchten, um das Ziel zu erreichen, auf das es allein ankam.

Auch ich hatte in dieser Saison einen persönlichen Durchbruch. Ich konnte schließlich meine Angst vor dem Unbekannten überwinden und mir ein neues Leben in einer neuen Stadt aufbauen, ohne das zu verlieren, was ich am meisten liebte. Es war eine Zeit, in der ich eine neue, innigere Beziehung zu meinen Kindern aufbauen konnte – nicht nur zu Brooke, die bei mir im Haus wohnte, sondern auch zu meinen anderen Kindern, die mich regelmäßig besuchen kamen. Es war auch eine Phase, in der ich mir auf geistiger Ebene mehr Freiraum geben konnte. In schwierigen Zeiten hatte mir das Meditieren geholfen, mit all der Unsicherheit und den Selbstzweifeln fertigzuwerden, die genau dann auftauchen, wenn man die Vergangenheit von sich abstreift und sich in ein neues Leben stürzt. Ich fühlte mich so lebendig wie seit Jahren nicht mehr.

Am meisten Freude bereitete es mir jedoch, zu sehen, wie sich diese Truppe talentierter, wenngleich disziplinloser Spieler zu einer ernstzunehmenden Macht entwickelte. Sie mussten noch viel lernen, aber ich war erstaunt, wie schnell sie sich von einem ich-orientierten Team der Stufe 3 zu einer Mannschaft der Stufe 4 entwickelt hatte, in der das Wir-Gefühl dominierte. Allmählich, Schritt für Schritt, entwickelten sie das Selbstvertrauen, die schlechten Zeiten der Lakers hinter sich zu lassen, wieder auf die Beine zu kommen und eine Quelle innerer Stärke anzuzapfen, was viele von ihnen vorher gar nicht gekannt hatten. Sie stellten sich ihren Dämonen und zuckten dabei nicht einmal mit der Wimper.

KAPITEL 16

DIE FREUDE AM NICHTSTUN

Ruhig sitzen, nichts tun, der Frühling kommt,
und das Gras wächst von selbst.

ZEN-SPRICHWORT

Manchmal, wenn ich Formulare ausfülle, gebe ich bei Berufsbezeichnung an: »Zauberer«. Nein, ich will keine Spielchen spielen. Es ist nur so, dass der Drahtseilakt, den NBA-Trainer aufgrund des Egomanentums ihrer Spieler aufführen müssen, sich treffend als Zauberei beschreiben lässt.

Das war auch im Herbst 2000 der Fall, als wir uns in L.A. neu formierten, um in die neue Saison zu gehen. Das Jahr *nach* dem Gewinn einer Meisterschaft ist immer das schwierigste. Dann meldet sich das Ego jedes Einzelnen zu Wort, und die tolle Chemie, die noch wenige Monate zuvor im Team geherrscht hat, löst sich plötzlich in Luft auf.

Rick Fox vergleicht den Gewinn einer NBA-Meisterschaft mit dem Gewinn des ersten Oscars. »Es definiert, wer du bist«, sagt er. »Für den Rest deines Lebens bist du eine bedeutende Persönlichkeit.« Doch dadurch ändert sich auch die Erwartungshaltung. »Man gewinnt eine Meisterschaft, zieht seiner Wege und lässt sich danach mehrere Monate lang auf die

Schulter klopfen«, ergänzt er. »Dann kehrt man für die neue Saison zurück und sagt: ›Das ist es, was ich will.‹«

Die meisten Spieler versuchen, ihre persönlichen Pläne für sich zu behalten. Sie lassen sich jedoch leicht erkennen, vor allem, wenn alle zusammenspielen. Einer der Vorteile der Triangle Offense ist, dass sie zeigt, wie jeder Spieler tickt, ohne dass er ein Wort sagen muss. Das Erste, was mir auffiel, war, dass die Motivation dahinschwand. Die Spieler hatten Leib und Seele gegeben, um die Meisterschaft zu gewinnen, und jetzt hatten viele ihren inneren Motor auf Tempomat eingestellt. Ich wollte sie in der Anfangsphase der Saison jedoch nicht zu sehr drangsalieren. Jetzt, da sie Meister waren, sagte ich ihnen, sei es an der Zeit, dass sie selbst herausfanden, wie sie Probleme lösen konnten.

Trotzdem – irgendetwas fehlte. In der Off-Season hatten wir einige unserer versiertesten Spieler verloren: Glen Rice ging als Free Agent nach New York, A.C. Green wurde von Miami geholt, und John Salley beendete seine aktive Karriere. Um die Lücken zu füllen, hatten wir einige zuverlässige Spieler erworben, darunter zwei ehemalige Bulls – Forward Horace Grant und Center Greg Foster – sowie J.R. Rider, einen Shooting Guard, der in einem Spiel mehr als 20 Punkte erzielen konnte, wenn er konzentriert blieb. Außerdem überredete ich Ron Harper, seinen Rücktritt um ein weiteres Jahr zu verschieben, und machte Rick Fox zum Co-Captain und zum Small Forward der Startformation. Als wir uns jedoch durch die ersten zwei Monate der Saison schleppten und mehr Spiele verloren, als ich erwartet hatte, spürte ich, dass dies eine emotionale Achterbahnfahrt werden würde. Die Mannschaft hatte ihren Teamspirit verloren.

Ein Spieler, dessen Vorhaben nicht schwer zu durchschauen war, war Kobe Bryant. Er hatte den Sommer über hart trainiert – laut Eigenaussage hat er täglich 2000-mal auf den Korb geworfen – und hinsichtlich seiner Leistung einen weiteren Quantensprung gemacht. Die Fans liebten seine spektakulären neuen Spielzüge, und seine Popularität stieg sprunghaft an, denn er drohte damit, dass sich mehr Trikots mit seinem als mit Shaquille O'Neals Namen verkaufen ließen. Kobe legte einen berauschenden Start hin, führte die Liga im Scoring an und traf fast 50 Prozent seiner Würfe aus dem Feld. Anfang Dezember übertraf er seinen Rivalen Vince Carter bei einem Sieg gegen die Raptors in Toronto mit 40:31 Punkten, und ein lokaler Fernsehsender verkündete: »Vergangenes Jahr waren die Lakers als Shaqs Team bekannt. Jetzt nicht mehr.«

Aber Kobe baute seine Karriere auf Kosten des restlichen Teams auf. Zu Saisonbeginn hatte ich ihn gebeten, so zu spielen wie im Jahr zuvor, den Angriff über Shaq laufen zu lassen und bis zu den letzten Spielminuten am Triangle festzuhalten. Kobe antworte damit, dass er die Zahl seiner Würfe pro Match fast verdoppelte und unberechenbare Pässe spielte – oder noch häufiger gar keine Pässe warf –, was seine Teamkameraden, insbesondere Shaq, zur Weißglut trieb. Kobes eigensinniges Spiel und Unberechenbarkeit gaben den anderen Spielern das mulmige Gefühl, dass er ihnen nicht mehr vertraute, was die Harmonie im Team weiter untergrub.

Im Jahr zuvor hatte Kobe die Triangle Offense für sich entdeckt. Er konnte es nicht abwarten, das System auszuprobieren, das Michael und die Bulls zu Champions gemacht hatte. Doch zu Beginn dieser Saison sagte er mir, dass er den Angriff für langweilig und zu simpel halte und dass er dadurch sein Talent nicht entfalten könne. Ich konnte das nachvollziehen, sagte ihm aber, dass wir die Mehrheit der Spiele mit möglichst wenig Pannen gewinnen müssten, auch ohne Verletzungen und die einsetzende Müdigkeit der Spieler am Ende der Saison. Ich glaube nicht, dass er das eingesehen hat.

Für mich bestand die Herausforderung zum Teil darin, dass die Lakers ein ganz anderes Team waren als die Bulls. In Chicago hatten wir keinen so dominanten Center wie Shaq, also hatten wir die Dreiecksoffensive auf Jordan abgestimmt. Bei den Bulls hatten wir außerdem einen großartigen Spielmacher, nämlich Scottie Pippen, den Mann, von dem ich immer gesagt habe, dass er Michael geholfen hat, so zu werden, wie er ist. Bei den Lakers fiel die Rolle des Spielgestalters in Ermangelung eines anderen Kandidaten automatisch Kobe zu, doch er wollte keinesfalls Shaqs »Pippen« werden, sondern sich seine eigenen Würfe kreieren.

Rick Fox beschreibt Kobe, als er sich in dieser Phase befand, als »eigensinnig und resolut«, als jemand, »der sich wie ein Elefant im Porzellanladen benimmt«. In seinen ersten Jahren bei den Lakers lieferte sich Rick mit Kobe oft einen Kampf darum, wer mehr Spielzeit bekam. »Kobe ist ein Alphamännchen«, sagt er. »Er lebt nach der Einstellung: ›Ich weiß mehr als du‹, und wenn du ihm in Quere kamst, schubste er dich so lange herum, bis du zurückgeschlagen hast. Und wenn du dich nicht gewehrt hast, hat er dich fertiggemacht.«

Rick, der als Student mit Jordan in dessen Basketball-Camp trainiert hat, vergleicht Kobes sportlichen Ehrgeiz mit dem von MJ. Rick sagt: »Ich kenne niemand anderen, der so ist wie sie. Für die beiden bedeutet Gewinnen absolut alles – um jeden Preis. Und sie erwarten, dass jeder um sie herum genauso ist, ganz gleich, ob er es draufhat oder nicht. Sie sagen: ›Finde etwas in dir, um besser zu werden, denn genau das tue ich jeden Tag in der Woche, jede Minute am Tag.‹ Sie tolerieren nichts anderes. Gar nichts.«

Aber Fox erkannte auch einen Unterschied zwischen Michael und Kobe. »Michael musste bei *allem* gewinnen«, erinnert er sich. »Er konnte nicht einfach mit seinem Wagen von Chapel Hill nach Wilmington fahren, ohne daraus ein Wettrennen zu machen. Ob du dich nun auf ein Rennen mit ihm einlassen wolltest oder nicht, er jedenfalls hat es getan. Bei Kobe, denke ich, ist es eher so, dass er mehr mit sich *selbst* im Wettstreit liegt als mit allem anderen. Er setzt sich selbst Grenzen und Herausforderungen, und er braucht einfach andere Leute, die mit ihm zurande kommen. Er betreibt sozusagen Einzelsport in einem Mannschaftstrikot – und dominiert ihn. Sobald er jedoch das Spielfeld verlässt, ist er nicht mehr daran interessiert, sich mit dir einen Wettkampf zu liefern, egal welches Trikot du trägst oder wie du fährst. Er ist besessen davon, die Ziele zu verfolgen, die er sich mit 15 oder 16 Jahren gesetzt hat.«

Und genau das machte es so schwierig, Kobe zu trainieren. In Gedanken hatte er sich schon alles zurechtgelegt: Er wollte der größte Basketballspieler aller Zeiten werden. Und er wusste, so glaubte er jedenfalls felsenfest, was zu tun war, um dieses Ziel zu erreichen. Warum sollte er auf jemand anderen hören? Hörte er auf meinen Rat und reduzierte seine Punktzahl zugunsten des Zusammenspiels mit dem Team, würde er sein Ziel nicht erreichen.

Wie sollte ich zu diesem Jungen durchkommen?

Der Spieler, der sich am meisten über Kobes selbstsüchtige Spielweise ärgerte, war Shaq.

Nach den Playoffs hatte ich Shaq gesagt, er solle sich im Sommer eine schöne Zeit machen, entspannt zurückkommen und bereit für die neue Saison sein. Den ersten Teil davon verstand er, aber leider hatte er Probleme mit den Worten »bereit für die neue Saison«. Als er ins Trainingslager kam, war er übergewichtig und außer Form, und es dauerte fast die halbe Spielzeit, bis er wieder richtig fit war. Er machte einen erschöpften Eindruck, als versuchte er immer noch, sich von der letzten Saison zu erholen, in der er der Topscorer der Liga war und alle drei MVP-Awards gewann.

Doch zu Beginn der Saison 2000/01 verringerte sich seine Trefferquote, und er verlor sein Gefühl – das nie besonders gut gewesen war – für Freiwürfe. Anfang Dezember brach Shaq den Rekord von Wilt Chamberlain, als er gegen Seattle exakt null von elf Freiwürfen verwandelte. Es wurde so schlimm, dass die Fans mir Amulette und Heilsteine zuschickten, die ihm Glück bringen sollten. Sogar seine dreijährige Tochter fing an, ihm Tipps zu geben. Tex Winter versuchte, mit Shaq zu arbeiten, schmiss aber nach zwei Tagen das Handtuch, weil er, wie Tex sagte, »bei Freiwürfen nicht zu trainieren« sei. Also holten wir Ed Palubinskas, einen australischen Freiwurf-Spezialisten, den Shaqs Agent entdeckt hatte, und seine Arbeit machte sich bezahlt. Am Ende der Saison hatte Shaq seine Trefferquote von der Freiwurflinie von 37,2 Prozent auf 65,1 Prozent verbessert.

Ende Dezember, nach einem Spiel gegen die Phoenix Suns, in dem Kobe auf 38 Punkte kam und Shaq mit Mühe und Not nur auf 18, sagte O'Neal dem General Manager Mitch Kupchak und mir, dass er getraded werden wolle. Kupchak, der Nachfolger von Jerry West, der im Sommer unerwartet zurückgetreten war, nahm das nicht ernst. Mitch war in dem Glauben, Shaq wolle einfach nur seinen Frust darüber zum Ausdruck bringen, dass Kobe versuchte, die Offensive über sich laufen zu lassen.

Dies war der Beginn einer regelrechten Fehde zwischen Shaq und Kobe über die Frage, wer das Team anführen sollte. Es lag auf der Hand, dass die Allianz, die sie im Jahr zuvor gebildet hatten, auseinanderfiel.

Ich hatte den beiden gut zugeredet, sich besser kennenzulernen, in der Hoffnung, dies werde das Band zwischen ihnen stärken. Doch Kobe weigerte sich, Shaq zu nahe zu kommen, und war entsetzt über die Versuche des großen Kerls, ihn zu seinem »kleinen Bruder« zu machen. Kobe meinte, sie kämen aus unterschiedlichen Kulturen und hätten wenig gemeinsam. Shaq war ein Soldatenkind und wurde in Newark, New Jersey, geboren, und Kobe war der weltläufige Sohn eines ehemaligen NBA-Spielers aus Philadelphia, der in Italien spielte.

Sie hatten auch unterschiedliche Persönlichkeiten. Shaq war ein selbstloser, lebenslustiger Typ, dem eher daran lag, dass man über seine Witze lachte, als den Titel des Topscorers zu gewinnen. Er konnte nicht nachvollziehen, warum Kobe sich immer alles so schwer machen wollte. »Das war es, was Kobe an Shaq verrückt machte«, sagt Fox. »Sogar in todernsten Situationen musste Shaq Spaß haben. Wenn er nicht seinen Spaß hatte, wollte er nicht dabei sein.«

Kobe hingegen war kühl und introvertiert und konnte beißend sarkastisch sein. Obwohl er sechs Jahre jünger war als Shaq, wirkte er älter und reifer. Der ehemalige Lakers-Trainer Del Harris sagte: »Du fragst mich, wie Kobe als Kind war. Das ist es ja gerade – er war nie ein Kind.« Ich glaube jedoch, man konnte Kobe leicht falsch verstehen in seinem Bemühen, sich als reifer und weltoffener Mensch zu geben. Soweit ich sehen konnte, musste er noch eine Menge lernen – und aufgrund seines Charakters würde er das auf die harte Tour tun müssen.

Kurz nachdem Shaq halbherzig darum gebeten hatte, per Trade wechseln zu dürfen, erschien in *ESPN the Magazine* eine Titelgeschichte über Kobe, in der er andeutete, an einem Wechsel zu einem anderen Team interessiert zu sein. Der Artikel bezog sich auf ein Gespräch, das ich zu Beginn der Saison mit ihm geführt hatte und in dem ich ihn bat, sein Spiel etwas zu drosseln. Kobes Antwort in dem Artikel lautete: »Mein Spiel drosseln? Ich muss eher noch einen Gang hochschalten. Ich habe mich verbessert. Wieso willst du, dass ich mein Spiel langsamer angehe? Ich sollte besser woanders spielen.« Er machte sich auch über Shaq lustig. »Wenn Shaq 70 Prozent seiner Freiwürfe träfe«, sagte Kobe, »würde das alles so viel einfacher machen. Wir müssen unsere Stärken und Schwächen kennen. Ich vertraue dem Team. Aber ich habe mehr Vertrauen in mich selbst. Ja, wir haben letztes Jahr gewonnen, weil die Offensive über Shaq lief. Aber anstatt die Serien in fünf und sieben Spielen zu gewinnen, werden wir dieses Jahr die Gegner mit Sweeps vom Platz fegen.«

Da Kobe klar war, was für eine Hetze seine Äußerungen gegenüber seinen Teamkollegen darstellen könnte, versuchte er, dem Ganzen etwas den Wind aus den Segeln zu nehmen, indem er sie vor Erscheinen des Artikels vorwarnte. Aber das hielt Shaq nicht davon ab, in die Luft zu gehen. »Ich weiß nicht, warum jemand etwas ändern will, es sei denn aus reinem Egoismus«, sagte er Reportern nach unserem nächsten Training. »Vergangenes Jahr hatten wir eine Spielbilanz von 67 Siegen gegenüber 15 Niederlagen und mit Begeisterung gespielt. Die Stadt war aus dem Häuschen. Wir hatten einen Straßencorso und alles. Jetzt haben wir eine Bilanz von 23:11, also kann man sich den Rest ausrechnen.« Dann ließ er die Bombe platzen. »Wenn die Offensive nicht über mich läuft,« sagte er, »gibt es nach vorne kein Durchkommen. Ende der Durchsage.«

Es war verlockend, mich in diesen Streit einzubringen. Das erwarteten auch die meisten Medienexperten von mir. Aber ich hütete mich davor, aus einem für mich lächerlichen Sandkastenstreit eine ernsthafte Geschichte zu machen. Das hatte ich in Chicago schon zu oft erlebt, wenn Jerry Krause sich in eine brenzlige Situation hineinmanövriert und die Lage noch schlimmer gemacht hatte, als sie ohnehin schon war. Ich bevorzuge da eher das Vorgehen von Jerry Reinsdorf, dem anderen Chicagoer. Er hat einmal gesagt, die beste Art und Weise, mit Wutanfällen umzugehen, bestehe darin, eine Nacht darüber zu schlafen. Schließlich solle man nicht aus Wut handeln und ein noch größeres Chaos verursachen. Und wenn man Glück habe, löse sich das Problem von selbst.

Ich bin nicht abgeneigt, sofort Maßnahmen zu ergreifen, wenn es die Situation erfordert. Aber wie Reinsdorf habe ich erkannt, dass man viele Probleme mit dem lösen kann, was Laotse als »Nichthandeln« bezeichnete. Dieser Ansatz wird oft als Passivität fehlinterpretiert, gemeint ist jedoch genau das Gegenteil. Nicht zu handeln meint, sich auf das einzustellen, was in einer bestimmten Gruppe geschieht, und entsprechend zu agieren – oder eben nicht. Im Vorwort zu seiner Version von Laotses *Tao Te King* vergleicht Stephen Mitchell das Nichthandeln mit sportlicher Leistung. »Ein guter Sportler kann einen Zustand erreichen, in dem er sich seines Körpers völlig bewusst ist, sodass der richtige Schlag oder die richtige Bewegung von selbst geschieht, ohne jegliche Anstrengung und ohne jede Einmischung des bewussten Willens«, schreibt er. »Das ist das Paradigma fürs Nichthandeln: die reinste und effektivste Form des Handelns. Das Spiel spielt das Spiel; das Gedicht schreibt das Gedicht; wir können den Tänzer nicht vom Tanz unterscheiden.« Oder wie Mitchell in seiner Version Laotse sagen lässt:

Man muss immer weniger erzwingen,
bis man schließlich zum Nichthandeln gelangt.
Wenn nichts getan wird,
bleibt auch nichts unerledigt.

Mit Blick auf Shaq und Kobe habe ich beschlossen, das Thema nicht zu forcieren. Statt zu versuchen, die beiden gewaltsam dazu zu bringen, sich wieder zu vertragen, zog ich es vor, dass sich ihr Konflikt in den nächsten Wochen von selbst erledigte. Ich glaubte nicht, dass es sich lohnte, den Streit eskalieren zu lassen und das Team von dem abzulenken, was ich als das eigentliche Problem ansah: dass die Spieler wieder ihre Konzentration und Selbstdisziplin wiederfanden, die sie hatten, als wir unsere erste Meisterschaft gewannen.

Am Tag nach dem Erscheinen des Artikels in *ESPN the Magazine* bat ich die Medien, die Geschichte zurückzuhalten. »Das ist unsere Angelegenheit«, sagte ich. »Das geht euch nichts an.« Natürlich wusste ich, dass dies eine vergebliche Bitte war in dem Moment, als ich sie aussprach. Wir waren schließlich in L.A., der Hauptstadt des Geschichtenerzählens auf diesem Planeten. Wie könnten die Reporter einer Story über zwei junge Superstars widerstehen, die im Clinch darüber liegen, wer das Sagen auf dem Platz haben soll?

Zugleich habe ich nicht versucht, die Geschichte zu unterdrücken oder so zu tun, als gäbe es diese Fehde nicht. Wie Brian Shaw sagt, habe ich dafür gesorgt, dass sie »von ganz allein bekannt wird«. »Phil erlaubte Shaq, so zu sein, wie er war, und er erlaubte Kobe, so zu sein, wie er war«, erklärt Brian, »aber gleichzeitig ließ er durchblicken, dass er die Zügel in der Hand hatte. Wenn der Karren also vom Kurs abkam, war er derjenige, der ihn wieder in die richtige Spur brachte. Und solange wir auf der Straße blieben, konnten wir fahren, wohin wir wollten.«

In den darauffolgenden Wochen trieben Shaq und Kobe ihre Seifenoper auf absurde Weise auf die Spitze. Wenn Kobe spitzbekam, dass Shaq sich an einen Reporter oder an eine Reporterin heranschlich, weigerte er sich, mit ihm oder ihr zu sprechen, und versprach einem anderen Journalisten ein Exklusivinterview. Sah Shaq, wie Kobe seine Füße von einem Trainer bandagieren ließ, bestand er darauf, dass ein anderer Trainer einen Tapeverband an seine Füße anlegte. Und so weiter.

Ich war beeindruckt, wie die anderen Spieler mit der Situation umgingen. Die meisten von ihnen weigerten sich, Partei zu ergreifen. Robert Horry machte sich über die ganze Angelegenheit lustig und nannte sie »eine Fehde zwischen zwei großen Platzhirschen«. Brian Shaw, der mit O'Neal in Orlando gespielt hatte, meinte, das Ganze erinnere ihn an den Zwist zwischen Shaq und dem aufstrebenden Star Penny Hardaway, nur dass Penny damit einverstanden war, den Robin zu Shaqs Batman zu spielen, während Kobe das nicht tat. Brian pflegte zu sagen, dass die Lakers weder Shaqs noch Kobes Mannschaft waren, sondern das Team von Jerry Buss, denn er war derjenige, der die Gehaltschecks ausstellte.

Rick Fox sagte, der Streit zwischen Shaq und Kobe ähnele der verfahrenen Situation zwischen Larry Bird und Kevin McHale, als Fox in den frühen Neunzigern zu den Celtics kam. Larry nahm alles sehr ernst, wohingegen Kevin eher eine lockere Einstellung zum Basketball hatte. McHale riss beim Training Witze und spielte Bird oft verrückte Bälle für Korbleger zu, was wiederum Larry verrückt machte. Von jedem im Team war erwartet worden, dass er für Larry oder für Kevin Partei ergriff. Es war ein Albtraum.

Zum Glück kam es zwischen Shaq und Kobe nicht so weit. Als Mitte Februar das All-Star-Game anstand, hatten beide Spieler ihren Streit satt und erklärten gegenüber Reportern, dass sie darüber hinweg seien. »Ich will diese dummen Fragen nicht mehr beantworten«, sagte Shaq. Unterdessen hatte Kobe die gleiche Einstellung wie viele seiner Teamkollegen. »Was dich nicht umbringt, macht dich nur noch härter«, meinte er.

Später, als er reifer geworden war und zwei eigenwillige Töchter großzog, lachte Kobe darüber, wie es mit ihm während dieser verrückten Saison gewesen sein musste. »Meine beiden Mädchen«, sagte er, »befinden sich gerade in einem Stadium, in dem sie glauben, alles zu wissen. Das erinnert mich an mich selbst. Ich kann mir vorstellen, welche Kopfschmerzen ich Phil bereitet haben muss. Aber auch wenn es Zeiten gab, in denen ich scheinbar nichts gelernt habe«, ergänzte er, »habe ich gelernt.«

Kobe zufolge habe ich das Zerwürfnis zwischen ihm und Shaq genutzt, um das Team zu stärken. »Phil hatte zwei Alphamännchen, die er in dieselbe Richtung lenken musste«, sagte Kobe. »Und das gelang ihm am besten dadurch, indem er auf mir herumritt, denn so würde er Shaq dazu bringen, das zu tun, was er von ihm wollte. Das war für mich okay, aber er sollte nicht so tun, als wüsste ich nicht, was los war.«

Da hatte er recht. Ich nahm Kobe in dieser Saison hart ran, weil er wandlungsfähiger war als Shaq. Tex, der Michael Jordans härtester Kritiker war, meinte sogar, ich solle Kobe gegenüber etwas Nachsicht walten lassen. Ich war jedoch der Meinung, dass er eine strenge Hand brauchte, die ihm zeigte, wie er sich weiterentwickeln und reifer werden konnte. Kobe hatte alles drauf. Er konnte passen, werfen und aus dem Dribbling heraus angreifen. Sollte er aber nicht lernen, Shaq richtig einzusetzen, um seine enorme Kraft auszunutzen, wäre das Team verloren. Obwohl mir klar war, dass dies Kobes freie Spielweise etwas einschränken würde, wäre es strategisch für uns am besten, so dachte ich, den Ball dem großen Shaq zuzuspielen und die Verteidigung um ihn herum zum Kollabieren zu bringen. Es ist das Gleiche wie beim Football: Erst erfolgt das Spiel am Boden, dann kann man den Ball durch die Luft werfen. Beim Basketball muss man erst nach innen ziehen, bevor man seine Werfer und wendigen Spieler anspielen kann, um einfache Körbe zu erzielen.

Kobe verstand das, doch er wurde von anderen Kräften angetrieben. »Es war schwer für Phil, mich zu zügeln«, sagt er, »denn von Natur aus bin ich die Nummer eins. Ich musste gegen meine eigene Natur ankämpfen, um eine Nummer zwei zu werden. Ich wusste, dass ich ein Team anführen konnte, aber es war eine Herausforderung für mich, denn ich hatte noch nie gehört, dass eine Nummer zwei später eine Führungsrolle übernimmt und gewinnt.«

Letztlich, so Kobe, habe er sich das Problem nochmals vor Augen geführt. »Ich sah mich selbst als eine Art Navy Seal, der seinen Job in aller Ruhe erledigt. Er bekommt nicht die Anerkennung, die er hätte bekommen sollen, aber die wahren Basketball-Puristen wissen, was er geleistet hat.«

Nach der Pause durch das All-Star-Weekend begaben wir uns auf eine lange Auswärtsreise, von der ich hoffte, dass sie das Team enger zusammenschweißen würde. Als Teil meiner alljährlichen »Buchschenkung« bekam Shaq ein Exemplar von *Siddhartha*, Hermann Hesses fiktivem Bericht über das Leben des Buddha. Ich dachte, das Buch könnte Shaq dazu anregen, einmal zu überdenken, wie sehr er an materiellen Dingen hing.

In Hesses Roman verzichtet der junge Prinz Siddhartha auf sein Leben in Luxus, um Erleuchtung zu finden. Ich wollte Shaq zu verstehen geben, dass jeder seinen eigenen spirituellen Pfad finden muss – und dass der Weg dorthin bestimmt nicht darin besteht, sich immer mehr Sachen zuzulegen. Damit wollte ich ihm den Anstoß geben, den Weg zum inneren Frieden zu erkunden, indem er seinen Geist zur Ruhe bringt, sich auf etwas anderes als seine eigenen Wünsche konzentriert und seinen Mannschaftskameraden mehr Empathie entgegenbringt, vor allem Kobe, der selbst damit zu kämpfen hatte, Beziehungen aufzubauen.

Es war amüsant für mich, als Shaq mir später erzählte, was er von dem Buch hielt. Seine Quintessenz war: »In diesem Buch geht es um einen jungen Mann, der Macht, Reichtum und Frauen hat (ähnlich wie ich) und dies alles aufgibt, um ein heiliges Leben zu führen (eher weniger als ich).« Es hätte mich auch überrascht, wenn Shaq sich nach der Lektüre des Buchs plötzlich auf die Suche nach Erleuchtung begeben hätte, aber ich denke, die Message mit der Empathie hat gesessen. Er hat eine edle Seele.

Mit Kobe war das anders. Das Buch, das ich für ihn ausgewählt hatte, war *Corellis Mandoline*, ein Roman, der auf einer kleinen griechischen Insel spielt, die während des Zweiten Weltkriegs von der italienischen Armee besetzt ist. Im Laufe der Geschichte müssen sich die Inselbewohner damit abfinden, dass sie ihr Schicksal nicht mehr selbst in der Hand haben und sich zusammenraufen und an die neue Realität anpassen müssen. Am Ende gewinnen sie, indem sie verlieren. Ich hatte gehofft, dass Kobe mit der Botschaft und den Parallelen zu seinen eigenen Kämpfen mit den Lakers etwas anfangen könnte. Leider zeigte er kein Interesse an dem Buch.

Doch das Leben lehrt uns auf seine Weise die Lektionen, die es zu lernen gilt. In der zweiten Hälfte der Saison erlitt Kobe eine Reihe von Verletzungen – einen verstauchten rechten Knöchel, Schmerzen in der rechten Hüfte, in der rechten Schulter und im rechten kleinen Finger –, die ihm seine eigene Verletzlichkeit bewusst machte. Obwohl Kobe zu Beginn der Saison einige der älteren Spieler verärgert hatte, indem er sagte, das Team habe »zu viele alte Hasen«, sagte er im März gegenüber Brian Shaw frank und frei heraus, dass die Spieler, mit denen er sich am meisten identifizierte, die »Oldies« Harper, Grant und Shaw selbst waren. In ihrem Buch *Ain't No Tomorrow* über die Saison 2000/01 geht Elizabeth Kaye der Frage nach, wie Kobes Verletzungen seine Einstellung zu seinen Mitspielern und zu sich selbst positiv veränderten. »Zum ersten Mal konnte sich Kobe«, schreibt Kaye, »auf dem Spielfeld nicht gegen alles durchsetzen. ›Es gibt Spalten und Löcher, durch die ich immer hindurchgekommen bin‹, sagte er zu Shaw, ›durch die ich jetzt nicht mehr ganz hindurchpasse. Ich kann mich nicht so emporschwingen, wie ich es möchte.«

»›So geht es mir jeden Tag‹, sagte Shaw zu ihm. ›Das ist der Punkt, an dem man erwachsen wird, an dem du sagst, okay, ich muss mich weniger auf meine sportlichen Fähigkeiten, sondern eher auf meine Intelligenz verlassen.‹«

Glücklicherweise waren nicht alle Spieler in der zweiten Saisonhälfte von Verletzungen geplagt. Nachdem er infolge eines Ermüdungsbruchs im Fuß 62 Spiele verpasst hatte, kehrte Derek Fisher voller Tatendrang und mit neuem Selbstvertrauen zurück. Sein Timing hätte nicht besser sein können. Da Harper verletzt und Kobe an Grippe erkrankt war, brauchten wir jemanden, der die Offensive ankurbeln und das Team aus der Flaute der Midseason führen konnte.

Als er in seinem ersten Spiel – zu Hause gegen die Boston Celtics – voller Energie auf den Platz ging, sah ich, dass dies ein anderer Derek war. Er stürmte los und kam mit 26 Punkten auf eine Bestleistung seiner Spielerkarriere, hinzu kamen 8 Assists und 6 Steals. Und seine furchtlosen Attacken auf beiden Enden des Spielfelds brachten das Team in Schwung. Das war der Wendepunkt in dieser Saison.

Aber wir hatten noch ein paar Hürden zu überwinden. In der Woche darauf, kurz vor einem Spiel in Milwaukee, erschien in der *Chicago Sun-Times* ein Artikel, in dem ich ein Gerücht, das mir über Kobe zu Ohren gekommen war, erwähnte, demzufolge er in der Highschool die Spiele seiner Mannschaft frühzeitig sabotiert habe, um ein dramatisches Comeback zu feiern und am Ende zu dominieren. Das war jedoch eine unverantwortliche Aussage, die mir spontan herausgerutscht war, und sie war überdies nicht wahr. Kobe war darüber alles andere als erfreut, und die Lakers erhielten bald einen Anruf von seinem Anwalt, der mir mit einer Verleumdungsklage drohte. Ich entschuldigte mich persönlich bei Kobe und später vor dem gesamten Team. Trotzdem hatte ich eine Grenze überschritten, das war mir klar. Was ich damals nicht wusste, war, dass es Jahre dauern sollte, bis ich Kobes Vertrauen zurückgewinnen würde.

Zu allem Überfluss verletzte sich Kobe während des Spiels in Milwaukee erneut am Knöchel und musste die nächsten neun Spiele pausieren. Das war so kurz vor den Playoffs ein echter Rückschlag für uns. Aber trotz seines Ausfalls schaltete das Team noch einen Gang hoch. Anfang April beendeten wir die reguläre Saison mit einer Siegesserie von acht Spielen. In der Mitte dieser Serie kehrte Kobe für ein Heimspiel gegen die Phoenix Suns zurück, und es war klar, dass er sich an diesem Abend als ein »Navy Seal« geben würde. Die meiste Zeit des Spiels wollte er den Suns zeigen, wie man Basketball richtig spielt, indem er seinen Mitspielern regelmäßig Pässe servierte, selbst wenn sie ihre Würfe nicht trafen, und auf unserem Weg zu einem 106:80-Sieg aggressiv verteidigte. Nachdem er (für ihn schlappe) 20 Punkte erzielt hatte, sagte er den Reportern: »Es geht nicht ums Punkten. Es geht darum, die Spieler aufzuhalten.«

Basketball ist mitunter ein eigentümlicher Sport. In vielerlei Hinsicht war dies die härteste Saison meiner Karriere – härter noch als mein letzter Auftritt in Chicago. Wer hätte gedacht, dass diese Truppe, die jeden Moment auseinanderzufallen drohte, sich am Ende der Saison zusammenreißen und eine Siegesserie hinlegen würde, die es mit den besten Teams in der Geschichte des Sports aufnehmen könnte?

Es war eine Mannschaft, die trotz aller Unruhen wusste, dass sie zu Großem bestimmt war, wenn sie sich nur nicht selbst im Weg stünde. Während sie damals im Begriff war, komplett auseinanderzufallen, sprach ich viel darüber, wie wichtig die Macht einer Gemeinschaft ist. In L.A. war es nicht so einfach, auf herkömmliche Weise eine Community zu schaffen, denn die Spieler wohnten weit voneinander entfernt, und die Stadt selbst ist verführerisch und bietet sämtliche Ablenkungen. Aber all die harten Umstände, mit denen wir in dieser Saison zu kämpfen hatten, ließen uns wieder eine Einheit werden.

In ihrem Buch *The Zen Leader* beschreibt Ginny Whitelaw, wie sich Freude breitmacht, wenn Menschen sich durch ein starkes Gefühl miteinander verbunden fühlen. »Diese Art der Freude kann subtiler sein als ›Freudensprünge‹«, schreibt sie. »Sie mag uns das Gefühl geben, dass wir das, was wir tun, mit all unserem Engagement erledigen, und das kann uns eine stille Befriedigung bescheren. Diese Freude kann sich wie Energie anfühlen, die sich ständig erneuert, so wie das Schaukeln aus eigener Kraft uns anscheinend mehr Energie verleiht, als es braucht.«

Diese Art von Freude ist ansteckend und lässt sich nicht künstlich herbeiführen. Eckhart Tolle, der Autor spiritueller Bücher, bemerkt dazu: »Mit Enthusiasmus findest du heraus, dass man nicht alles selbst machen muss. In der Tat gibt es nichts Bedeutsames, das man allein tun kann. Anhaltender Enthusiasmus lässt eine Welle kreativer Energie entstehen, und alles, was man dann tun muss, ist, diese Welle zu reiten.«

Als die Playoffs begannen, ritten die Lakers auf dieser Welle. Ich war erstaunt, wie selbstsicher und entspannt die Spieler in den letzten Minuten der Spiele gegenüber dem Jahr zuvor waren. Nichts schien sie aus der Fassung zu bringen.

»Das Einzige, was den Leuten an unserem Team auffällt, ist, wie beherrscht wir jetzt spielen«, sagte Fish gegenüber der *Los Angeles Times*. »Wir spielen kontrolliert und haben nicht mehr so viele Ballverluste. Ich denke, das sind nicht nur Markenzeichen, die wir Phil, sondern unserem gesamten Trainerstab verdanken. Das macht ihre Persönlichkeiten aus.« Fish war beeindruckt davon, wie unser Trainerteam die Mannschaft weiterhin akribisch auf jedes Spiel vorbereitete, egal, was mit Shaq und Kobe passierte.

Offensichtlich begannen die Spieler, die Einstellung des Trainerstabs – »Holz hacken und Wasser tragen« – zu verinnerlichen. Ein entscheidender Moment ereignete sich im 2. Spiel der Western Conference Finals gegen die San Antonio Spurs, als ich im dritten Viertel vom Platz gestellt wurde, weil ich einem Schiedsrichter zu nahe kam und ihn angeblich bei seiner Arbeit behindert hatte. In der Vergangenheit hätte das Team die Orientierung verloren und wäre ins Straucheln geraten, doch dieses Mal hatten die Spieler besser verteidigt und beendeten das Spiel mit einem 13:5-Lauf zum 88:81-Sieg. »Wir sind reifer geworden«, sagte Fox hinterher, »und zwar insofern, als wir unsere Beherrschung nicht verlieren. Abgesehen von Phil.«

Nachdem wir die Portland Trail Blazers in der ersten Runde aus dem Weg geräumt hatten, trafen wir auf die Sacramento Kings, die mit verschiedenen Taktiken versuchten, Shaq zu stoppen – ohne großen Erfolg. In Spiel 1 spielte Vlade Divac direkt gegen ihn, und Shaq erzielte 44 Punkte und holte 21 Rebounds. Dann setzten sie Scot Pollard für die meiste Zeit des 2. Spiels auf ihn an, aber dennoch holte Shaq nur 1 Punkt und 1 Rebound weniger. In Spiel 3, das sie zu Hause austrugen, erhöhten die Kings den Druck noch mehr, umschwärmten Shaq und drangsalierten ihn schonungslos im vierten Viertel. Glücklicherweise eröffnete dies anderen Spielern eine Fülle von Möglichkeiten, insbesondere Kobe, der auf 36 Punkte kam und uns eine 3:0-Führung in der Serie bescherte.

Im Laufe der Nacht flog Kobe zurück nach L.A., um Zeit mit seiner Frau Vanessa zu verbringen, die mit unerträglichen Schmerzen im Krankenhaus lag. Er blieb bei ihr, bis ihr Zustand stabil war, und flog dann zurück nach Sacramento zu Spiel 4, in dem er 48 Punkte erzielte, 16 Rebounds holte und das Team zu einem weiteren Sieg führte. Sein ungestümer Enthusiasmus motivierte seine Teamkollegen. »Ich war bereit, alles zu tun«, sagte er. »Ich wollte laufen und mich verausgaben. Es war mir egal.«

Als wir in San Antonio zu den Conference Finals ankamen, hatten wir 15 Siege in Folge errungen (einschließlich der Spiele der regulären Saison), und die Experten spekulierten bereits darüber, dass wir das erste Team wären, dem ein Durchmarsch in den Playoffs gelänge. An San Antonio vorbeizukommen, sollte allerdings kein leichtes Spiel sein. Sie hatten zwei der besten Center in der NBA – David Robinson und Tim Duncan (der auch auf der Position des Power Forward spielte) – und mit 58:24 die beste Bilanz der Liga in dieser Saison. Das letzte Mal, als wir gegen sie gespielt hatten, hatten sie uns in unserer eigenen Halle besiegt. Aber das war im März gewesen, vor Fishs Comeback. Schnee von gestern.

Robinson und Duncan machten ein gutes Spiel gegen Shaq und gestatteten ihm nur 28 Punkte. Aber niemand bei den Spurs schien zu wissen, was er mit Kobe anfangen sollte, der mit 45 Punkten auf die höchste Punktzahl in der Geschichte der Playoffs gegen die Spurs kam. Am Ende der Partie gab ein überschwänglicher Shaq seinem Mitspieler Kobe einen Klaps mit der Faust auf die Schulter und schwärmte: »Du bist mein Idol.« Später sagte O'Neal zu Reportern: »Ich halte ihn – mit Abstand – für den besten Spieler der Liga. Wenn er so spielt, seine Punkte macht, jeden von uns mit einbezieht und gut verteidigt, dann gibt es nichts an ihm auszusetzen. Das ist es, was ich das ganze Jahr über versucht habe, ihm beizubringen.«

Als ich anfing, mit Kobe zu arbeiten, versuchte ich ihn zu überzeugen, dass er etwas weniger Druck machen sollte, damit das Spiel einen natürlicheren Lauf nahm. Damals hatte er sich gesträubt, doch jetzt nicht mehr.

»Ich persönlich habe einfach versucht, mich an meinen Teamkollegen zu orientieren«, sagte er nach diesem Spiel. »Das ist ein Weg, wie ich mich verbessere: zu lernen, wie ich meine Mitspieler nutzen kann, um Würfe zu kreieren, zuverlässig zu spielen und das Spiel und die Möglichkeiten auf mich zukommen zu lassen.« Er klang mehr und mehr wie ich selbst.

Als wir für Spiel 3 nach L.A. zurückkehrten, gewannen wir mit Leichtigkeit 111:72, und allein Kobe und Shaq hatten zusammen 71 Punkte erzielt, also einen weniger als die gesamte Mannschaft der Spurs. Zwei Tage später beendeten wir dann die Serie. Diesmal war Fish der Held, der 6 von 7 Dreiern traf und mit 28 Punkten eine Bestleistung seiner Karriere erreichte.

Obwohl wir versuchten, es herunterzuspielen, war es schwer zu ignorieren, dass etwas Großes passierte. »Das Ganze ist noch grandioser als Shaquille«, sagte Fox nach dem Sieg im 3. Spiel. »Es übertrifft die Größe Kobes, es ist gigantischer als jedes Bemühen, das ein oder zwei Spieler an den Tag legen. Ich habe so etwas noch nie gesehen. Es ist, als ob wir langsam zu dem Team werden, das wir uns vorgestellt haben.«

In den Finals trafen wir auf die Philadelphia 76ers, und die ließen sich von all dem Gerede, dass wir womöglich Geschichte schreiben würden, nicht einschüchtern. Sie waren ein zähes, hitziges Team, angeführt von Guard Allen Iverson, der in jenem Jahr mit 1,83 Metern und 165 Pfund der kleinste Spieler war, der jemals die MVP-Auszeichnung gewann. Iverson wies Gerüchte, dass wir die 76ers mit 4:0 Spielen wegfegen würden, von sich, indem er auf sein Herz deutete und sagte: »Meisterschaften werden hier gewonnen.«

Nach seinem stürmischen Auftritt im Staples Center in Spiel 1 sah es tatsächlich so aus, als könnte er recht behalten. Er erzielte 48 Punkte, und die Sixers machten unseren 5-Punkte-Vorsprung in der Verlängerung zunichte und beendeten damit unsere unglaubliche Siegesserie von 19 Spielen. Ich machte drei Kreuze, als der ganze Medienrummel um unsere Serie abflaute. Jetzt konnten wir uns auf den Sieg gegen die Sixers konzentrieren, ohne abgelenkt zu werden. Im Vorfeld des nächsten Spiels verkündete Iverson gegenüber Reportern, dass die Sixers »den Krieg ausweiten« würden, in der Hoffnung, Kobe und dem Rest des Teams Angst einzujagen. Doch Kobe ließ sich nicht beirren, als Iversons Sticheleien an der Mittellinie in einen regelrechten Trash Talk ausarteten. Und er brachte Iverson zum Schweigen, indem er auf 31 Punkte und 8 Rebounds kam, als wir einen 98:89-Sieg einfuhren.

Das war erst der Anfang. Das 3. Spiel in Philadelphia wurde zu einem weiteren Straßenkampf, doch diesmal hatten Shaq und Fish etwas mehr als zwei Minuten vor Schluss ihre Höchstzahl an Fouls erreicht und mussten vom Platz, und die Lakers lagen mit 2 Punkten vorn. Kein Problem. In den letzten Minuten legten sich Kobe und Fox richtig ins Zeug, während Horry wie aus dem Nichts auftauchte, um den Sieg mit einem weiteren seiner typischen Dreier und vier Freiwürfen zu sichern. »Die 76ers spielen mit Herzblut, aber was soll's?«, sagte Shaw. »Man kann mit dem ganzen Herzen dabei sein und verlieren. Wir haben Herz, plagen uns mit Verletzungen und wir spielen einfach.«

Der Rest der Serie verging wie im Flug. Wir gewannen Spiel 4 mit »a whole lotta Shaquille O'Neal«, wie Iverson es ausdrückte. Zwei Tage später sicherten wir uns den Titel in einem Spiel, das nur wenige als Kunstwerk bezeichnen würden. Wie so oft brachte Horry es auf den Punkt. »Es ist vorbei«, sagte er hinsichtlich der schwierigen Saison. »So viel Tumult. Jede Menge Probleme. So viele Leute sprachen darüber, was wir nicht schaffen würden. Es ist vorbei. Darauf läuft es hinaus.«

Ich war froh, dass diese verrückte Saison endlich vorbei war. Doch wenn ich darüber nachdenke, wird mir klar, dass ich in jenem Jahr eine wichtige Lektion darüber gelernt habe, wie sich Konflikte in einen Heilungsprozess verwandeln lassen. Gandhi sagte einmal: »Leid, das man mit Freuden erträgt, hört auf, Leid zu sein, und verwandelt sich in eine unbeschreibliche Freude.« Hätten wir versucht, all die Zwistigkeiten zu unterdrücken, statt sie ihren natürlichen Lauf nehmen zu lassen, wäre dieses junge, sich entwickelnde Team vielleicht nie so zusammengewachsen, wie es am Ende der Fall war. Ohne dieses ganze Leid hätten die Lakers ihre Seele nicht entdeckt.

KAPITEL 17

ONE, TWO, THREE – LAKERS!

Vertrauen zu genießen ist eine größere
Anerkennung, als geliebt zu werden.

George MacDonald

Eines Tages, zu Beginn der Saison 2001/02, erzählte mir Rick Fox, dass er nicht mehr »high« sei und dass ihn das verrückt mache. Natürlich sprach er hier nicht von Drogen, sondern von dem geistigen Hochgefühl, das er während unserer zweiten Meisterschaftsrunde verspürt hatte. Rick wuchs in einer Pfingstlerfamilie auf den Bahamas auf, und er verstand sofort, als ich Basketball als ein Spiel bezeichnete, dem etwas Spirituelles anhaftete. Er sagte, es sei eine wunderbare Erfahrung, wenn alle mit einem Geist spielten, und dass er dadurch ein Hochgefühl bekomme wie bei nichts anderem, das er je getan hatte. Dann, ganz plötzlich, habe sich dieses Gefühl wie ein Traum verflüchtigt, sagte er, und er sehne sich danach, es wiederzuerlangen.

Ich wusste, wovon er sprach. Ich hatte es selbst erlebt. Das Gefühl, das Rick beschrieb, wird manchmal als »spirituelle Abhängigkeit« bezeichnet – ein Gefühl der Verbundenheit, das so stark ist und so viel Freude bereitet, dass man sich wünscht, es möge ewig anhalten. Das Problem ist: Je mehr man versucht, sich an dieses Gefühl zu klammern, desto schwerer ist es zu erlangen. Ich versuchte Rick zu erklären, dass er in der letzten Saison zwar eine tiefgründige Erfahrung erlebt habe, dass diese aber nur einen Augenblick lang währte; es wäre ein aussichtsloser Kampf, zu versuchen, sie zurückzuholen, weil sich alles verändert habe, auch Rick selbst. Manchmal ist Basketball ein reines Vergnügen, so wie es für uns am Ende der Saison 2000/01 war, und manchmal kann dieser Sport eine lange, harte Plackerei sein. Betrachtet man aber jede Saison als ein Abenteuer, sieht man ihre ganz eigene Schönheit.

Ich wusste vom ersten Tag an, dass 2001/02 nicht einfach werden würde. Drei Meisterschaften in Folge zu gewinnen, ist nie ein Kinderspiel. Die gute Nachricht war, dass Kobe und Shaq miteinander auskamen. Sie machten sich nicht mehr gegenseitig nieder, und oft konnte ich beobachten, wie sie beim Training und nach den Spielen gemeinsam lachten. Während eines Ausflugs nach Philadelphia nahmen Shaq und einige andere Spieler an einer Feier für Kobe in der Lower Merion High School teil, bei der seine Trikotnummer zeremoniell unter das Dach gehängt und von da an nicht mehr vergeben wurde, und Shaq umarmte Kobe anschließend auf der Bühne.

Nicht alle Veränderungen wurden so gutgeheißen; das Team war wieder im Umbruch. Im Allgemeinen war der Kader der Lakers wesentlich flexibler als der der Bulls. In Jeanies Büro hängt ein Gruppenporträt der Spieler, die in meiner ersten Zeit als Lakers-Trainer an allen drei Meisterschaften beteiligt waren. Auf dem Bild sind nur sieben Spieler zu sehen: O'Neal, Bryant, Horry, Fox, Fisher, Shaw und Devean George. Der Rest des Kaders bestand aus ständig wechselnden Spielern, von denen einige eine entscheidende Rolle spielten, während andere nie ganz ihre Nische fanden. In diesem Umfeld mit wechselnden Spielern, das in etwa dem Spiel »Reise nach Jerusalem« glich, war es schwierig, von einer Saison zur nächsten eine starke Geschlossenheit innerhalb einer Mannschaft aufzubauen.

In der Off-Season verloren wir die letzten beiden Ex-Bulls im Team: Ron Harper, der seinen Rücktritt schon lange hinausgezögert hatte, und Horace Grant, der zu den Orlando Magic wechselte. Wir ersetzten sie durch zwei zuverlässige Spieler: Mitch Richmond, ein Guard, der sechsmal NBA All-Star wurde, und Samaki Walker, ein vielversprechender Power Forward von den San Antonio Spurs. Aber es war unmöglich, die Meisterschaftserfahrung von Ron und Horace sowie ihren Einfluss zu ersetzen, den sie stets auf das Team ausgeübt hatten.

Glich die zweite Saison bisweilen einer Seifenoper, so erinnerte die dritte an Iwan Gontscharows *Oblomow*, den russischen Roman über einen jungen Mann, dem es an Willenskraft mangelt und der die meiste Zeit im Bett verbringt. Unser größtes Problem war die Langeweile. Das trifft auf viele Mannschaften zu, die Meisterschaften gewonnen haben, aber bei den Lakers war es noch ausgeprägter. Dieses Team feierte so schnell große Erfolge, dass die Spieler allmählich glaubten, sie könnten jederzeit einen Schalter umlegen und automatisch ein Level höher kommen – so wie wir es im Jahr zuvor getan hatten.

Fox hatte eine interessante Theorie zu diesem Phänomen. Seiner Meinung nach war das Ego der Spieler zu Beginn der Saison so aufgebläht, dass sie glaubten, sie wüssten besser als die Trainer, was zu tun sei, um einen weiteren Ring zu gewinnen. Wie Fox es formuliert: »Im ersten Jahr sind wir alle blind gefolgt. Im zweiten Jahr haben wir mit Freude unseren Beitrag geleistet. Und im dritten Jahr wollten wir das Ruder in die Hand nehmen.« Rick erinnert sich, dass es in diesem Jahr viel mehr Diskussionen über die Entscheidungsfindung der Trainer gab als zuvor. »Ich würde es nicht als Anarchie bezeichnen«, fügt er hinzu, »aber auf einmal sah ich, dass die Jungs sich öfter theatralisch aufführten, öfter ihre Meinung äußerten und nach Möglichkeiten suchten, die Triangle Offense zu umgehen.« Mit dem Ergebnis, so Rick, dass das Team oft nicht mehr harmonisierte.

Das überraschte mich nicht. Ich hatte es schon bei den Bulls erlebt, als sie ihre ersten drei Meisterschaften in Serie gewannen. So wie ich die Dinge sah, entwickelten sich die Lakers zu einem reiferen Team, was letztlich das unvermeidliche Ergebnis unserer Arbeit war, die Spieler dazu zu bringen, selbstständig zu denken, statt vom Trainerstab alle Antworten auf dem Silbertablett serviert zu bekommen. Diskussionen waren mir stets willkommen, auch wenn sie die Harmonie im Team vorübergehend störten, denn sie zeigten, dass die Spieler sich an der Lösung der Probleme beteiligten. Die große Gefahr bestand darin, dass ein paar kritische Spieler die Art des selbstlosen Spiels, auf der das Team gegründet wurde, über Bord werfen würden. Das würde der Moment sein, in dem das Chaos ausbrechen würde.

Meisterteams machen oft den Fehler, dass sie versuchen, ihr Erfolgsrezept zu wiederholen. Das klappt aber nur selten, denn wenn die nächste Saison beginnt, haben die Gegner alle Spielaufzeichnungen studiert und herausgefunden, wie sie jedem Spielzug entgegenwirken können. Der Schlüssel zu dauerhaftem Erfolg liegt darin, sich als Team weiterzuentwickeln. Beim Gewinnen geht es darum, ins Unbekannte vorzustoßen und etwas Neues zu schaffen. Erinnern Sie sich an die Szene im ersten Indiana-Jones-Film, als Indy gefragt wird, was er als Nächstes tun wird, und er antwortet: »Ich weiß es nicht, ich überlege es mir, während wir weitergehen.« So sehe ich auch Menschenführung. Sie ist ein Akt der kontrollierten Improvisation, eine Fingerübung von Thelonious Monk, von einem Moment zum nächsten.

Aber Selbstgefälligkeit und allzu große Egomanen waren nicht die einzigen Probleme des Teams. Meine größte Sorge galt Shaqs Gesundheit. Bevor er im Sommer abreiste, hatte er versprochen, mit seinem Rookie-Gewicht von 290 Pfund zurückzukehren. Stattdessen brachte er bei seiner Rückkehr mehr als 330 Pfund auf die Waage, erholte sich zudem von einer Operation an seinem kleinen Finger der linken Hand und hatte arge Probleme mit seinen Zehen.

Bei Shaq musste ich, und das galt auch für die anderen Spieler, herausfinden, wie ich am effektivsten kommunizieren konnte. Glücklicherweise gelang es Shaq und mir von Anfang an, zueinander durchzudringen, indem wir nur etwas miteinander quatschten. Manchmal war ich sehr direkt. Zum Beispiel sagte ich ihm kurz vor dem 2. Spiel der Finals 2001, er solle sich nicht scheuen, Allen Iverson zu verfolgen, wenn er zum Korb zieht. Über meine Andeutung, er fürchte sich vor Iverson, war Shaq so verdutzt, dass er vergaß, das Team vor dem Spiel mit dem Anfeuerungsruf »One, two, three – Lakers« anzuführen. Dennoch blockte O'Neal an diesem Abend acht Würfe und unterband somit die Gefahr, die von Iverson ausging. Zu anderen Zeiten habe ich den Umweg über die Medien genommen, um ihn zu motivieren. Während unserer Flaute in der Saison 2000/01 stachelte ich Shaq an, er solle mehr *Hustling* auf dem Platz zeigen, indem ich den Reportern sagte, dass meiner Meinung nach die einzigen Spieler, die alles gaben, Kobe und Fox waren. Diese Bemerkung traf Shaq wie ein Stachel, aber danach spielte er wesentlich aggressiver.

Shaq hatte großen Respekt vor männlichen Autoritätspersonen, denn so war er von seinem Stiefvater Phil, einem Berufssoldaten, den Shaq »Sarge« nannte, erzogen worden. Während meines ersten Jahres im Team nannte Shaq sogar mich seinen »weißen Vater«. Er war so sehr darauf getrimmt, Autoritäten zu respektieren, dass er mir oft von anderen Leuten ausrichten ließ, wenn er keine Lust hatte, etwas Bestimmtes zu tun. In der ersten Saison bat ich ihn, 48 Minuten pro Spiel auf dem Platz zu sein statt der üblichen 40. Shaq versuchte es ein oder zwei Wochen lang und spielte in mehreren Partien fast über die volle Länge. Dann aber beschloss er, dass er mehr Pausen brauchte. Anstatt mir das selbst mitzuteilen, beauftragte er John Salley damit. Bei einer anderen Gelegenheit schickte Shaq einen der Trainer zu mir, um mir ausrichten zu lassen, dass er an diesem Tag nicht zum Training käme. Als ich nach dem Grund fragte, sagte der Trainer, dass Shaq, der eine Ausbildung zum Polizeibeamten absolviert hatte, die ganze Nacht in der Stadt unterwegs gewesen sei, um nach Autos zu fahnden, die auf der Liste der gestohlenen Fahrzeuge des LAPD aufgeführt waren. Im Grunde seines Herzens träumte der große Kerl davon, ein echter Clark Kent zu sein.

Bei den Lakers nannte man Shaq »The Big Moody« (dt. »der große launische Kerl«), weil er oft mürrisch wurde, wenn er mit Verletzungen zu kämpfen hatte oder von seinem Spiel enttäuscht war. Ein Großteil seiner Frustration richtete sich gegen mich. Zu Anfang der Saison 2001/02 erlegte ich ihm eine Geldstrafe auf, weil er sich zwei Tage freigenommen hatte, als seine Tochter geboren wurde, statt des einen Tages, den er beantragt hatte. Daraufhin sagte Shaq zu Reportern: »Der Scheißkerl weiß, was er mit dem Strafgeld anfangen kann.« Aber im nächsten Spiel gegen Houston erzielte er 30 Punkte und holte 13 Rebounds.

Seine Prahlerei gegenüber der Presse störte mich weniger, als wenn Shaq einen seiner Mannschaftskameraden persönlich angriff. Das war in einem Spiel gegen die San Antonio Spurs in den Playoffs 2003 der Fall. Shaq war wütend, weil Devean George am Ende des Spiels einen Fehler gemacht hatte, der es Malik Rose ermöglichte, einen Offensivrebound abzufangen und den spielentscheidenden Wurf zu machen. Shaq ging auf dem Weg in die Kabine nach dem Spiel auf Devean los, aber Brian Shaw konnte ihn aufhalten.

Shaw war derjenige im Team, der mit der Wahrheit herausrückte. Er hatte ein gutes Gespür für die heikle Dynamik, die sich auf zwischenmenschlicher Ebene im Team abspielte, und ich ermutigte ihn, seine Meinung zu sagen. »Meine Mutter hat mir als Kind immer gesagt, dass mein Mundwerk mich eines Tages in Schwierigkeiten bringen würde«, sagt Brian, »denn wenn ich etwas sah, das nicht in Ordnung war, musste ich darauf hinweisen. Solange ich die Wahrheit sage, dachte ich, ist alles in Ordnung. Auf die Wahrheit kann man nicht sauer sein.«

Als Brian sah, wie Shaq Devean angriff, rief er ihm zu: »Hättest du so viel Energie darauf verwendet, unter den Brettern zu blocken, hättest du selbst einen Rebound ergattert und wir hätten das Spiel wahrscheinlich gewonnen. Statt es also an Devean auszulassen, solltest du dich für dein Versagen lieber an die eigene Nase fassen.« In diesem Moment ließ Shaq von Devean ab und ging auf Brian los, der versuchte, ihn anzugreifen, letztlich aber von Shaq durch die Kabine geschleift wurde, bis seine Knie bluteten und die anderen Spieler ihn von Shaq wegzogen.

»Shaq war sauer auf mich, weil ich seine Gefühle verletzt hatte«, sagt Brian. »Aber ein paar Tage später kam er zu mir und sagte: ›Weißt du, du hattest recht. Es war mein Fehler. Ich hätte nicht so ausrasten sollen.‹«

Auch Kobe machte in dieser Saison eine schwierige Zeit durch. Im Frühjahr zuvor hatte er sich mit seiner Familie zerstritten, weil er Vanessa Laine geheiratet hatte, eine damals 18-jährige Highschool-Absolventin. Kobes Eltern, Joe und Pam, die mit ihm in seinem Haus in Brentwood lebten, waren der Meinung, dass er zu jung zum Heiraten sei. Aber Kobe wollte unbedingt sein neues Leben beginnen. »Ich mache alles, wenn ich noch jung bin«, sagte er den Reportern. Joe und Pam, die regelmäßig die Spiele der Lakers besuchten, kehrten nach Philadelphia zurück, kamen aber nicht zu den Meisterschaftsfinals, die in diesem Jahr in der Heimatstadt der Familie stattfanden. Erst zwei Jahre später versöhnten sich Kobe und seine Eltern wieder. In der Zwischenzeit zogen er und Vanessa in ein neues Haus, nur einen Block von ihrer Mutter entfernt in Newport Beach, und bekamen ihr erstes Kind, Natalia.

Da er es eilig hatte, in die NBA zu kommen, ließ Kobe das College sausen, und damit hatte er zugleich einige der Anlaufschwierigkeiten übersprungen, die nun einmal dazugehören, wenn man zum ersten Mal mit der großen weiten Welt konfrontiert wird. Nachdem er mit seinen Eltern gebrochen hatte, begann er, sein Leben selbst in die Hand zu nehmen, manchmal auf überraschende Weise. Kobe war Auseinandersetzungen mit anderen Spielern stets aus dem Weg gegangen, aber in der Saison 2001/02 gab er sich gelegentlich streitlustig. Einmal legte er sich während der Fahrt im Mannschaftsbus mit Samaki Walker an und ging plötzlich auf ihn los. Samaki lachte darüber und sagte: »Es war gut zu sehen, wie hart er zur Sache ging.« Später, während eines Spiels im Staples Center, reagierte Kobe mit Gewalt auf Reggie Millers Beschimpfungen; er ballte seine Faust und jagte Miller über das Spielfeld, bis sie gegen den Anschreibetisch krachten; Kobe wurde für zwei Spiele gesperrt.

Er hatte eine Menge aufgestaute Wut in sich, und ich machte mir Sorgen, dass er etwas tun könnte, was er eines Tages bereuen würde. Brian, der Kobes Vertrauensmann und Mentor geworden war, sah in diesen Handgreiflichkeiten ein Zeichen dafür, dass Kobe »ins Mannesalter eintritt und sich entscheidet, wofür er steht und wofür nicht«. Als ich Kobe, den ich in jenem Jahr zum Co-Captain ernannt hatte, dabei beobachtete, wie er diese Phase des Erwachsenwerdens durchmachte, sagte Brian: »Man konnte sehen, dass er offensichtlich einen Reifeprozess durchlebte und sich immer mehr zu einem guten Mannschaftskameraden entwickelte und einer der Jungs wurde. Es gab Zeiten, in denen er immer noch ausrastete und Dinge sagte, die er lieber nicht hätte sagen sollen, aber zum größten Teil fühlte er sich viel wohler in seiner eigenen Haut und war wesentlich selbstbewusster hinsichtlich seiner eigenen Persönlichkeit.«

Wir konnten die Saison 2001/02 nur überstehen, indem wir improvisierten. Nichts, was geschah, folgte irgendeinem Muster, das ich zuvor gesehen hatte. Wir legten einen 16:1-Lauf hin, den besten Start in der Geschichte der Franchise, und in den Medien hörte man es flüstern, wir könnten den 72:10-Saisonrekord der Bulls brechen. Doch das Gerede hielt nicht lange an. Im Dezember verfielen wir in eine merkwürdige Lethargie, die bis Mitte Februar anhielt. Obwohl wir mit unseren härtesten Rivalen mithalten konnten, verloren wir in dieser Zeit sechsmal gegen letztplatzierte Mannschaften, darunter zweimal gegen die Bulls, die sich gerade neu formierten. Danach pendelten wir uns wieder ein, aber wir konnten nie den Schalter umlegen, von dem alle sprachen.

Ich wusste, dass diese Mannschaft in der Lage war, viel besseren Basketball zu spielen. Die Kunst bestand darin, Körper, Geist und Seele zusammenzuhalten, bis wir die Playoffs erreichten. Eine meiner größten Enttäuschungen war, als ich herauszufinden versuchte, wie ich das Beste aus Mitch Richmond herausholen konnte. Mitch war ein hervorragender Scorer, der zu Saisonbeginn im Schnitt auf 22,1 Punkte pro Spiel kam, aber es fiel ihm schwer, sich an das Triangle zu gewöhnen. Er kam auch nicht besonders gut mit seinen Ein- und Auswechslungen klar, weil er viel Zeit für das Aufwärmen seiner Beine benötigte. Zum Glück konnte Shaw am Ende der Saison als dritter Guard für Mitch einspringen. Da wir auf der Bank nicht allzu starke Spieler hatten, mussten wir uns auf die Stammspieler verlassen, um zusätzliche Minuten zu spielen, und allmählich traten die Lücken zutage. Damit die Spieler der Starting Five sich nicht zu früh verausgaben, sollte das Team die Schlussphase der regulären Saison etwas lockerer angehen. Das Ergebnis war, dass wir uns den zweiten Platz in der Western Conference für die Playoffs teilten und immer noch auf der Suche nach unserem Mojo waren.

Wir sweepten Portland in der ersten Runde mit 3:0 Spielen, sahen allerdings nicht besonders gut dabei aus. Erst als wir im 2. Spiel der Halbfinals der Western Conference zu Hause gegen die Spurs verloren und sie die Serie mit 1:1 ausgeglichen hatten, wachten wir auf und spielten fortan wie echte Champions.

Shaq war angeschlagen. Zusätzlich zu dem Problem mit seinen Zehen hatte er sich den Zeigefinger seiner Wurfhand in Spiel 1 aufgeschnitten und sich im 2. Spiel den linken Knöchel verstaucht. Ich war jedoch der Meinung, dass er aggressiver spielen musste, und sagte ihm das auch. Als mich Reporter vor Spiel 3 in San Antonio über ihn befragten, sagte ich: »Ich habe eifrig mit Shaq diskutiert, dass er ebenfalls dem Ball nachjagen soll ... Wie er jedoch sagte, habe er Schmerzen im Zeh.« Shaq hatte in dieser Woche die Medien gemieden, aber als ein Reporter nicht lockerließ und ihn um einen Kommentar bat, sagte er: »Fragen Sie Phil, er weiß alles.«

Aber Shaq meisterte das Spiel so, wie ich es erwartet hatte. Er erzielte 22 Punkte trotz seines verwundeten Fingers und holte 15 Rebounds, auch wenn er Probleme mit seinen Füßen hatte. Er half auch, Tim Duncan, von dem die größte Gefahr bei den Spurs ausging, in Schach zu halten, denn dieser verfehlte 17 von seinen 26 Würfen aus dem Feld.

Obwohl Shaq sich wieder aufraffte, war dies der Moment von Kobe. Als noch 6:28 Minuten zu spielen waren, führten die Lakers mit 81:80, und Kobe erzielte 7 Punkte in einem 11:2-Lauf, der den Sieg klarmachte. Danach hörte er sich an, als sei er gerade von einem Meditationskurs zurückgekehrt. »Ich war konzentrierter und fokussierte mich auf alles, was um mich herum geschah«, sagte er. »Wenn man sich gefühlsmäßig zu sehr in das Spiel vertieft, übersieht man die kleinen Details. Man muss daher eine gewisse Distanz gegenüber den eigenen Emotionen wahren.«

Dieses Spiel hatte mir gezeigt, wie gut dieses Team im vierten Viertel sein konnte. In Spiel 4 lagen wir 4:55 Minuten vor Schluss mit 10 Punkten zurück, und Kobe kam abermals richtig aus sich heraus, traf zwei Dreier und sorgte mit einem Rebound und einem Putback in den letzten 5,1 Sekunden dafür, dass wir das Spiel mit 87:85 für uns entschieden. Zwei Abende später legten wir in den letzten Minuten einen 10:4-Lauf hin und gewannen die Serie mit 4:1. Dieses Team hatte endlich seine Identität gefunden, und zwar als eine der besten Mannschaften, die Spiele in der Schlussphase entscheiden können. Es war keinen Moment zu früh.

Die Fans in Sacramento – der Heimat unseres Gegners in den Western Conference Finals – liebten es, die Lakers zu hassen. Seit ich ein paar Jahre zuvor im Scherz behauptet hatte, dass die Hauptstadt von Kalifornien ein halbwegs zivilisiertes Kuhdorf sei, versuchten die Fans, sich an mir zu rächen, indem sie unter anderem hinter unserer Bank Kuhglocken läuteten und lauthals Obszönitäten von sich gaben. Dass wir die Kings in den vergangenen beiden Jahren aus den Playoffs geschmissen hatten, machte die Situation nicht gerade besser.

Doch dieses Mal hatten die Fans aus Sacramento allen Grund zum Optimismus. Ihre Jungs hatten die Saison mit der besten Bilanz der Liga (61:21) abgeschlossen und hatten in den Playoffs Heimvorteil. Die Kings waren eine der Mannschaften mit den besten Werfern, die ich je gesehen habe. Neben dem Power Forward und NBA All-Star Chris Webber hatte das Team eine ausgewogene Riege von Schützen, die aus allen Richtungen treffen konnte, darunter Vlade Divac, Predrag Stojaković, Doug Christie und

Hedo Türkoğlu, sowie einen schnellen neuen Point Guard, Mike Bibby, der furchtlos in die Verteidigung eindrang und spielentscheidende Würfe traf.

Wir gewannen das erste Spiel in Sacramento und stellten damit einen Rekord für auswärts eingefahrene Playoff-Siege auf (12). Doch die Kings schlugen in Spiel 2 zurück und profitierten von Kobes Ausfall, der sich von einer Lebensmittelvergiftung erholte. Die große Überraschung kam in Spiel 3, das die Kings dank Bibby und Webber, die zusammen auf 50 Punkte kamen, souverän gewannen. Unbeeindruckt davon scherzte Kobe nach dem Spiel mit Reportern: »Tja, jetzt ist uns nicht mehr langweilig.«

Der Traumwurf kam in Spiel 4. In der ersten Halbzeit sah es noch düster aus, als wir mit 20 Punkten zurücklagen und unsere Offensive nicht in Fahrt kam. In der zweiten Halbzeit wendeten wir jedoch das Blatt, bremsten das schnelle Angriffsspiel der Kings und verkürzten ihren Vorsprung. Elf Sekunden vor Schluss waren wir auf 2 Punkte dran. Kobe zog zum Korb und verfehlte. Shaq schnappte sich den Rebound und traf ebenfalls nicht. Vlade Divac, der Center der Kings, schlug den Ball weg, bis er schließlich in den Händen von Robert Horry landete, der allein an der Dreipunktelinie stand. Als liefe alles nach einem Drehbuch ab, richtete er sich auf, warf und sah zu, wie der Ball mit Ertönen der Schlusssirene perfekt im Korb landete: Lakers 100, Kings 99 Punkte.

Das war ein typischer Robert-Horry-Wurf, die Art von Wurf, von der kleine Jungs träumen. Allerdings hatten wir noch einen langen Weg vor uns, bevor wir die Kuhglocken zum Schweigen bringen konnten. Die Kings schlugen zurück und gewannen das 5. Spiel auf eigenem Platz und gingen in der Serie, die sich über 7 Spiele hinziehen sollte, mit 3:2 in Führung. Aber die Lakers gerieten nicht in Panik. Um 2:30 Uhr in der Nacht vor Spiel 6 rief Kobe seinen neuen besten Freund Shaq an und sagte ihm: »Großer, ich brauche dich nachher. Wir werden Geschichte schreiben.« Shaq war natürlich noch wach und grübelte über das bevorstehende Spiel nach, und sie heizten sich gegenseitig an. »Wir standen vor dem Ausscheiden, das ist nicht unser Ding«, sagte Kobe später zu Reportern. »Shaq dachte genauso.«

Shaq war an diesem Abend nicht zu bremsen. Er erzielte 41 Punkte, holte 17 Rebounds und dominierte das Spielgeschehen unter dem Korb. Die Kings setzten jeden Spieler, den sie hatten, auf ihn an, und in den letzten Minuten mussten sowohl Divac als auch Scot Pollard vom Platz, weil sie ihr Foulkonto überschritten hatten, sodass nur noch Ersatzcenter Lawrence Funderburke übrig blieb, der völlig hilflos war, wenn Shaq nach innen zog. »Ihr müsst mich foulen, um mich aufzuhalten – basta«, sagte Shaq später. Kobe war ebenfalls ganz heiß, kam auf 31 Punkte, einschließlich vier entscheidender Freiwürfe in den letzten Sekunden, die den 106:100-Sieg besiegelten.

Am folgenden Sonntag wurden wir von einem Empfangskomitee der Kings-Fans empfangen, die uns alle ihren nackten Hintern präsentierten, als wir mit dem Bus für Spiel 7 in der Arco Arena eintrafen. Die Spieler lachten. Zumindest trug die Posse dazu bei, dem vielleicht härtesten Spiel, das sie je erlebt hatten, etwas die Brisanz zu nehmen. Die Lakers waren ein hervorragendes Auswärtsteam, aber ein 7. Spiel auf dem Platz des Gegners war der absolute Härtetest. Als ich das letzte Mal in dieser Situation steckte – es war das Jahr 1973 –, war ich noch Spieler bei den New York Knicks, als wir die Celtics in einem 7. Spiel in Boston schlagen mussten, um die Eastern Conference Finals zu gewinnen. Das war einer der nervenaufreibendsten – und aufregendsten – Momente meiner Karriere.

Die Lakers waren bemerkenswert ruhig. Wir hatten früher am Tag alle zusammen im Hotel meditiert, und ich war angenehm überrascht, dass alle schon da und bereit für unsere Sitzung waren, als ich in den Raum kam. Während wir schweigend dasaßen, spürte ich, dass die Spieler sich zusammenrissen und sich mental auf den bevorstehenden Showdown vorbereiteten. Diese Männer hatten schon viel zusammen durchgemacht und wussten instinktiv, dass ihre gegenseitige Verbundenheit die Kraft sein würde, die Angst zu vertreiben, wenn der Druck während des Spiels zunahm.

Und sie hatten recht. Dies war nicht nur ein Basketballspiel, sondern ein kräftezehrender Marathon, der mehr als drei Stunden dauerte. Doch am Ende war es die Selbstbeherrschung jedes einzelnen Spielers der Lakers, die den Sieg brachte. Die Führung wechselte 17-mal, und das Spiel ging in die Verlängerung, als Bibby zwei Freiwürfe zum Gleichstand von 100:100 verwandelte und Shaq beim Schlusspfiff einen Distanzwurf aus über 4 Metern verfehlte. Es war eine brutale Willensprobe, und wir mussten uns, wie Fish zu Bill Plaschke sagte, »mehr ins Zeug legen, als wir es je zuvor getan haben«.

Ich war etwas aufgeregter als sonst, weil ich wollte, dass die Spieler fokussiert blieben. Kobe glaubte, die Kings würden besser Basketball spielen als wir. Aber wir zeigten mehr Kampfgeist, und das zahlte sich in den letzten Minuten des Spiels aus. Fox stellte mit 14 Rebounds einen persönlichen Rekord in den Playoffs auf, und Horry holte weitere 12 Rebounds. In der Zwischenzeit waren die Kings sichtlich verunsichert. Ansonsten stets cool auftretend, verfehlten sie 14 ihrer 30 Freiwürfe, während wir bis auf 6 alle unsere 33 Freiwürfe versenkten. Und in den letzten zwei Minuten der Verlängerung verspielten sie eine 2-Punkte-Führung, indem sie 5 Würfe in Folge nicht trafen und 2 *Turnover* hinnehmen mussten.

Die Schlussphase war eine Kollektivleistung des Teams. Shaq verwandelte einen kurzen Sprungwurf, dann zwei Freiwürfe, während Fish und Kobe jeweils zweimal von der Linie trafen, sodass die Kings nicht mehr aufholen konnten. Danach waren die Spieler so platt, dass sie kaum feiern konnten, aber sie waren vom Ergebnis nicht überrascht. »Wir spielen seit fünf Jahren zusammen«, sagte Horry. »Wenn wir jetzt nicht wissen, was zu tun ist, stimmt etwas nicht.«

Shaq, der zermürbende 51 Minuten auf dem Platz gestanden hatte, wirkte nach dem Spiel weniger beschwingt als sonst. Als unser Bus jedoch den Parkplatz verließ, erspähte er ein paar Sacramento-Fans, die uns verfluchten, und Shaq zeigte ihnen mit heruntergelassener Hose einen herzlichen Abschied in typischer Manier der Sacramento-Fans. Einer unserer Jungs nannte es »einen aufgehenden Vollmond«.

In Gedanken war es für mich bereits das Spiel um den Titel, aber wir mussten noch die NBA Finals überstehen. Unser Gegner, die New Jersey Nets, hatten mit Jason Kidd einen der besten Point Guards in der Liga und mit Kenyon Martin einen körperlich eindrucksvollen Power Forward, aber sie hatten keine Antwort auf Shaq. Sie versuchten, ihn von dem Rookie Jason Collins decken zu lassen, aber Shaq servierte ihn locker ab und erzielte durchschnittlich 36 Punkte auf dem Weg zu seiner dritten Finals-MVP-Auszeichnung. Mit Shaqs Hilfe sweepten wir die Nets und wurden das erste Lakers-Team, das drei Meisterschaftsringe direkt hintereinander gewann, seit der Klub in den frühen Sechzigern aus Minneapolis weggezogen war. Jetzt konnten wir uns zu Recht als eine Dynastie bezeichnen.

Mit diesem Sieg zog ich mit dem Rekord von Red Auerbach – neun – für die meisten gewonnenen Meisterschaften gleich. Die Medien machten eine große Sache daraus, besonders nachdem Auerbach meinte, es sei schwierig, mich als einen großen Trainer zu betrachten, da ich nie ein Team aufgebaut oder junge Spieler trainiert hätte. Ich sagte daraufhin, dass ich den Sieg meinem Mentor Red Holzman widme, der sich, wenn er noch leben würde, gefreut hätte, dass ich mit seinem Erzrivalen gleichzog.

Wichtiger war mir jedoch, was mit dem Team geschehen war. Als ich bei den Lakers anfing, dachte ich, wir könnten Großes erreichen, wenn wir es schaffen würden, dass die Spieler einander genug vertrauten, um sich für etwas einzusetzen, das größer war als sie selbst. Zur Mitte dieser langen, harten Saison, als wir von den Memphis Grizzlies in Verlegenheit gebracht wurden, hätte ich nicht unbedingt darauf gewettet, dass wir Geschichte schreiben würden. Aber in der letzten Stunde, als es wirklich darauf ankam, haben die Spieler sich zusammengerissen und eine Meistermannschaft aus sich gemacht, deren Fundament im gegenseitigen Vertrauen ihrer Mitglieder bestand.

Der Spieler, der dies am besten begriffen hat, war – überraschenderweise – Kobe Bryant. Noch vor nicht allzu langer Zeit hätte er darüber gespottet. Aber er hatte sich entwickelt, und das Team sich mit ihm. »Wir haben so viele Schlachten hinter uns«, sagte er, »da wächst das Vertrauen natürlich. Je mehr Kriege man zusammen bestreitet, desto besser versteht man die Leute, mit denen man kämpft.«

Ein Atem. Eine Seele. Ein Geist.

KAPITEL 18

DIE WEISHEIT DES ZORNS

Am Zorn festzuhalten ist wie das Ergreifen eines heißen Stück Kohle, das man nach jemandem werfen will; du bist derjenige, der sich verbrennt.

BUDDHA

Es sollte ein friedlicher Sommer werden. Als ich Ende Juni mit meinem Motorrad durch die Rockies fuhr, war ich froh, die Saison 2002/03 hinter mir zu lassen. Es war ein hartes Jahr, geprägt von vielen Verletzungen – von Shaqs Zeh über Kobes Knie bis hin zu Rick Fox' Fuß. Wir humpelten in die Playoffs und überlebten nur knapp eine mörderische Erstrundenserie gegen die Minnesota Timberwolves. Den Höhepunkt in Sachen körperlicher Beeinträchtigung erlebte ich an meiner eigenen Person während der Conference Semifinals gegen die San Antonio Spurs. Zu der Zeit erfuhr ich, dass eines meiner Herzkranzgefäße zu 90 Prozent verstopft war und ich eine Notfall-Angioplastie benötigte. Wie sich herausstellte, nahm die Herzoperation ein viel glücklicheren Ausgang als das Spiel gegen die Spurs. Zum ersten Mal in meinen vier Jahren bei den Lakers schafften wir es nicht in die Finalrunde der Western Conference, geschweige denn gewannen wir einen Ring.

Ja, ich war mehr als bereit, diese Saison hinter mir zu lassen. Seit meiner Operation ging es mir so gut wie seit Jahren nicht mehr, und ich freute mich darauf, über das nächste Kapitel meines Lebens nachzudenken, während ich durch die Berge fuhr. Obwohl das Team Robert Horry in der Off-Season an die Spurs verloren hatte, hatten wir Gary Payton und Karl Malone verpflichtet, beide sollten später in die Basketball Hall of Fame aufgenommen werden. Malone war der Power Forward schlechthin, der pro Spiel auf mehr als 20 Punkte und zwischen 8 und 10 Rebounds kam, während er mit seinem beachtlichen Körper die Zone dichtmachen konnte. Und Payton war nicht nur einer der besten Point Guards der Liga, sondern auch ein hartnäckiger Verteidiger [Anm. d. Übers.: Daher sein Spitzname »The Glove«, weil er seine Gegenspieler so eng verteidigte, als seien sie von einem Handschuh umschlossen.], von dem ich hoffte, er würde einige der forschen Small Guards aufhalten. Ich hatte einige Bedenken, wie man diese Talente mit Shaq und Kobe zusammenbringen konnte, ohne dass sich viele Spieler in ihrem Ego verletzt fühlten. Gleichwohl war das ein Problem, dem ich etwas Gutes abgewinnen konnte, und ich war schon ganz aufgeregt.

Ich ließ mir Zeit und fuhr mit meiner BMW von L.A. quer durch Arizona, durch Four Corners und nach Durango, Colorado, wo ich mich mit einem Freund und einem Cousin traf. Nachdem ich den atemberaubenden Bergpass nach Ouray überquert hatte, war mein nächster Halt Eagle, Colorado, eine kleine Stadt in der Nähe von Vail. Dort holte ich einen alten Freund aus der Highschool ab, denn wir wollten uns auf den Weg zu unserem Klassentreffen nach 40 Jahren Schulabschluss in Williston, North Dakota, machen. Als wir losfuhren, hatte ich keine Ahnung, dass das Städtchen Eagle in ein paar Tagen für Schlagzeilen sorgen und mich mit einem Albtraum verfolgen sollte, in dem mich Schmerzen und eine an den Haaren herbeigezogene Berichterstattung plagen würden.

Mein ehemaliger Schulfreund und ich waren durch Deadwood in South Dakota gefahren und hatten gerade in einem Motel in meiner Heimatstadt Williston eingecheckt, als ich den Telefonanruf erhielt.

Mitch Kupchak war am Apparat, um mir mitzuteilen, dass Kobe in Eagle wegen angeblicher sexueller Nötigung verhaftet worden war. Ohne mir oder irgendjemandem aus unserem Stab Bescheid zu sagen, hatte Kobe sich einen Termin für eine Knieoperation bei einem Spezialisten in Vail geben lassen. Allem Anschein nach hatte er in der Nacht vor der Operation eine 19-jährige Frau in sein Hotelzimmer im nahe gelegenen Edwards eingeladen, um mit ihr, wie er sich ausdrückte, »einvernehmlichen« Sex zu haben. Am nächsten Tag ging die Frau zur Polizei und behauptete, sie sei vergewaltigt worden.

Während der nächsten Wochen, als ich die Geschichte verfolgte, war es schwierig zu beurteilen, was tatsächlich vorgefallen war. Es fiel mir schwer zu glauben, dass Kobe zu einer solchen Tat fähig war, und die Beweislage schien doch sehr dünn zu sein. Am 18. Juli 2003, als offiziell Anklage gegen ihn erhoben wurde, hielt er eine Pressekonferenz ab, mit seiner Frau Vanessa an seiner Seite. Kobe bestritt vehement, seine Anklägerin vergewaltigt zu haben, gab aber unter Tränen zu, Ehebruch begangen und Sex mit ihr gehabt zu haben.

Ich hatte Mitleid mit Kobe und versuchte, nachdem ich gehört hatte, was passiert war, auf ihn zuzugehen, jedoch ohne Erfolg. Für einen jungen Mann, der gerade 24 geworden war, war das eine große Belastung – vor allem für jemanden, der gegenüber seinen Teamkollegen oft damit geprahlt hatte, dass er sein Leben lang monogam sein wollte. Jetzt wurde er eines Verbrechens beschuldigt, das ihn für Jahre hinter Gitter bringen könnte. Außerdem war Kobe schon immer sehr auf sein Image in der Öffentlichkeit bedacht gewesen, und plötzlich war er ein gefundenes Fressen für die Boulevardpresse und die Komiker der Late-Night-Shows.

Bei mir riss der Vorfall eine alte Wunde auf, die nie ganz verheilt war. Einige Jahre zuvor, als meine Tochter Brooke noch aufs College ging, war sie während einer Verabredung mit einem Campus-Sportler Opfer eines Übergriffs geworden. Ich war mir über meine Reaktion nie ganz im Klaren gewesen. Brooke hatte von mir erwartet, dass ich wütend werden und ihr das Gefühl geben würde, beschützt zu werden. Stattdessen hatte ich meine Wut unterdrückt – wie es mir seit meiner Kindheit anerzogen worden war. In Wahrheit hätte ich auch nicht viel tun können; der Fall hatte in den Händen der Polizei gelegen, und eine Einmischung meinerseits hätte wahrscheinlich mehr Schaden als Nutzen gebracht. Doch meine Wut zu verbergen und nach außen hin ruhig zu bleiben, war für Brooke kein Trost gewesen; sie hatte sich dadurch schutzlos gefühlt. (Nachdem sie den Übergriff der Polizei gemeldet hatte, hatte sich Brooke schließlich entschieden, keine Anzeige zu erstatten.)

Der Vorfall mit Kobe brachte meine ganze unverarbeitete Wut ans Licht, und es legte sich ein dunkler Schatten über das Bild, das ich von ihm hatte. Ich besprach den inneren Kampf meiner Gefühle mit Jeanie und war überrascht, wie pragmatisch sie das Ganze sah. Ihrer Ansicht nach handelte es sich um einen Rechtsstreit, und Kobe war einer unserer Starspieler. Wir mussten ihm die bestmögliche Unterstützung zukommen lassen und ihm Beistand leisten, diesen Streit auszutragen und zu gewinnen.

Für mich war das weitere Vorgehen nicht so klar. Obwohl ich wusste, dass es in meiner beruflichen Verantwortung lag, Kobe bei dieser Prüfung beizustehen, fiel es mir schwer, meine Wut aufgrund dessen, was Brooke passiert war, abzuschütteln.

Der Kampf, mit meiner Wut fertigzuwerden, erinnerte mich an eine alte Zen-Geschichte: An einem regnerischen Abend befanden sich zwei Mönche auf dem Rückweg zu ihrem Kloster, als sie eine schöne Frau sahen, die sich schwertat, den Pfützen auf der Straße auszuweichen. Der ältere Mönch bot seine Hilfe an und trug sie über die Pfützen auf die andere Seite der Straße.

Später am Abend wandte sich der jüngere Mönch an den älteren und sagte: »Herr, als Mönche dürfen wir Frauen nicht berühren.«

»Ja, Bruder«, antwortete der ältere Mönch.

»Also, Herr, warum hast du dann diese Frau auf die Arme genommen und sie am Straßenrand abgesetzt?«

Der ältere Mönch lächelte und sagte: »Ich habe sie am Straßenrand abgesetzt, aber du trägst sie immer noch im Kopf mit dir herum.«

Wie der jüngere Mönch wurde auch ich von einer Zwangsvorstellung beherrscht, die meine Sicht auf Kobe während der gesamten Saison 2003/04 verzerrte. Was auch immer ich tat, um sie auszulöschen, die Wut schwelte im Hintergrund weiter. Und das gab leider den Ton für viele der seltsamen Dinge an, die noch folgen sollten.

Natürlich waren Kobes angebliches Verbrechen und meine Reaktion darauf nicht die einzigen Faktoren, die in diesem Jahr eine Rolle spielten. Als ich im September nach L.A. zurückkehrte, braute sich im Team ein Sturm zusammen. Wir mussten uns nicht nur mit den juristischen Problemen Kobes auseinandersetzen, sondern er sollte am Ende der Saison auch noch Free Agent werden. Dadurch wiederum sähe sich Jerry Buss gezwungen, einige schwierige Entscheidungen über die Zukunft der Franchise zu treffen. Erste Anzeichen deuteten darauf hin, dass Kobe zu einem anderen Team wechseln wollte, wo er der wichtigste Spieler wäre und nicht mit Shaq um diese Ehre konkurrieren müsste. Das Team, das ihn wohl am meisten interessierte, war unser Lokalrivale, die Los Angeles Clippers. Zu Anfang der Saison unternahm er den plumpen Versuch, mit Clippers-Trainer Mike Dunleavy über seine Zukunft zu sprechen – was ein Verstoß gegen die Regeln der NBA war. Es sei Mike jedoch hoch angerechnet, dass er das Gespräch nicht sehr weit hat kommen ließ.

Derweil hatte Shaq den Sinn für das Liebe und Gute verloren. Er kam ins Trainingscamp und verlangte, dass sein Vertrag um zwei Jahre verlängert werden und er dafür 60 Millionen Dollar bekommen sollte. Das wäre ein hoher Preis für einen Star, dessen Bestform sich allmählich im Sinkflug befand. Jerry Buss, der sich schon immer großzügig gegenüber Shaq gezeigt hatte, sträubte sich gegen diese Summe. Aber Shaq wäre nicht Shaq, wenn er nicht so gehandelt hätte, wie er es tat. Während eines Vorbereitungsspiels gegen die Golden State Warriors auf Hawaii versenkte er mit aller Wucht einen Dunk und rief Buss, der am Spielfeldrand saß, zu: »Werden Sie mich jetzt bezahlen?«

Ein weiterer Aspekt des aufziehenden Sturms war mein Vertrag, der ebenfalls in diesem Jahr auslaufen sollte. Vor Beginn der Saison traf ich mich mit Jerry Buss, um in groben Zügen einen neuen Vertrag zu besprechen, und wir einigten uns darauf, die Details später auszuarbeiten. Ein Teil von mir wollte sich eine Auszeit vom Basketball nehmen, um den Kopf frei zu bekommen und anderen Interessen nachzugehen. Meine Entscheidung würde zu einem großen Teil davon abhängen, wie die Verhandlungen mit Kobe und Shaq ausgingen. Müssten sich die Lakers zwischen den beiden Stars entscheiden, wäre ich dafür, Shaq zu behalten, weil es einfacher wäre, ein Meisterteam um ihn herum aufzubauen als um Kobe. Im Lauf der Saison wurde jedoch klar, dass Jerry Buss anderer Ansicht war.

Vor Beginn des Trainingscamps traf ich mich mit Kobe und versuchte herauszufinden, wie es ihm ging. Er hatte abgenommen und wirkte müde und abgemagert. Außerdem hatte er sich innerlich abgeschottet, was mir zuvor nicht aufgefallen war. Ich versicherte ihm, dass ich es ihm so leicht wie möglich machen würde, die Saison zu überstehen. Als ich ihn fragte, wie er sich fühlte, war er nicht besonders gesprächig; seine Art, mit Stress umzugehen, bestand darin, sich innerlich zurückzuziehen. Gegen Ende unserer Unterhaltung sagte er mir jedoch mit entschlossenem Blick, dass er sich Shaqs Blödsinn nicht mehr gefallen lassen würde.

Er meinte es ernst. Nach Kobes wackeligem Debüt in einem späten Vorbereitungsspiel schlug Shaq vor, Kobe müsse sein Spiel ändern und sich mehr auf seine Mitspieler verlassen, bis er wieder mehr Kraft in seinem Bein habe. Kobe blaffte zurück, Shaq solle sich um seine eigene Position kümmern und nicht um die des Guards. Doch Shaq ließ nicht locker. »Frag einfach Karl und Gary, warum sie hierhergekommen sind«, sagte er. »Wegen einer Person. Nicht zweien. Nur wegen einer. Punkt. Er hat also recht, ich sage ihm nicht, wie er seine Position zu spielen hat. Ich sage ihm, wie er mannschaftsdienlich spielen soll.« Shaq sagte auch, wenn Kobe nicht wolle, dass er seine Meinung äußere, könne er nächstes Jahr aussteigen, denn »ich gehe nirgendwo hin«.

Ein paar Tage darauf schlug Kobe mit böser Kritik an Shaqs Führungsqualitäten in einem Interview auf ESPN zurück. Wenn dies Shaqs Team sein sollte, so Kobe, müsse er mit gutem Beispiel vorangehen. Also dürfe er nicht mit einem dicken Körper und außer Form ins Trainingscamp kommen und nicht anderen die Schuld für die Misserfolge des Teams geben. »›Mein Team‹ bedeutet nicht nur, wenn wir gewinnen«, sagte Kobe. »Es bedeutet, eine Niederlage mit genauso viel Würde hinzunehmen wie eine Meisterschaftstrophäe.« Außerdem sagte Kobe, dass, wenn er sich entschließen würde, die Lakers am Ende der Saison zu verlassen, ein Hauptgrund »Shaqs kindlicher Egoismus und seine Eifersucht« wäre.

Shaq war wütend und sagte zu Mitch Kupchak, dass er Kobe das nächste Mal, wenn er ihn sähe, fertigmachen würde. Daher beschlossen Mitch und ich, Shaq und Kobe zu trennen, als sie am nächsten Tag ins Trainingszentrum kamen, um zu verhindern, dass einer von ihnen eine Dummheit beging. Ich kümmerte mich um Shaq und Mitch sich um Kobe. Als ich später mit Kobe sprach, erzählte er mir, er habe sich vor allem deshalb über Shaq so tierisch geärgert, weil dessen Entschluss, sich einer Zehenoperation zu unterziehen, zu spät vor Saisonbeginn kam. Kobe glaubte, dass dies unsere Chancen auf einen vierten Ring gefährdete. Das hatte er vorher noch nie erwähnt.

Glücklicherweise beruhigte sich die Lage nach der letzten Runde des hitzigen Gefechts zwischen den beiden für eine Weile. Für uns war es hilfreich, erfahrene Spieler wie Karl und Gary mit an Bord zu haben, die wenig oder gar keine Geduld für dieses kindische Imponiergehabe hatten. Zudem half es, dass wir einen glänzenden Start mit 19 Siegen und nur 5 Niederlagen hinlegten. Leider war unser Erfolg nur von kurzer Dauer. Im Dezember verletzte sich Karl in einem Heimspiel gegen die Phoenix Suns am rechten Knie und fiel für den größten Teil der Saison aus. Wir hatten keinen starken Ersatz für Karl, und wir gerieten in eine kritische Phase, bis wir gegen Ende der Saison wieder auf die Füße kamen.

Meine Strategie, Kobe etwas Freiraum zu lassen, schien nicht aufzugehen. Je mehr Freiheiten ich ihm gab, desto streitlustiger wurde er. Ein Großteil seiner Wut richtete sich gegen mich. In der Vergangenheit hatte sich Kobe passiv-aggressiv verhalten, wenn er etwas Bestimmtes, das ich von ihm verlangte, nicht tun wollte. Jetzt hingegen hielt er mit seinen Aggressionen nicht mehr zurück und ließ ihnen freien Lauf. Beim Training machte er sarkastische Witze und stellte meine Autorität vor den anderen Spielern infrage.

Ich suchte daher Rat bei einem Psychotherapeuten, und der meinte, mit jemandem wie Kobe sei am besten umzugehen, wenn man ihn erstens weniger kritisierte und ihm viel positives Feedback gäbe. Zweitens solle man nichts tun, was ihn vor seinen Teamkollegen in Verlegenheit bringen könnte, und drittens ihn glauben lassen, dass das, was ich von ihm wollte, seine Idee war. Einige dieser Taktiken probierte ich aus, und sie halfen tatsächlich ein wenig. Aber Kobe hatte verdammt schwer mit sich zu kämpfen, und wenn der Druck auf ihn unerträglich wurde, ging er instinktiv auf andere los.

Mir wurde klar, dass ich nicht viel tun konnte, um sein Verhalten zu ändern. Was ich allerdings tun konnte, war, in anderer Weise auf seine Wutausbrüche zu reagieren. Das war eine wichtige Lektion für mich.

Mit dem wütenden Gebaren eines Spielers umzugehen ist die schwierigste Aufgabe eines jeden Trainers. Es erfordert viel Geduld und Fingerspitzengefühl, denn die Grenze zwischen der sportlichen Aggressivität, die es braucht, um Spiele zu gewinnen, und zerstörerischer Wut ist oft hauchdünn.

Bei einigen nordamerikanischen Ureinwohnerstämmen haben die Ältesten jene Krieger des Dorfes ausfindig gemacht, in denen die meiste Wut steckte, und lehrten sie, ihre wilde, unkontrollierte Energie in eine Quelle kreativer Kraft und Stärke zu verwandeln. Diese Krieger entwickelten sich dann oft zu den erfolgreichsten Stammesführern. Das war genau das, was ich mit den jungen Spielern in meinen Teams zu erreichen versuchte.

In der westlichen Kultur neigen wir dazu, Wut als eine Schwäche zu betrachten, die beseitigt werden muss. So wurde auch ich erzogen. Als tiefgläubige Christen waren meine Eltern der Meinung, dass Wut eine Sünde sei und man sie auslöschen müsse. Aber Wut in nichts auflösen zu wollen, funktioniert nicht. Je mehr man versucht, sie zu unterdrücken, desto wahrscheinlicher ist es, dass sie später umso heftiger ausbricht. Besser ist es, sich so gut wie möglich darüber klar zu werden, wie sich Wut auf Körper und Geist auswirkt, sodass sich ihre zugrunde liegende Energie in etwas Produktives umwandeln lässt. Wie der buddhistische Autor Robert Thurman schreibt: »Unser Ziel ist es sicherlich, unsere Wut zu besiegen, nicht aber das Feuer zu löschen, das sie sich widerrechtlich angeeignet hat. Wir werden dieses Feuer weise handhaben und es zu kreativen Zwecken nutzen.«

In der Tat zeigen zwei im *Journal of Experimental Social Psychology* veröffentlichte Studien einen Zusammenhang zwischen Wut und Kreativität. Die erste Studie ergab, dass Wutgefühle die Teilnehmer zunächst in die Lage versetzten, sich besser auf ein kreatives Brainstorming zu konzentrieren. In einer anderen Untersuchung fanden dieselben Forscher heraus, dass Probanden, die dazu aufgefordert wurden, wütend auf etwas zu sein, mehr kreative Ideen entwickelten als diejenigen, die sich traurig fühlten oder eher emotionslos waren. Fazit: Wut ist ein anregendes Gefühl, das die anhaltende Aufmerksamkeit, die eine wie auch immer geartete Problemlösung erfordert, verbessert und uns in unserem Denken über das große Ganze flexibler macht.

Keine Frage – Wut schärft den Verstand. Sie ist eine Art Vorwarnsystem, das uns alarmiert, wenn unser Wohlbefinden gefährdet wird. Aus diesem Blickwinkel betrachtet kann Wut eine wirksame Triebkraft sein, um für positive Veränderungen zu sorgen. Aber es erfordert Übung – und eine gehörige Portion Beherztheit –, sich solch unangenehmen Gefühlen zu stellen und sich dennoch nicht von ihnen fortschwemmen zu lassen.

Wenn in mir Wut hochkocht, setze ich mich hin und meditiere. Ich beobachte einfach nur, wie sie kommt und geht. Mit der Zeit habe ich gelernt, dass, wenn ich meine Wut, die sich oft als Angst manifestiert, beibehalte, und widerstehe, sie zu unterdrücken, sich das intensive Erleben dieser Wut verflüchtigt und ich dann die Weisheit hören kann, die sie zu vermitteln hat.

Mit seiner Wut zu leben ist nicht gleichzusetzen mit passivem Verhalten. Es bedeutet, sich seiner inneren Erfahrung bewusster und vertrauter mit ihr zu werden, sodass man achtsamer und mitfühlender handeln kann, als es im Eifer des Gefechts möglich ist. Das ist nicht einfach, aber achtsames Handeln ist der Schlüssel zum Aufbau enger Vertrauensverhältnisse, insbesondere wenn man eine Führungsrolle innehat. Die buddhistische Meditationslehrerin Sylvia Boorstein sagt: »Unausgesprochene Wut sorgt für Risse in Beziehungen, die kein noch so großes Lächeln zu heilen vermag. Es ist ein Geheimnis. Eine Lüge. Die anteilnehmende Antwort ist eine, die Beziehungen aufrechthält. Das erfordert, die Wahrheit zu sagen. Und die Wahrheit zu sagen kann schwierig sein, vor allem, wenn der Verstand durch Wut aufgewühlt ist.«

Seit Kobes Festnahme bekam ich in jenem Jahr viel Übung darin, mit meiner Wut umzugehen, und Kobe war mein wichtigster Lehrer. Ende Januar tauchte er mit einer bandagierten Hand im Trainingszentrum auf und sagte, dass er das Spiel an diesem Abend verpassen werde. Er hat wohl beim Umräumen von Kisten in seiner Garage versehentlich mit seiner Hand ein Fenster zerschlagen, sodass sein Zeigefinger mit zehn Stichen genäht werden musste. Ich bat ihn, während des Trainings ein wenig zu laufen, und er sagte okay, tat es aber nicht. Hinterher fragte ich ihn, was das sollte, und er sagte, es sei reiner Sarkasmus gewesen.

Ich konnte darüber nicht lachen. Was für ein kindisches Spiel spielte der Kerl da? Was auch immer es war, ich wollte nichts damit zu tun haben.

Nach dem Training ging ich nach oben und sagte Mitch Kupchak, dass wir über einen Trade von Kobe vor der Deadline Mitte Februar sprechen müssten. »Ich kann Kobe nicht trainieren«, sagte ich. »Er hört auf niemanden. Ich komme nicht zu ihm durch.« Es war ein vergeblicher Appell. Kobe war Jerry Buss' Wunderkind, und er würde ihn wohl kaum per Trade abgeben, selbst wenn er damit unsere Chance auf einen weiteren Meisterschaftsring gefährdete.

Ein paar Tage später besuchte Buss, der befürchtete, dass sein junger Star zu einem anderen Team wechseln könnte, Kobe in Newport Beach und versuchte, ihn zum Verbleib bei den Lakers zu überreden. Ich war bei dem Treffen natürlich nicht dabei, aber kurz darauf sagte Kobe im Mannschaftsbus zu Derek Fisher: »Euer Mann kommt nächstes Jahr nicht mehr zurück.« Der »Mann«, den er damit meinte, war ich.

Ich fühlte mich völlig überrumpelt. Offenbar hatte Jerry Buss Kobe Informationen über das Team – und meine Zukunft – gesteckt, bevor er mich hinzuzog. Das war ein harter Schlag ins Gesicht, und Kobe schien es zu genießen. Tief in meinem Inneren stellte ich mir die Frage, ob ich Kobe oder Buss vertrauen konnte.

Im Lauf desselben Tages rief ich Mitch an und sagte ihm, er und Buss begingen meiner Meinung nach einen großen Fehler. Wenn sie die Wahl zwischen Shaq und Kobe hätten, riet ich ihnen, sich für Shaq zu entscheiden, weil Kobe unmöglich zu coachen sei. Und ich fügte hinzu: »Das kannst du dem Besitzer ausrichten.«

Ein paar Tage später rief mein Agent an, um mir mitzuteilen, dass die Lakers die Vertragsverhandlungen mit mir aussetzen würden. Als der Verein die Nachricht am 11. Februar verkündete, fragten Reporter Kobe, ob mein Abgang seine Pläne als Free Agent beeinflussen würde, und er antwortete kalt: »Das ist mir egal.« Shaq war sprachlos. Er konnte nicht begreifen, wie Kobe mich nach allem, was wir durchgemacht hatten, so über die Klinge springen lassen konnte. Ich bat Shaq, jetzt keine Unruhe zu stiften. Das Letzte, was das Team brauchte, war ein weiterer verbaler Schlagabtausch zwischen den beiden Spielern.

Jeanie war überzeugt, dass die Lakers mit Vorsatz versuchten, an meinem Stuhl zu sägen, und wahrscheinlich hatte sie recht. Gleichwohl fand ich die Bekanntgabe seltsam befreiend. Jetzt konnte ich mich auf die anstehende Aufgabe konzentrieren – nämlich eine weitere Meisterschaft zu gewinnen –, ohne mir Gedanken über die Zukunft machen zu müssen. Die Würfel waren gefallen.

Nach der All-Star-Pause habe ich mich mit Kobe getroffen, um reinen Tisch zu machen. Offensichtlich war meine Art des Umgang mit ihm – nach dem Motto »Leben und leben lassen« – nach hinten losgegangen und hatte sich negativ auf das Team ausgewirkt. Kobe hatte meine Bemühungen, ihm aus dem Weg zu gehen, als Gleichgültigkeit ausgelegt. Daher schlug ich einen anderen Kurs ein und beschloss, engagierter mit ihm zu arbeiten. Ich wollte ihm helfen, sich auf den Basketball zu konzentrieren, sodass der Sport für ihn zu einer Art Refugium wurde, so wie es für Michael Jordan gewesen war, als er wegen seiner Spielprobleme von den Medien verfolgt wurde.

Das Team befand sich jedoch in einem kritischen Zustand und war insgesamt schon etwas gespalten. Ich bat Kobe, keine weiteren Kommentare mehr abzugeben, die die jungen Spieler verwirrten und noch einen größeren Keil in das Team zu rammen drohten. Da die Geschichte mit meinem Vertrag nun geklärt sei, so ergänzte ich, könnten wir uns ganz auf dieses Jahr konzentrieren und müssten uns um nichts anderes mehr kümmern. »Wir beide können das doch regeln, oder?«, fragte ich ihn. Er nickte. Ich wusste, dass dies nicht das Ende der Reibereien zwischen uns war. Immerhin war es ein guter Anfang.

Die Frage zu Kobes Free Agency war eine dunkle Wolke, die über dem Team hing. Niemand wusste, welche Richtung er einschlagen würde. Erschwerend kam hinzu, dass er sich sowohl physisch als auch psychisch weit von der Mannschaft entfernt hatte. Und wenn er da war, machte er einen gleichgültigen Eindruck und fiel oft in seinen alten Trott zurück, Spiele im Alleingang gewinnen zu wollen. Wir waren nicht gerade zu einem »Dream Team IV« zusammengewachsen, wie einige Sportjournalisten zu Beginn der Saison vorausgesagt hatten.

Kobe war nicht unser einziges Problem. Auch Gary Payton hatte Probleme, sich anzupassen. Gary war es gewohnt, die meiste Zeit den Ball in den Händen zu haben, aber jetzt musste er ihn mit anderen Spielern teilen, die hungrig danach waren. Und er hatte Mühe, seinen Rhythmus zu finden. Als Point Guard der SuperSonics war er es gewohnt, aus dem Dribbling heraus anzugreifen und gegen kleinere Guards eine Post-up-Position einzunehmen. Jetzt musste er sich der Triangle Offense fügen, die seiner Meinung nach seine kreative Spielweise einschränkte. Außerdem hatte er in der Verteidigung etwas an Schnelligkeit eingebüßt, sodass der Kolumnist Mark Heisler scherzhaft meinte, sein Spitznamen solle von »The Glove« in »The Pot Holder« (dt. »Topflappen«) geändert werden.

Doch kurz nachdem Karl Malone im März in die Mannschaft zurückgekehrt war, gewann das Team wieder seine Spiele und legte eine 11:0-Serie hin. Zu dieser Zeit gab ich Fish in den letzten Partien mehr Spielzeit, weil er ein besseres Feeling für die Triangle Offense hatte als Payton. Außerdem machte ich Kobe zum Spielmacher und übertrug ihm die Verantwortung für das Geschehen auf dem Platz.

Doch die Kluft zwischen Kobe und dem Rest des Teams wurde immer größer. In der letzten Woche der Saison warf Kobe, der ansonsten nie um Würfe verlegen war, in der ersten Hälfte eines Spiels gegen Sacramento nur einmal auf den Korb und ermöglichte den Kings eine 19-Punkte-Führung, sodass sie die Partie schließlich mühelos gewannen. Die Medien schlussfolgerten daraus, Kobe habe das Spiel absichtlich verbockt, um für eine bessere Verhandlungsposition mit Jerry Buss zu sorgen. Kobe meinte, er habe nur das getan, was die Coachs von ihm verlangt hätten – den Ball an seine Teamkollegen abzuspielen –, aber das nahm ihm niemand ab. Ein Spieler, der anonym bleiben wollte, sagte der *Los Angeles Times*: »Ich weiß nicht, wie wir ihm das je verzeihen können.«

Dies führte am nächsten Tag zu einem hässlichen Vorfall beim Training. Kobe kam wütend in die Halle und befragte jeden Spieler, einen nach dem anderen, um herauszufinden, wer für den Spruch verantwortlich war. Es war eine üble Szene.

Zu Beginn der Saison nannte ein Autor die Lakers »das größte Aufgebot an Talenten, das es je in einem Team gab«. Jetzt aber waren wir zum Start der Playoffs auf den zweiten Platz der Western Conference abgerutscht und hatten das Gefühl, als geriete nun alles aus den Fugen. Es traten immer mehr Verletzungen auf. Malone hatte sich den rechten Knöchel verstaucht, Devean George hatte sich eine Wadenzerrung zugezogen, Fish hatte eine Leistenzerrung, und Fox war angeschlagen, weil er sich den rechten Daumen ausgerenkt hatte.

Die Verletzungen waren aber nicht einmal das Schlimmste. Angesichts all dieser Zerfahrenheit war meine größte Sorge, dass die Mannschaft noch ihre Identität finden musste. Fish sagte: »In diesem Jahr sieht es so aus, als würden wir nie nur Ruhe kommen. Jedes Mal, wenn es so aussah, als würden wir uns irgendwie eingewöhnen, uns kennenlernen und gut spielen, passierte etwas, das uns wieder einige Schritte zurückwarf. Ich glaube, das war der größte Unterschied in dieser Saison. Es gab nie wirklich einen Zeitpunkt, an dem wir uns als Team wohlfühlten.«

Erst als wir in den Semifinals der Western Conference gegen die San Antonio Spurs mit 0:2 in Rückstand gerieten, wurden wir wach. In Spiel 3, im Staples Center, kehrten wir zu unserem üblichen Rezept zurück, mit dem wir Siege eingefahren hatten – wir spielten mit einer eisernen Verteidigung und ließen Shaq in der Zone die Bälle zukommen –, und schlugen die Spurs mit 105:81. Im nächsten Spiel zeigte Kobe eine umwerfende Performance: Zurück von seiner Anklage, die gegen ihn in Colorado erhoben worden war, kam er auf 42 Punkte, 6 Rebounds und 5 Assists und führte die Lakers nach zwischenzeitlichem Rückstand zu einem Sieg und damit zu einem 2:2-Unentschieden in der Halbfinalrunde. Ein überglücklicher Shaq nannte Kobe anschließend »den besten Spieler aller Zeiten« – einschließlich Michael Jordan. Es war nicht das erste Mal, dass Kobe dem Team nach dem Rückflug von einem seiner Gerichtstermine in Colorado wieder Auftrieb gegeben hatte. Aber bei diesem Spiel hatte er dafür gesorgt, dass seine Mitspieler höchst motiviert waren. Basketball, sagte er, sei »so etwas Ähnliches wie eine psychologische Behandlung. Es lenkt dich von so vielen Dingen ab ... von so vielen Dingen.«

Im 5. Spiel in San Antonio war es dann wirklich so weit. Wir lagen im dritten Viertel mit 16 Punkten vorne, aber die Spurs holten auf und gingen in den letzten Minuten wieder in Führung. Elf Sekunden vor Schluss versenkte Kobe aus 6 Metern einen Wurf, der uns einen 72:71-Vorsprung einbrachte. Das bereitete den Boden für das, was fünf Sekunden vor dem Ende eigentlich der entscheidende Spielzug sein sollte: Tim Duncan von den Spurs machte aus gut 5,5 Metern einem Fadeaway Jumper, verlor dabei zwar das Gleichgewicht, aber wie durch ein Wunder landete der Ball im Korb.

Die Spurs sprangen auf und ab, als wäre das Spiel bereits gewonnen. In der Auszeit sagte ich den Spielern, dass wir trotz weniger als einer halben Sekunde auf der Uhr noch gewinnen würden. Payton war bereit für den Einwurf, aber Robert Horry, der wusste, welchen Wurf wir in letzter Sekunde machen würden, schnitt uns den Passweg ab. Infolgedessen musste Gary eine weitere Auszeit nehmen. Diesmal sagte ich ihm, er solle den freien Mann suchen, wer auch immer das sei, und er fand Fish, der sich auf der linken Seite der Zone freilief. Nanosekunden vor Schluss schnappte sich Fish den Pass und warf einen wunderbaren *Turnaround Jumper*. Swish. Spiel gewonnen.

Wir besiegten die Spurs in Spiel 6 und warfen anschließend die Timberwolves in sechs Spielen aus dem Rennen, wodurch wir die Finals der Western Conference gewannen. Doch im letzten Spiel verletzte sich Malone erneut am Knie, worunter unser ganzes Spiel zu leiden hatte und was ein großes Fragezeichen hinter die bevorstehenden NBA-Finals gegen die Detroit Pistons setzte.

Schon bevor sich Malone abermals verletzt hatte, war ich nervös wegen der Pistons. Sie waren ein junges, geschlossenes Team, das gerade zum richtigen Zeitpunkt seinen Höhepunkt erreicht hatte, nachdem sie die Finalrunde der Eastern Conference gegen das Team mit der besten Bilanz der Liga, die Indiana Pacers, gewonnen hatten. Unsere Spieler nahmen die Pistons nicht sonderlich ernst, da sie nicht viele große Stars in ihren Reihen hatten, aber sie wurden von einem der besten Trainer, Larry Brown, gecoacht und stellten uns vor große Probleme hinsichtlich der Spielerzuordnung. Chauncey Billups, ein kräftiger, einfallsreicher Spielmacher, konnte Payton oder Fisher leicht davonlaufen; Tayshaun Prince, ein 2,06 Meter großer Verteidiger mit langen Armen, würde Kobe Probleme bereiten, und wir hatten keine gute Antwort auf ihre beiden Power Forwards Rasheed Wallace und Ben Wallace. Browns Strategie bestand darin, Shaq zu Offensivfouls zu provozieren, wenn er rückwärts dribbelnd einen Verteidiger zum Korb drückte und Larrys Big Men zu Boden gehen ließ. Vor jeder neuen Runde in den Playoffs verbrachte ich viel Zeit damit, mir neue Möglichkeiten auszudenken, wie wir den Angriff unseres nächsten Gegners ausschalten könnten. Bei den Pistons stand ich auf dem Schlauch.

Es begann mit Spiel 1 in L.A. Die Pistons überlisteten uns in der Defensive und besiegten uns auf eigenem Platz, obwohl Shaq und Kobe zusammen auf 59 Punkte kamen. In Spiel 2 schlugen wir zurück und sicherten uns den Sieg in der Verlängerung. Doch als es dann nach Detroit ging, gerieten wir in die Bredouille und fanden nicht mehr zu unserem Spiel.

Malones Knie bereitete ihm weiterhin Probleme, und der Motor geriet ins Stocken. Die Pistons setzten sich in fünf Spielen durch.

Meine größte Enttäuschung in dieser Saison war, dass wir nicht in der Lage waren, all das, was uns in irgendeiner Form ablenkte, von uns zu weisen und dieses talentierte Team mit ihren Superstars zu der Macht zu formen, die sie hätten werden sollen. Es gab einige großartige Einzelleistungen von Kobe, Karl und anderen, aber letztlich waren wir ein Haufen meist alternder Veteranen mit müden Beinen, die sich abrackerten, mit einem jungen und dynamischen Team mitzuhalten, das den Lakers von vor ein paar Jahren nicht unähnlich war.

Laut Rick Fox war der Grund für unsere Niederlage ganz einfach. »Ein Team gewinnt immer gegen eine Gruppe von Einzelspielern«, sagte er. »Wir haben uns einen schlechten Zeitpunkt ausgesucht, um eine Gruppe von Individualisten zu sein.«

Für Fish begann der Absturz der Lakers schon viel früher, nämlich zur Mitte unseres dritten Anlaufs auf die Meisterschaft. Sobald der Erfolg für das Team zu etwas Normalem wurde, »begannen die Spieler«, so Fish, »mehr Lorbeeren für sich einzuheimsen. Es ging also weniger darum, was der Trainerstab beigetragen hat, sondern vielmehr, wessen Team es war. War es Shaqs Team oder das von Kobe? Und welche Spieler in unserem Kader mussten sich steigern und besser werden? All diese Fragen schlichen sich in die Umkleidekabine ein, was dazu führte, dass die Dynamik und der Zusammenhalt, die in den ersten Jahren im Team herrschten, nicht mehr das waren, was sie einst gewesen waren.«

Der Bruch kam schnell. Die Playoffs waren gerade zu Ende gegangen, da bestätigte Jerry Buss das, was Mitch Kupchak mir bereits gesagt hatte: dass das Team eine andere Richtung einschlagen und er meinen Vertrag nicht verlängern werde. Und er plante – nicht allzu überraschend –, Shaq per Trade loszuwerden, und hoffte, Kobe wieder unter Vertrag zu nehmen. Ich sagte Buss, der Verlust von Shaq bedeute wahrscheinlich, dass der Klub, der ihn bekäme, mindestens eine Meisterschaft gewinnen müsse. Er sagte, er sei bereit, diesen Preis zu zahlen.

Meine Prophezeiung sollte in Erfüllung gehen. Mitte Juli gaben die Lakers Shaq an Miami ab, und er führte die Heat zwei Jahre später zur Meisterschaft. Einen Tag nach dem Shaq-Trade gaben die Lakers bekannt, dass Kobe einen neuen Vertrag unterschrieben hatte. Sein Prozess in Colorado begann am 27. August mit der Vorvernehmung der Geschworenen und war am 1. September beendet. Der Richter wies die Anklage ab, nachdem die Staatsanwaltschaft den Fall fallen gelassen hatte. Offenbar verweigerte ihre Hauptzeugin, Kobes Anklägerin, die Aussage.

Die Trainerlegende Cotton Fitzsimmons sagte einst, man wisse nicht, was für ein Trainer jemand einmal sein wird, bis er gefeuert wird. Ich bin mir nicht sicher, was das über mich aussagt, aber auf jeden Fall war ich bereit, eine Pause vom Basketball einzulegen und andere Wege zu finden, um Geist und Seele zu nähren. Ich musste noch an *The Last Season* arbeiten, einem Buch, das ich über meine Zeit bei den Lakers schreiben wollte. Danach ging es weit weg von L.A. auf eine siebenwöchige Reise nach Neuseeland, Australien und an verschiedene Orte im Südpazifik, um den Kopf frei zu bekommen.

Trotz des ganzen Dramas hatte ich ein gutes Gefühl bei dem, was ich in den fünf Jahren bei den Lakers erreicht hatte, auch wenn ich mir wünschte, ich hätte das Ende umschreiben können. Und ich fühlte mich ermuntert durch die positive Veränderung in meiner Beziehung zu Kobe, als ich die Lakers verließ. Mit der eigenen Wut fertigzuwerden ist stets eine tückische Angelegenheit und konfrontiert einen unweigerlich mit den eigenen Ängsten, Schwächen und dem eigenen Urteilsvermögen. Aber die Schritte, die Kobe und ich in dieser Zeit unternahmen, jeder auf seine eigene Weise, legten den Grundstein für eine Beziehung, die später enger und von beiden Seiten bewusster wahrgenommen werden sollte.

Wenn ich auf diese Zeit zurückblicke, kommt sie mir vor wie das Ende eines für mich wichtigen Kapitels – allerdings auf eine gute Art. Die Lakers zu coachen war wie eine wilde, stürmische Affäre mit einer schönen Frau. Und jetzt war es Zeit, weiterzuziehen und etwas Neues zu versuchen.

KAPITEL 19

HACKE HOLZ UND TRAGE WASSER

Vergiss deine Fehler, vergiss dein Scheitern, vergiss alles bis auf das, was du jetzt zu tun gedenkst, und tue es. Heute ist dein Glückstag.

WILL DURANT

Ich hatte gerade mein Sabbatical in Australien begonnen, als ich einen Anruf von Jeanie erhielt. Sie sagte, die Situation bei den Lakers sei eine einzige Katastrophe. Das Team war ins Schleudern geraten und der neue Trainer, Rudy Tomjanovich, war zurückgetreten. Ob ich zurückkommen und das Team retten könnte?

Ich kann nicht sagen, dass ich überrascht war. Rudy war ein guter Trainer, der mit den Houston Rockets zwei Meisterschaften gewonnen hatte, aber er war in Los Angeles ein Erbe angetreten, das keine Aussicht auf Erfolg versprach. Außerdem hatte Rudy gerade eine Krebsbehandlung hinter sich und war der Aufgabe körperlich und emotional nicht gewachsen.

Letzteres galt auch für das Team. Der Kader war in der Off-Season dezimiert worden. Die Lakers hatten nicht nur Shaq im Trade abgegeben. Sie hatten auch Karl Malone, der seine Spielerkarriere beendete, Rick Fox, der zu den Boston Celtics wechselte (wo er einige Monate später seine Karriere ebenfalls beendete), sowie Gary Payton und Fish an die Free

Agency verloren. Im Zuge des Trades mit Shaq kamen einige neue Spieler aus Miami: der Forward Lamar Odom, der Guard Caron Butler und der Center/Forward Brian Grant mit seinen Knieproblemen. Kobe versuchte, ganz allein mit diesem noch formlosen Haufen klarzukommen, schaffte es aber nicht.

Ich sagte Jeanie, eine Rückkehr nach L.A. komme für mich nicht infrage. Ich war nicht bereit, den Rest meiner Reise aufzugeben, einschließlich einer Motorradtour durch Neuseeland mit meinen Brüdern. Auch hatte ich kein Interesse daran, ein Team retten zu wollen, das schon längst nicht mehr zu retten war.

»Wie wäre es mit der nächsten Saison?«, fragte Jeanie.

»Ich werde darüber nachdenken«, antwortete ich.

Ich verspürte vielleicht einen kurzen Anflug von Schadenfreude, aber eigentlich machte mich der Absturz der Lakers nicht glücklich. Ich hatte hart daran gearbeitet, aus der Truppe ein Meisterteam zu machen, und es tat mir weh zu sehen, wie mein ehemaliger Assistenztrainer, Frank Hamblen, vergeblich versuchte, am Ende der Saison 2004/05 alles zusammenzuhalten. Es war das erste Mal seit den frühen 1990er-Jahren, dass die Lakers es nicht in die Playoffs schafften.

Als ich wieder zu Hause war, sprach ich mit mehreren anderen Klubs, die einen Trainer suchten, darunter New York, Cleveland und Sacramento. Doch keiner dieser Jobs erschien mir so attraktiv wie die Idee, die Lakers von Grund auf neu aufzubauen, denn diese Möglichkeit hatte ich damals, als ich das erste Mal nach Los Angeles kam, nicht gehabt. Allerdings musste ich, bevor ich ja sagte, erst herausfinden, ob Kobe und ich wieder zusammenarbeiten konnten.

Ich hatte seit unserem angespannten Treffen am Ende der Vorjahressaison nicht mehr mit Kobe gesprochen. Seitdem hatte ich mein Buch *The Last Season* veröffentlicht, in dem ich meine Frustration über den Versuch, ihn in der turbulenten Saison 2003/04 zu coachen, freien Lauf gelassen hatte. Ich hatte keine Vorstellung davon, wie er mich begrüßen würde, aber als ich anrief, spürte ich nichts von seinem Unmut. Seine einzige Bitte an mich war, hinsichtlich der Medien mehr Diskretion walten zu lassen und keine persönlichen Informationen über ihn an Reporter preiszugeben. Das klang für mich vernünftig.

Wie hatten wohl beide erkannt, dass wir die Unterstützung und die Kulanz des anderen brauchten, um erfolgreich zu sein. Vor der Saison 2004/05 hatte Kobe damit geprahlt, dass das Team, solange er für die Lakers spiele, nie unter die 50-Prozent-Marke der gewonnenen Spiele fallen würde. Aber genau das war passiert: Die Lakers belegten mit einer Spielbilanz von 34:48 den letzten Platz in der Pacific Division. Das war ein echter Weckruf für Kobe. Eine derartige Misere hatte er noch nie erlebt, und ihm war klar, dass er sich mit anderen beherzt zusammenschließen musste, wenn er noch weitere Meisterschaften gewinnen wollte.

Sollte ich den Job annehmen, bestünde meine erste Aufgabe darin, der Mannschaft ihren verlorenen Stolz wiederzugeben. So wie ich es sah, hatten sich die Sportexperten und Fans gegen Kobe gewandt und ihn – zu Unrecht – dafür verantwortlich gemacht, das tolle Aufgebot des Meisterteams der Lakers kaputtgemacht zu haben. Ich dachte, meine Rückkehr könnte dazu beitragen, diese ganze Geschichte etwas zu beschwichtigen. Außerdem war ich fasziniert von der Möglichkeit, ein neues Meisterschaftsteam ins Leben zu rufen, in dem Kobe statt Shaq im Mittelpunkt stünde. Um das zu erreichen, müssten Kobe und ich eine engere Beziehung mit größerem Kooperationsgeist eingehen, und er müsste zu einem anderen Anführer werden, als er es in der Vergangenheit war. Das alles würde Zeit brauchen, aber ich sah auf dem Weg dorthin keine Hindernisse, die sich nicht überwinden ließen. Kobe schien genauso wie ich darauf erpicht zu sein, die Vergangenheit zu begraben und weiterzumachen.

Als Jerry Buss und ich die Details eines Dreijahresvertrags aushandelten, brauchte ich seine Zusicherung, dass ich bei Personalentscheidungen mehr Mitspracherecht bekäme und nicht im Dunkeln gelassen würde, wie es während der verfahrenen Situation zwischen Shaq und Kobe in der Saison 2003/04 der Fall gewesen war. Buss stimmte zu, lehnte aber meine andere Forderung nach einer teilweisen Beteiligung an der Franchise ab. Stattdessen bot er mir eine Gehaltserhöhung an und meinte, er wolle die Leitung über die Lakers an seine sechs Kinder übergeben. Im Zuge dessen holte er seinen Sohn Jimmy zu sich, um ihn mit dem nötigen Geschäft vertraut zu machen, damit er schließlich die Basketballabteilung der Lakers übernehmen konnte. In der Zwischenzeit würde Jeanie weiterhin die Bereiche Verkauf, Marketing und Finanzen beaufsichtigen.

Als ich in der Postseason 2005 zurückkehrte, war Jimmy Buss zum Vizepräsidenten der Abteilung Spielerpersonal befördert worden. Er wollte unbedingt Andrew Bynum, einen talentierten Highschool-Center aus New Jersey, verpflichten und bat mich, ihn unter die Lupe zu nehmen, als er zu einem Probespiel nach L.A. kam. Mein einziger Vorbehalt gegenüber Andrew war sein Laufstil, der später zu ernsthaften Knieproblemen bei ihm führen sollte. Aber ansonsten dachte ich, dass er das Potenzial hatte, sich zu einem beachtlichen Center zu entwickeln. Ich gab mein Einverständnis, und wir verpflichteten ihn mit dem 10. Pick im NBA-Draft 2005. Mit 17 Jahren war er der jüngste Spieler, der jemals von der NBA in einem Draft gewählt wurde.

Was mich am meisten beunruhigte, wenn man Spieler direkt nach der Highschool rekrutierte, waren die Verlockungen, die das Leben in der NBA bereitstellt. Viele junge Spieler lassen sich von Geld und Ruhm so sehr verführen, dass sie in diesem Lebensabschnitt nie zu reifen Männern heranwachsen oder ihre Erwartungen an sie als Athleten einlösen. Meiner Meinung nach liegt der Schlüssel zu einem erfolgreichen NBA-Spieler nicht darin, die coolsten und besten Spielzüge zu lernen, die so manchen Star auszeichnen. Vielmehr sollte erlernt werden, wie man seine Emotionen kontrolliert und auf das Spiel fokussiert bleibt; ebenso wie man trotz Schmerzen weiterspielt, seine Rolle im Team findet und sie konsequent ausfüllt, und schließlich gilt es, unter Druck einen kühlen Kopf zu bewahren und nach derben Niederlagen oder berauschenden Siegen nicht die Fassung zu verlieren. In Chicago hatten wir einen passenden Spruch dafür: die Entwicklung vom Basketballer zum »professionellen« NBA-Spieler.

Für die meisten Rookies dauert es drei oder vier Jahre, bis sie so weit sind. Ich sagte Andrew jedoch, dass wir seinen Prozess wegen der Schlüsselrolle, die wir ihm im Team zugedacht hatten, beschleunigen würden; dass ich ihn auf seinem Weg unterstützen würde, wenn er sich dieser Aufgabe widmete. Andrew versicherte mir, dass ich mir um seinen Reifeprozess keine Sorgen machen müsse; es sei ihm ernst damit, intensiv daran zu arbeiten. Und er stand zu seinem Wort. In der nächsten Saison war er der neue Center der Lakers in der Startformation.

Andrew war nicht der einzige Spieler im Team, der diese Art von Training benötigte. Wir hatten mehrere junge Spieler, die sich die Grundlagen bei uns aneignen mussten, darunter Smush Parker, Luke Walton, Brian Cook, Saša Vujačić, Von Wafer, Devin Green und Ronny Turiaf. Statt eines Mankos sah ich dies als eine Gelegenheit, das neue Team von Grund auf neu aufzubauen, und zwar mit einer Kerngruppe junger Spieler, die die Triangle Offense gemeinsam erlernen und von der Bank aus frischen und kräftigen Wind ins Spiel bringen konnten.

Angesichts der jungen Mannschaft gab ich mich weniger autoritär als sonst und zeigte mich eher in der Rolle einer geduldigen Vaterfigur. Dies war ein Team, das aus den Kinderschuhen herauskrabbelte – was auch eine neue Erfahrung für mich war –, und ich musste behutsam daran arbeiten, das Vertrauen der Spieler zu gewinnen.

Eine große Hürde, die es mit meinem neuen Team zu überwinden galt, war, dass es – Kobe ausgenommen – zu wenige Optionen für konsistentes Scoring gab. Ursprünglich hatte ich gehofft, dass Lamar Odom diese Aufgabe übernehmen würde. Lamar, der 1999 von den Los Angeles Clippers als 4. Pick im NBA-Draft gewählt wurde, war ein elegant spielender, 2,08 Meter großer Forward, der durchschnittlich mehr als 15 Punkte pro Spiel erzielte und mich mit seiner Spielweise an Scottie Pippen erinnerte. Er konnte hervorragend Rebounds ergattern und den Ball nach vorne bringen, um die gegnerische Verteidigung im Umschaltspiel vor große Schwierigkeiten zu stellen. Mit seiner Größe, seiner Beweglichkeit und seinen Spielmacherfähigkeiten stellte Lamar viele Teams hinsichtlich der Spielerzuordnung vor Probleme, und ich dachte, wir könnten ihn zu einem starken »Point Forward« à la Pippen machen. Lamar hatte jedoch Schwierigkeiten, die Feinheiten des Triangles zu erlernen, und aus seinem Spiel wurde oft nichts, wenn wir ihn am meisten brauchten. Wie ich herausfand, konnte ich Lamar am besten einsetzen, wenn ich ihm die Freiheit gab, spontan auf all das zu reagieren, was auf dem Platz geschah. Immer wenn ich versuchte, ihm eine bestimmte Rolle aufzuerlegen, schien er zu schwächeln.

Es gab andere Spieler, deren Leistung nicht ganz meinen Erwartungen entsprach. Kurz nach meiner Rückkehr holten wir Kwame Brown in einem Tausch mit den Washington Wizards in der Hoffnung, unseren Frontcourt zu verstärken. Wir wussten, dass Kwame ein enttäuschender Nummer-1-

Pick im NBA-Draft für die Wizards gewesen war, aber mit seinen 2,11 Metern Körpergröße und 270 Pfund spielte er gut im Eins-gegen-Eins und besaß die Kraft und die Schnelligkeit, um gegen die besten Big Men der Liga zu verteidigen. Was wir erst viel später erfuhren, war, dass er kein Vertrauen in seine Würfe außerhalb der Zone hatte. Während eines Spiels gegen Detroit kam Kobe einmal lachend zur Bank und sagte: »Du könntest auch Kwame aus dem Spiel nehmen, Phil. Er hat mir gerade gesagt, ich solle ihm den Ball nicht zuspielen, weil er gefoult werden könnte und einen Freiwurf werfen müsste.«

Ein weiterer Spieler, der anfangs einen vielversprechenden Eindruck machte, dem es aber an mentaler Stärke mangelte, war Smush Parker. Obwohl der erfahrene Aaron McKie und der europäische Neuzugang Saša Vujačić auf dem Papier einen stärkeren Eindruck machten als Smush, spielte er sie beide im Trainingslager an die Wand und kam in drei der ersten vier Spiele der regulären Saison auf 20 Punkte, sodass wir ihn zum Point Guard der Startaufstellung ernannten. Smush war ein schlanker, ausgefuchster Spieler, der sich gut durch die gegnerische Defensive navigieren konnte, um den Korb zu attackieren; außerdem war er ein knallharter Verteidiger, der gemäß der Full-court-Presse über das ganze Feld verteidigen konnte. Seine Würfe waren zwar unberechenbar, aber sein temperamentvolles Spiel trug dazu bei, Schwung in die Offensive zu bringen und uns zu einem starken Start in der Saison zu verhelfen.

Leider hatte Smush eine schwierige Kindheit hinter sich, die ihn emotional anfällig machte, sodass es ihm schwerfiel, sich mit anderen Spielern zusammenzutun. Als er noch ein junger Bursche war, starb seine Mutter an AIDS. Wenn alles gut für ihn lief, konnte Smush der tatkräftigste Spieler auf dem Parkett sein. Erhöhte sich jedoch der Druck, hatte er Schwierigkeiten, sich zusammenzureißen. Er war eine tickende Zeitbombe.

Derweil zeigte Kobe weiterhin hervorragende Leistung auf dem Platz. In der ersten Saisonhälfte sagte ich ihm, er solle sich austoben, da das Team die Triangle Offense noch nicht beherrschte – und seine Antwort war eine Punktebilanz für die Geschichtsbücher. Er kam in der regulären Saison in 23 Spielen auf mehr als 40 Punkte und erzielte im Durchschnitt 35,4 Punkte – ein Höchstwert seiner Karriere. Der Höhepunkt war das

Spiel gegen die Toronto Raptors im Januar im Staples Center, in dem er 81 Zähler holte.

Als die Raptors im dritten Viertel mit 18 Punkten in Führung gingen, wurde er sauer und erzielte in der zweiten Halbzeit 55 Punkte, die das Team zu einem 122:104-Sieg führten. Mit seinen 81 Zählern sorgte Kobe für die zweithöchste Trefferquote in der Geschichte der NBA nach dem legendären Spiel von Wilt Chamberlain im Jahr 1962, in dem er auf 100 Punkte kam. Das Besondere an Kobes Spiel war, dass er von überall traf, ganz gleich, wo er sich auf dem Platz befand, darunter 7 Dreier, was es zu Wilts Zeiten in der NBA noch nicht gab. Um nachzuvollziehen, welch großartige Leistung Kobe damit erbracht hat, sei hier der Vergleich mit Michael Jordan erlaubt: Die höchste Trefferquote, die er je in einem Spiel erzielte, lag bei 69.

Seit Kobe ein Rookie war, wurde immer wieder darüber spekuliert, ob er »der nächste Michael Jordan« werden würde. Jetzt, da Kobe ein herangereifter Spieler war, schien diese Frage nicht mehr so abwegig zu sein. Selbst Jordan hat gesagt, dass Kobe der einzige Spieler sei, den man mit ihm vergleichen könne, und ich muss ihm recht geben. Beide zeichnen sich durch einen außergewöhnlich starken Kampfgeist aus und sind praktisch unempfindlich gegen Schmerzen. Sowohl Michael als auch Kobe haben einige ihrer besten Spiele unter schweren Bedingungen – von Lebensmittelvergiftungen bis hin zu Knochenbrüchen – bestritten, die Normalsterbliche für Wochen außer Gefecht setzen würden. Mit ihrer unglaublichen Belastbarkeit haben sie das Unmögliche möglich gemacht und es geschafft, mit ihren Würfen, auch wenn sie von mehreren Verteidigern umzingelt waren, Spiele zu entscheiden. Allerdings unterscheiden sie sich in ihrer Spielweise. Michael bezwang seine Angreifer eher mithilfe seiner Kraft und seinem energischen Auftreten, während Kobe sich mit seiner Finesse durch die Masse an Gegenspieler hindurchschlängelte.

Als ihr Coach faszinierten mich eher die Unterschiede zwischen ihnen als ihre Gemeinsamkeiten. Michael war stärker, hatte breitere Schultern und einen kräftigeren Körperbau. Außerdem hatte er große Hände, sodass er den Ball besser kontrollieren und geschickter seine Gegner täuschen konnte. Kobe hingegen war beweglicher und wendiger – daher rührte auch sein Lieblingsspitzname »Black Mamba«.

Die beiden Männer gingen auch unterschiedlich mit ihrem Körper um. Trainer Chip Schaefer, der viel mit beiden Spielern gearbeitet hat, sagt, Kobe habe seinen Körper wie einen aus Europa importierten Sportwagen behandelt, während Michael weniger diszipliniert war und gerne seiner Vorliebe für gute Zigarren und guten Wein frönte. Noch heute staunt Schaefer darüber, wie anmutig sich Michael damals auf dem Parkett bewegte. »In meinem Beruf geht es darum, zu beobachten, wie sich ein Sportler bewegt, und ich habe noch nie jemanden gesehen, der sich so bewegt hat«, sagt er. »Das einzige Wort dafür, das diese Art der Bewegung treffend bezeichnet, ist: schön.«

Ebenso unterschieden sich Michaels und Kobes Wurftechnik voneinander. Michael konnte präziser werfen als Kobe. In seiner Karriere verwandelte er im Schnitt fast 50 Prozent seiner Würfe aus dem Feld – ein außergewöhnlicher Wert –, und in seiner Glanzzeit kam er oft auf 53 bis 54 Prozent. Kobe kam durchschnittlich auf respektable 45 Prozent, aber seine Trefferphasen hielten meist länger an als die von Michael. Jordan war auch der Typ, der das Spiel auf sich zukommen ließ und es nicht mit übertriebenem Einsatz an sich riss, während Kobe dazu neigte, das Spiel zu forcieren, besonders wenn es nicht so lief, wie er wollte. Wenn ein Wurf danebenging, warf er unerbittlich auf den Korb, bis sich sein Glück wendete. Michael hingegen hätte sich auf die Verteidigung oder auf das Passspiel konzentriert oder Screens gestellt, um dem Team zu helfen, das Spiel zu gewinnen.

Michael war zweifellos ein härterer Verteidiger, dem es gelang, seine Gegenspieler mehr einzuschüchtern. Er konnte praktisch jeden Screen durchbrechen und fast jeden Spieler mit seiner intensiven und genauen Verteidigung ausschalten. Kobe hat viel von Michaels Tricks gelernt, und wir setzten ihn oft als unsere Geheimwaffe in der Defensive ein, wenn es darum ging, dem Spiel eine Wende zu geben. Im Allgemeinen verließ sich Kobe mehr auf seine Flexibilität und seine Cleverness, aber er ging in der Verteidigung viele Risiken ein und musste manchmal den Preis dafür bezahlen.

Hinsichtlich ihrer Charaktere war Michael charismatischer und geselliger als Kobe. Er war gerne mit seinen Mannschaftskameraden und Sicherheitskräften zusammen, spielte Karten, rauchte Zigarren und machte Witze. Kobe war anders. Als Teenager ging er auf Distanz, was zum Teil daran lag, dass er jünger war als die anderen Spieler und seine soziale Kompetenz im College nicht ausbilden konnte. Als Kobe zu den Lakers kam, wollte er sich nicht mit seinem Teamkameraden verbrüdern. Aber sein Hang, für sich zu bleiben, änderte sich mit dem Älterwerden. Kobe bemühte sich zunehmend, die anderen Spieler kennenzulernen, vor allem, wenn das Team zu Auswärtsspielen unterwegs war. Während unserer zweiten Meisterschaftsserie wurde er zu einer richtigen Stimmungskanone.

Sowohl Michael als auch Kobe zeichneten sich durch einen beeindruckenden IQ in Sachen Basketball aus, aber ich würde keinen von ihnen als »intellektuell« im herkömmlichen Sinne bezeichnen. Michael hat die Universität von North Carolina besucht und ist unheimlich gut in Mathematik, aber er zeigte kein großes Interesse an den Büchern, die ich ihm als sein Coach zu lesen gab; Kobe übrigens auch nicht, obwohl er mich regelmäßig nach Buchtipps fragte, vor allem zum Thema Menschenführung. Kobe hätte auf jedes College seiner Wahl gehen können, übersprang diesen Schritt aber, weil er es zu eilig hatte, die NBA zu erobern. Dennoch musste er sich gefragt haben, ob er damit die richtige Entscheidung getroffen hatte, denn im Sommer 1997 schnallte er sich einen Rucksack um und belegte an der UCLA einen Kurs in Italienisch für Fortgeschrittene.

Einer der größten Unterschiede zwischen den beiden Stars waren aus meiner Sicht Michaels überragende Führerqualitäten. Auch wenn er mitunter hart zu seinen Teamkameraden war, hatte Michael das emotionale Klima im Team allein durch seine Präsenz gekonnt im Griff gehabt. Sobald er von der Triangle Offense überzeugt war, wusste er instinktiv, wie er die Spieler mit ins Boot holen konnte, damit sie funktionierte.

Kobe hatte noch einen langen Weg vor sich, bevor er das von sich behaupten konnte. Er spuckte zwar große Töne, aber er musste erst selbst noch erleben, was es heißt, Menschen sachlich und nüchtern zu führen, wie Michael es tat. Auch das sollte sich bald ändern.

Zur Mitte der Saison 2005/06 fühlten sich die Spieler allmählich vertraut mit unserer Dreiecksoffensive und begannen, Spiele zu gewinnen – auch wenn Kobe keine Rekorde aufstellte. Ich war begeistert, dass das Team schneller Fortschritte erzielte als erwartet. Wir beendeten die reguläre Saison mit einem 11:3-Lauf und zogen mit einer Bilanz von 45 Siegen und

37 Niederlagen in die Playoffs ein, was eine Steigerung von 11 Siegen gegenüber der Vorsaison bedeutete.

Der Aufschwung hielt an, und wir gingen mit einer unerwarteten 3:1-Führung in die erste Playoffrunde gegen die Phoenix Suns, die Erster in der Pacific Division waren. Unser Spielplan sah vor, dass Kobe zwei Verteidiger auf sich ziehen sollte, um dann Kwame und Lamar unter dem Korb die Bälle zukommen zu lassen – eine Strategie, die aufzugehen schien. Unser Sieg in Spiel 4 nach zwischenzeitlichem Rückstand war außergewöhnlich: 0,7 Sekunden vor dem Ende der regulären Spielzeit versenkte Kobe nach einem Steal von Smush einen Wurf an der Grundlinie zum Ausgleich, und 0,2 Sekunden vor dem Ende der Verlängerung verwandelte er einen Fadeaway Jumper aus über 5 Metern zu unserem Sieg. »Das ist der größte Spaß, den ich je hatte«, sagte er nach dem Spiel. »Denn das sind *wir*. Das sind wir, das gesamte Team, das diesen Moment mit der ganzen Stadt Los Angeles genießt.«

Wir feierten nicht lange. Einige Stunden vor dem 5. Spiel erfuhren wir, dass gegen Kwame wegen angeblicher sexueller Übergriffe in L.A. ermittelt wurde. Die Anschuldigungen wurden schließlich fallen gelassen, aber die Nachrichten darüber lenkten die Spieler ab und hinderten uns daran, die Serie in Spiel 5 zu beenden. Dann wendete sich plötzlich das Blatt zugunsten der Suns. In Spiel 6 zögerte Smush immer mehr mit seinen Würfen, sodass Kobe ihm gut zuredete, er solle lieber den Point Guard Steve Nash defensiv unter Druck setzen und sich keine Sorgen machen, dass er nicht auf den Korb werfe. Doch trotz Kobes sage und schreibe 50 Punkten gingen wir in der Verlängerung unter. Nach dem Spiel war Smush am Boden zerstört, denn er kam bei 12 Würfen nur auf 5 Punkte. So fuhr das Team zurück nach Phoenix, um in Spiel 7 gegen die Suns auf eigenem Platz anzutreten. Es war kein großer Kampf. In der Halbzeit sagte ich Kobe, er solle zu unserer ursprünglichen Strategie zurückkehren und Lamar und Kwame im *Post* die Bälle zuspielen. Also hielt er sich zurück und warf in der zweiten Halbzeit nur dreimal auf den Korb. Leider war von Lamar und Kwame nichts zu sehen, und sie kamen trotz unzähliger Möglichkeiten zusammen nur auf 20 Punkte. Als das Spiel zu einer Schlappe für uns ausartete (121:90), der höchsten Niederlage der Lakers in einem 7. Spiel, wurde ich daran erinnert, wie wichtig Charakter ist, wenn es darum geht, entscheidende Spiele zu gewinnen. Was dieses Team brauchte, war mehr Herz.

Nicht nur das Team schwächelte, sondern auch ich, denn ich hatte ein ernstes Hüftproblem. Kurz bevor es ins Trainingslager für die Saison 2006/07 ging, musste ich mich einer Hüftoperation unterziehen. Ich war daher nicht hundertprozentig fit, um mich auf dem Spielfeld auf und ab zu bewegen und jeden einzelnen Spieler beim Training zu beobachten, und ich musste mich daran gewöhnen, Spiele von einem speziell entwickelten Stuhl aus zu coachen. Obwohl ich befürchtete, dass meine eingeschränkte Mobilität meine Autorität beeinträchtigen könnte, trat interessanterweise genau das Gegenteil ein. Ich konnte mich durchsetzen, ohne anmaßend zu wirken – eine weitere Lektion des »Weniger ist mehr«.

Wir gingen mit Schwung in die Saison 2006/07, doch in der zweiten Hälfte kam es zu Problemen, als mehrere Spieler, darunter Lamar, Kwame und Luke Walton, verletzt ausfielen. Irgendwann fehlten mir so viele Stammspieler, dass ich den 1,96 Meter großen Guard Aaron McKie als Power Forward aufstellen musste und Andrew Bynum als Center einsprang. Im Februar befand sich das Team im freien Fall und verlor 13 von 16 Spielen hintereinander. Mitte März hatte Kobe die Nase voll und nahm die Sache selbst in die Hand. Das ging etwa zwei Wochen lang gut. Er kam in fünf von sieben Spielen auf mehr als 50 Punkte, und wir gewannen alle bis auf zwei Spiele. Allerdings beschwerten sich die anderen Spieler darüber, dass er ihnen nie den Ball zuspielte, und ich bat Kobe, nicht alles allein zu machen.

Normalerweise versuchte ich, das Ende einer Saison so zu gestalten, dass die Mannschaft vor den Playoffs in Topform war. Aber diesmal gab es keine Hoffnung, dass das gelingen würde. Die Chemie im Team stimmte nicht mehr, und uns gingen die Zaubertricks aus. Wir beendeten die Saison mit vier Siegen und acht Niederlagen, und ich ersetzte Smush in der Startposition schließlich durch den Rookie Jordan Farmar, der bei der Verteidigung flinker Guards zuverlässiger und schneller war.

Aber wir brauchten wesentlich mehr als nur Schnelligkeit, um in der ersten Runde der Playoffs mit Phoenix mithalten zu können. Die Suns waren in diesem Jahr womöglich ein noch stärkeres Team. Sie waren drei Jahre lang hintereinander Erster in der Pacific Division geworden und hatten mit Steve Nash den besten Point Guard im Sport, der in den Jahren 2005 und 2006 als MVP ausgezeichnet worden war. An Selbstvertrauen mangelte es den Suns gewiss nicht. Vor dem 1. Spiel veröffentlichte die *Los Angeles Times* einen Artikel, der einen Auszug aus Jack McCullums Buch *:07 Seconds or Less* enthielt, in dem Suns-Trainer Mike D'Antoni auf mehrere Fehler, die unsere Spieler in der Defensive begingen, Bezug nahm. »Kwame ist furchtbar«, sagte er. »Odom ist ein sehr durchschnittlicher Verteidiger. Vujačić kann überhaupt keinen verteidigen. Und Bryant spielt oft zu riskant, was nicht gut ist.«

Ich konnte Mike zwar in keiner Weise recht geben, war allerdings beeindruckt von der Chuzpe, mit der die Suns in die erste Runde gingen. Trotzdem dachte ich, wir könnten ihnen wieder eine Überraschung bereiten, wenn wir nur konzentriert blieben.

Das erwies sich als ein großes »Wenn«. Während der gesamten Serie zeigte ich den Spielern Ausschnitte aus dem Film *Hustle & Flow*, weil sie meiner Meinung nach mehr von beidem brauchten, um die Suns zu überlisten. Offensichtlich verstanden sie die Botschaft nicht. Das Team schlafwandelte durch die ersten beiden Spiele in Phoenix, riss sich dann wieder zusammen und gewann Spiel 3 in L.A., nur um dann wieder einzuschlafen und die Serie mit 1:4 zu verlieren. Ich war so frustriert über die schwache Leistung der Mannschaft im entscheidenden Spiel 4, dass ich einen Wutanfall bekam und alle Spieler am nächsten Tag früher vom Training nach Hause schickte. Aber fehlendes Hustling (ganz zu schweigen vom Flow) war nur ein Teil des Problems. Wir brauchten ein paar erfahrenere Talente, um dieses Team zu einem ernsthaften Anwärter auf die Meisterschaft zu machen. Einige der jungen Spieler, von denen ich gehofft hatte, dass sie sich zu Champions entwickeln würden, konnten sich im entscheidenden Moment einfach nicht durchsetzen.

Ich war nicht der Einzige, dem der Geduldsfaden riss. Kobe war wütend darüber, dass das Team keine bedeutenden personellen Veränderungen vorgenommen hatte, nachdem Shaq im Trade an Miami abgegeben worden war. Nach Spiel 5 erklärte er gegenüber Reportern, er habe es satt, »eine One-Man-Show« zu sein, 50 Punkte pro Spiel zu erzielen und trotzdem zu verlieren. »Das ist absolut nicht okay für mich«, sagte er. »Mir geht es ums Siegen. Ich will Meisterschaften gewinnen, und zwar jetzt. Also müssen [die Lakers] einige Entscheidungen treffen.«

Das war keine leere Drohung. Nach den Playoffs fragte er mich, wie weit wir hinsichtlich der Verpflichtung neuer Talente seien. Ich sagte ihm, dass wir über freie Spieler gesprochen und Spieler in Betracht gezogen hätten, die infrage kämen, aber bis jetzt sei noch kein Deal zustande gekommen. »Ich schätze, ich werde etwas dagegen unternehmen müssen«, erwiderte er.

Einige Wochen später machte Kobe, verärgert über einen Artikel in der *Los Angeles Times*, in dem ein »Laker-Insider« behauptete, Kobe sei für das Chaos nach Shaqs Weggang verantwortlich, seinen Unmut in einem Radiointerview öffentlich. Er kritisierte Jerry Buss dafür, dass er nicht offen und ehrlich mit ihm über die Richtung gesprochen hatte, in die er das Team führen wollte, und forderte, per Trade getauscht zu werden. Später bestätigte Kobe gegenüber anderen Reportern seinen Wunsch, zu wechseln, und er sei bereit, auf die in seinem Vertrag enthaltene No-Trade-Clause [Anm. d. Übers.: Die Klausel besagt, dass er ohne sein Einverständnis nirgendwo hin getraded werden kann.] zu verzichten, um dies zu ermöglichen. Während einer Trainingseinheit in der Off-Season für die Olympiamannschaft 2008 ließ er die Reporter im Dunkeln über die Frage, ob er im Oktober im Trainingslager in Gold und Lila, den Teamfarben der Lakers, auflaufen würde oder nicht.

Es bahnte sich eine Möglichkeit an, die Kobe dazu bringen konnte, seine Meinung zu ändern und bei den Lakers zu bleiben, und zwar durch die Verpflichtung von Center Kevin Garnett von den Minnesota Timberwolves. Ich hatte die Hoffnung, Garnett wäre ein guter Partner für Kobe und dass er dazu beitrüge, ihn zu beruhigen und zu motivieren, sich wieder dem Team anzuschließen. Darüber hinaus könnte die Verpflichtung von Garnett den Boden bereiten, um einen weiteren Anlauf auf die Meisterschaft zu nehmen. Doch der Trade platzte in letzter Minute, als Boston ein Angebot machte, das Minnesota und Garnett attraktiver fanden. Jahre später gab Garnett zu, dass er den Deal mit L.A. nicht befürwortet hatte, was zum großen Teil daran gelegen habe, dass Kobe mit dem Team unzufrieden war.

Keiner von uns war von der Aussicht, Kobe per Trade abzugeben, begeistert. Es ist fast unmöglich, einen gleichwertigen Gegenwert zu bekommen, wenn man einen Spieler seines Formats abgibt. Der beste Deal, den man sich erhoffen kann, ist, wenn man zwei verlässliche Spieler für die Startaufstellung und vielleicht einen guten Draft-Pick bekommt, aber keinen vergleichbaren Star. Nichtsdestotrotz traf sich Jerry Buss im Sommer mit

Kobe in Barcelona und erklärte sich bereit, Trade-Angebote von anderen Teams in Betracht zu ziehen, solange Kobe aufhörte, in den Medien darüber zu schwadronieren. Nachdem sich ein oder zwei Monate lang diesbezüglich nichts getan hatte, baten Kobe und sein Agent um die Erlaubnis, selbst ein Angebot zu unterbreiten, und führten mehrere Gespräche mit den Chicago Bulls, aber all das führte zu nichts.

Unmittelbar vor Beginn der Saison 2007/08 trafen sich Jerry Buss, Jimmy Buss, Mitch Kupchak und ich mehrmals mit Kobe und seinem Agenten, um mögliche Tauschgeschäfte zu besprechen. Keiner von ihnen erschien aus geschäftlicher Sicht sinnvoll, also bat Jerry Buss Kobe, durchzuhalten, während wir auf bessere Angebote warteten. Er erklärte Kobe seine Gründe: »Wenn ich einen kostbaren Diamanten hätte – sagen wir vier Karat –, würde ich ihn für vier Diamanten von je einem Karat hergeben? Nein, es gibt keinen gleichwertigen Wert, den wir per Trade erhalten könnten, der dem entspricht, was du dem Team gibst.«

Ich gab Kobe ein paar Tage trainingsfrei, damit er über seine Möglichkeiten nachdenken konnte. Klar, ich hatte Verständnis für sein Dilemma, auch wenn ich immer noch daran glaubte, dass wir die Lakers wieder auf Kurs bringen konnten. Kobe zu verlieren wäre zweifellos ein Schlag für die Franchise und für mich persönlich; er und ich hatten gemeinsam schwere Zeiten durchgemacht, und in den letzten beiden Saisons hatten wir langsam, aber sicher eine engere Beziehung aufgebaut.

Die Frage »Wird er oder wird er nicht?« hing wie ein dickes Wolkenband über dem Team, und die ganze Ungewissheit quälte auch die anderen Spieler. Ich riet ihnen, sich nicht den Kopf zu zerbrechen, denn Kobes Entscheidung lag nicht in unserer Hand. Alles, was wir tun konnten, war, uns wieder dem Team zu widmen und uns auf die kommende Saison vorzubereiten. Wir mussten bereit sein, was auch immer passierte, mit oder ohne Kobe. Wie bei allen anderen Dingen im Leben bleiben die Aufgaben die gleichen, auch wenn sich die Umstände ändern: Hacke Holz und trage Wasser.

KAPITEL 20

KINDER DES SCHICKSALS

Beziehungen sind der Grund, warum wir hier sind. Sie geben unserem Leben einen Zweck und einen Sinn.

Brené Brown

Während wir in der Luft hingen, geschah etwas Seltsames: Ein neues, dynamischeres Team begann sich zu formieren.

Das Eröffnungsspiel im Staples Center nahm kein gutes Ende für uns. Wir verloren 93:95 gegen die Rockets, und das Publikum buhte Kobe aus, als sein Name ausgerufen wurde. Drei Tage später schlugen wir jedoch in Phoenix unseren Erzfeind, die Suns, deutlich mit 119:98. Unser Topscorer an diesem Abend war Neuzugang Vladimir Radmanović mit 19 Punkten, und vier weitere Spieler trafen ebenfalls zweistellig. Derek Fisher, der in der Off-Season zu den Lakers zurückgekehrt war, sah in diesem Sieg einen Vorboten für die Zukunft. Später sagte er: »Dieses Spiel hat uns gezeigt, dass wir, wenn wir richtig spielen, verdammt gut sein können.«

Mitte Januar hatten wir eine Spielbilanz von 24:11 und hatten die meisten der Topmannschaften der Liga geschlagen. Einer der Gründe für unseren frühen Erfolg war Andrew Bynum, der gerade zum Erwachsenen heranreifte; er hatte mit den Assistenztrainern Kareem Abdul-Jabbar und Kurt Rambis nicht nur an seiner Beinarbeit und seinem Passspiel gearbeitet, sondern sich zu einem ernstzunehmenden Scorer entwickelt. Kobe hatte das schnell bemerkt und integrierte ihn bei Screen-Rolls, wodurch Andrew zu vielen einfachen Würfen kam. In den ersten drei Monaten erzielte er im Durchschnitt 13,1 Punkte und holte 10,2 Rebounds pro Spiel – ein Höhepunkt seiner Karriere.

Ein weiterer Grund für unseren Erfolg war, dass mehrere junge Ersatzspieler, darunter Radmanović, Jordan Farmar, Luke Walton und Saša Vujačić, für frischen Wind im Team sorgten. Obwohl die Mannschaft noch viel lernen musste, war sie schon sehr weit gekommen. Das Beste von allem war, dass die Spieler aufgeweckt und engagiert waren und sich die Chemie im Team verbesserte. Und wenn sie gut spielten, sorgten sie für einen neuen, schnelleren Angriff, der nur schwer zu stoppen war. Ende November verpflichteten wir mit Trevor Ariza einen weiteren talentierten jungen Spieler von Orlando. Er war ein schneller, vielseitiger Small Forward, der den Korb angreifen und dem aus dem Lauf heraus Distanzwürfe treffen konnte.

Der dritte – und wahrscheinlich wichtigste – Grund für unseren frühen Durchbruch war die Rückkehr von Derek Fisher. Derek war schon dabei, als wir dreimal Meister in Folge wurden, und nachdem er drei Jahre für die Golden State Warriors und die Utah Jazz gespielt hatte, kam er nun zurück zu den Lakers, und zwar als ein erfahrener Führungsspieler, der die Offensive leiten und die dringend benötigte Ordnung ins Team bringen konnte.

Wie bereits erwähnt, bestand unsere Vorgehensweise mit der Mannschaft zu einem wesentlichen Teil darin, den Spielern die Freiheit zu geben, ihre eigene Bestimmung innerhalb des Teams zu finden. Fish war kein kreativer Spielmacher wie Steve Nash oder Chris Paul. Aber er nutzte seine Stärken – er war mental widerstandsfähig, ein Clutch Shooter und blieb auch gelassen, wenn der Druck zunahm –, um sich eine Rolle zuzulegen, die nicht nur zu ihm selbst passte, sondern auch einen großen Einfluss auf die Mannschaft hatte.

»Es hört sich geheimnisvoller an, als es in Wirklichkeit ist«, sagt er über den Erfahrungsprozess, den er bei uns durchlaufen hat. »Den Trainern war daran gelegen, einige grundlegende Regeln für uns festzulegen, wie wir als Gruppe zusammen Basketball zu spielen haben. Und dann wurde erwartet, dass wir für alles andere selbst sorgen sollten. Es war eine Art und Weise, organisiert zu sein, ohne allzu sehr ins Organisieren zu geraten. Sie wollten einem nicht aufzwingen, was ihrer Meinung nach zu tun sei, so wie es viele Trainer tun. Vielmehr hielten sie sich im Hintergrund und ließen dich deinen eigenen Weg finden.«

In seiner ersten Zeit bei den Lakers begann Fish als Backup-Guard. Er war ein fleißiger Schüler und eignete sich immer wieder neue Fähigkeiten an, bis er sich 2001, nach dem Weggang von Ron Harper, in die Startformation hochgearbeitet hatte. Und obwohl er anfangs Schwierigkeiten hatte, in der Defensive die Screens zu durchbrechen, lernte er, wie er seine enorme Stärke nutzen konnte, um an den Big Men vorbeizukommen. Außerdem hatte er sich einen tödlichen Dreipunktewurf angeeignet, der sich in den letzten Spielminuten als sehr nützlich erwies, wenn sich die Gegenspieler verbündeten, um Kobe in Schach zu halten, und Fish ganz frei stand, um dem Gegner den Garaus zu machen. Bis zu dem Zeitpunkt, an dem wir das Three-Peat erreichten, war Fish der drittbeste Scorer der Lakers hinter Shaq und Kobe.

Darüber hinaus war er einer der selbstlosesten Spieler, die ich je trainiert habe, und ein Vorbild für den Rest der Mannschaft. Zu Beginn der Saison 2003/04 bat ich ihn, seinen Platz in der Startformation zugunsten von Gary Payton aufzugeben, und er tat dies ohne zu murren. Doch im Laufe der Saison gab ich ihm mehr Spielzeit, vor allem am Ende der Partien. Die Offensive lief einfach besser, wenn Fish auf dem Platz war.

Nach dieser Saison wurde er zum Free Agent und erhielt einen lukrativen Fünfjahresvertrag bei den Warriors, wo er sich aber nie richtig wohlfühlte. Zwei Jahre später wurde er im Trade an die Utah Jazz abgegeben, um als Backup-Guard eine Schlüsselrolle auf dem Weg des Teams in die Western Conference Finals zu spielen. Als in jenem Jahr bei seiner Tochter Augenkrebs diagnostiziert wurde, sprach Fish mich an, ob er nicht nach L.A. zurückkommen könne, wo sein Mädchen eine bessere medizinische Versorgung erhielte. Schließlich einigte er sich mit Mitch Kupchak darauf, aus seinem Vertrag bei den Jazz auszusteigen und einen neuen mit den Lakers zu einem geringeren Gehalt zu unterschreiben.

Als Fish wieder bei uns war, machte ich ihn zum Co-Captain. Ich sagte ihm auch, dass ich Jordan Farmar, der als Reservist für den Point Guard auf der Bank saß, mehr als 20 Minuten Zeit auf dem Platz pro Spiel geben wollte, weil seine Einwechslung sich bezahlt machte und er den Angriff mit seiner Schnelligkeit und seiner flinken Spielweise anheizen konnte. Fish war damit einverstanden, und zusammen erzielten sie durchschnittlich 20,8 Punkte pro Spiel. Einmal fragte ich Fish, was nötig sei, um sein Spiel zu verbessern. Er antwortete, dass er gerne mehr Gelegenheiten für Korbwürfe bekommen würde, aber er wusste, dass er mit seinen Möglichkeiten, die man ihm zum Werfen gab, zufrieden sein musste, denn jemand musste die Offensive leiten, und das war weder Kobe noch Lamar.

Fish war hinsichtlich der Teamführung der perfekte Partner für Kobe. Sie hatten als Rookies gemeinsam die Karriereleiter erklommen und vertrauten einander bedingungslos. Derek zeigte mehr Geduld als Kobe, und wenn es darum ging, Probleme zu lösen, ging er das Ganze ruhiger an. Kobe steckte das Team mit seinem Siegeswillen an, wohingegen Fish die Spieler mit seinen Worten motivieren und sie zurück auf den Boden der Tatsachen bringen konnte; außerdem sorgte er dafür, dass sie fokussiert blieben. »Jedes Mal, wenn Derek eine Ansprache hielt«, sagt Luke Walton, »hatte ich das Gefühl, dass im Hintergrund Musik laufen sollte, wie in einem dieser Sportfilme. Wenn er sprach, wollte ich es aufschreiben, denn niemand hätte es besser sagen können.«

Manchmal fungierte Fish als Vermittler zwischen Kobe und mir. Als ich Kobe während einer Mannschaftssitzung einmal die Leviten las, weil er zu oft auf den Korb warf und damit unser Angriffsspiel behinderte, stürmte er wütend davon und sagte, er werde heute nicht am Shootaround teilnehmen. Doch Fish kam geschickt dazwischen, sprach unter vier Augen mit Kobe und konnte ihn schließlich beruhigen.

Als er zu den Lakers zurückkehrte, wurde Fish schnell klar, dass er und Kobe hinsichtlich des Führungsstils eine andere Richtung einschlagen mussten als die, die wir bei unserem ersten Anlauf auf die Meisterschaft genommen hatten und die sich letztlich auch als richtig erwies. Das Team verfügte nicht mehr über die »alten« Spieler, die damals Ringe gewonnen hatten, keine Ron Harpers oder John Salleys oder Horace Grants. Fish erkannte also, dass er und Kobe sich in die Lage der jungen, unerfahrenen Spieler versetzen mussten, wenn sie sie erreichen wollten. »Wir konnten dieses Team nicht von oben herab leiten«, sagt er heute. »Wir mussten zurück auf den Boden der Tatsachen und versuchen, uns unseren Jungs anzupassen. Und als wir das taten, begannen wir eine echte Verbundenheit und so etwas wie Brüderlichkeit zu spüren.«

Der Januar war ein Wendepunkt für die Mannschaft. In der Mitte des Monats kugelte sich Bynum in einem Spiel gegen Memphis die linke Kniescheibe aus – ein schwerer Schlag, der ihn für den Rest der Saison außer Gefecht setzte. Doch am nächsten Tag würdigte Kobe Andrew in einem Radiointerview, womit er zugleich die Spekulationen beendete, er – Kobe – könnte per Trade getauscht werden. In der Off-Season hatte sich Kobe noch über Bynums Unerfahrenheit lustig gemacht, aber jetzt klang er wie sein größter Fan und behauptete, dass die Lakers »mit ihm in der Aufstellung ein Team« seien, das »Meisterschaftsformat« besitze.

Zwei Wochen später erfuhr ich von Kupchak, dass er einen Deal mit den Memphis Grizzlies ausgearbeitet hatte, um All-Star-Center Pau Gasol nach Los Angeles zu holen. (Im Gegenzug erhielt Memphis Kwame Brown, Aaron McKie, Javaris Crittenton und die Rechte an Paus Bruder Mark, der von 2008 bis 2019 als Center bei den Grizzlies in Diensten stand und ebenfalls mehrfacher All Star wurde). Der Pau-Deal erinnerte mich an das Jahr 1968, als die New York Knicks Dave DeBusschere in einem Trade mit Detroit zu sich holten – ein Deal, den ein Autor als »das Basketball-Äquivalent zum Kauf des Bundesstaates Louisiana« bezeichnete. Wie DeBusschere war Pau ein reifer und intelligenter Spieler, der viel Sachverstand mitbrachte und bereit war, wenn nötig eine untergeordnete Rolle zu übernehmen, um die Gewinnchancen des Teams zu erhöhen. Er war die richtige Persönlichkeit zur richtigen Zeit. Gleich nach seiner Ankunft verwandelten wir uns von einer Mannschaft, die sich abmühte, 100 Punkte pro Spiel zu erzielen, in eine temporeiche »Korbmaschine«, die im Schnitt auf mehr als 110 Punkte kam und dabei auch noch Spaß hatte.

Als Star der spanischen Nationalmannschaft war Pau mit dem Basketball vertraut, den man in Europa zu spielen pflegt und der eher auf dem Zusammenspiel im Team basiert, was es ihm leicht machte, sich schnell an die Triangle Offense zu gewöhnen. Paus Spiel war ideal für die Dreiecksoffensive geeignet: Er war nicht nur ein gut gebauter, 2,13 Meter großer und 250 Pfund schwerer Center unter und vor dem Korb, der aus vielen unterschiedlichen Feldpositionen aus der Mitteldistanz werfen konnte; er beherrschte auch Hakenwürfe, gute *Up-and-Under*-Tricks und war ein hervorragender Passspieler und Rebounder, der mit seiner Schnelligkeit Fast Breaks einleiten konnte. Seine größte Schwäche war die mangelnde Kraft in seinen Beinen, denn er wurde oft von einigen der stärkeren und aggressiv agierenden Big Men aus dem Block gestoßen.

Bevor Pau bei uns auftauchte, hatten wir eine kleine Pechsträhne, und einige der jüngeren Spieler verhielten sich auf eine Weise, die sich negativ auf die Moral auswirkte. Aber all diese Probleme lösten sich in Luft auf, als Pau zu uns kam. Zum einen fielen durch den Trade zwei der aufmüpfigsten Spieler weg – Kwame und Javaris. Aber noch wichtiger war, dass Paus Wesen und sein angenehmes Auftreten das emotionale Klima im Team veränderte. Es war schwer, über irgendwas zu jammern, wenn eines der besten Talente der Liga an deiner Seite spielte und alles daransetzte, zu gewinnen.

Die Verpflichtung von Pau ermöglichte es auch mehreren seiner Teamkollegen, ihre Spielweise auf unerwartete Weise weiter auszubauen. Lamar Odom zum Beispiel hatte schon seit Jahren – erfolglos – darum gekämpft, sich als starke Nummer zwei zu etablieren. Doch wenn Pau auf dem Platz stand, nahm das den Druck von ihm, und Lamar konnte wieder zu der lockeren, unbekümmerten Spielweise zurückkehren, mit der er vertraut war.

Auch Kobes Spiel veränderte sich zum Besseren. Er war begeistert davon, einen großgewachsenen Mann im Team zu haben, der »ein zuverlässiger Mitspieler« war, wie er es ausdrückte, und die beiden entwickelten sich schnell zu einem der besten Duos in der Liga. Durch Pau bekam Kobe auch die Möglichkeit, sich mehr auf die Spielgestaltung zu konzentrieren und anderen Spielern das Werfen auf den Korb zu überlassen. Das machte ihn insgesamt zu einem besseren Teamplayer und damit auch zu einem besseren Anführer. Kobe war begeistert von den wichtigen Neuzugängen in dieser Saison, insbesondere von Fish, Trevor Ariza und Pau. »Ich habe einen neuen Point Guard, einen neuen Flügelspieler und einen Spanier bekommen, und dann war alles gut«, sagte er. »Es war ein Stapel Weihnachtsgeschenke für mich, der weit vor dem Fest eintraf.«

Kobes Unzufriedenheit, die sich in der Vorsaison auf die Mannschaft übertragen hatte, gehörte nun der Vergangenheit an. Das Beste von allem: Der Charakter und das Herz, die es braucht, um eine Brüderschaft von Champions zu schaffen, waren wiederhergestellt.

Plötzlich begann alles nach unseren Vorstellungen zu laufen. Mit Pau in der Startformation legten wir einen Lauf von 26 Siegen und 8 Niederlagen hin und beendeten die Saison mit der besten Bilanz in der Western Conference (57:25). Zudem wurde Kobe zum MVP der Liga gewählt, auch weil er sich zu einem besseren Allround-Spieler entwickelt hatte. Das einzige Team, das eine noch bessere Bilanz hatte, waren die Celtics, die in der Off-Season Kevin Garnett und den treffsicheren Guard Ray Allen verpflichtet hatten und mit 66:16 die drittbeste Bilanz in der Geschichte der Franchise aufstellten.

Normalerweise gewinnt in den Playoffs das Team mit den besseren Spielern, aber manchmal entscheidet auch der Zufall über den Sieg. Bei uns war es ein bisschen von beidem. In den ersten beiden Runden setzten wir uns gegen die Denver Nuggets und die Utah Jazz durch und spielten dabei den besten Basketball, den ich seit Jahren gesehen hatte. Danach, als wir darauf warteten, auf welches Team wir in den Western Conference Finals treffen würden, meinte es das Schicksal gut mit uns. Der Titelverteidiger, die San Antonio Spurs, gewann ein hart umkämpftes Spiel 7 in New Orleans, wurde aber nach dem Spiel am Flughafen aufgehalten. Die Mannschaft war gezwungen, in einem Flugzeug zu übernachten, während sie darauf wartete, dass ein anderes landete, mit dem Ergebnis, dass ihr Flieger erst um 6:30 Uhr Pazifikzeit ankam. Trainer Gregg Popovich weigerte sich, diesen Horrortrip für die schwache Leistung seiner Mannschaft verantwortlich zu machen, die sie in den nächsten beiden Spielen zeigen sollte, aber ich bin sicher, dass er eine Rolle dabei spielte. In Spiel 1 bauten sie im dritten Viertel einen 20-Punkte-Vorsprung auf, schwächelten dann aber im vierten Viertel, sodass wir das Spiel mit 89:85 gewannen. Drei Tage später machten sie einen erschöpften Eindruck, als wir sie mit einer Differenz von 30 Punkten (101:71) fertigmachten. Dann schlugen die Spurs zurück und gewannen das 3. Spiel in San Antonio. Aber Kobe nahm in den nächsten beiden Spielen das Heft in die Hand und wir beendeten die Serie in fünf Spielen.

Damit kam es zum lang erwarteten Showdown mit Boston. Die Rivalität zwischen den Lakers und den Celtics ist eine der geschichtsträchtigsten im Sport. Jerry Buss fühlte sich tatsächlich so verfolgt von den Celtics, dass ganz oben auf seiner Wunschliste stand, mehr Meisterschaftsringe zu gewinnen als der große Konkurrent. Zu jener Zeit hatten wir gegenüber

Boston zwei Meisterschaften (14:16) weniger vorzuweisen und eine miserable Bilanz von 2:8 in den Finals beim direkten Aufeinandertreffen. Dies war das erste Mal seit 1987, dass sich die beiden Teams in der Finalrunde gegenüberstanden; damals siegten die Lakers mit 4:2.

Ich war mir nicht sicher, ob unser Team in der Lage war, die Celtics erneut zu schlagen. Sie hatten einen starken Frontcourt, angeführt von Kevin Garnett, Paul Pierce und Kendrick Perkins, und ich machte mir Sorgen, dass sie uns unter dem Korb ausmanövrieren konnten, vor allem, wenn Andrew Bynum nicht dabei war. Darüber hinaus war ich etwas beunruhigt, dass unser Team allzu früh zu erfolgreich war und in den Vorrunden nicht hart genug auf die Probe gestellt worden war, um gegen eine Mannschaft wie Boston, die zähe und körperlich kräftige Spieler in ihren Reihen hatte, bestehen zu können.

Die Celtics gewannen Spiel 1 in Boston mit 98:88, auch weil Paul Pierce im vierten Viertel zurückkam, nachdem er das Spiel im dritten Viertel mit einer anscheinend schweren Knieverletzung verlassen hatte. Drei Tage später gingen sie in der Serie mit 2:0 in Führung. Ich war beeindruckt, wie sie gegen Kobe spielten. Sie bedrängten ihn nicht mit zwei Spielern, sondern hatten mehrere, sich abwechselnde Verteidiger auf ihn angesetzt, die immer denjenigen unterstützen, der ihn gerade verteidigte. Das hinderte ihn oft daran, nach innen vorzudringen, sodass er für die meiste Zeit des Spiels nicht weiter als bis zur Zone kam. Garnett, der in der Liga zum Defensivspieler des Jahres gewählt wurde, leistete hervorragende Arbeit, indem er Lamars linke Hand unterm Korb ausschaltete und ihn zu Sprungwürfen zwang. Dadurch wurde Lamar zunehmend verunsichert. Garnett besaß das nötige Selbstbewusstsein, sich zeitweise von Lamar zu lösen und Kendrick Perkins beim Bedrängen von Pau helfen, wenn dieser in die Zone eindrang.

Wir rappelten uns kurzfristig wieder auf und gewannen Spiel 3 zu Hause, brachen aber in der zweiten Hälfte des nächsten Spiels ein und verspielten eine 24-Punkte-Führung, sodass wir in der Finalrunde mit 1:3 zurücklagen. Nachdem wir die Blamage in Spiel 5 abgewendet hatten, kehrten wir nach Boston zurück und mussten im letzten Spiel eine so deutliche Niederlage (131:92) hinnehmen, dass sie uns den ganzen Sommer über verfolgte.

Die Weichen wurden bereits im ersten Viertel gestellt, als Garnett in die Zone stürmte, Pau zu Boden brachte und den Ball über ihn per Dunk versenkte, während Pau auf dem Boden lag und versuchte, nicht auch noch getroffen zu werden. Natürlich pfiff keiner der Schiedsrichter ein Foul.

Nach dem Spiel zogen Kobe und ich uns in eine Umkleidekabine der Boston Bruins zurück, die in derselben Halle spielten. Kobe war sichtlich deprimiert und ließ sich Zeit, bevor er zum Duschen ging. Während wir dort saßen, kam Ron Artest, der damals bei den Sacramento Kings unter Vertrag stand, vorbei und erzählte uns, dass er eines Tages gerne bei den Lakers spielen würde. Wir ahnten nicht, dass Artest zwei Jahre später, als wir in den Finals erneut auf die Celtics trafen, eine entscheidende Rolle spielen sollte.

Nachdem wir das Stadion verlassen hatten, ging der Albtraum weiter. Auf den Straßen befand sich eine Horde randalierender Celtics-Fans, die alle möglichen Schimpftiraden auf die Lakers losließen und versuchten, den Mannschaftsbus umzukippen, als wir im Verkehr stecken blieben. Ein Fan stand vorne auf der Stoßstange, starrte mich an und zeigte mir den Mittelfinger. Ich ärgerte mich über die Bostoner Polizei, weil sie nichts unternahm, um die Menge aufzulösen. Letztlich jedoch war ich dankbar für den Tumult, denn er bestärkte alle im Bus, nach Boston zurückzukehren und es den Celtics mit gleicher Münze heimzuzahlen.

Es gibt nichts Besseres als eine demütigende Niederlage, um die Konzentration zu schärfen.

Nachdem wir wieder zu Hause waren, rief mich Willis Reed, mein ehemaliger Teamkollege bei den Knicks, an, um mich über das Fiasko von Boston hinwegzutrösten. Ich sagte ihm, dass unsere Spieler meiner Meinung nach erwachsen werden und die Verantwortung für das übernehmen müssten, was in den Finals passiert war.

»Ich habe mir bereits gedacht, dass du deine Jungs sich selbst überlassen hast, um im Spiel 7 zu sterben, nur um zu sehen, wie das ist, wenn man untergeht«, meinte er, »damit sie etwas aus dieser schrecklichen Erfahrung lernen.«

»Ja«, erwiderte ich, »weil man es nicht wirklich nachvollziehen kann, wenn man es nicht selbst erlebt hat.«

Von diesem Zeitpunkt an brauchte ich bei keinem Spieler mehr Überzeugungsarbeit zu leisten. Als sie im Oktober zum Trainingscamp für die

Saison 2008/09 nach L.A. zurückkehrten, brannte ein Feuer in ihren Augen, das ich vorher noch nie gesehen hatte. »Es gibt nichts Schlimmeres, das so sehr an den Nerven zerrt, als es bis in die NBA-Finals zu schaffen und dann zu verlieren«, sagt Fish. »Wir gingen in die Off-Season und haben uns gefragt, wie das passieren konnte, da wir doch so weit gekommen, aber zugleich immer noch so weit davon entfernt waren. Ich glaube, diese Niederlage hat unweigerlich dazu geführt, dass wir uns alle fragten: ›Wollen wir das wirklich?‹«

Die Antwort war ein klares Ja. Vom ersten Tag an war das Team wie besessen. »Es gab nichts, was uns hätte aufhalten können«, ergänzt Fish. »Egal, was auf uns zukam, ganz gleich, wie viele Höhen und Tiefen wir durchmachten, wir wussten, dass wir stark genug waren – psychisch und physisch –, um es zu schaffen. Und das haben wir.«

Im Trainingslager sprachen wir darüber, welche Lehren wir aus den Playoffs ziehen konnten und wie uns diese zukünftig helfen könnten. Der allgemeine Tenor der Spieler war, dass sie zwar erkannt hätten, wie gut wir sein könnten, aber auch, dass wir nicht mit der nötigen körperlichen Härte gespielt hätten, um einen Meisterschaftsring zu gewinnen. Als wir von Boston überrannt wurden, wurde Pau als ein »verweichlichter« Spieler« bezeichnet, was, wie wir wussten, nicht stimmte. Doch wenn wir die Meisterschaft gewinnen wollten, mussten wir dieses Bild ändern.

Ich war beeindruckt, wie fest entschlossen die Jungs waren. Im Jahr zuvor hatten sie, wenn es darum ging, die Triangle Offense zu beherrschen, einen Quantensprung gemacht. Jetzt, beflügelt durch die gemeinsame Niederlage, zeigten sie als Team mehr Engagement, um als Mannschaft noch besser zusammenzuwachsen – und unbesiegbar zu werden.

Das ist es, was ich oft als den »Tanz mit dem Geist« bezeichne. Mit »Geist« meine ich nichts Religiöses. Vielmehr verstehe ich darunter das innige Gefühl der Kameradschaft, das nämlich genau dann entsteht, wenn eine Gruppe von Spielern sich verpflichtet, füreinander einzustehen, um etwas zu erreichen, das größer ist als sie selbst – koste es, was es wolle. Ein solches Engagement erfordert oftmals auch, dass man die Schwächen der Mitspieler ausbügelt, wenn nötig ein Foul begeht oder sich vor einen Mitspieler stellt, um ihn vor den Angriffen des Gegners zu schützen. Herrscht ein derartiger Zusammenhalt im Team, erkennt man das daran, wie die

Spieler sich bewegen und wie sie auf dem Platz, aber auch außerhalb desselben miteinander umgehen. Sie spielen dann mit Freude und Hingabe, und selbst wenn sie sich zanken, tun sie es mit Würde und Respekt.

Die Lakers der Saison 2008/09 waren eine solche Truppe, und ihr Teamspirit hatte sich im Laufe der Spielzeit immer mehr verfestigt. Es war weder die talentierteste noch die körperlich dominanteste Mannschaft, die ich je trainiert hatte. Aber die Spieler waren auf spirituelle Weise eng miteinander verbunden, sodass ihnen hin und wieder das eine oder andere Wunder auf dem Spielfeld gelang. An diesem Lakers-Team gefiel mir vor allem, dass viele der Spieler zusammen aufgewachsen waren und gelernt hatten, Basketball so zu spielen, wie er gespielt werden sollte. Überdies kannten sie sich zur Zeit der Saison 2008/09 gut genug, um ihre Bewegungen auf dem Platz so zu koordinieren, dass sie damit ihre Gegner verblüfften.

Ein Spieler, der den Teamspirit widerspiegelte, war Luke Walton. Als Sohn von Bill Walton, der seinen Platz in der Basketball Hall of Fame gefunden hat, war Luke schon seit seiner frühen Kindheit mit Basketball großgeworden. Nach seinem Abschluss an der University of Arizona wurde er 2003 von den Lakers gedraftet, hatte aber Schwierigkeiten, eine Rolle für sich zu finden, da er nicht dem entsprach, was man sich allgemein unter einem Small Forward vorstellt. Zum einen war er nicht gerade ein Ass bei seinen Sprungwürfen, und zum anderen fehlte ihm das Talent, gute Wurfchancen für sich herauszuarbeiten. Aber er verteilte gerne den Ball an seine Mitspieler und hatte verstanden, wie man Basketball richtig spielt. Er konnte auch den Spielfluss von der einen Seite des Spielfelds auf die andere verlagern, was ein entscheidender Spielzug im Triangle ist. Viele Trainer legen keinen großen Wert auf solche Fähigkeiten, aber ich redete Luke gut zu, sich in diese Richtung zu entwickeln. Mit der Zeit wurde er zu einem der Spieler, der die Bälle am besten innerhalb des Teams verteilen konnte.

Wie viele der jüngeren Spieler hatte auch Luke ein sensibles Gemüt, zog sich in sich zurück und sprach ein paar Tage lang mit niemandem, wenn er nicht gut gespielt oder die Mannschaft wegen einem seiner Fehler verloren hatte. Ich versuchte ihm klarzumachen, dass man am besten aus dieser Achterbahn der Gefühle herauskommt, wenn man den Mittelweg einschlägt, soll heißen: sich nicht zu sehr freuen, wenn man gewinnt, und sich nicht zu tief eingraben, wenn das Spiel an einem vorbeiläuft. Mit der Zeit wurde Luke reifer und gelassener.

Manche Spieler müssen nur leicht angeschubst werden, während andere, wie Luke, etwas härter angegangen werden müssen, um sie aufzuwecken. Manchmal ärgerte ich ihn absichtlich, um zu sehen, wie er reagieren würde. Ein anderes Mal brachte ich ihn im Training in schwierige Situationen, um herauszufinden, ob er mit dem Druck umgehen konnte.

»Es war frustrierend«, erinnert sich Luke, »weil ich nicht immer wusste, was Phil tat oder warum er es tat. Und er hat es mir nicht erklärt. Er wollte, dass man es selbst herausfindet.« Nach ein paar Jahren merkte Luke, dass er das, was wir ihm beigebracht haben, verinnerlicht hatte, und er konnte sich nun auf natürliche Weise in das Spiel einbinden.

Ein anderer Spieler, der gelernt hatte, sich besser einzufügen, war Kobe. Seit Fishs Rückkehr hatte er einen integrativeren Führungsstil entwickelt, der in der Saison 2008/09 zum Tragen kam.

In der Vergangenheit war Kobe, was die Leitung des Teams betraf, vor allem mit gutem Beispiel vorangegangen. Er hatte härter als alle anderen trainiert, ließ selten ein Spiel aus und erwartete von seinen Mitspielern, dass sie auf seinem Niveau spielten. Aber er war nicht die Art von Führungspersönlichkeit, die effektiv kommunizieren und alle auf dieselbe Wellenlänge bringen konnte. Wenn er mit seinen Mannschaftskameraden sprach, dann meist so: »Gib mir den verdammten Ball! Es ist mir egal, ob ich von zwei Verteidigern bedrängt werde.«

Dieser Ansatz ging meist nach hinten los. Luke beschreibt es so: »Ich sah Kobe auf dem Boden liegen, und er schrie mich an, ihm den Ball zu geben. Und ich sah Phil auf der Bank, der mir sagte, ich solle den richtigen Pass spielen, egal was passiert. Statt also einfach nur zu verfolgen, was auf dem Spielfeld passiert, versuche ich mitzubekommen, was Kobe mir zuschreit und zugleich den Trainer zu verstehen, der mir sagt, dass ich nicht zu ihm passen soll. Und das machte meinen Job wesentlich schwieriger.«

Doch dann begann Kobe sich zu verändern. Er fügte sich in das Team ein und suchte den Kontakt zu seinen Mitspielern. Er rief sie an, wenn wir unterwegs waren, und lud sie zum Essen ein. Es hatte den Anschein, als wären die anderen Spieler jetzt seine Partner und nicht mehr seine Handlanger.

Luke bemerkte diese Veränderung. Plötzlich ging Kobe viel offener und freundlicher auf ihn zu als früher. Wenn Luke sich darüber ärgerte, dass er drei Würfe in Folge vergeigt hatte, sagte Kobe: »Komm schon, Mann, mach dir über den Scheiß keine Sorgen. Ich werfe in jedem verdammten Spiel dreimal hintereinander daneben. Wirf einfach weiter. Der nächste Ball geht rein.« Daraufhin Luke: »Wenn dein Anführer dir das sagt, anstatt dich mit Blicken anzuschauen, die töten können, dann fällt dir der nächste Wurf wesentlich leichter.«

Die Saison begann mit einem 17:2-Lauf, und erst Anfang Februar, nach den beiden Siegen gegen Boston und Cleveland, beschloss ich, die Dinge langsamer anzugehen. Ich wollte alles in meiner Macht Stehende tun, um zu verhindern, dass die Spieler vor den Playoffs ausbrennen. Dennoch betrug unsere längste Niederlagenserie gerade einmal zwei Spiele, und zwar gegen die San Antonio Spurs und die Orlando Magic. Wir beendeten die Saison mit der besten Bilanz in der Western Conference (65:17), was uns den Heimvorteil gegenüber allen Teams einbrachte, außer den Cleveland Cavaliers, falls wir gegen sie spielen mussten.

Um die Spieler zu motivieren, trug ich in den Playoffs meinen Meisterschaftsring von 2002. Dieser Ring hatte schon viel gesehen. Ich hatte ihn bei zwei gescheiterten Championship Finals und drei anderen Saisons während der Playoffs getragen, in denen wir nicht die Endrunde erreichten. Wie ich einem Reporter der *Los Angeles Times* sagte: »Ich muss diesen Ring loswerden.«

Was mir zu denken gab, war, dass dem Team nicht bewusst war, welchem Druck es ausgesetzt sein würde. In der regulären Saison war uns alles so leichtgefallen, und wir hatten die Utah Jazz in der ersten Runde mit 4:1 abserviert. Doch wie würde unser Team mit einem Gegner umgehen, der auf Augenhöhe mit uns war und einen Basketball mit hartem Körpereinsatz spielte? Das sollte in der zweiten Runde der Fall sein, nämlich gegen die Houston Rockets.

Theoretisch machten die Rockets nicht gerade den besten Eindruck. Ihnen fehlten mit Tracy McGrady und Dikembe Mutombo zwei ihrer besten Spieler, und wir waren zuversichtlich, dass wir ihren anderen gefährlichen Spieler, Center Yao Ming, in Schach halten konnten, wenn wir ihn mit Bynum und Gasol gleich doppelt deckten. Doch als Yao sich in Spiel 3 den Fuß brach und für den Rest der Serie ausfiel, reagierte Rockets-Trainer Rick Adelman mit einer Aufstellung, die eher auf Rebounds, Blocks und Distanzwürfe setzte, angeführt von dem 1,98 Meter großen Chuck Hayes als Center, den Forwards Ron Artest und Luis Scola sowie den Guards Aaron Brooks und Shane Battier. Die Strategie ging auf. In Spiel 4 brach unsere nachlässige Verteidigung ein und Houston glich die Serie mit 2:2 aus. Lamar nannte es »unser schlechtestes Spiel in diesem Jahr«.

Obwohl der Kampfgeist der Mannschaft zu erlahmen schien, schlugen wir in Spiel 5 im Staples Center zurück und brachten den Rockets mit 118:78 eine derbe Niederlage bei – der größte Playoff-Sieg der Lakers seit 1986. Doch dann ließ uns Fortuna wieder im Stich und wir brachen in Spiel 6 ein. Kobe bezeichnete das Team später als ambivalent, und damit hatte er nicht ganz unrecht. Es war, als steckten in den Lakers zwei widersprüchliche Persönlichkeiten, und wir wussten nie, welche von beiden – Dr. Jekyll oder Mr Hyde – an einem bestimmten Abend auftauchen würde.

Das änderte sich – endlich – in Spiel 7 in L.A. Wir beschlossen, von Anfang an aggressiv zu verteidigen, und das hob unser Spiel auf ein anderes Niveau. Plötzlich wehrte sich Pau und blockte wichtige Bälle; Kobe verteidigte im Stil von Michael Jordan, indem er Passwege abschnitt und Steals ergatterte; Fish und Farmar taten sich zusammen, um Brooks zu zweit zu bedrängen, und Andrew war unverwüstlich in der Zone, erzielte 14 Punkte, holte 6 Rebounds und blockte 2 Würfe. Letztlich sorgten wir dafür, dass die Rockets auf eine Trefferquote von nur 37 Prozent kamen; wir holten mehr Rebounds (55:33) als sie und gewannen mit 89:70.

Kobe blickte nach dem Spiel in die Zukunft. »Vergangenes Jahr um diese Zeit hielt uns jeder für unschlagbar, und dann wurden wir in den Finals plattgemacht«, sagte er. »Ich möchte lieber in einem Team sein, das am Ende der Finals triumphiert, nicht jetzt.«

Wir hatten noch einige Lektionen zu lernen, bevor wir dort angelangten, aber ich war froh, dass wir aus unserer Jekyll-Hyde-Trance aufgewacht waren. Oder mussten wir das noch?

Unser Gegner in den Western Conference Finals, die Denver Nuggets, stellte eine ganz andere Gefahr für uns dar. In ihren Reihen befanden sich hervorragende Schützen, darunter Carmelo Anthony, dem Kobe den Spitznamen »Der Bär« gab, und zwei Spieler, die uns in der Vergangenheit das Leben auf dem Platz schwer gemacht hatten: Point Guard Chauncey Billups und Power Forward Kenyon Martin.

In Spiel 1 setzten uns die Nuggets hart zu, und wir konnten uns nur dank eines heroischen Angriffs von Kobe, der 18 seiner 40 Punkte im vierten Viertel erzielte, in letzter Minute mit Ach und Krach retten. Dann verspielten wir in Spiel 2 einen 14-Punkte-Vorsprung und verloren mit 106:103. Ich war enttäuscht von Bynums mangelndem Einsatz und seiner schwachen Verteidigung in dieser Partie, also ließ ich im 3. Spiel Odom von Beginn an spielen, weil er im Offensivbereich gewandter war. Das half uns auch, aber noch mehr beeindruckte mich das Durchhaltevermögen der Mannschaft in den letzten Spielminuten. In einer Auszeit gegen Ende des vierten Viertels hielt Fish im Huddle eine Ansprache, die zu seinen meist erbaulichen gehörte: »Das ist der Moment, in dem ihr zeigen könnt, was wirklich in euch steckt und wer ihr seid«, sagte er. »Ein Moment, in dem ihr eure Bestimmung finden könnt.«

Seine Worte zeigten Wirkung. Bei noch 1:09 Minuten Spielzeit warf Kobe, der letztlich auf 41 Punkte kam, einen Dreier über J.R. Smith und brachte uns mit 96:95 in Führung. In den letzten 36 Sekunden schnappte sich Trevor Ariza den Einwurf von Kenyon Martin und besiegelte damit den Sieg.

Die Serie war jedoch noch lange nicht vorbei. Die Nuggets überrollten uns in Spiel 4 und machten auch im nächsten Spiel mächtig Druck. Der Wendepunkt kam im vierten Viertel des 5. Spiels, als wir nach einem System spielten, mit der wir die aggressive Spielweise der Nuggets gegen sie selbst richteten. Statt zu verhindern, dass Kobe und Pau gedoppelt wurden, sollten sie die Verteidiger eher anlocken, sodass sich für Odom und Bynum innen Lücken auftaten. Sobald die Nuggets dann versuchten, diese Lücke zu schließen, gingen Kobe und Pau zum Angriff über. Wir gewannen das Spiel mit 103:94 und zogen zwei Tage später in Denver einen Schlussstrich unter die Serie.

Wir hatten gehofft, in der Finalrunde um die Meisterschaft erneut auf die Celtics zu treffen, aber Orlando schlug sie in einer hart umkämpften Serie von sieben Spielen in den Halbfinals der Eastern Conference und schaltete dann die Cleveland Cavaliers aus, um gegen uns anzutreten. Die Magic hatten den 23-jährigen Center und NBA Defensive Player of the Year, Dwight Howard, und eine starke Riege von Distanzwerfern, angeführt von Rashard Lewis. Ich war überrascht, dass Orlando die Celtics (ohne Garnett) und die Cavaliers (mit LeBron James) besiegen konnte, aber ich hielt das Team noch nicht reif genug für die Prime Time.

Kobe auch nicht. In Spiel 1 im Staples Center sorgte er dafür, dass alles viel zu einfach aussah: Er kam auf 40 Punkte, so viele wie noch nie in einem Finalsspiel, und unsere Verteidigung gestattete Howard nur 12 Punkte, sodass wir mit 100:75 gewannen. In Spiel 2 waren die Basketballgötter mit uns, als Courtney Lee in den letzten Sekunden einen vielleicht spielentscheidenden *Alley-Oop* verpasste und uns eine zweite Chance gab, den Sieg in der Verlängerung klarzumachen.

In Spiel 3, das in Orlando ausgetragen wurde, fanden die Magic zurück in die Spur und erreichten mit ihrem 108:104-Sieg einen NBA-Finalrekord von 62,5 Prozent getroffenen Würfen aus dem Feld. Das sollte den Weg für Fishs größten Moment in den Playoffs bereiten.

Fish, der ein Händchen dafür hat, mit seinen Würfen ein Spiel zu entscheiden, traf in Spiel 4 nicht besonders gut. Als wir bei einem Rückstand von 3 Punkten und 4,6 Sekunden vor Ende der regulären Spielzeit das Parkett betraten, hatte er seine letzten fünf Distanzwürfe, die uns jeweils einen Dreier beschert hätten, vergeigt. Das hinderte ihn jedoch nicht daran, sich abermals zum Wurf aufzurichten und einen weiteren Versuch zu unternehmen, als sein Verteidiger Jameer Nelson dummerweise von ihm zurückwich, um bei der Verteidigung von Kobe auszuhelfen, anstatt Fish bei seinen Zwei-Punkte-Wurf zu foulen und das Spiel zu gewinnen. Dieser Fehler ermöglichte Fish wiederum einen Dreier, sodass das Spiel in die Verlängerung ging. Bei unentschiedenem Spielstand und 31,3 Sekunden verbleibender Spielzeit warf Fish einen weiteren spektakulären Dreier, und so gewannen wir schließlich mit 94:91.

Charakter pur. Fish pur.

Wäre dies ein Film, wäre er hier zu Ende. Aber wir hatten noch eine weitere große Hürde zu überwinden.

Noch bevor das 5. Spiel begann, waren die Medienvertreter in der Kabine und baten die Spieler, sich vorzustellen, welch ein Gefühl es wäre, einen Ring zu gewinnen. Und als ich in den Trainerraum ging, sah ich, wie Kobe und Lamar sich gegenseitig über die Meisterschaftsfinals ausfragten. Also schloss ich die Türen und versuchte, für eine andere Stimmung zu sorgen.

Anstatt meine übliche Ansprache vor dem Spiel zu halten, zog ich einen Stuhl heran und sagte: »Lasst uns einen klaren Kopf bekommen.« Wir saßen fünf Minuten lang schweigend da und konzentrieren uns darauf, unseren Atem in Einklang zu bringen.

Dann setzte Assistenztrainer Brian Shaw zu seiner Ansprache über die Magic an, und zur Veranschaulichung seiner Rede schrieb er im Vorfeld gerne ein paar Sätze an die Tafel. Als er die Tafel aber dieses Mal umdrehte, war sie völlig leer. »Ich habe nichts aufgeschrieben,« sagte er, »weil ihr Jungs schon wisst, was ihr tun müsst, um dieses Team zu schlagen. Geht raus auf den Platz und spielt mit dem Gedanken, für- und miteinander zu spielen, und wir werden diese Playoffs heute Abend beenden.«

Damit hatte er den richtigen Ton für ein Endspiel getroffen.

Kobe leitete von Beginn des Spiels den Angriff und erzielte 30 Punkte, als wir im zweiten Viertel in Führung gingen und fortan nie mehr in Rückstand gerieten. Als die Schlusssirene ertönte, machte Kobe einen Luftsprung und feierte mit seinen Mannschaftskameraden im Mittelkreis. Dann kam er zu mir an die Seitenlinie und umarmte mich.

Ich weiß nicht mehr genau, was wir zueinander gesagt haben, aber der Blick in seinen Augen berührte mich am meisten. Dies war der Moment des Triumphs, ein Moment der totalen Versöhnung, auf den wir sieben Jahre lang gewartet hatten. Der Stolz und die Freude in Kobes Augen machte all den Schmerz, den wir auf unserem gemeinsamen Weg ertragen hatten, wieder wett.

Für Kobe war dies ein Moment der Erlösung. Er musste sich nicht länger von den Fans und Sportexperten anhören, dass er ohne Shaq nie wieder eine Meisterschaft gewinnen würde; ihr fehlendes Vertrauen in ihn beschrieb er als chinesische Wasserfolter.

Für mich war es ein Moment der Ehrenrettung. In dieser Nacht übertraf ich Red Auerbachs Meisterschaftsrekord, was selbst schon erfreulich war. Aber noch wichtiger war für mich, wie wir es geschafft haben: nämlich gemeinsam, als ein ganzheitliches Team.

Am meisten freute mich, wie Kobe sich von einem eigensinnigen, fordernden Spieler zu einem Anführer entwickelt hatte, dem seine Mitspieler folgen wollten. Dafür hatte Kobe lernen müssen, zu geben, um etwas zurückzubekommen. In Sachen Menschenführung geht es nicht darum, anderen seinen Willen aufzuzwingen. Es geht darum, die Kunst des Loslassens zu beherrschen.

KAPITEL 21
BEFREIUNG

Falle siebenmal hin. Stehe achtmal auf.

JAPANISCHES SPRICHWORT

Es war der Moment, auf den wir alle gewartet hatten. Nach neun Monaten und 104 Spielen war es in der Saison 2009/10 so weit: ein Rückspiel gegen die Boston Celtics in Spiel 7 der NBA-Finals. Als wir an diesem Nachmittag im Staples Center eintrafen, gab es keinen Zweifel daran, dass die Spieler auf Rache für das Debakel aus waren, das sich zwei Jahre zuvor im TD Garden ereignet hatte.

Es war schon schlimm genug, dass die Celtics uns im letzten Spiel der Endrunde 2008 auf dem Spielfeld gedemütigt hatten. Sie hatten es auf ihre typische Bostoner Weise getan und Trainer Doc Rivers, noch bevor die Uhr abgelaufen war, mit Gatorade übergossen. Und wir hatten wie Häufchen Elend auf der Bank ausharren müssen, während das zuständige Personal den Boden gewischt und ein Stadion voller berauschter Bostoner Fans uns Beschimpfungen entgegengebrüllt hatte. Dann, als wir gedacht hatten, alles sei vorbei, hatten wir nach dem Spiel noch einen Höllenritt durch eine wild gewordene Meute ertragen müssen, die unseren Mannschaftsbus umstürzen wollte. Das war der Albtraum, der sich zwei Jahre lang in unseren Köpfen eingenistet hatte.

Wäre es ein anderes Team gewesen, hätten wir das Ganze vielleicht noch belächeln können. Aber es ging um die Celtics, jenes Team, das die Lakers seit 1959 verfolgte, als Boston die damaligen Minneapolis Lakers in vier Spielen besiegt hatte und die NBA-Meisterschaft gewann. Die Celtics waren in den 1960er-Jahren so dominant gewesen, dass Jerry West sich weigerte, irgendetwas Grünes anzuziehen, weil es ihn an den Frust erinnerte, den die Lakers während dieses Jahrzehnts ertragen mussten.

Die peinlichste Niederlage hatte es 1969 gegeben, als ein alterndes Celtics-Team, angeführt von Bill Russell in seinem letzten Jahr als Spielertrainer, einen 2:3-Rückstand aufgeholt und die Lakers auf eigenem Platz besiegt hatte. Die Lakers waren so zuversichtlich und siegessicher in Spiel 7 gegangen, dass Eigentümer Jack Kent Cooke Tausende von lila-goldenen Luftballons unter der Decke des Forums anbringen lassen hatte, um sie während der Feierlichkeiten nach dem Spiel fliegen zu lassen. Doch das hatte nicht sein sollen. Mit weniger als einer Minute verbleibender Spielzeit hatte West den Ball in der Verteidigung weggeschlagen, und zwar direkt in die Hände von Don Nelson, der dann von der Freiwurflinie aus einen Wurf abgefeuert hatte. Der Ball war auf dem hinteren Teil des Rings gelandet, hoch in die Luft gesprungen und wie durch eine Wunderhand gelenkt zurück in den Korb gefallen und hatte die Celtics endgültig in Führung gebracht (108:106).

West, der während der gesamten Partie hervorragend gespielt hatte und als erster und einziger Spieler eines unterlegenen Teams zum MVP der Finals gewählt worden war, war völlig verstört und geschockt gewesen. »Ich fand es einfach unfair, dass man so viel aus sich herausholt und womöglich so lange spielt, bis der Körper am Ende seiner Kräfte ist, und dann nicht gewinnt«, sagte er Jahre später dem Autor Roland Lazenby. »Ich glaube nicht, dass die Leute wirklich das Trauma nachvollziehen können, das sich einstellt, wenn man verliert; sie wissen nicht, wie unglücklich man sein kann, und ich im Speziellen. Ich fühlte mich miserabel. Es ging bei mir so weit, dass ich mit dem Basketball aufhören wollte.«

West hatte jedoch nicht aufgegeben. Drei Jahre später hatte er einen Meisterschaftsring gewonnen, allerdings nicht gegen die Celtics, sondern gegen mein Team, die Knicks. Dennoch hatte der Fluch der Celtics wie ein nicht entfesselter Luftballon bis in die Mitte der 1980er-Jahre über der Franchise geschwebt, als die »Showtime«-Lakers die Celtics zwei- von insgesamt dreimal in den Finals schlugen. Die Rivalität zwischen den beiden Teams war ein so zentraler Bestandteil der Lakers-Geschichte, dass Magic Johnson einmal verriet, dass er für Boston jubelte, wenn das Team nicht gegen L.A. spielte, denn, wie der Schriftsteller Michael Wilbon schrieb: »Nur die Celtics wissen, welch ein Gefühl es ist, die ganze Zeit an der Spitze der Basketballwelt seit Bestehen der Franchise zu stehen.«

Im Jahr 2010 meinte es die Geschichte nicht gut mit uns, als wir ins Spiel 7 gingen. Im Lauf der Jahrzehnte waren die Lakers in den Finalrunden, in denen es stets sieben Partien gebraucht hatte, viermal auf die Celtics getroffen, und hatten jedes Mal verloren. Doch diesmal spielten wir zu Hause und hatten Boston zwei Tage zuvor in Spiel 6 deutlich mit 89:67 besiegt. Wir hatten auch ein paar heiße Eisen mehr im Feuer als 2008, vor allem Center Andrew Bynum, der in jenem Jahr wegen einer Knieverletzung ausgefallen war. Und wir hatten den Forward Ron Artest verpflichtet, einen der besten Defensivspieler der Liga. Am meisten beunruhigte mich Bostons Rasheed Wallace, der für den verletzten Center Kendrick Perkins einsprang. Wallace war zwar in der Defensive nicht so stark wie Perkins, stellte aber im Angriff eine große Gefahr dar und hatte uns in der Vergangenheit aufs Ärgste zugesetzt. Für mich war nichts selbstverständlich.

Für Lakers-Verhältnisse war die Saison 2009/10 eine ziemlich ereignislose Spielzeit gewesen. Der größte Rückschlag war noch vor der Saison gekommen, als Trevor Ariza, der in der Meisterschaft 2009 eine große Rolle gespielt hatte, das Team verlassen hatte, um Free Agent zu werden. Trevor war ein flinker, kühner Verteidiger, der unsere schnelle Offensive oft durch Steals oder erzwungene Turnover belebt hatte. Außerdem war er ein spielentscheidender Distanzschütze aus den Ecken und anderen Stellen des Spielfelds. Doch in der Off-Season gerieten die Verhandlungen zwischen Trevors Agent und den Lakers ins Stocken, und Mitch Kupchak begann ernsthafte Gespräche mit Artest, dessen Vertrag bei den Rockets auslief. Noch bevor der Deal abgeschlossen war, verkündete Ron auf Twitter, dass er zu den Lakers wechseln würde. Verblüfft von dieser plötzlichen Wendung der Ereignisse unterschrieb Trevor bei Houston als Free Agent und wurde später an New Orleans abgegeben.

Was mir an Artest gefiel, waren seine Größe (2,01 Meter bei 260 Pfund Gewicht), seine Stärke und sein kompromissloses Defensivspiel. Ron, der vor ein paar Jahren in einer Umfrage unter General Managern zum »härtesten« Spieler der NBA gewählt worden war, war kräftig und besaß das nötige Geschick, um starke, schnelle Forwards wie Bostons Paul Pierce auszuschalten. Ron konnte in der Offensive unberechenbar sein, war aber nicht so flink wie Trevor, was bedeutete, dass wir unser schnelles Angriffsspiel auf eine langsamere Offensive umstellen mussten, die ab der Mittellinie in Aktion trat.

Auch Rons Unberechenbarkeit bereitete mir Kopfzerbrechen. Er war vor allem für den Tumult bekannt, an dem er als Pacer während eines Spiels gegen die Detroit Pistons in Auburn Hills 2004 beteiligt gewesen war. Die Schlägerei war ausgebrochen, nachdem Ron Ben Wallace gefoult hatte, als dieser auf dem Weg zum Korb war, und Wallace hatte sich revanchiert, indem er ihn in die Brust stieß. Mitten in der Schlägerei hatte ein Detroit-Fan einen Becher Bier nach Ron geworfen, der daraufhin auf die Tribüne stürmte und auf die Zuschauer einschlug, was ihm eine Sperre für 73 Spiele einbrachte – die längste in der Geschichte der NBA, die nicht mit Drogen oder Glücksspiel in Zusammenhang stand. (Wallace und andere Spieler wurden ebenfalls bestraft, aber nicht so hart wie Ron.)

Während unserer Serie gegen Houston in den Playoffs 2008 wurde Ron, der damals für die Rockets spielte, in Spiel 2 des Feldes verwiesen, nachdem er sich wegen eines Rebounds mit Kobe angelegt hatte. Außerdem verpasste er zwei Mannschaftsbusse auf dem Weg zum Staples Center für Spiel 7 und erwischte einen dritten Bus – in dem die Manager von Houston saßen – nur mit seinem Trainingsanzug bekleidet.

Ron war auf dem harten Pflaster einer Sozialbausiedlung in Queensbridge, New York, aufgewachsen und hat ein Q auf seinem rechten Bein und ein B auf seinem linken tätowiert – damit er nie seine Herkunft vergaß. Er erinnert sich, dass er beim Spielen auf den Basketballplätzen in der Twelfth Street Schüsse hörte. Und einmal musste er mit ansehen, wie ein junger Mann während eines Basketballspiels in einem örtlichen Freizeitzentrum getötet wurde, als eine Schlägerei ausbrach und einer der Spieler ein Bein des Anschreibetisches abriss und damit auf ihn einstach. »Ich bin immer noch jemand aus dem Ghetto«, sagte Ron einmal dem *Houston*

Chronicle. »Das wird sich nicht ändern. Ich werde die Kultur meiner Herkunft nie ändern.«

Basketball war Rons Rettung. Als er zwölf war, reichte sein Können am Ball, um in der AAU [Anm. d. Übers.: Amateur Athletic Union, eine Jugendsportorganisation] zu spielen. Er schloss sich Lamar Odom und einem anderen zukünftigen NBA-Star, Elton Brand, im Brooklyn Queens Express an, einem Team, das in einem Sommer 67 Spiele gewann und nur einmal verlor. Alle drei waren als Spieler in der Highschool und am College erfolgreich und wurden in der ersten Runde des NBA-Drafts 1999 ausgewählt. Die Bulls wählten Brand und Ron an 1. beziehungsweise 16. Stelle und die Clippers Lamar als 4. Pick. Seit 1999 hatte Artest für vier andere Teams gespielt – die Bulls, die Pacers, die Kings und die Rockets –, doch nun sollte er mit seinem Jugendfreund Lamar zusammen spielen. Für Ron war es, als käme er nach Hause.

Trotz seiner Herkunft und seinem Hang zu einer rauen Spielweise ist Ron auch jenseits des Platzes eine gutmütige Seele, die sich in großem Maße für wohltätige Zwecke für Kinder engagiert, ohne dass dies in der Öffentlichkeit publik wird. Als er einmal in China war, traf er einen jungen Fan, der sich seine Schulbücher nicht leisten konnte, geschweige denn ein Paar von Rons Basketballschuh-Modells. Also versteigerte Ron seine 45 000-Dollar-Uhr, um die Ausbildung des Jungen zu finanzieren.

Ron hat ein Gespür für das Außergewöhnliche. Während seiner Zeit bei den Kings bot er an, auf sein gesamtes Gehalt zu verzichten, um seinen Freund, den Guard Bonzi Wells, davon abzuhalten, zu einem anderen Team zu wechseln – allerdings ohne Erfolg. Und 2011 änderte er seinen Namen in Metta World Peace, um, wie er sagte, »die Jugend auf der ganzen Welt zu inspirieren und zusammenzubringen«. Das Wort *Metta* bedeutet auf Pali »liebende Güte« und meint als zentraler Lehrsatz des Buddhismus die Förderung der universellen Liebe. Ron hat seit seinen ersten Tagen bei den Lakers einen weiten Weg zurückgelegt, und der *San Diego Union-Tribune* sagte er: »Ich weiß nicht, was Zen bedeutet, aber ich freue mich darauf, ein Zen-Mann zu sein. Ich hoffe, es lässt mich schweben. Ich wollte schon immer schweben.«

Meine größte Sorge war, ob Ron die Triangle Offense schnell genug erlernen würde. Wie Dennis Rodman fiel es auch ihm schwer, sich zu konzentrieren. Dennis löste das Problem damit, indem er Tag und Nacht im Fitnessstudio trainierte, um überschüssige Energie, die die Ursache für seine Unruhe war, abzubauen. Ron hatte jedoch Schwierigkeiten, sich an ein Trainingsprogramm zu halten, also übte er stattdessen Sprungwürfe. Das Problem war nur, dass er jeden Tag auf eine andere Art und Weise warf, und das wirkte sich auf seine Leistung in den Spielen aus. Manchmal war er ein Glückspilz und alle Bälle landeten im Korb. Und ein anderes Mal konnte man nicht vorhersagen, was passieren würde.

Während eines Trainings schlug ich Ron vor, sich für einen bestimmten Wurfstil zu entscheiden und dabei zu bleiben, aber er verstand das falsch. »Warum hackst du immer auf mir herum?«, maulte er.

»Mir war nicht bewusst, dass ich auf dir herumhacke«, erwiderte ich. »Ich versuche nur, dir zu helfen.«

Keiner von uns beiden war wütend, aber mein Assistenztrainer Brian Shaw zog mich beiseite und sagte: »Du bewegst dich da auf gefährlichem Terrain, Phil.« Ich war verdutzt, denn aus meiner Sicht versuchte ich, Ron zu helfen. Wie auch immer, Brian hatte seine Bedenken, dass Ron meine Körpersprache – sich ihm zu nähern und ihm leise gut zuzureden – als eine Form der Aggression missverstehen könnte.

Nach diesem Vorfall wurde mir klar, dass ich am besten mit Ron kommunizieren konnte, indem ich alles positiv formulierte – nicht nur mit meinen Worten, sondern auch mithilfe von Gestik und Mimik. Schließlich verstand er das System der Dreiecksoffensive und begann mit der Hilfe von Kobe und anderen, sich in die DNA des Teams zu integrieren.

Ron war nicht das einzige Fragezeichen in der Saison 2009/10. Eine weitere Sorge war, dass Kobe im Lauf der Saison körperlich abbaute. Im Dezember brach er sich in einem Spiel gegen die Timberwolves den Zeigefinger seiner Wurfhand, wollte sich aber nicht operieren lassen und stattdessen die Verletzung durchstehen – eine Entscheidung, die er später bereuen sollte. Es überrascht nicht, dass die Verletzung seine Trefferquote beeinträchtigte; seine Quoten waren in mehreren Kategorien im Sinkflug.

Im Februar verschlimmerte sich sein verstauchter Knöchel und er willigte ein, drei Spiele auszusetzen, damit er richtig verheilte. Kobe war stolz darauf, dass er nahezu unverwüstlich und extrem belastbar war, und hasste es, Spiele auszusetzen. In der Tat hatte er in den beiden vorangegangenen Spielzeiten an allen 208 Spielen teilgenommen. Aber er musste sich erholen, und die Pause bot dem Team die Möglichkeit, das Zusammenspiel ohne ihn zu üben; es gewann alle drei Spiele gegen hochrangige Gegner.

Gerade als Kobe dabei war, seinen Rhythmus wiederzufinden, begann sein rechtes Knie, das ihn schon seit Jahren plagte, anzuschwellen und zwang ihn, im April zwei Spiele auszusetzen. Diese Verletzung sollte ihn während der gesamten Playoffs quälen und trug dazu bei, dass es, so rätselhaft es auch war, mit seiner Trefferquote den Bach runterging.

Das einzig Gute an Kobes Knieverletzung war, dass sie sich positiv auf unsere Beziehung auswirkte. Als sein Knie im Jahr zuvor angefangen hatte, ihm Probleme zu bereiten, hatte ich ihm vorgeschlagen, das Training etwas lockerer anzugehen – oder es, falls nötig, ab und an ganz ausfallen zu lassen, damit ihm die Kraft in den Beinen nicht verloren ginge. Kobe war sehr angetan davon, dass ich mich um sein Wohlbefinden sorgte, und das Band zwischen uns wurde immer stärker. Während des Trainings tauschten wir oft Ideen aus und analysierten Spielaufzeichnungen, wenn wir mit dem Mannschaftsflugzeug unterwegs waren. Mit der Zeit entwickelten wir eine ähnlich enge Partnerschaft, wie ich sie mit Michael Jordan erlebt hatte. Aber mit Kobe war das Ganze noch persönlicher. Mit Michael hatte ich oft im Voraus Treffen vereinbart, um Spielstrategien zu besprechen, wohingegen Kobe und ich ständig miteinander sprachen.

Kobe habe, so sagte er gerne, 90 Prozent dessen, was er über Menschenführung wusste, dadurch gelernt, indem er mich beobachtet hatte. »Es geht dabei nicht nur darum, wie man Basketballspieler zu leiten versucht, sondern es ist eine Lebensphilosophie«, sagte er. »Stets für jeden Moment voll da zu sein und ihn so zu genießen, wie er gerade kommt. Ich lasse meine Kinder sich in ihrem eigenen Tempo entwickeln und will sie nicht zu etwas zwingen, das sie nicht wirklich wollen, sondern fördere und begleite sie einfach. Das habe ich alles von Phil gelernt.« Ich bin dankbar dafür, dass er so dachte.

Auf dem Weg in die Playoffs ergaben sich für Kobe mehrere Gelegenheiten, seine Führungsqualitäten unter Beweis zu stellen. Während der gesamten regulären Saison war das Team von Verletzungen geplagt worden, nicht nur

Kobe, sondern auch andere Spieler. Pau Gasol und Andrew Bynum mussten wegen verschiedener Probleme jeweils 17 Spiele aussetzen, und Luke Walton fiel wegen starker Rückenschmerzen für die meiste Zeit der Saison aus. Aber für den Großteil des Jahres herrschte im Team eine gute Chemie zwischen den Spielern, die es uns ermöglichte, den ersten Platz in der Western Conference mit einer Bilanz von 57:25 zu halten, trotz eines Einbruchs mit nur vier Siegen und sieben Niederlagen am Ende der Saison.

Unser Gegner in der ersten Runde waren die Oklahoma City Thunder, ein Team, das uns mehr zu schaffen machte, als wir erwartet hatten. Über ihren aufstrebenden Forward Kevin Durant erzählte ich den Reportern, dass die Schiedsrichter ihn meiner Meinung nach verhätschelten, indem sie schnell Fouls gegen ihn pfiffen, als wäre er ein Superstar. (Er verwandelte in dieser Saison die meisten Freiwürfe, was zum großen Teil darauf zurückzuführen war, dass er seinen Wurfarm unter die Arme der Verteidiger hakte, doch das wurde inzwischen von der NBA verboten.) Durant ging wegen dieser Bemerkung in die Defensive – und das bezweckte ich auch damit –, gleichwohl verhängte die NBA eine Geldstrafe von 35 000 Dollar gegen mich, was natürlich weniger meinem Plan entsprach. Wie sich herausstellte, spielte Durant in der Serie recht unscheinbar, aber ich denke, dass Rons Verteidigung gegen ihn mehr damit zu tun hatte als mein Versuch, den Gegner mit meinen Spielchen zu verunsichern.

Die Strategie der Thunder bestand darin, Ron in den Ecken auf weiter Flur frei stehen zu lassen, damit sie die Rebounds ergattern konnten, wenn er einen Fehlwurf machte, um dann schnelle Gegenangriffe einzuleiten. Und tatsächlich kam es so: Ron hatte in den ersten vier Spielen 20 von 23 versuchten Dreiern nicht verwandelt. Das schnelle Angriffsspiel der Thunder und unsere langsame Transition Defense sorgten dafür, dass Oklahoma City zwei Heimspiele gewann und die Serie mit 2:2 ausglich.

Kobe hatte sich in den ersten vier Spielen schwergetan, erlebte aber in Spiel 5 eine Wiedergeburt, nachdem ihm eine beträchtliche Menge Flüssigkeit aus seinem schmerzenden Knie gezogen worden war. Einer unserer besten Schachzüge war es, ihn den Point Guard der Thunder, Russell Westbrook, der zuvor gegen unsere anderen Guards leichtes Spiel gehabt hatte, verteidigen zu lassen. Kobe gestatte Westbrook nicht mehr als 15 Punkte, davon 4 von 13 Würfen aus dem Feld, und er belebte unsere Offensive, indem er die Bälle verteilte und nach innen zu Pau spielte, der 25 Punkte erzielte; Bynum kam auf 21. Der Endstand: Lakers 111, Thunder 87.

In Spiel 6 war Artest der Strippenzieher, der Durant auf lediglich 21,7 Prozent seiner verwandelten Würfe aus dem Feld hielt, eine der schlechtesten Trefferquoten in der Geschichte der Playoffs. Das Spiel stand bis zur letzten Sekunde auf des Messers Schneide, als Pau einen Fehlwurf von Kobe zum 95:94-Sieg versenkte.

Die nächsten beiden Runden waren nicht so nervenaufreibend. Ein großes Plus war, dass Kobe, dessen Knie ihm nun weniger Probleme bereitete, plötzlich fast auf 30 Punkte pro Spiel kam. Nachdem wir die Utah Jazz in vier Spielen aus dem Wettbewerb gefegt hatten, trafen wir in den Western Conference Finals auf die Phoenix Suns – das heißeste Team der Liga seit dem All-Star-Break. Sie hatten zwar im Frontcourt nicht so große Spieler wie die Lakers, hatten aber mit Steve Nash und Amar'e Stoudemire ein starkes Duo, gute Spieler auf der Bank und eine dynamisch ausschwärmende Verteidigung.

Der Wendepunkt war Spiel 5 in L.A. In der Serie stand es 2:2 unentschieden, und die meiste Zeit war es ein sehr enger Punktestand. Gegen Ende des Spiels, als die Lakers mit 3 Punkten in Führung lagen, schnappte sich Ron einen Offensivrebound. Doch anstatt die Uhr ablaufen zu lassen, warf er einen schlecht durchdachten Dreier und verfehlte den Korb, sodass die Suns zurückschlugen und das Spiel selbst mit einem Dreier ausgleichen konnten. Glücklicherweise machte Ron ein paar Sekunden vor Schluss seinen Fehler wieder gut, als er Kobes verunglückten Wurf abfing und den Ball in den Korb versenkte und damit den Sieg für uns mit dem Ertönen der Schlusssirene sicherte.

Zwei Tage später kehrten wir nach Phoenix zurück und beendeten die Serie. Ron kam wieder voll und ganz aus sich heraus, traf 4 von 7 Dreier-Versuchen und erzielte 25 Punkte. Es sah so aus, als hätte er endlich seine volle Leistungskraft erreicht – keinen Moment zu früh.

Zu Beginn der Finalrunde um die Meisterschaft gegen Boston machte ich mir Gedanken über die brutale Verteidigung der Celtics. Ihre Strategie bestand darin, die Zone mit kräftig gebauten Spielern dichtzumachen, Druck auf unsere Guards auszuüben, damit sie den Ball abspielen, und Lamar und Ron zu Sprungwürfen zu zwingen. Das war ein guter Plan, der in der

Vergangenheit bereits gegen uns aufgegangen war. Diesmal aber setzten wir uns stärker zu Wehr als 2008 und hatten eine größere Auswahl an Wurfmöglichkeiten.

In Spiel 1 zeigten wir Kampfgeist, und zwar mit Pau als Antreiber, der der Welt unbedingt beweisen wollte, dass er nicht der »verweichlichte« Schwächling war, als den ihn die Reporter 2008 dargestellt hatten. Doch die Celtics schlugen in Spiel 2 mit einer überwältigenden Leistung ihres Shooting Guards Ray Allen zurück, der 32 Punkte erzielte, darunter 8 Dreier – zu dem Zeitpunkt ein Rekord in den Finals. Fish musste in den Medien viel Kritik einstecken, weil er zugelassen hatte, dass Allen auf dem Platz machen konnte, was er wollte, aber auch Kobe hatte Probleme, den Point Guard Rajon Rondo zu bändigen, dem ein Triple-Double gelang. Plötzlich stand es 1:1 unentschieden, und es kam zu drei Spielen in Boston.

Spiel 3 sollte die Partie für Fishs Rache werden. Zunächst schaltete er Allen in der Defensive aus, der mit 13 Würfen und null Treffern vom Feld ging – mit einem Fehlwurf weniger als der Rekord in der Finalserie. Dann übernahm Fish im vierten Viertel das Kommando über das Spiel und sicherte den Lakers mit seinen 11 Punkten den Auswärtssieg. Er kämpfte mit den Tränen, als er nach dem Spiel in die Kabine ging, überwältigt von dem, was er gerade geleistet hatte. Doch die Celtics ließen nicht locker. Sie gewannen die nächsten beiden Spiele, um in der Serie mit 3:2 in Führung zu gehen und den Boden für einen klassischen Showdown in L.A. zu bereiten.

Tex Winter pflegte zu sagen, dass unsere Anläufe auf die Meisterschaft, die von Erfolg gekrönt waren, in der Regel durch ein einziges Spiel geprägt wurden, in dem wir unsere Gegner von Anfang bis Ende vollständig dominierten. Spiel 6 war ein solches Spiel. Wir nahmen im ersten Viertel das Heft in die Hand und schlugen die Celtics deutlich mit 89:67, um den Spielstand in der Serie wieder auszugleichen.

Bostons Kampfgeist war jedoch kaum gebrochen. Zu Beginn von Spiel 7 erwiesen sich die Celtics willensstark, machten ein gutes Spiel und hatten zur Halbzeit einen Vorsprung von 6 Punkten. Zur Mitte des dritten Viertels erhöhten sie ihren Vorsprung auf 13 Punkte, und ich nahm, was für mich untypisch war, zwei Auszeiten. Dieses Mal konnte ich mich nicht gemütlich zurücklehnen und darauf warten, dass sich die Spieler eine Lösung einfallen ließen; ich musste sofort etwas umstellen.

Das Problem war nur, dass Kobe so sehr versessen darauf war, zu gewinnen, dass er unsere Triangle Offense ignorierte und zu seiner alten aggressiven Spielweise zurückkehrte. Aber er machte so viel Druck, dass er seine Würfe vergeigte. Ich sagte ihm, er solle der Triangle vertrauen. »Du musst nicht alles allein machen, lass das Spiel einfach auf dich zukommen.«

Dies war ein klassisches Beispiel dafür, dass es wichtiger ist, auf den Teamgeist zu setzen, als auf die Anzeigetafel zu achten. Kurz darauf bekam ich zufällig mit, dass Fish mit Kobe einen Plan ausheckte, und zwar sollte Kobe sich nach innen in die Offensive begeben, sobald Fish von der Bank zurück ins Spiel kam.

Als Kobe diesen Positionswechsel vollzogen hatte, nahm unser Spiel wieder reibungslos seinen Lauf und wir verkürzten allmählich den Vorsprung der Celtics. Der entscheidende Moment war Fishs Dreier bei verbleibender Spielzeit von 6:11 Minuten, der zum Ausgleich von 64:64 führte und damit einen 9:0-Lauf auslöste, der uns mit 6 Punkten Vorsprung in Führung brachte. Die Celtics verkürzten durch Rasheed Wallaces Dreier bei Minute 1:23 unsere Führung, aber Artest antwortete sofort mit einem weiteren Dreier, und wir gewannen das Spiel schließlich mit 83:79.

Das Schöne an diesem Spiel war seine grobe Intensität. Es war, als würde man zwei routinierten Schwergewichtlern, die mit aller Kraft gegeneinander gekämpft hatten, dabei zusehen, wie sie ein letztes Mal in den Ring steigen und alles geben, bis die letzte Glocke ertönt.

Als das Spiel vorbei war, ließen die Spieler ihren Gefühlen freien Lauf. Kobe, der diesen Sieg als den »bei Weitem schönsten« von allen bezeichnete, sprang auf den Anschreibetisch und genoss mit ausgestreckten Armen den Jubel der Menge, wobei ein lila-goldener Konfettiregen auf ihn herabprasselte. Fish, der sonst so stoisch war, brach in der Kabine erneut in Tränen aus, als er Pau Gasol, dem selbst die Tränen in den Augen standen, umarmte. Magic Johnson, der an fünf Meisterschaftsfeiern teilgenommen hatte, sagte der *Los Angeles Times*, dass er noch nie einen solchen Gefühlsausbruch in der Kabine der Lakers erlebt habe. »Ich glaube, sie haben endlich die Geschichte verstanden, die hinter diesem Konkurrenzkampf steckt, und wie schwer es war, die Celtics zu schlagen«, meinte er.

Für mich war es der erfreulichste Sieg in meiner Karriere. Es war eine schwierige Saison, geprägt von Unbeständigkeit und schweren Verletzungen, aber letztlich waren die Spieler ein Beispiel für Beherztheit und Teamwork. Ich war gerührt, als ich sah, wie Pau sein Stigma des »Softies«, das ihn zwei Jahre lang verfolgt hatte, endlich ablegen konnte, und wie Fish sich zurückgekämpft hat, nachdem er gegen Ray Allen zuvor keine Chance gehabt hatte. Es war auch schön zu sehen, wie Ron herangereift war und nun eine Schlüsselrolle dabei spielte, Pierce in Schach zu halten und genau dann die richtigen Treffer zu erzielen, wenn wir sie brauchten. »Ich hätte nicht gedacht, dass sich der Gewinn dieser Trophäe so gut anfühlen würde, wie es sich tatsächlich anfühlt,« sagte er später. »Aber jetzt komme ich mir auch wie jemand vor, der etwas Großes erreicht hat.«

Neben dem Nervenkitzel, einen weiteren Meisterschaftsring gewonnen zu haben, war es ein zutiefst befriedigendes Gefühl, dass wir den Fluch der Celtics mit einem triumphalen Sieg in der eigenen Halle ablegen konnten. In der Tat spielten die Fans eine große Rolle bei diesem Sieg. Die Lakers-Fans werden oft dafür verhöhnt, dass sie eine zu laxe Einstellung zu unserem Spiel haben, aber an diesem Tag gingen sie so begeistert mit, wie ich es noch nie gesehen habe. Es war, als ob auch sie verstanden hätten, welch symbolische Bedeutung dieser Moment hatte – nicht nur für das Team, sondern für die Stadt Los Angeles als Ganzes. In der Stadt mit ihrer Traumfabrik war dies die einzige echte Reality-Show.

KAPITEL 22

DIESES SPIEL IST IM KÜHLSCHRANK

Wir sind alle Versager – zumindest die Besten von uns.

J.M. Barrie

Vielleicht hätte ich an dieser Stelle mit dem Schreiben dieses Buches aufhören sollen – mit der brüllenden und jubelnden Menge und dem Konfettiregen. Aber das Drehbuch des Lebens ist nie so gut geschrieben. Ich hatte meine Vorbehalte, in der Saison 2010/11 zurückzukehren. Zum einen hatte ich Probleme mit meinem rechten Knie, und ich wollte mich unbedingt einer Operation für eine Knieprothese unterziehen. Zum anderen würden zwar die meisten Spieler des Kernteams zurückkehren, aber wir würden wahrscheinlich einige Schlüsselspieler an die Free Agency verlieren, vor allem die Guards Jordan Farmar und Saša Vujačić, die beide schwer zu ersetzen wären. Und schließlich sehnte ich mich insgeheim danach, dem zermürbenden Reiseplan, den die NBA mit sich bringt, und dem Druck, ständig in der Öffentlichkeit zu stehen, zu entkommen.

Während der Western Conference Finals traf ich mich mit Jerry Buss in Phoenix zum Essen, um die kommende Saison zu besprechen. Er sagte, dass die Vertragsverhandlungen mit der Spielergewerkschaft nicht gut liefen und er damit rechnete, dass die Eigentümer nach der Saison 2010/11 einen Lockout verhängen würden. Das bedeute, dass die Lakers sofort einige Maßnahmen ergreifen müssten, um die Ausgaben zu senken. Er vertraute mir auch an, dass sich andere Eigentümer über mein Gehalt beschwerten und behaupteten, dass sie aufgrund meines Vertrags gezwungen seien, ihren eigenen Trainern mehr zu bezahlen. Unterm Strich: Wenn ich mich entschied, zurückzukommen, dann nur zu einem geringeren Gehalt.

Ich sagte ihm, dass ich ihm im Juli eine Antwort geben würde. Natürlich hatte ich schon damals, in der vorherigen Saison, gewusst, dass es mir schwerfallen würde, zu Kobe und Fish Nein zu sagen, sollten wir die Finals gewinnen. Und tatsächlich – nicht lange nach unserem Sieg über die Celtics begannen beide, mich per SMS anzuflehen, zu bleiben und »wieder ein Three-Peat zu gewinnen«.

Also handelte ich mit Jerry Buss einen Einjahresvertrag aus und begann mit Mitch Kupchak, einen neuen Kader zusammenzustellen. Ich taufte das Ganze »Das letztes Gefecht«, was sich leider als ziemlich zutreffende Beschreibung für diese missglückte Saison herausstellen sollte.

Wir mussten nahezu 40 Prozent des Kaders der vergangenen Saison ersetzen. Neben Jordan Farmar und Saša Vujačić, die Mitte Dezember an die New Jersey Nets abgegeben werden sollten, verloren wir auch Backup-Center Didier Ilunga-Mbenga sowie die Forwards Adam Morrison und Josh Powell. Wir ersetzten die ausscheidenden Spieler durch eine Gruppe von erfahrenen und jungen Spielern, von denen die vielversprechendsten der Forward Matt Barnes und der Guard Steve Blake waren. Doch Barnes verletzte sich am Knie und verpasste etwa ein Drittel der Saison, und Blake erkrankte am Ende der Saison an Windpocken, wodurch er zwangsläufig weniger Spielzeit in den Playoffs hatte. Außerdem verletzte sich Theo Ratliff, der 37-jährige Center, den wir als Backup für Andrew Bynum geholt hatten, und bekam daher auch nicht viel Zeit auf dem Platz. Dennoch machte ich mir keine Sorgen um unseren Frontcourt. Ein größeres Problem war der Mangel an jungen Spielern und die fehlende Tatkraft im Team. Jordan, Saša und Josh haben die routinierten Spieler immer wieder herausgefordert, sich ihrem Leistungsniveau anzupassen. Der Verlust dieser Spieler bedeutete, dass unser Training nicht mehr so intensiv sein würde wie zuvor – das war nicht gut.

Ein weiteres Problem war natürlich Kobes rechtes Knie. Er hatte sich in der Off-Season einer weiteren Arthroskopie unterzogen und sagte später, dass an seinem Knie so viel Knorpel verloren gegangen sei, dass die Ärzte ihm sagten, es sei »fast Knochen auf Knochen«. Kobe hatte weiterhin damit zu kämpfen, sich nach Spielen und harten Trainingseinheiten zu erholen. Also reduzierten wir die Trainingszeit am Tag vor den Spielen in der Hoffnung, dass sein Knie durch die zusätzliche Ruhe schneller verheilen würde. Dadurch waren in der Folge auch die Übungen weniger intensiv, aber vor allem war Kobe nun von der Mannschaft abgesondert, sodass er gegen Ende der Saison nicht als Führungspersönlichkeit zur Verfügung stand.

Trotz all dieser Probleme legte das Team einen guten Start mit 13 Siegen und nur 2 Niederlagen hin und machte einen recht starken Eindruck, bis die von LeBron James angeführten »neuen« Miami Heat uns am ersten Weihnachtstag im Staples Center mit 96:80 auseinandernahmen. Anschließend reisten wir kurz vor dem All-Star-Game zu Auswärtsspielen, die mit drei Niederlagen gegen Orlando, Charlotte und Cleveland endeten.

Im Spiel gegen die Cleveland Cavaliers – das Team mit der schlechtesten Spielbilanz in der NBA – musste Kobe wegen seiner Fouls gegen Anthony Parker vom Feld, und Ron Artest versuchte, die Lage zu retten, beging aber stattdessen mehrere Fehler, sodass wir zur Halbzeit mit 5 Punkten zurücklagen. Kobe und Fish waren alles andere als zufrieden. Sie sagten, dass niemand daraus schlau werden konnte, was Ron auf dem Spielfeld auf die Beine stellen wollte, insbesondere in der Verteidigung, was es schwer machte, einen geschlossenen Angriff hinzubekommen.

Während des All-Star-Breaks berief ich eine Mannschaftssitzung ein und wir sprachen darüber, wie wir das Team wieder auf Kurs bringen könnten. Chuck Person, ein neuer Assistenztrainer, schlug vor, ein Verteidigungssystem auszuprobieren, von dem er behauptete, dass es uns helfen würde, unser altes Schreckgespenst – Screen-Rolls – zu bekämpfen und gleichzeitig unsere Zusammenarbeit als Team zu verbessern. Sein System entsprach allerdings nicht der üblichen Spielweise und verlangte von den Spielern, dass sie viele ihrer gewohnten Verteidigungsmanöver, die sie seit der Highschool kannten und einsetzten, ablegen müssten. Einige der anderen Assistenztrainer hielten es für gewagt, mitten in der Saison nach einem so radikal anderen System vorzugehen, aber ich war der Meinung, es sei das Risiko wert.

Der größte Nachteil war, dass Kobe wegen seines lädierten Knies nicht genug Zeit haben würde, das neue System mit der Mannschaft zu einzuüben, aber ich dachte, das wäre lediglich ein kleiner Stolperstein. Kobe lernte schnell und konnte sich gut schwierigen Herausforderungen anpassen. Als wir jedoch die Taktik in den Spielen praktizierten, war er oft frustriert wegen seiner Mitspieler und gab ihnen Anweisungen, die dem widersprachen, was sie im Training gelernt hatten. Diese Unstimmigkeiten sollten uns später noch verfolgen.

Nichtsdestotrotz funktionierte das neue System anfangs gut, und nach der Pause legten wir eine Bilanz von 17 Siegen und nur einer Niederlage hin. Dann verloren wir Anfang April fünf Spiele in Folge, darunter eines gegen die Denver Nuggets, das wohl beste Screen-Roll-Team der Liga. Und um den zweiten Platz in der Conference zu halten, mussten wir das letzte Spiel der Saison gewinnen – was uns auch gelang, und zwar gegen Sacramento in der Verlängerung. Wir hatten schon früher gegen Ende der Saison Rückschläge hinnehmen müssen und am Ende trotzdem triumphiert, aber dieses Mal war es anders. Wir hätten zu diesem Zeitpunkt nicht so hart kämpfen sollen.

Erschwerend kam hinzu, dass unser Gegner in der ersten Runde der Playoffs die New Orleans Hornets waren, deren Point Guard Chris Paul unser neues Defensivsystem recht leicht durchdringen konnte und überall auf dem Parkett für Unruhe sorgte. Bei den Hornets spielte jetzt auch Trevor Ariza, ein ehemaliger Laker, der uns unbedingt zeigen wollte, dass es ein Fehler gewesen war, ihn abzugeben. Das gelang ihm auch, denn er bereitete Kobe in der Defensive arge Probleme und erzielte mehrere wichtige Dreier. Ehe wir uns versahen, hatten die Hornets das erste Spiel in L.A. mit 109:100 gewonnen, und wir mussten uns redlich bemühen, um uns eine 2:1-Führung in der Serie zu erkämpfen.

Die Hornets waren nicht unser einziges Problem. Nach dem Training am Samstag vor Spiel 4 traf sich Mitch zu Einzelgesprächen mit meinen Mitarbeitern und teilte ihnen mit, dass ihre Verträge, die am 1. Juli ausliefen, für die nächste Saison nicht verlängert werden würden. Das betraf alle Assistenztrainer, Trainer, Masseure, Kraft- und Konditionstrainer und den Zeugwart – alle außer dem Athletiktrainer Gary Vitti, der einen Zweijahresvertrag hatte. Mitch wollte ihnen angesichts des zu erwartenden NBA-Lockouts Zeit geben, einen neuen Job zu finden. Doch der Zeitpunkt der Bekanntgabe, nämlich mitten in einer spannenden Erstrundenserie, wirkte sich sowohl auf die Spieler als auch auf das Personal störend aus.

Als ob das noch nicht genug wäre, wurde später in der Nacht der Rookie Derrick Caracter verhaftet, weil er angeblich eine Kassiererin in einer Filiale des International House of Pancakes sittenwidrig angefasst und angerempelt hatte und wegen Körperverletzung, Trunkenheit in der Öffentlichkeit und widersetzter Festnahme angeklagt wurde. Am Sonntag konnte er gegen Kaution freigelassen werden und es wurde keine Anklage erhoben, aber er durfte in Spiel 4 nicht mitspielen, das die Hornets gewannen und damit die Serie mit 2:2 ausglichen.

Zu Beginn der Serie sahen wir uns zusammen die Spielaufzeichnungen an und stellten fest, dass Chris Paul sich durch unsere Verteidigung schlängelte und einen unserer Big Men dazu zwang, in der Verteidigung auszuhelfen und ihn zu decken, was genau das war, was er wollte.

Ich schaltete den Projektor aus und sagte: »Na, was meint ihr, Jungs? Unsere Verteidigung sieht völlig durcheinander aus. Wir wissen nicht, was wir tun sollen. Und das spielt ihm direkt in die Hände.«

Fish meldete sich zuerst zu Wort. »Ich glaube, hier stimmt etwas nicht. Ich weiß, dass wir viel durchgemacht haben und dass einige unserer Jungs außer Gefecht waren. Vielleicht liegt es an unserer Einstellung oder an unserer mangelnden Konzentration. Aber irgendetwas stimmt nicht.«

Nachdem ich das gehört hatte, setzte ich mich den Spielern gegenüber und erzählte ihnen von einem persönlichen Problem, mit dem ich in den letzten zwei Monaten zu kämpfen hatte – etwas, das sie offensichtlich intuitiv mitbekommen hatten, ohne dass darüber gesprochen wurde. Im März war bei mir Prostatakrebs diagnostiziert worden. Wochenlang hatte ich mit der Frage gekämpft, wie ich am besten vorgehen sollte. Schließlich hatte ich mich entschieden, mit der Operation bis nach den Playoffs zu warten; mein Arzt hatte mir versichert, dass wir das Wachstum des Krebses zumindest vorübergehend mit Medikamenten eindämmen könnten.

»Das war eine schwierige Zeit für mich«, erklärte ich. »Normalerweise gebe ich hundert Prozent, wenn es um euch geht, und ich weiß nicht, ob diese Geschichte mich hinsichtlich dessen beeinträchtigt hat. Aber ich weiß, dass es Zeiten gibt, in denen ich mich mehr zurückziehe als sonst.«

Ich begann zu weinen, während ich sprach, und die Spieler schienen wirklich gerührt zu sein. Trotzdem bin ich mir rückblickend nicht sicher, ob es die richtige Entscheidung war. Obwohl es nie verkehrt ist, die Wahrheit zu sagen, kann es ernsthafte Konsequenzen haben. Und der Zeitpunkt ist wichtig. Ich fragte mich, ob meine Offenheit helfen würde, das Team zu vereinen, oder ob ich den Spielern nur leidtäte; sie hatten mich noch nie so verwundbar gesehen. Für sie war ich doch der »Zen-Typ«, der Mann, von dem sie wussten, dass er auch unter Druck cool bleibt. Was sollten sie jetzt von mir denken?

Im Nachhinein hätte ich vorhersehen müssen, was als Nächstes kommen würde. Aber ich hatte noch nie erlebt, dass eins meiner Teams auf so merkwürdige und unheimliche Weise auseinanderfiel. Immerhin war die Mannschaft endlich wieder in Meisterschaftsform, als wir die Hornets in den nächsten beiden Spielen ausschalteten. Ich war so beeindruckt von der Leistung des Teams in Spiel 6, dass ich den Reportern sagte, dass diese Mannschaft, wie ich glaubte, »das Potenzial hat, so gut wie jedes andere Team zu sein, das ich mit den Lakers trainiert habe«.

Unnötig zu sagen, dass ich das zu früh gesagt hatte.

Es lag nicht daran, dass unser nächster Gegner, die Dallas Mavericks, eine so große Gefahr für uns darstellten. Die Mavericks waren ein talentiertes, erfahrenes Team, das die reguläre Saison mit der gleichen Bilanz wie wir abgeschlossen hatte (57:25). Aber wir hatten die Mavs in der Vergangenheit immer dominiert und sie im März deutlich geschlagen und gewannen die reguläre Serie, die sich über drei Spiele zog, mit 2:1, wodurch wir in den Playoffs das Heimrecht gegen sie hatten.

Dallas stellte uns jedoch vor einige ernsthafte Probleme hinsichtlich der Spielerzuordnung. Erstens hatten wir niemanden, der mit dem schnellen, kleinen Point Guard der Mavs, José Juan Barea, mithalten konnte, der wie Chris Paul überraschend gut unsere neue Verteidigung durchbrechen konnte. Wir hatten gehofft, dass Steve Blake, der schneller und wendiger als Fish war, unser defensiver Mann im Backcourt sein könnte, der große Offensivspieler am Ballbesitz hindern würde und die Eins-gegen-eins-Verteidigung beherrschte, aber er war nach seiner Windpockenerkrankung noch nicht wieder ganz auf der Höhe. Zweitens konnten die Mavs Kobe mit DeShawn Stevenson, einem zähen, muskulösen Guard, mürbe machen, und Andrew Bynum mit den sich abwechselnden Centerspielern Tyson Chandler und Brendan Haywood praktisch ausschalten. Und da Barnes und Blake nicht hundertprozentig fit waren, hatte es unsere Bank schwer, mit der zweiten Garde von Dallas mitzuhalten, insbesondere mit dem sechsten Mann Jason Terry, der mit seinen Würfen von der Dreipunktelinie für verheerende Folgen sorgen konnte.

Eine der größten Enttäuschungen war Pau, der in der Vergangenheit gute Leistungen gegen die Mavs erbracht hatte. Aber die Schiedsrichter sahen darüber hinweg, dass Dirk Nowitzki, der Forward der Mavericks, Pau bedrängte und ihn daran hinderte, eine gute Post-up-Position in der Nähe des Korbs einzunehmen, was unserem Angriffsspiel sehr schadete. Ich forderte Pau wiederholt auf, sich zu wehren, aber er hatte mit einem ernsten Familienproblem zu kämpfen und war abgelenkt. Erwartungsgemäß erfanden die Medien Geschichten, um Paus schwache Leistung zu erklären, darunter das Gerücht, er habe sich von seiner Freundin getrennt und einen Streit mit Kobe gehabt, was beides nicht stimmte. Dennoch beunruhigten die Gerüchte Pau und wirkten sich nachteilig auf seine Konzentration aus.

Spiel 1 war für mich ein Rätsel. Wir gewannen schon früh die Oberhand und hatten uns im dritten Viertel eine solide 16-Punkte-Führung erspielt. Dann hörten wir ohne ersichtlichen Grund auf beiden Spielfeldhälften auf zu spielen, und die Mavs waren das überlegene Team. Am Ende des vierten Viertels hatten wir immer noch die Möglichkeit, die Partie zu gewinnen, aber wir vergaben – was für uns völlig untypisch war – mehrere Gelegenheiten, das Spiel zu entscheiden. Fünf Sekunden vor Schluss, als die Mavs noch mit einem Punkt in Führung lagen, stolperte Kobe bei dem Versuch, Jason Kidd zu umgehen, und verpasste einen Pass von Pau. Nachdem Kidd gefoult worden war und einen seiner Freiwürfe verwandelt hatte, vergeigte Kobe einen Dreier aus der Distanz und sicherte den Mavs damit den Sieg (96:94).

In Spiel 2 nahm das Geschehen eine verhängnisvolle Wendung. Wir gingen mit Feuer in den Augen ins Spiel, aber diese Leidenschaft verflüchtigte sich schnell. Nicht etwa, weil die Leistung der Mavs so grandios war – denn das war sie nicht –, sondern weil sie uns in puncto Aggressivität übertrumpften und es ihnen gelang, unser langsames Defensivspiel zu ihrem Vorteil zu nutzen. Die große Überraschung war Barea, der praktisch nicht zu stoppen war und sich mühelos an den Verteidigern vorbeischlängelte, um 12 Punkte (was dem Ergebnis unserer gesamten Bank entsprach) zu erzielen und 4 Assists zu geben. Auch Nowitzki hatte leichtes Spiel, Pau zu überlisten, und führte die Mavs mit seinen 24 erzielten Punkten zu einem 93:81-Sieg. In den letzten Spielsekunden war Artest so frustriert, dass er Barea, der versuchte, Druck im Backcourt auszuüben, mit ausgestrecktem Arm in Höhe seines Halses attackierte und für das nächste Spiel gesperrt wurde. Das war nicht gerade einer von Rons besten Momenten.

Der Verlust von Artest tat weh, bedeutete aber nicht das Ende der Welt. Wir ersetzten ihn in Spiel 3 durch Lamar und bemühten uns, den Ball nach innen zu spielen, um von unserem Frontcourt mit den größeren Spielern zu profitieren. Das hat die meiste Zeit des Spiels funktioniert und half uns, fünf Minuten vor Schluss einen 7-Punkte-Vorsprung aufzubauen. Doch dann begannen die Mavericks, die über gute Dreier-Schützen verfügten, unsere Schwäche bei der Verteidigung des Perimeters auszunutzen, vor allem wenn wir mit großen Spielern auf dem Feld standen. Angeführt von Nowitzki, der 32 Punkte und 4 von 5 Dreiern erzielte, gewannen die Mavs mit 98:92.

Nach dieser Niederlage rief mich mein Sohn Charley an, um mir mitzuteilen, dass er und seine Geschwister Chelsea, Brooke und Ben nach Dallas fliegen wollten, um sich das nächste Spiel anzusehen. »Seid ihr verrückt?«, fragte ich.

»Nein, wir werden dein letztes Spiel nicht verpassen«, antwortete er.

»Was meinst du mit meinem letzten Spiel? Wir werden am Sonntag gewinnen.«

Seit ich Trainer in der Continental Basketball Association war, saßen meine Kinder bei meinen wichtigen Partien auf der Tribüne. Damals konnten wir von unserem Haus in Woodstock zu vielen Spielen fahren, und June machte aus den Fahrten echte Familienabenteuer. Nachdem ich mich den

Bulls angeschlossen hatte, reisten meine Kinder, die damals die Mittelschule und Highschool besuchten, während der Finals mit Genehmigung des Teams zu Auswärtsspielen. Diese Tradition wurde fortgesetzt, als ich nach L.A. zog. Zu diesem Zeitpunkt waren meine Kinder bereits alt genug, um die mit der Serie verbundenen Feiern zu genießen. Bis 2011 waren sie bei so vielen Finals gewesen – es waren 13, um genau zu sein –, dass sie gerne behaupteten, die NBA schmeiße jeden Juni eine große Party für sie.

Mein Lieblingsmoment war, als sie bei den NBA-Finals 2009 in Orlando auftauchten und mir zur Erinnerung an meine zehnte Meisterschaft eine gelbe Lakers-Basketballmütze überreichten, auf der die römische Zahl X eingestickt war. Würde es auch eine Mütze mit einer XII geben?

Die Aasgeier kreisten bereits. Als ich meinen Freund, den NBA-Fotografen Andy Bernstein, in Dallas eintreffen sah, begrüßte ich ihn halb im Scherz als »Dead Man Walking« [Anm. d. Übers.: ein »lebender Toter«, gemeint ist ein zum Tode verurteilter Häftling, der auf die Vollstreckung des Urteils wartet]. Doch auch wenn es heute wie magisches Denken anmutet, glaubte ich wirklich, dass wir Spiel 4 gewinnen und die Serie zurück nach L.A. bringen würden. Um ehrlich zu sein, dachte ich nicht viel darüber nach, wie ich meine Karriere beenden oder was ich als Nächstes tun wollte. Ich versuchte nur, den gegenwärtigen Moment zu leben und das nächste Spiel zu überstehen.

Das war die Botschaft, die ich den Spielern vermittelt: »Gewinnt das Spiel, holt die Serie zu uns nach Hause und setzt die Mavs unter Druck, um weiterzukommen.« Vielleicht hatte ich etwas übersehen, aber ich hatte nicht das Gefühl, dass die Spieler aufgegeben hatten oder dachten, die Serie sei bereits vorbei. Ich hatte auch nicht den Eindruck, dass sie es leid waren, als Team zusammenzuspielen.

Als Trainer hat man natürlich nicht dieselben Befürchtungen, wie man sie als Spieler hat. Als Spieler ist man besessen davon, nicht zu versagen und keinen Fehler zu machen, der das Spiel vermasselt. Als Trainer denkt man jedoch: Wie kann ich die Jungs auf ihr Spiel einschwören? Welches Wissen kann ich ihnen mit auf den Weg geben, damit sie ihr Spiel spontaner angehen? Und wie kann ich mein Coaching ändern, um ihnen einen Vorteil zu verschaffen?

In Spiel 4 wollte ich Pau unbedingt dazu bringen, sich gegen Nowitzki zu Wehr zu setzen und eine bessere Position im Post zu finden. Unser

Schlüssel zum Erfolg war ein starkes Spiel nach innen, und das begann mit Pau. In Spiel 3 hatte ich es so satt, mit anzusehen, wie er herumgestoßen wurde, dass ich ihm einen Schlag auf die Brust versetzte, als er das Spielfeld verließ, nur um ihn zu provozieren. Die Medien hatten ihren Spaß daran, aber Pau verstand, was ich vorhatte. Leider reichte es nicht aus.

Ich bin mir nicht sicher, ob irgendwelche Zaubertricks, die nur für Trainer gedacht sind, in Spiel 4 einen großen Unterschied gemacht hätten. Die Mavericks hatten von Anfang bis Ende das Heft in der Hand, kamen auf bemerkenswerte 60,3 Prozent mit ihren Würfen aus dem Feld und auf 62,5 Prozent von der Dreipunktelinie; sie tanzten, lachten und feierten sich zu einem 122:86-Sieg. Für den Großteil unserer Demütigung waren die Ersatzspieler der Mavs verantwortlich, insbesondere Terry, der mit seinen 9 Dreiern einen neuen Rekord in den Playoffs aufstellte und 32 Punkte erzielte, und Predrag Stojaković, der 6 seiner 6 Dreier-Würfe verwandelte, sowie Barea, der auf 22 Punkte kam, während er über den Platz flitzte wie Road Runner und den Kojoten Wile E. Coyote austrickste.

Die erste Halbzeit war so einseitig, dass es schon fast lächerlich war. Zur Halbzeit lagen wir mit 39:63 zurück, aber ich wollte auf keinen Fall aufgeben. Ich sagte den Spielern, dass sie in der Defensive nur ein paarmal den Ball zurückerobern und ein paar Würfe verwandeln müssten, um das Spiel noch zu drehen. Und das taten sie auch. Dann, in der Mitte des dritten Viertels, erkämpfte sich Fish per Steal den Ball und warf einen langen Pass zu Ron, der ganz allein über den Platz rannte. Dies hätte ein Durchziehen zum Korb werden können, der dem Spiel eine große Wende gegeben hätte. Doch als Ron auf den Korb zulief, hatte es den Anschein, als könne er sich nicht entscheiden, was er mit dem Ball machen sollte, und so rutschte er ihm aus den Händen und prallte gegen die Unterseite des Rings. Kurz darauf versenkte Terry einen Dreier und setzte damit einen Schlussstrich unter das, was sich als unsere letzte Bedrohung erweisen sollte.

Der nächste Teil war schmerzhaft mit anzusehen. Im vierten Viertel beging Lamar ein verstecktes Foul gegen Nowitzki und wurde vom Platz gestellt. Wenige Augenblicke später versetzte Bynum Barea einen gefährlichen Schlag mit dem rechten Ellbogen, der ihn zu Boden brachte. Andrew wurde sofort des Feldes verwiesen und später für fünf Spiele gesperrt. Als er vom Spielfeld ging, riss er sich sein Trikot vom Leib und entblößte seine Brust vor den Fans – eine peinliche Aktion, eher typisch für die Provinzliga.

Es war alles vorbei.

Der verstorbene Sportreporter der Lakers, Chick Hearn, pflegte oft zu sagen, wenn er glaubte, dass ein Spiel vorzeitig entschieden war: »Dieses Spiel ist im Kühlschrank, die Tür ist zu, das Licht ist aus, die Eier kühlen ab, die Butter wird hart, und der Wackelpudding wackelt!«

Diese Worte kamen mir jetzt wahr vor. Nicht nur, was das Spiel anbelangte, sondern auch hinsichtlich dieser Meisterschaft und meiner Amtszeit als Cheftrainer der Lakers.

Alles war im Kühlschrank.

Ich war noch nie ein guter Verlierer. Wie bei vielen Menschen, die sportliche Wettkämpfe betreiben, war eine der Hauptantriebskräfte in meinem Leben nicht nur das Gewinnen, sondern auch das Vermeiden von Niederlagen. Doch irgendwie hat mich dieses Fiasko nicht so sehr getroffen wie einige andere Niederlagen, die ich in meinem Basketballleben einstecken musste. Das lag zum Teil daran, dass es nicht die NBA-Finals waren. Es fällt mir wesentlich leichter, ein Spiel in der Vorrunde zu verlieren als eines, mit dem man kurz davor steht, sich einen Meisterschaftsring aufzusetzen. Zumal die Art und Weise, wie das Finale in Dallas sich abspielte, so dermaßen absurd war, dass man es kaum ernst nehmen konnte.

Ich war nicht zufrieden damit, wie die Spieler sich am Ende des Spiels verhielten und wie sie agierten. Als wir uns ein letztes Mal in der Umkleidekabine versammelten, fühlte es sich jedoch nicht richtig an, einen Vortrag darüber zu halten, welcher Auftritt sich in der NBA gehört. »Ich denke, wir haben heute Abend ohne Charakter gespielt«, sagte ich ihnen. »Ich weiß nicht, warum das ausgerechnet zu diesem Zeitpunkt passiert ist. Die Medien werden wahrscheinlich eine große Sache daraus machen. Aber ihr solltet dieses Spiel nicht als Messlatte für euer Können oder eure sportliche Leistung bei Wettkämpfen betrachten. Ihr seid besser als das.« Dann ging ich durch den Raum und bedankte mich bei jedem einzelnen Spieler für die großartige Arbeit, die wir im Laufe der Jahre gemeinsam geleistet hatten.

Spieler haben es in der Regel leichter, mit einer Niederlage umzugehen als Trainer. Sie können in die Kabine gehen, sich duschen, dann wieder herauskommen und sagen: »Ich bin müde und hungrig. Lasst uns etwas essen gehen.« Aber Trainer können nicht so einfach von einem aufreibenden und körperlich harten Spiel loslassen. Unsere Nerven feuern noch nach, lange nachdem das Publikum das Stadion verlassen hat.

Bei mir laufen die Nerven normalerweise mitten in der Nacht auf Hochtouren. Ich schlafe ein paar Stunden, und dann – peng! – ist mein Gehirn voll wach und fängt an zu spinnen. »Hätte ich dies tun sollen, hätte ich das tun sollen? Oh Gott! Was für eine schreckliche Entscheidung im vierten Viertel. Vielleicht hätte ich mich für einen anderen Spielzug entscheiden sollen?« Und so weiter. Manchmal muss ich mich lange hinsetzen und meditieren, bevor sich der Lärm in meinem Kopf gelegt hat und ich wieder einschlafen kann.

Coaching ist eine Achterbahnfahrt der Gefühle, die nur schwer zu stoppen ist, selbst wenn man fleißig geübt hat, sich von seinem Wunsch zu verabschieden, dass die Dinge anders sein sollten, als sie tatsächlich sind. Es scheint stets ein bisschen mehr zu geben, von dem man loslassen kann. Der Zen-Lehrer Jakusho Kwong meint, man solle »aktiv an einer Niederlage teilnehmen«. Wir sind darauf programmiert, nur zu gewinnen, glücklich zu sein und zu versuchen, alle unsere Wünsche zu erfüllen, erklärt er. Aber auch wenn wir auf einer anderen Ebene nachvollziehen können, dass eine Niederlage ein Katalysator für Wachstum ist, glauben die meisten Menschen immer noch, sie sei das Gegenteil von Gewinnen und müsse um jeden Preis vermieden werden. Wenn ich in all meinen Jahren der Zen-Praxis und des Basketballtrainings eines gelernt habe, dann das: Es bleibt das bestehen und erhalten, gegen das wir ankämpfen. Manchmal kann man schnell von etwas ablassen, ein anderes Mal braucht es mehrere schlaflose Nächte. Oder Wochen.

Nachdem ich mit den Spielern gesprochen hatte, ging ich durch den Flur des American Airlines Center in einen anderen Raum, wo meine Kinder warteten. Sie waren außer sich. Einigen standen die Tränen in den Augen, die anderen waren fassungslos. »Ich kann nicht glauben, dass das passiert ist«, sagte Chelsea. »Das war das schwierigste Spiel, das wir je miterleben mussten. Warum musste es ausgerechnet dieses Spiel sein?«

Das ist eine Frage, die ich mir seitdem ein paarmal gestellt habe. Wenn sich völlig unerwartet ein Desaster ereignet hat, neigt man dazu, nach einem Schuldigen zu suchen. Die Zeitungsreporter hatten einen Heidenspaß daran, als sie jeden beschuldigten: von Kobe über Pau und Fish bis hin zu Ron und Lamar, und natürlich mich. Andrew sagte den Reportern, er glaube, das Team habe »Vertrauensprobleme«, und da mag etwas Wahres dran sein. Aber ich denke, es gab mehrere Faktoren, die das Team der Lakers daran gehindert hatten, sich zu der geschlossenen Meisterschaftsmannschaft zu formieren, die wir schon so oft zuvor gewesen waren.

Erschöpfung war ein großer Faktor. Um *eine* Meisterschaft zu gewinnen, bedarf es einer gehörigen Portion Durchhaltevermögen – körperlich, psychisch und seelisch. Wenn man die dritte Meisterschaft in Folge anstrebt, hat man schon so viele Spiele hinter sich, dass es immer schwieriger wird, die inneren Ressourcen anzuzapfen, um einen Sieg zu ermöglichen. Hinzu kommt, dass viele der Schlüsselpersonen im Team – mich eingeschlossen – durch persönliche Probleme abgelenkt waren, die es uns schwer machten, mit demselben unbesiegbaren Geist anzutreten, den wir von früher kannten. Wie Lamar es nach dem Spiel auf den Punkt brachte: »Uns hat einfach etwas gefehlt.«

Die buddhistischen Weisen sagen, Himmel und Erde seien nur »durch ein Zehntel Zoll voneinander getrennt«. Und ich denke, dass man dasselbe über Basketball sagen kann. Eine Meisterschaft zu gewinnen ist ein heikler Balanceakt, und man kann nur so viel erreichen, wie man will. Als Führungspersönlichkeit ist es deine Aufgabe, alles in deiner Macht Stehende zu tun, um die perfekten Bedingungen für den Erfolg zu schaffen, indem du dein Ego hintanstellst und dein Team motivierst, Basketball auf die richtige Weise zu spielen. Aber an einem bestimmten Punkt muss man loslassen und sich den Basketballgöttern ausliefern.

Die Essenz des Erfolgs ist die Hingabe an das, was ist.

NACHWORT

DAS LEBEN IST EIN HIGHWAY

Ein Mann reist um die Welt und sucht, was er braucht.
Dann kehrt er zurück nach Hause und findet es.

George Moore

Mein erster Gedanke war, mich auf eine Reise zu begeben. Sobald ich körperlich wieder fit war, wollte ich mir einen Hund zulegen und mit einem Van quer durchs Land fahren, wie es seinerzeit auch John Steinbeck getan hatte. Es war der richtige Zeitpunkt, um all die verborgenen Ecken Amerikas zu erkunden, die ich noch nie gesehen hatte.

Seit meiner Highschool-Zeit, als meine Mannschaftskameraden und ich auf dem Weg zu unserem nächsten Spiel meilenweit durch die Prärie fuhren, bin ich im Grunde ein Mensch, der gerne herumreist. Ich liebe die Freiheit der weiten Straße, die vor einem liegt, und das Gefühl, nie ganz sicher sein zu können, was einen hinter der nächsten Steigung erwartet. Wie Steinbeck es ausdrückte: »Eine Reise gleicht einer Ehe. Die sicherste Art zu scheitern ist zu glauben, man habe sie fest im Griff.«

Für mich ist der Highway eine Form der Meditation. Mein ganzes Leben lang habe ich mich auf den weiten Asphalt begeben, wenn es in meinem Leben drunter und drüber ging. Lange Strecken zu fahren gibt mir das Gefühl, den Moment bewusster zu erleben, und lässt mich ruhiger und besinnlicher werden. Als ich in meinen Zwanzigern mit Meditation experimentierte, ließ ich mich von den Gedanken eines anderen berühmten Ritters der Straße inspirieren, und zwar von Robert Pirsig. »Du schaust dir an, wohin du gehst und wo du bist, und nie ergibt es irgendeinen Sinn«, schreibt er in *Zen und die Kunst ein Motorrad zu warten,* »aber dann schaust du zurück, wo du gewesen bist, und es scheint sich ein Muster zu ergeben.«

Dieses Mal spielte mein Körper jedoch nicht mit. Zunächst musste ich mich direkt nach den Playoffs 2011 einer Prostataoperation unterziehen, die mich fast den ganzen Sommer über außer Gefecht setzte. Dann musste ich abnehmen und mich auf einen schwierigen Eingriff vorbereiten, bei dem mir ein künstliches Kniegelenk eingesetzt werden sollte. Die Operation verlief gut, aber es war ein extrem harter Genesungsprozess. Zu allem Übel verletzte ich mich im Sommer darauf in Montana an der Achillessehne und humpelte auch nach Monaten sporadischen Trainings noch herum. Ich fühlte mich niedergeschlagen, legte meine Reisepläne auf Eis und kehrte im Herbst nach L.A. zurück, fest entschlossen, meinem Heilungsprozess oberste Priorität einzuräumen.

Ende September 2012 lud mich Mitch Kupchak, der General Manager der Lakers, zum Essen ein, um zu sehen, wie es mir ging. Er fragte mich, ob ich vorhätte, in absehbarer Zeit wieder als Trainer zu arbeiten, und ich sagte, ich hätte nicht die Absicht, das zu tun, und schon gar nicht, wenn ich dafür in eine andere Stadt ziehen müsste. Zu diesem Zeitpunkt galt mein Interesse eher einem Bürojob im Front Office, und ich hatte einige Möglichkeiten in Aussicht.

Deshalb war ich Anfang November überrascht, als meine Verlobte Jeanie nach einem Treffen mit ihrem Bruder Jimmy, dem Leiter der Basketballabteilung der Lakers, nach Hause kam und mich bat, »ihn doch bitte mal anzuhören«, was er hinsichtlich der Frage, nämlich ob ich das Team nicht wieder trainieren wolle, zu sagen habe. Im Sommer hatten Jimmy und Mitch zwei große Stars – den Point Guard Steve Nash und den Center Dwight Howard – verpflichtet und damit ein »Dream Team« zusammengestellt, dem gute Chancen auf den Gewinn der Meisterschaft vorausgesagt wurden. Doch Mike Brown, der im Jahr zuvor das Traineramt übernommen hatte, tat sich zu Beginn der Saison 2012/13 schwer damit, die Spieler zu einem Team zusammenzuschweißen. Jimmy kam daher zu dem Entschluss, dass sie ihn ersetzen mussten, nachdem das Team in der Preseason eine Bilanz von 0:8 und vier der ersten fünf regulären Spiele verloren hatte.

Das Treffen fand am Samstagmorgen bei mir zu Hause statt. Jimmy brachte Mitch mit, und wir sprachen hauptsächlich darüber, ob ich für den Job bereit sei. Zu dieser Zeit hatte ich mich von meiner verletzten Achillessehne erholt, und ich gab ihnen zu verstehen, dass ich mich fit fühlte, die Reisestrapazen auf mich zu nehmen. Um ehrlich zu sein, war ich immer noch unschlüssig, ob ich wieder als Trainer arbeiten sollte. Jetzt, da ich mich von meinen Operationen erholt hatte, fühlte ich mich endlich stark genug, um meinen Ruhestand zu genießen, und ich war nicht scharf darauf, wieder ein Sklave des NBA-Spielplans zu werden.

Dennoch reizte mich der Gedanke, mit Kobe, Pau und den anderen ehemaligen Spielern meines Teams noch einmal den Kampf um die Meisterschaft aufzunehmen. Meine größte Sorge war, ob diese Mannschaft den amtierenden Champion, die Miami Heat, schlagen könnte. Meiner Meinung nach gibt es nichts Schlimmeres, als bis in die Finals vorzudringen und dann als Verlierer vom Platz zu gehen. Als Jimmy und Mitch aufbrachen und mein Haus verließen, sagte ich ihnen, dass ich Zeit brauchte, um darüber nachzudenken, ich ihnen am Montag aber eine Antwort geben würde.

Die meisten Fans wissen, wie es dann weiterging. Mitch rief mich am Sonntag um Mitternacht an und teilte mir mit, dass sie beschlossen hatten, einen anderen Coach, Mike D'Antoni, zu verpflichten. Zuerst war ich etwas verblüfft, aber im Nachhinein wurde mir klar, warum alles so schnell anders kam als geplant. Ich war davon ausgegangen, den Job nur für eine Spielzeit zu übernehmen, aber Jimmy und Mitch suchten einen Trainer, der ihnen helfen konnte, das Team langfristig wieder aufzubauen. Außerdem wollten sie die Lakers wieder zu dem Team machen, das einen schnellen Basketball spielt und für eine hohe Trefferquote sorgt, wie es in der »Showtime«-Ära mit Magic Johnson der Fall war, und D'Antoni war sicherlich ein Trainer, der das möglich machen könnte.

Das vorrangige Thema war jedoch der Gesundheitszustand von Eigentümer Jerry Buss. Er war in den vergangenen Monaten immer wieder im Krankenhaus gewesen, weil er mit Prostatakrebs und anderen Krankheiten zu kämpfen hatte. In letzter Zeit hatte sich sein Zustand jedoch verschlechtert, und seine Familie hoffte, dass, würde sich das Schicksal der Lakers zum Guten wenden, sein Leben dadurch mit Freude erfüllt und mit etwas Glück seine Genesung beschleunigt würde.

Einige Wochen später wurde bekannt, dass Jerry Buss und nicht Jimmy die Entscheidung für D'Antoni getroffen hatte. Angesichts des Gesundheitszustands von Jerry schien mir das unwahrscheinlich – ganz zu schweigen von Jimmys unüberlegten Entscheidungen, für die er schon lange bekannt war –, aber es war unmöglich, diese Geschichte zu bestätigen. Letztlich war es sowieso nicht so wichtig. Ich war bereit, weiterzuziehen.

Nach dem Anruf von Mitch wurde mir klar, dass ich auf Distanz zu den Lakers gehen musste, und ich führte Gespräche mit mehreren anderen Teams über einen eventuellen Trainerjob, unter anderem mit den Brooklyn Nets, den Toronto Raptors und den Phoenix Suns. Und um dem Besitzer der Detroit Pistons, Tom Gores, einen Gefallen zu tun, beriet ich den General Manager des Teams, Joe Dumars, bei seiner Suche nach einem neuen Trainer.

Die Zukunftsaussicht, die mich am meisten beflügelte, hatte nichts mit einem Job als Coach zu tun. Im Dezember 2011 machte mich mein Sohn Charley mit Chris Hansen bekannt, einem erfolgreichen Hedgefonds-Manager, der eine Gruppe von Investoren zusammengestellt hatte, die ein NBA-Team zurück nach Seattle bringen wollten. Hansens Plan war es, einen Mehrheitsanteil an den angeschlagenen Sacramento Kings zu kaufen und dann die NBA davon zu überzeugen, das Team in die ehemalige Heimat der Sonics zu verlegen.

Was mir an Chris gefiel, war sein innovatives Denken über Sport und Community. Er wollte, dass ich ihm dabei helfe, eine neue Art von Kultur zu schaffen, die sich auf das Team selbst und nicht auf einzelne Superstars konzentrierte. Sein Ziel war es, den Fans das Gefühl zu geben, dass auch sie ein Teil der Familie sind. Eine von Chris' Ideen, inspiriert von der Fußballmannschaft der Seattle Sounders, bestand darin, vor jedem Spiel große Anfeuerungsrunden zu veranstalten, um die Fans auf dem Weg zur Arena anzustacheln. Eine andere Idee war, einen preisgünstigen Stehplatzbereich hinter den Körben einzurichten, komplett mit Beat-Boards, um den Geräuschpegel zu erhöhen. Chris wollte sogar die Namen der Spieler von ihren Trikots entfernen lassen, um die Aufmerksamkeit von den einzelnen Spielern wegzulenken. Ich sagte ihm daraufhin, dass die Marketingabteilung der NBA ein Problem damit haben könnte.

Meine Aufgabe war es mehr oder weniger, die Dinge am Laufen zu halten, die Einstellung wichtiger Mitarbeiter zu überwachen und den Ton für die Zusammenarbeit zwischen allen Beteiligten anzugeben. Ich würde nicht der aktive General Manager sein, der Spieler anwirbt, Trades einfädelt und Verträge aushandelt. Stattdessen sollte ich mich auf das große Ganze konzentrieren und dafür sorgen, dass alle Teile zusammenpassen und dazu beitragen, eine positive, ganzheitliche Kultur zu schaffen. Das hatte ich bei den Lakers in kleinem Rahmen getan, aber in Seattle ging es darum, diese Prinzipien nicht nur auf die Spieler, sondern auf die Organisation als Ganzes anzuwenden.

Ein Grund, warum ich mich dafür interessierte, war, dass es wie ein Gegenmittel gegen die Veränderung wirkte, die sich in der NBA aufgrund der jüngsten Tarifvereinbarung der Liga mit der Spielergewerkschaft vollzog. Diese Vereinbarung, die für mehr Gleichheit in der NBA sorgen sollte, setzte den Teams strenge Grenzen, wie viel sie für Talente ausgeben durften, indem sie äußerst hohe Geldstrafen gegen diejenigen verhängte, die die festgelegte Gehaltsobergrenze überschritten, und diejenigen belohnte, die ihre Gehälter unterhalb der Grenze hielten. Die Idee war, den kleinen Teams, von denen einige finanzielle Verluste machten, eine größere Chance zu geben, gegen finanzstarke Teams wie die Lakers anzutreten.

Als Reaktion darauf hatten die meisten Franchises bereits damit begonnen, ihren Modus der Talentrekrutierung zu ändern. Die Oklahoma City Thunder zum Beispiel gaben ihren Star-Guard James Harden an die Houston Rockets ab, weil sie ihn sich gemäß dem neuen Vertrag nicht mehr leisten konnten, in Anbetracht der Tatsache, was sie ihren anderen Stars, Kevin Durant und Russell Westbrook, bereits zahlen mussten. In ähnlicher Weise rüsteten die Lakers ihren Kader so um, dass sie Ende 2013/14 nur noch drei Spieler unter Vertrag hatten und in der Lage gewesen wären, ein ernsthaftes Angebot für Spieler auf dem Markt der Free Agents abzugeben.

Leider geht bei dieser Umstrukturierung im Lauf der Zeit der Sinn für Kontinuität zwangsläufig verloren. Die neue Tarifvereinbarung macht es den Teams – unabhängig von ihrem Geldbeutel – praktisch nicht nur unmöglich, Mannschaften mit mehr als zwei oder drei echten Stars zusammenzustellen, sondern sie wird auch die Zahl der Spieler, die den Großteil ihrer Karriere in ein und demselben Team spielen können, erheblich verringern. Während meiner Zeit bei den New York Knicks waren die meisten Schlüsselspieler unserer Meistermannschaften – darunter Bill Bradley, Willis Reed, Walt Frazier und Dave DeBusschere – sechs Jahre oder länger zusammen. So etwas wird es vielleicht nie wieder geben. Stattdessen werden wir viele Teams sehen, die aus einem oder zwei Stars und einigen austauschbaren Rollenspielern auf dem Feld mit befristeten Verträgen bestehen. Infolgedessen wird es noch schwieriger sein, ein Mannschaftsbewusstsein auszubilden, das für Spitzenleistungen unerlässlich ist. Die einzige Lösung besteht darin, eine Kultur zu schaffen, die die Spieler mental stärkt und ihnen ein solides Fundament bietet, auf dem sie bauen können. Andernfalls werden sie zu verunsichert sein, um sich mit ihrer ganzen Kraft darauf zu konzentrieren, einen Teamzusammenhalt zu schaffen und ihn zu festigen.

Wie es das Schicksal wollte, konnten Hansen und seine Partner den Deal nicht abschließen. Im Januar 2013 sah es vielversprechend aus, als sie vereinbarten, eine Mehrheitsbeteiligung an den Kings von den Mehrheitseignern, der Familie Maloof, zu kaufen. Doch Sacramentos Bürgermeister (und ehemaliger NBA All-Star) Kevin Johnson erwirkte eine Vereinbarung mit der Liga, die Investoren, die um den Verbleib des Teams kämpften, die Möglichkeit gab, ein Gegenangebot abzugeben. Johnson konnte den Stadtrat auch überzeugen, einem Finanzierungsplan zuzustimmen, mit dem 447 Millionen Dollar für den Bau einer neuen Arena in der Innenstadt aufgebracht werden sollten (einschließlich eines öffentlichen Zuschusses von 258 Millionen Dollar). Im Mai stimmte der NBA-Aufsichtsrat dafür, Hansen und seine Partner am Umzug der Franchise zu hindern, und noch im selben Monat akzeptierten die Maloofs ein Angebot einer lokalen Gruppe unter der Leitung des Software-Moguls Vivek Ranadive. Das machte dem Traum ein Ende.

Noch bevor der Seattle-Deal im Sande verlief, mussten Jeanie und ich einen noch schwerwiegenderen persönlichen Verlust verkraften. Ende 2012 gab Jerry Buss Jeanie eine Liste mit Personen, die er vor seinem Tod noch sehen wollte, darunter Magic Johnson, Kareem Abdul Jabbar, Jerry West und viele andere. Im Oktober hatte Jeanie gehofft, dass ihr Vater zumindest so gesund sein würde, um ein Spiel im Staples Center zu besuchen. Im Dezember hatte sich sein Leidensweg in ein langes Wachkoma verwandelt.

Zu dieser Zeit beschloss ich, Jeanie einen Heiratsantrag zu machen. Wir hatten schon früher über eine Hochzeit gesprochen, aber immer wieder Gründe gefunden, sie zu verschieben. Der Gedanke kam mir an Thanksgiving im Haus meiner Tochter Brooke in Santa Barbara. Alle meine Kinder und ihre Familien waren dort, mit Ausnahme meiner ältesten Tochter Elizabeth und ihrer Familie, die in Virginia leben. Es war ein gutes Gefühl, mit Jeanie dort zu sein und zu sehen, dass sie sich wohlfühlte und mit allen zurechtkam, und ich dachte mir, dass jetzt die Zeit gekommen war, ihr einen Antrag zu machen. Ich hatte auch im Hinterkopf, dass unsere Verlobung ihrem Vater in seinen letzten Tagen etwas Seelenfrieden geben könnte.

Jerry Buss, der es liebte, Frauen mit Edelsteinen zu überhäufen, zog Jeanie oft über mein »suboptimales« Verhalten in der Schmuckabteilung auf. Als wir nach Hause zurückkehrten, wollte ich das wieder gutmachen und einen Verlobungsring kaufen, der meine Liebe zu Jeanie bekunden sollte. Sie freute sich wahnsinnig, als ich ihn ihr am Weihnachtsmorgen überreichte, und später am Tag zeigte sie ihn ihrem Dad im Krankenhaus.

Im Februar ging ich ins Krankenhaus, um mich von Jerry Buss zu verabschieden. Auch wenn er an diesem Tag kaum bei Bewusstsein war, hielt ich es für wichtig, ihm zu versichern, dass er sich keine Sorgen um Jeanie zu machen brauchte. »Es wird alles gut werden, Jerry«, sagte ich und legte ihm die Hand auf die Schulter. »Du hast für die Zukunft deiner Familie gut ausgesorgt. Du kannst loslassen, es ist schon in Ordnung.«

Ein paar Tage später verstarb er.

Erst als Buss von uns gegangen war, wurde mir klar, wie viele Menschen abhängig von ihm waren. Dazu gehörten nicht nur seine sechs Kinder, sondern auch seine früheren Partner, seine persönlichen Mitarbeiter und die gesamte Lakers-Organisation. Jerry war ein warmherziger, herausragender Mann, geprägt von einer beschwerlichen Kindheit in Wyoming. Er konnte nie vergessen, wie sehr die Güte anderer Menschen ihm geholfen hatte, der Armut zu entkommen und Erfolg zu haben.

Was mich an Jerry Buss besonders beeindruckt hatte, war, wie sehr er sich um seine Spieler gekümmert hatte. Magic [Johnson], der sich selbst als

Jerrys »Adoptivsohn« bezeichnete, hielt bei der Trauerfeier eine bewegende Rede über die außergewöhnliche Unterstützung, die Buss ihm zukommen lassen hatte, als bei ihm 1991 HIV diagnostiziert wurde – Jerry hatte geweint, als er die Nachricht gehört hatte, hatte ihm die besten Ärzte gesucht und darauf geachtet, dass er jeden Tag seine Medikamente nahm.

Jerry Buss hinterließ detaillierte Anweisungen, wie seine Kinder die Lakers nach seinem Tod führen sollten. Er ernannte Jeanie zur verantwortlichen Leiterin für die Geschäftsabläufe, Jimmy zum Personalchef für den Basketballkader und den älteren Bruder Johnny zum Berater auf höchster Ebene. Nach der Beerdigung waren Jimmy und Johnny jedoch überrascht, als sie erfuhren, dass Buss Jeanie als stimmberechtigtes Mitglied der Lakers in den NBA-Aufsichtsrat berufen hatte. Diese Entscheidung gab Jeanie die endgültige Verantwortung für die Lakers-Franchise.

Die Spannungen spitzten sich später im Jahr zu, als ein Auszug aus einer aktualisierten Ausgabe von Jeanies Buch *Laker Girl* in der *Los Angeles Times* erschien, aus dem hervorging, wie sehr sie sich von der Art und Weise, wie die Trainersuche gehandhabt worden war, überrumpelt gefühlt hatte. Dies führte zu mehreren emotionsgeladenen, aber konstruktiven Gesprächen zwischen Jimmy und Jeanie, in denen sie einen effektiveren Weg für ihre Kommunikation ausarbeiteten. Nicht zuletzt verschafften diese Gespräche den beiden mehr Klarheit über ihre jeweiligen Rollen.

Natürlich war es nicht gerade hilfreich, dass die Lakers die ganze Saison über darum gekämpft hatten, die Playoffs zu erreichen. Nicht nur, dass Steve Nash mit einem gebrochenen linken Bein für die erste Hälfte der Spielzeit ausfiel, auch Dwight Howard, der sich gerade von einer schweren Rückenoperation erholt hatte, machte bei seinem Comeback einen besorgniserregenden Eindruck. Darüber hinaus hatte Pau Gasol Probleme, sich in die neue, schnellere Offensive einzufügen. Zum All-Star-Break lagen die Lakers dreieinhalb Spiele hinter den Rockets zurück und kämpften um den letzten Playoff-Platz in der Western Conference. Nach der Pause legten sie, angetrieben von Kobe, einen 8:2-Lauf hin und überwanden schließlich die 500er-Marke, das heißt, sie hatten mehr als 50 Prozent ihrer Spiele gewonnen. Fünf Tage vor dem Ende der regulären Saison zog sich Kobe in einem Spiel gegen die Golden State Warriors einen Riss in der Achillessehne zu, und die Lakers schafften es gerade noch, durch einen Sieg in der

Verlängerung des letzten Spiels gegen Houston einen Platz in den Playoffs zu ergattern. Ohne Kobe konnten sie gegen die San Antonio Spurs in der ersten Runde jedoch nicht viel ausrichten und schieden mit 0:4 aus dem Wettbewerb aus.

Inmitten des Geschehens fragten mich Freunde, ob ich so etwas wie Schadenfreude empfunden hätte, und ich sagte definitiv nein. Die Lakers gehörten zur Familie. Mehr als alles andere wollte ich, dass das Team Erfolg hat.

Nach den Playoffs kam Mitch Kupchak zu mir nach Hause, um die Strategie des Teams zu besprechen, wie man Dwight Howard, oder D12, wie er inzwischen genannt wurde, überreden könnte, bei den Lakers zu bleiben, denn es gab viele andere Teams, die ihn verpflichten wollten. Dazu gehörten die Atlanta Hawks (sein Heimatteam), die Golden State Warriors (ein junges Team voller Talente), die Dallas Mavericks (ein ehemaliger Meister, angeführt von Dirk Nowitzki) und die Houston Rockets (ein starker Meisterschaftsanwärter). Als Dwights aktueller Arbeitgeber hatten die Lakers den Vorteil, dass sie ihm insgesamt 30 Millionen Dollar mehr bieten konnten als die anderen Klubs, plus ein zusätzliches Jahr in seinem Vertrag, aber das garantierte gar nichts.

Während eines Interviews, das er nach Saisonende gegeben hatte, bat Dwight um die Zusicherung, dass ich als Trainer für das Team zurückkehren würde, aber Mitch trieb ihm diesen Gedanken schnell aus. Er bat mich, ihn in dieser Sache zu unterstützen und nichts zu erzählen, was dem widerspreche. Ich erklärte mich einverstanden und sagte Mitch, dass ich mit Dwight Kontakt aufnehmen und ihm gut zureden würde, bei den Lakers zu unterschreiben. Er hat nie auf eine meiner Nachrichten geantwortet.

Kritiker machten sich lustig über unsere Kampagne, D12 unbedingt bei den Lakers halten zu wollen, und dazu gehörte auch, dass wir in der ganzen Stadt Plakate mit einem riesigen Foto von Dwight in den Lakers-Farben Lila und Gold aufhängen ließen, auf denen nur ein einziges Wort zu lesen war: BLEIB. Aber auch die anderen Teams waren nicht weniger einfallsreich. Mark Cuban, der Eigentümer der Dallas Mavericks, erstellte für seine Präsentation einen Animationsfilm mit D12, und der General Manager der Houston Rockets produzierte ein Video mit mehreren Kindern aus der

Stadt, darunter seine eigene Tochter, in dem er Dwight anfleht, nach Houston zu wechseln.

Die Lakers luden Kobe und Steve zum abschließenden Pitch-Meeting ein, um Dwight zum Bleiben zu überreden. Es klang wie eine gute Idee. Steve schickte vor dem Treffen einen witzigen Tweet ab: »Dwight Howard, wir kommen deinetwegen. Du wirst die Statue lieben, die wir in 20 Jahren vor dem Staples Center für dich errichten werden!« Kobe hielt eine bewegende Rede während des Meetings und versprach Dwight, das Geheimnis zu verraten, wie man Meisterschaften gewinnt, das er von den Besten im Basketball gelernt hatte.

Wäre das Meeting an dieser Stelle zu Ende gewesen, hätte es vielleicht funktioniert. Aber nach der Präsentation fragte Dwight Kobe, was er zu tun gedenke, nachdem er sich von seiner Achillessehnenverletzung erholt hatte. Würde dies sein letztes Jahr sein? »Nein«, antwortete Kobe, »ich plane, noch drei oder vier Jahre zu spielen.«

An diesem Punkt, so berichten andere, die im Raum anwesend waren, wurden Dwights Augen leer und ausdruckslos, und er schaltete ab. Für ihn war das hier vorbei. Ein paar Tage später gab er bekannt, dass er bei den Rockets unterschreiben würde.

Als Jeanie davon erfuhr, war sie alles andere als glücklich. Sie war überzeugt, dass das Ergebnis anders ausgefallen wäre, wenn ihr Vater noch am Leben und fit genug gewesen wäre, um bei den Verhandlungen dabei zu sein. In all seinen Jahren bei den Lakers hatte Jerry Buss nur einen einzigen erstklassigen Spieler an die Free Agency verloren: A.C. Green an Phoenix im Jahr 1993. Wenn Jerry das Sagen hätte, so behauptete sie, hätte er Dwight die nötige Unterstützung zukommen lassen und wäre in der Lage gewesen, die Gespräche in die richtige Richtung zu lenken.

Das mochte zwar stimmen, aber ich war mir nicht sicher, ob diese Wendung der Ereignisse nicht ein einziges Desaster war. Ich dachte sogar, es wäre nicht nur ein Weckruf für Jim und Mitch, sondern würde ihnen hinsichtlich des Budgets auch mehr Flexibilität geben, um das junge, schnellere Team aufzubauen, das sie sich immer gewünscht hatten. Auf kurze Sicht war die Leistung des Teams allerdings nicht gerade erbaulich. Nach einer Saison, die von Verletzungen von Kobe, Pau, Steve Nash und anderen geprägt war, verpassten die Lakers zum ersten Mal seit 2005 die Playoffs.

Es überrascht daher nicht, dass Mike D'Antoni kurz darauf seinen Rücktritt als Cheftrainer bekannt gab.

Im Herbst 2013 aß ich mit der Präsidentin des Union Theological Seminary zu Mittag und wir unterhielten uns lange darüber, wie man eine Gemeinschaft für Menschen schaffen kann, die sich als spirituell, aber nicht unbedingt als religiös verstehen. Während des Gesprächs schaute sie mich plötzlich an und sagte: »Wissen Sie, Sie *sind* wirklich ein Geistlicher.«

Ihre Bemerkung überraschte mich, denn sie erinnerte mich an die Erwartungen, die meine Eltern an mich gestellt hatten, als ich noch ein Kind war. Damals, als ich jung war, dachte ich immer, dass ich nach meiner Basketballkarriere eines Tages zu dieser Berufung zurückfinden würde. Einmal, als ich arbeitslos war, habe ich sogar daran gedacht, die Graduiertenschule zu besuchen und Theologie zu studieren. Aber als ich an einem Priesterseminar in Missouri teilnahm und sah, welche Gewinnsucht mit diesem Beruf heutzutage verbunden ist, war mir die Lust daran vergangen. Als ich den Campus besichtigte, sagte der junge Mann, der mich herumführte, ganz nüchtern: »Sie können in diesem Bereich wirklich viel Geld verdienen, vielleicht sogar 150 000 im Jahr.«

Im Allgemeinen war ich auf meiner spirituellen Suche ein Einzelgänger, was zum Teil an meinem peripatetischen Reiseplan lag, insbesondere aber an meiner tief sitzenden Abneigung gegen organisierte Religionen. Aber vielleicht hat diese Frau etwas in mir gesehen, das ich beachten sollte.

Vor Kurzem forderte mich mein Zen-Lehrer auf, darüber nachzudenken, das Bodhisattva-Gelübde abzulegen, welches besagt, die eigene spirituelle Entwicklung nicht nur zum eigenen, sondern zum Heil aller lebenden Wesen zu verfolgen. Chögyam Trungpa drückte es so aus: »Das Bodhisattva-Gelübde abzulegen bedeutet, dass wir, anstatt an unserem eigenen individuellen Territorium festzuhalten und es mit Haut und Zähnen zu verteidigen, uns für die Welt, in der wir leben, öffnen. Es bedeutet, dass wir bereit sind, eine größere Verantwortung zu übernehmen.«

Diese Berufung ist der traditionellen christlichen Vorstellung eines Lebens in Gnade nicht unähnlich. Im Oktober nahm ich am Loyola Marymount College an einer Podiumsdiskussion über das Leben in Askese teil, die von einer Freundin, der Autorin Kathleen Norris, moderiert wurde. Sie erzählte eine Geschichte über einen Mönch im Mittelalter, der in eine nahe gelegene Stadt reiste, um einen berühmten Asketen zu besuchen, der sich als Händler in einem belebten Marktviertel entpuppte. In jener Nacht, als die beiden im Gebet versunken waren, wurde der Mönch durch den Lärm, den einige Betrunkene und Prostituierte auf der Straße veranstalteten, aus der Ruhe gebracht und fragte den Kaufmann: »Wie um alles in der Welt hältst du das jede Nacht aus?« Der Kaufmann antwortete: »Ich sage mir einfach: ›Die kommen alle ins Himmelreich.‹«

Kathleen, eine gläubige Christin, erzählte diese Geschichte, weil sie sie oft auf ihre eigenen Situationen bezieht. Als sie einmal in einem Privatclub in Chicago übernachtete, kam der Mann von nebenan mit einem Callgirl in sein Zimmer, und die beiden fingen an, einen Heidenlärm zu machen. »Ich musste mich entscheiden, ob ich gestört werden wollte oder nicht«, sagte sie. »Dann erinnerte ich mich an diese Geschichte und sagte zu mir selbst: ›Wir kommen alle ins Himmelreich.‹«

Ein Teil von mir hat sich stets danach gesehnt, ein einfacheres, asketischeres Leben zu führen. Doch ich musste das mit den Anforderungen, die die ständige Präsenz in der Öffentlichkeit mit sich bringt, in Einklang bringen. Als ich mich vom Coaching zurückzog, drängte mich Jeanie, dass ich mich über das, was in der Welt des Basketballs ablief, auf dem Laufenden halten sollte – was ich auch tat –, aber zunächst neigte ich dazu, den Blick nach innen zu wenden und mich mehr an meinen »innewohnenden Geistlichen« zu gewöhnen. Ich stellte mir vor, alles langsamer anzugehen, achtsamer zu leben und vor allem daheim mehr in die Rolle des Hausbediensteten zu schlüpfen. Ich war glücklich damit, zu Hause der Chefkoch zu sein, und verbrachte einen Großteil meiner Zeit damit, den Einkauf zu erledigen, das Abendessen zuzubereiten und mich um den Haushalt zu kümmern. Ich brachte einigen Geschäftsleuten das Meditieren bei und spielte mit dem Gedanken, Studenten am Union Theological Center zu betreuen. Solange sie mich nicht »Reverend« nannten, dachte ich, wäre es in Ordnung. Dann lud mich Irving Azoff zu seiner Geburtstagsparty ein.

Irving ist ein führender Manager der Musikindustrie, zu dessen Klienten die Eagles, Christina Aguilera, Steely Dan und andere Stars gehören. Zudem ist er ein langjähriger Lakers-Fan, den ich bei Spielen oft mit Glenn

Frey von den Eagles an der Grundlinie in der Nähe unserer Bank sitzen gesehen habe. Irvings Frau Shelli ist dafür bekannt, dass sie in ihrem Haus in den Holmby Hills in Los Angeles große »Just Us Girls«-Partys schmeißt. Um dem noch eins draufzusetzen, veranstaltete Irving Anfang Dezember eine ähnliche Feier für rund 150 Freunde – alles Männer –, um seinen Geburtstag zu feiern. Auf der Gästeliste standen unter anderem mehrere Mitglieder der Eagles, der Schauspieler Larry David, der CBS-Chef Lester Moonves und Jim Dolan, der Vorstandsvorsitzende der Madison Square Garden Company und Eigentümer der New York Knicks. Irving hatte mich im Vorfeld gewarnt, dass Jim mit mir über sein Team sprechen wollte.

Es gab eine Menge zu besprechen. Ein paar Monate zuvor hatte Jim den General Manager der Knicks, Glen Grunwald, durch Steve Mills, den ehemaligen Manager des Madison Square Garden, kurz bevor es ins Trainingscamp ging, ersetzt. Die Mannschaft hatte im Oktober einen wackeligen Start hingelegt, und es wurde noch schlimmer, als sich Star-Center Tyson Chandler Anfang November ein Bein brach. Ich sagte Jim, dass er geduldig sein müsse. »Die Saison ist gerade einmal fünf oder sechs Wochen alt«, sagte ich. »Dein Team hat noch keine Zeit gehabt, sich zusammenzufinden.«

Meiner Meinung nach mussten die Knicks das Spieltempo erhöhen, den Ball effektiver abspielen und eine härtere Gangart an den Tag legen. Jim und ich saßen etwa eine Stunde lang in Irvings Büro, sprachen über die missliche Lage der Knicks und hätten beinahe das Abendessen verpasst. Also beschlossen wir, unser Gespräch nach den Feiertagen wieder aufzunehmen.

Unser nächstes Treffen unter vier Augen fand in Jerry's Deli statt, einem Lokal im New Yorker Stil in Marina del Rey, nicht weit von meinem Haus entfernt. Jim, der kurz zuvor mit Irvings Firma ein Joint Venture namens Azoff MSG Entertainment gegründet hatte, war in der Stadt, um über die Neugestaltung der ehemaligen Heimstätte der Lakers, »The Forum«, zu sprechen, das jetzt Teil des »Madison Square Garden«-Unternehmens war.

Jim fragte mich, was ich mit dem Team machen würde, wenn ich mit ins Boot käme. »Ich müsste mich wirklich richtig einbringen, wenn ich Teil des Betriebs sein sollte. Ich müsste wissen, was täglich abläuft«, sagte ich.

»Welche Rolle möchtest du denn übernehmen?«, fragte Jim.

»Nun, ich weiß, dass ich nicht der General Manager sein möchte.«

Irving hörte vom anderen Ende des Raumes zu.

»Ernenne ihn zum Präsidenten«, sagte er zu Jim. »Er muss der Präsident sein.«

Das war's. Eine Woche später flog Steve Mills nach L.A. und wir entwarfen einen Plan für unsere mögliche Zusammenarbeit. Ich war beeindruckt von Steves Geschäftssinn und seiner Bereitschaft, als Präsident des Teams zurückzutreten, um als General Manager mit mir zu arbeiten. Nach meinem Dafürhalten könnten wir ein gutes Team sein.

Was mich an dem Job reizte, war die Möglichkeit, die Teamkultur von Grund auf neu zu gestalten, so wie ich es mit der unter einem schlechten Stern stehenden Franchise in Seattle zu tun gehofft hatte. Jim hatte versprochen, mir sämtliche Befugnisse über den Basketballbetrieb zu geben und mir freie Hand zu lassen, um alle erforderlichen Änderungen vorzunehmen, damit wir eine weitere Meisterschaft nach New York holen konnten. Gleichwohl fragte ich mich, wie viel Einfluss ich haben könnte, wenn man bedenkt, dass das Team mit Blick auf die neue Tarifverhandlungsvereinbarung ernsthaft überfordert war. Die Knicks hatten für 2014/15 acht Spieler unter Vertrag, darunter Chandler, Amar'e Stoudemire und Andrea Bargnani, für ein Gesamtgehalt von rund 50 Millionen Dollar, und die aktuelle Gehaltsobergrenze lag bei 58,7 Millionen Dollar. Und nicht nur das, auch der einzige echte Star des Teams – Carmelo Anthony – hatte angekündigt, in der Off-Sason den Markt für Free Agents auszutesten. Außerdem hatten die Knicks keine Draft-Picks, mit denen sie herumspielen konnten, und viele der Topspieler kurierten ihre Verletzungen aus. Das würde noch sehr interessant werden.

Unser letztes Treffen fand am 2. März im La Quinta Resort bei Palm Desert, Kalifornien, statt. Jim, ein risikofreudiger Mensch und ein routinierter Regatta-Segler auf Maxi-Yachten, bat mich, für ihn, Steve und mich ein Outdoor-Abenteuer zu planen. Ich organisierte einen Guide, der uns in Geländewagen auf eine wilde Verfolgungsjagd durch die Wüste führte, um zu sehen, wie meine zukünftigen Kollegen in feindlichem Gebiet reagieren würden. Sie schlugen sich gut; ich war derjenige, der sich verirrte – oder wie Daniel Boone einmal sagte: »Ich habe mich nie verirrt, aber ich habe mich einmal drei Tage lang gewaltig verlaufen.«

Dieser Trip räumte alle Zweifel hinsichtlich meines persönlichen Weiterkommens aus. Jim und ich trafen uns unter dem klaren Wüstenhimmel und vereinbarten einen Termin für Mitte März für meine Rückkehr zu den Knicks.

Zurück in New York bestand meine erste Aufgabe darin, der Richtung der Knicks eine klare Linie zu geben und dafür zu sorgen, dass in der Franchise Einstimmigkeit darüber herrschte, wie unser Ziel aussehen sollte. Es ging mir nicht darum, eine schnelle Wende herbeizuführen, sondern eine nachhaltige Zukunft für das Team zu schaffen, und zwar basierend auf den in diesem Buch dargelegten Prinzipien von Teamwork und Selbstlosigkeit.

Der wichtigste Faktor ist für mich, Vertrauen aufzubauen. Ich will nicht die Art von Präsident sein [Anm. d. Red.: Diese Passage ist auf dem Stand von 2013, als Phil Jackson Präsident der New York Knicks wurde. Dieses Amt hat er bis 2017 bekleidet.], der privat mit dem General Manager zusammenhockt und alle anderen im Dunkeln lässt. In meiner neuen Rolle werde ich mich nicht so intensiv um das Team kümmern, wie ich es als Trainer getan habe, aber ich kann dafür sorgen, dass jeder, der gute Ideen hat, die Gelegenheit bekommt, gehört zu werden.

Wir haben einige talentierte Leute in dieser Organisation, aber sie brauchen mehr Führung. Auch unsere Scouts und Analysten müssen die Unmengen an Informationen, die sie jeden Tag über potenzielle Kandidaten liefern, mit unserer langfristigen Vision für die Mannschaft in Einklang bringen. Zu diesem Zweck planen wir, jedes Team in der Liga zu analysieren und gemeinsam herauszufinden, was es antreibt, sodass wir heute Maßnahmen ergreifen können, die sich in drei bis fünf Jahren als sinnvoll erweisen werden.

New York ist, was die Medienwelt betrifft, ein Druckkochtopf, und die Knicks trugen in der Vergangenheit häufig den Schaden davon, weil sie unausgereifte Informationen an Reporter durchsickern ließen. Trotzdem bin ich kein Fan davon, die Medien in enge Schranken zu weisen. Ich baue innerhalb der Gruppe lieber Vertrauen auf, sodass sich jeder verpflichtet fühlt, die wichtigsten Geheimnisse des Teams zu schützen. Und das ist manchmal ein schwieriger Balanceakt.

In meinen ersten Wochen in New York habe ich viel Zeit damit verbracht, Gerüchte über meine Pläne aus der Welt zu räumen. Tauchte eine Falschmeldung in den Medien auf, lautete meine Botschaft an die Mitarbeiter: »Macht euch keine Sorgen. Wir weichen nicht von unserem langfristigen Plan ab. Das Wichtigste ist, dass wir uns gegenseitig vertrauen. Und wenn jemand dieses Vertrauen missbraucht, dann werden wir damit fertig. Man kann mich vielleicht einmal täuschen, aber nie zweimal.«

Ein weiterer Punkt, den ich hier ansprechen möchte, ist eine gewisse Gleichgültigkeit der Mannschaft, die sie an den Tag legt. In den alten Zeiten, als ich noch Spieler war, hatten wir niemanden gehabt, der sich wie ein Zeugwart um uns kümmerte. Wir mussten unsere Wäsche selbst waschen, unsere eigenen Tickets verteilen und auf unsere Ernährungspläne achten (wenn man das, was man im Carnegie Deli serviert bekommt, als Mahlzeit bezeichnen will). Ich behaupte nicht, wir sollten wieder an den Punkt zurückkehren, an dem man alles selbst macht, aber wir müssen das damit einhergehende Verantwortungsbewusstsein wiederherstellen, so wie es sich für einen Profi gehört. Die Frage ist: Sollen die Knicks eine verhätschelte Truppe von Spielern sein, die sich darauf verlassen müssen, dass sich jemand ihrer Launen annimmt, oder ein Team von ernsthaften Profis, deren oberste Priorität es ist, ihren Job zu erledigen?

In meiner zweiten Amtszeit bei den Lakers hatten wir einige großartige Teamleader – Kobe Bryant, Derek Fisher, Pau Gasol –, die körperlich oft einen Höllenritt durchmachten, um die ganze Saison durchzuspielen. In meinem letzten Jahr hatten wir sechs Spieler, die alle 82 Spiele bestritten. In der Saison 2013/14 hatten die Knicks keinen einzigen. Das Ziel ist nicht, ein Super-Macho zu sein, sondern jede Schlacht auf dem Platz gemeinsam zu bestreiten und den hart erkämpften Zusammenhalt des Teams zu schützen.

Die Frage nach der Belastbarkeit ist jedoch nicht das größte Problem der Knicks. Als ich mit den Spielern in der Postseason sprach, sagten viele von ihnen, dass sie außerhalb des Spielfelds Sympathie für ihre Teamkollegen hätten, aber nicht alle auf derselben Wellenlänge seien, wenn sie gemeinsam auf dem Platz standen. Und im Gegensatz zu den Medienberichten gaben sie nicht dem Trainer die Schuld für die fehlende Harmonie, sondern sich selbst. Wie sie zugaben, waren sie nicht bereit gewesen, die nötigen Opfer zu bringen, um als Team zusammenzuwachsen.

Es ist schön, wieder in New York zu sein. Obwohl sich die Stadt drastisch verändert hat, seit ich als Rookie vor einem halben Jahrhundert das erste Mal hier ankam, kommt sie mir immer noch wie ein Zuhause vor. Ich liebe das dynamische, ausgeklügelte und temporeiche Leben in der Stadt. In L.A. kann man sich wochenlang in seiner eigenen Blase verkriechen. Aber in New York hat man stets engen Kontakt mit der ganzen Welt, egal wo man hingeht. Das ist sehr belebend.

Keine Frage, ich habe eine große Aufgabe vor mir. Jetzt, da wir Derek Fisher als neuen Cheftrainer verpflichtet haben, müssen wir ein paar neue Spieler als Ergänzung für Carmelo verpflichten (der sich entschieden hat, bei den Knicks zu bleiben), die Chemie zwischen den Spielern verändern und dem Team mehr von dem Schneid und dem Durchhaltevermögen geben, für das New York berühmt ist. Derek war ein außergewöhnlicher Anführer, als er für mich bei den Lakers spielte, und ich bin sicher, dass er die Spieler motivieren wird, zusammenzuwachsen und Basketball auf die richtige Art und Weise zu spielen.

Bald werden die Flitterwochen vorbei sein. Ich kann bereits die Haie spüren, die im Wasser kreisen. Aber das stört mich nicht. Was jetzt zählt, ist, jeden Morgen aufzuwachen und die Gelegenheit zu bekommen, etwas zu tun, wovon ich schon immer geträumt habe: das Team wieder zum Leben zu erwecken, das Red Holzman aufgebaut hat – das Team, das mein Leben für immer verändert hat.

DANKSAGUNG

Die Arbeit an diesem Buch begann im Winter 2011/12 im Wohnzimmer von Phils Haus in Playa del Rey, Kalifornien, einem verschlafenen Städtchen am Strand. Der langgestreckte Raum mit Blick auf den Pazifik ist voll mit Erinnerungsstücken: ein Edward-Curtis-Foto von einem Kutenai-Krieger, der in seinem Kanu auf dem Flathead Lake Schilf einsammelt, ein totemartiges Gemälde, welches das Team der Bulls zeigt, das das zweite Three-Peat gewann, und eine riesige Replik des Meisterschaftsrings der Lakers von 2010. Durch die bodentiefen Fenster konnte man Hoffnungsträger für die Olympischen Spiele beim Volleyballtraining am Strand beobachten, während eine Parade von Angelinos in farbenfroher Sportkleidung auf Inlineskates, Fahrrädern, E-Rollern und anderen umweltschonenden Vehikeln vorbeizog.

Ab und an hielt Phil inne, die Vorteile der Triangle Offense zu erklären, und blickte verträumt auf das Meer. »Schau mal«, sagte er und deutete auf ein Fischerboot, das aufs Meer hinausfuhr, oder auf eine kleine Herde von Delfinen, die sich in den Wellen nahe der Küste tummelten. Wir saßen schweigend da und beobachteten eine Weile die Szene, die sich dort draußen abspielte, bis Phil meinte, dass es wieder an der Zeit sei, die Geheimnisse des Blind Pig oder einer anderen verborgenen Strategie zu entschlüsseln, die typisch für Jacksons Basketballspiel war.

Im hinteren Teil des Raumes befindet sich ein kleiner, versteckter Meditationsraum, umgeben von japanischen Papierwänden, in dem Phil morgens meist *zazen* praktiziert. An einer Wand hängt eine schöne Kalligrafie von *Ensō*, dem Zen-Symbol des Absoluten, ergänzt mit Zeilen von Tozan Ryokais, einem buddhistischen Mönch aus dem 9. Jahrhundert:

Versuche nicht, die objektive Welt zu sehen.
Das Objekt, das dir zum Sehen dargeboten wird, ist ganz anders als du selbst.
Ich gehe meinen eigenen Weg und ich begegne mir selbst, das
alles beinhaltet, was ich vorfinde.
Ich bin nicht etwas, das ich (als Objekt) sehen kann.
Wenn du das Selbst verstehst, das alles einschließt,
Hast du deinen wahren Weg gefunden.

Das ist die Essenz dessen, was wir in diesem Buch zu vermitteln versuchen: dass der Weg der Transformation darin besteht, sich selbst als etwas zu sehen, das über die engen Grenzen des eigenen kleinen Egos hinausgeht – etwas, das »alles umfasst«.

Basketball ist kein Einzelsport, auch wenn es von den Medien manchmal so dargestellt wird, und um genau zu sein, ist es auch kein Sport für fünf Spieler. Vielmehr handelt es sich um einen komplexen Tanz, der alles das mit einschließt, was gerade in einem bestimmten Augenblick passiert – wenn der Ball gegen den Ring prallt, ein Raunen durch das Publikum geht, die Wut in den Augen des Gegners sich abzeichnet oder wenn die eigenen Gedanken nicht zur Ruhe kommen, weil sich im Kopf alles dreht.

Das Gleiche gilt für das Schreiben. Ein solches Buch zu verfassen geht weit über die einsame Arbeit von zwei Männern hinaus, die auf ihre Laptops einhämmern. Glücklicherweise konnten wir während des gesamten Projekts auf ein hervorragendes Team von Männern und Frauen zurückgreifen, die mit ihren Kenntnissen, ihrer kreativen Energie und ihrer harten Arbeit dazu beigetragen haben, dass dieses Buch realisiert werden konnte.

Zunächst möchten wir unserer Agentin Jennifer Rudolph Walsh von William Morris Entertainment dafür danken, dass sie uns bei der Entstehung dieses Buches geholfen und dieses Projekt tatkräftig gefördert hat. Ein großes Dankeschön geht auch an den Agenten Todd Musburger für seine Ausdauer, seine Integrität und sein Geschick, mit dem er alle Teile zusammengefügt hat.

Wir schulden unserem Verleger und Herausgeber Scott Moyers großen Dank dafür, dass er das Buch *Eleven Rings* von Anfang an vor seinem geistigen Auge hatte und es Wirklichkeit werden ließ. Auch Scotts Assistenten, Mally Anderson und Akif Saifi, und dem übrigen Redaktionsteam von The Penguin Press gebührt ein großes Lob dafür, dass sie, ähnlich wie Michael Jordan, unter Druck ihre Contenance wahrten und mit Stil weiterarbeiteten.

Unser besonderer Dank gilt den Spielern, Trainern, Journalisten und anderen, die sich die Zeit nahmen, uns ihre persönlichen Gedanken über Phil und die auf diesen Seiten geschilderten Ereignisse mitzuteilen. Ganz besonders danken wir Senator Bill Bradley und Mike Riordan für ihre Einblicke in die Knicks; Michael Jordan, Scottie Pippen, John Paxson, Steve Kerr und Johnny Bach hinsichtlich ihrer Kenntnisse über die Bulls; und Kobe Bryant, Derek Fisher, Rick Fox, Pau Gasol, Luke Walton, Frank Hamblen, Brian Shaw und Kurt Rambis für all die Informationen über die Lakers. Dank auch an Bill Fitch, Chip Schaefer, Wally Blase, George Mumford, Brooke Jackson und Joe Jackson für ihre unschätzbaren Beiträge.

Unser besonderer Dank gilt den Autoren Sam Smith und Mark Heisler für ihre Beratung und ihr umfassendes Wissen über die NBA. Rick Telander, Kolumnist der *Chicago Sun-Times,* war ebenfalls eine große Hilfe, ebenso wie die Reporter Mike Bresnahan von der *Los Angeles Times* und Kevin Ding vom *Bleacher Report.*

Ein Kompliment geht an John Black, den PR-Magier der Lakers, und sein Team, die die Wogen geglättet haben, wie nur sie es vermögen. Auch Tim Hallam und seinem Team bei den Bulls sind wir zu großem Dank verpflichtet.

Ein besonderer Dank geht an Phils Mitarbeiter, die bei seinen früheren Büchern mitgeholfen haben, an die Autoren Charley Rosen (*Maverick* und *More Than a Game*) und Michael Arkush (*The Last Season*) sowie an die Fotografen George Kalinsky (*Take It All!*) und Andrew D. Bernstein (*Journey to the Ring*). Wir haben auch von den Gedanken anderer Autoren in folgenden Werken profitiert: Bill Bradleys *Life on the Run*, Phil Bergers *Miracle on 33rd Street*, Dennis D'Agostinos *Garden Glory*, Red Holzman und Harvey Frommers *Red on Red*, Roland Lazenbys *Mindgames* und *The Show*, David Halberstams *Playing for Keeps*, Sam Smiths *The Jordan Rules*, Rick Telanders

In the Year of the Bull, Elizabeth Kayes *Ain't No Tomorrow* und Mark Heislers *Madmen's Ball.*

Darüber hinaus möchten wir mehreren Journalisten, die Phil und seine Teams im Lauf seiner Karriere begleitet haben, für ihre Einblicke danken, insbesondere Frank Deford, Jack McCallum und Phil Taylor (*Sports Illustrated*); Tim Kawakami, Tim Brown, Bill Plaschke, T.J. Simers, Ben Bolch und Broderick Turner (*Los Angeles Times*); Melissa Isaacson, Terry Armour, Skip Myslenski, Bernie Lincicome und Bob Verdi (*Chicago Tribune*); Lacy J. Banks, John Jackson und Jay Mariotti (*Chicago Sun-Times*); Tim Sullivan und Mark Ziegler (*San Diego Union-Tribune*); Howard Beck und Mike Wise (*New York Times*); Mike Lupica (*New York Newsday*); J.A. Adande, Ramona Shelburne und Marc Stein (ESPN) sowie Michael Wilbon (*Washington Post*).

Sue O'Brian und Lyn Garrity, die beiden Verantwortlichen für die Recherchearbeit, haben hervorragende Arbeit geleistet und dafür gesorgt, dass wir die Fakten richtig zuordnen konnten. Wir danken Kathleen Clark für die Erstellung der wunderbaren Bildergalerie und Brian Musburger und Liz Calamari für ihren unermüdlichen Einsatz, um für dieses Buch zu werben. Danke auch an Chelsea Jackson, Clay McLachlan, John M. Delehanty, Jessica Catlow, Rebekah Berger, Amanda Romeo, Gary Mailman, Amy Carollo, Caitlin Moore, Kathleen Nishimoto, Gayle Waller und Chrissie Zartman für ihre Unterstützung, die weit über das normale Maß hinausging.

Am meisten sind wir von der Liebe und der Unterstützung der größten Verfechter dieses Buches, nämlich Barbara Graham und Jeanie Buss, geehrt.

Barbara hat von Anfang an ihr Herz und ihre Seele in dieses Projekt gesteckt und dem Buch mit ihrem meisterhaften Lektorat und ihrer kreativen Vision Leben eingehaucht.

Und wenn Jeanie nicht gewesen wäre, hätte es dieses Buch vielleicht nie gegeben. Sie ist der Grund dafür, dass Phil ein zweites Mal zum Kampf um die Meisterschaft zu den Lakers zurückkehrte. Wir haben Jeanie und dem verstorbenen Dr. Jerry Buss zu danken, dass sie Phil die Chance gaben, seine letzten beiden Ringe zu gewinnen.

Phil Jackson und Hugh Delehanty

ÜBER DIE AUTOREN

Phil Jackson ist der wohl größte Coach in der Geschichte der NBA. Seinen Ruf begründete er als Chefcoach der Chicago Bulls von 1989 bis 1998; während seiner Amtszeit gewann Chicago sechs NBA-Titel. Sein zweites Erfolgsteam, die Los Angeles Lakers, gewannen fünf NBA-Titel, von 2000 bis 2010. Er hält den Rekord für die meisten Meisterschaften in der NBA-Geschichte als Spieler und Chefcoach. Außerdem hat er die höchste Gewinnquote aller NBA-Trainer (704). Jackson war Spieler der New York Knicks, die 1970 und 1973 NBA-Meister wurden. Im Jahr 2007 wurde Jackson in die Basketball Hall of Fame aufgenommen.

Hugh Delehanty war Redakteur bei *Sports Illustrated* und *People* und schrieb gemeinsam mit Phil Jackson den Bestseller *Sacred Hoops*.

GLOSSAR

Alley-Oop – Spieler A wirft über Korbniveau Spieler B den Ball zu, der diesen dann oft per Dunk im Korb versenkt.

All-Star-Weekend – wird jedes Jahr im Februar von der NBA ausgetragen; es finden dann mehrere Basketballveranstaltungen statt, am Sonntag das All-Star Game. Die Spiele der regulären NBA-Saison werden für diese Zeit ausgesetzt.

Backcourt – Rückfeld, gebildet aus Point Guard und Shooting Guard

Backdoor-Cut – eine Finte eines angreifenden Spielers ohne Ball, der seinem Verteidiger durch Körpertäuschung suggeriert, sich erst in die eine Richtung zu bewegen, dann aber hinter dessen Rücken in die andere Richtung sprintet, um einen Pass von seinem Mitspieler zu bekommen und diesen nach Möglichkeit verwandelt

Backup – spezieller Auswechselspieler für einen Startspieler

Ballhandler – ein Spieler, der ein gutes »Ball Handling« hat, also geschickt mit dem Ball umgehen kann, z. B. dribbeln

Big Men – je nach Kontext entweder die Centerspieler, die in der Regel die größten Spieler auf dem Platz sind, oder einfach großgewachsene Spieler

Buzzer Beater – ein entscheidender Wurf quasi mit der Schlusssirene

Center – Spieler in der Nähe des gegnerischen Korbs, spielt oft mit dem Rücken zu diesem; wird auch als Post-Player bezeichnet.

Clutch Shooter – Clutch Shooting meint im Grunde, wenn ein Spieler oder ein Team zu einem wichtigen Zeitpunkt, oft gegen Ende des Spiels, einen Korb wirft.

Downcourt – das Spielfeldende, wo der Ball nicht gerade ist

Draft – meint das Auswahlverfahren für neue Spieler, um in die NBA zu kommen. Je nach Erfolg der vorangegangenen Saison wählen die Klubs ihre Spieler aus.

Dunk, auch Slam Dunk – meint einen Wurf, der von oben kraftvoll in den Korb »gestopft« wird (*dunk* bedeutet »stopfen«).

Expansion Draft – gemeint ist die Aufstockung der Liga, entweder durch die Eröffnung neuer Franchises, oder es werden Teams aus anderen Ligen aufgenommen. Mittels des Expansion Draft können die neuen Teams mit Spielern gefüllt werden.

Fadeaway Jumper (auch Fallaway) – ein Sprungwurf, bei dem der Werfer sich im Sprung nach hinten bewegt, um Distanz zwischen sich und dem Gegenspieler zu schaffen

Fast Break – ein schneller Gegenangriff, meist nach einem Ballgewinn und in Überzahl

Follow through – das Abklappen des Handgelenks beim Werfen

Forward – großer Spieler, der auch aus der Distanz werfen kann, wird oft auf dem Flügel eingesetzt

Franchise – eine Mannschaft, ein Verein. Da in den USA die Klubs in der NBA oder anderen Ligen nur eine Mannschaft unterhalten, wird der Begriff für beides benutzt.

Free Agent – ein Profispieler in den USA, der ohne Einwilligung des alten Teams zu einem anderen Team wechseln kann. Free Agents sind Spieler ohne laufenden Vertrag. Die NBA-Teams dürfen ab dem 1. Juli (Beginn der Free Agency) mit Free Agents verhandeln.

Frontcourt – gemeint sind die Positionen des Small Forward, Power Forward und Center, siehe auch *Backcourt*

Full-court-Presse – (Ganzfeldpresse) eine Verteidigungstaktik. Während sich die Verteidigungsformation in der Regel in der eigenen Spielhälfte aufbaut, wird bei der Full-court-Presse diese Formation über das gesamte Spielfeld ausgeweitet, um das gegnerische Team unter Druck zu setzen.

Guard – in der Regel ein Spieler, der gut dribbeln, passen und werfen kann; auch Aufbauspieler, Spielmacher genannt

Hack-a-Shaq – Der Begriff bezieht sich auf Shaquille O'Neil, der kein guter Freiwurfschütze war, und da insbesondere in den letzten Minuten oder Sekunden eines Spiels jeder Punkt entscheiden kann, werden vor allem Spieler gefoult, die bei ihren Freiwürfen keine besonders hohe Trefferquote haben. Daher rührt die Hack-a-Shaq-Taktik.

High Screen – ein weit vor dem gegnerischen Korb gestellter Block der angreifenden Mannschaft, um einem Mitspieler den Zug oder den Wurf zum Korb zu ermöglichen

Huddle – Rudelbildung der Spieler mit dem Trainer während der Auszeit

Hustling, Hustle – Einsatzbereitschaft der Spieler auf dem Feld in jeder Situation

Jump Shooter – ein Spieler, der einen besonders guten Sprungwurf hat und dadurch Punkte erzielt

Lockout Season – meint im US-amerikanischen Sport eine von den Teambesitzern ausgehende Aktion. Im Unterschied zu Europa werden Vertragsdetails zwischen Spielern und Vereinen durch eine Spielergewerkschaft und Vertreter der Ligavereine ausgearbeitet. Sollten die Parteien keine Einigung finden, kann es zum Streik einzelner Spieler kommen, oder die Liga kann einen Lockout verhängen, der mitunter zu einer kürzeren Spielzeit führen kann oder dazu, dass die gesamte Saison komplett abgesagt wird.

Motion Offense – Angriffsspielzüge, bei denen alle Spieler ständig in Bewegung sind

Move – je nach Kontext Spielzug/Schachzug/Spielertausch

MVP – Most Valuable Player, der wertvollste Spieler; für seine Wahl sind Kriterien wie die Fähigkeit, Punkte zu erzielen, gute Assists zu geben und Rebounds zu holen, ausschlaggebend.

Pick – (a) ein Block; gemeint ist das regelkonforme Verstellen des Laufweges eines Verteidigers, um somit dem Mitspieler eine bessere Position zu verschaffen; (b) Draft-Picks beschreiben die Auswahl eines Spielers im Rahmen des NBA-Drafts.

Point Guard – Aufbauspieler, Spielmacher, der das Spiel organisiert, auch Playmaker genannt, oft der kleinste Spieler im Team

Post – die Zone, in der der Center zwischen Low-Post (in der Nähe der Grundlinie) und dem High-Post (in der Nähe der Freiwurflinie) agiert

Post-Play – bezeichnet das Spiel eines Centers, der vor der Freiwurflinie oder nur in der Zone agiert. Es gibt den High-Post (der Bereich am Freiwurfkreis) und den Low-Post (in Korbnähe).

Post-up – mit dem Rücken zum Korb stehen oder spielen

Power Forward – auch »Four« genannt; ein großer Flügelspieler, der zusammen mit dem Small Forward und dem Center den Frontcourt bildet

Power Move – eine kraftvolle Bewegung mit gebeugten Beinen beim Wurf in Richtung Korb

Putback – meint einen vom Korb abprallenden Ball (Rebound), der dann per Dunk direkt verwandelt wird

Rookie – Neuling, Spieler im ersten Jahr

Screen – ein gestellter Block im Angriff, ein legitimes Sperren

Screen-Roll – Block am ballführenden Spieler und Abrollen zum Korb

Set play – meint einen Halbfeldangriff mit Spielsystem

Shootaround – eine Art Aufwärmspiel oder Trainingseinheit eines Teams kurz vor Spielbeginn. Die Spieler üben normalerweise das Werfen auf einen Korb, um in den Rhythmus zu kommen.

Shooting Guard – zweiter Aufbauspieler, bildet zusammen mit den Point Guard den Backcourt; wird auch Two Guard oder einfach nur »Two« genannt; oft der beste Werfer eines Teams

Sixth Man – wichtigster Auswechselspieler

Small College – ein privates oder öffentliches College, an dem man nach vierjähriger Studienzeit seinen Abschluss absolviert

Small Forward – oft einfach als »Three« bezeichnet; ein kleiner Flügelspieler, der Teil des Frontcourts ist, zu dem auch Power Forward und Center gehören

Starting Five – bezeichnet die Startaufstellung beim Basketball, in der Regel zwei Guards, zwei Forwards und ein Center

Steal – Ballgewinn; einem Gegenspieler den Ball abnehmen

Spinning Layup – Beim Zug zum Korb trickst der ballführende Spieler seinen Gegenspieler aus, indem er sich mit dem Ball vor dem Korbleger um die eigene Achse dreht.

Strong Side – ballstarke Seite, also der Flügel, auf dem sich gerade der Ball befindet, siehe auch *Weak Side*

Sweep – bedeutet in der NBA, ein Team mit 4:0 im »Best-of-Seven«-Modus in einer Serie zu schlagen

Swingman – ein Spieler, der auf mehreren Positionen spielen kann

Territorial Pick – ein 1949 eingeführtes spezielles Verfahren der Basketball Association of America (BAA), um den Teams beim NBA-Draft die Möglichkeit des Erstzugriffs auf einen College-Spieler aus der näheren Umgebung zu geben. Die Teams durften ihren Pick der ersten Runde opfern, um so einen Spieler zu bekommen, der in einer Entfernung von höchstens 50 Kilometern von der Stadt des NBA-Teams aufs College gegangen war. So konnte ein Team auch dann einen Spieler verpflichten, wenn ein anderes Team mit dem ersten Pick jene Person auswählte. Das Verfahren wurde 1965 abgeschafft.

Three-Peat – typischer Begriff der NBA und meint, drei Meisterschaften in Folge gewonnen zu haben. Wortspiel auf »repeat« (wiederholen).

Trade – Spielertausch; gleichwertige Verträge können zwischen den Teams getauscht werden; oft werden auch mehrere Spieler gegen einen getauscht.

Transition Defense – das schnelle Umschalten von Angriff auf Verteidigung

Turnaround Jumper – Sprungwurf mit Drehung um die Körperachse

Turnover – Ballverlust

Weak Side – die Seite in Defensive und Offensive, in der sich der Ball gerade nicht befindet

»*Win one for the Gipper*« – Der Satz wird Knute Rockne zugeschrieben, einem ehemaligen Coach des Notre Dame Football Teams, der mit diesen Worten sein Team in einer Halbzeit ermuntern wollte. Rockne erzählte seinen Jungs, dass ein ehemaliger Spieler namens George Gipp auf seinem Sterbebett zu ihm gesagt haben soll: »Rock, wenn es für Notre Dame wirklich mal schlecht läuft, dann sag den Jungs, dass sie auf den Platz gehen und für mich gewinnen sollen.« Die Szene erlangte durch einen Film Berühmtheit, in dem Ronald Reagan George Gipp verkörpert.

PERSONENREGISTER